# 中道

## 心性与中道

中大哲学评论 第一辑

张 伟 主编
赖区平 本辑执行主编

商务印书馆
The Commercial Press

图书在版编目（CIP）数据

中道：中大哲学评论.第1辑，心性与中道/张伟主编.—北京：商务印书馆，2022
ISBN 978-7-100-21914-3

Ⅰ.①中… Ⅱ.①张… Ⅲ.①哲学—文集 Ⅳ.①B-53

中国版本图书馆CIP数据核字（2022）第246705号

**权利保留，侵权必究。**

中道：中大哲学评论
（第1辑）
心性与中道
张伟 主编

商 务 印 书 馆 出 版
（北京王府井大街36号 邮政编码100710）
商 务 印 书 馆 发 行
北京虎彩文化传播有限公司印刷
ISBN 978-7-100-21914-3

| | |
|---|---|
| 2022年12月第1版 | 开本 710×1000 1/16 |
| 2022年12月北京第1次印刷 | 印张 21 |

定价：108.00元

# 目 录

《中道：中大哲学评论》发刊词 ............................................. 1

## 经典解释：先秦哲思与回响

韩日儒者对孟子"王道"政治思想的论辩 ／黄俊杰 ............................. 5

孟子论修身 ／信广来 .................................................... 67

试论《中庸》的"诚" ／郑开 ............................................ 113

仁爱与兼爱——重探儒墨之是非 ／郑宗义 .................................. 134

## 专题研讨

"尼采与人的可疑问性"——马克斯·舍勒的一个未完成报告

　／［德］沃尔夫哈特·亨克曼 ......................................... 175

作为事件和作为社群世界之形式的同情

　／［德］克里斯蒂安·拜尔莫斯 ....................................... 201

《同情书》之中的"爱的秩序"与"应答爱"的伦理

　——关于舍勒伦理思想的管见 ／［日］岩谷信 ......................... 218

马克斯·舍勒与和辻哲郎——两种伦理学的构想 ／［日］横山陆 ........... 236

## 古典新刊

尚書既見 ／〔清〕莊存與 著 ............................................. 263

四書朱子文集纂·大學 ／〔宋〕朱熹 著 〔清〕陳鏦 編 .................. 293

## 学术书评

"制作"的争议与困境——读普鸣《作与不作：
　　早期中国对创新与技艺问题的论辩》／郭羽楠 ………… 317

《中道：中大哲学评论》征稿启事 …………………………… 327
《中道：中大哲学评论》参考文献的格式规范 ……………… 329

# 《中道：中大哲学评论》发刊词

追寻智慧是哲学思考的永恒目标。不同于面对具体对象的经验性"知识"，"智慧"首先是对不同现象背后本原或本质的洞见，并依据这些洞见获得对美好生活的实践指引。在东西方主要哲学传统中，"中道"都被视为表达智慧境界与实践追求的基本语汇：儒家"极高明而道中庸"，佛家讲"中道义"，亚里士多德将"中道"作为追求至善的德性主张，表明了东西方哲学在"尚中"上的共通诉求，尽管在理论系统和思维方式上不无差异。同归而殊途，一致而百虑！

"形而上者谓之道"，在中国思想传统的言说中，"道"作为宇宙人生的普遍原理和万物存在的终极依据，超越于具体经验现象，它表现为世界多样性背后的统一性、多易性背后的一贯性。由此，"闻道""达道"即要超越"一物一偏"之局限，达致对存在整体与整全真理的领悟，以获得有关世界存在、万物变化与人生实践的根本智慧。

"道不远人"，对智慧之"道"的把握落实于人类生活实践，即以"用中""适度"为准则。在儒家语境中，"中庸之道"意味着不偏不倚，关键在于在相关时空境域中把握事物的"度"，通过"中"使万物各正性命、各安其位，达到"致中和，天地位焉，万物育焉"的完美状态。人之行动关乎天地秩序，从容中道，直道而行，"中庸之为德也，其至矣乎"。

"中道"一词内涵丰富，既带有本体论上强烈的超越性意味，也蕴含着指引实践的鲜明规范性色彩。在某种意义上，做哲学即是"问道"，即是追寻"大中之道"。面对现代世界的碎片化与技术统治，面对知识分化时代越来越细的学科领域划分，哲学探求整全真理的力量和意愿似乎越来越弱而缺失了对整全真理的深度思考，其引领时代精神的能力也会日渐消退，也就无法赋予人类生活以具有确定性的价值意义。作为人类精神事业的"大"学问，哲学肩负着传承人类文明与智慧的重担，尤其需要面向时代和社会，发挥其对于现代人精神生活的引领和塑造力量。

《中道》辑刊的创立，致力于推动面向时代和未来的哲学思考，推动文明互鉴视域下对人类精神生活的整全性观照，推动中国哲学"创作"的实质性开展。作为中山大学哲学系系刊，《中道》将秉承中大哲学系百年来"尊德问学，取大用中"的传统，坚守对人类精神家园的探索和守望，秉持思考的勇气和真诚，追求真理、守正创新。我们期待借助这一学术阵地和交流平台，汇聚国内外学界对"中道"智慧有深度的原创性思考，传承人类精神火炬，提升人类生活的价值。诚挚恳望学界同仁不吝关爱和支持，共同构建我们思想交流的文化家园。

《中道：中大哲学评论》编委会

# 经典解释：先秦哲思与回响

# 韩日儒者对孟子"王道"政治思想的论辩

黄俊杰（台湾大学）

## 一、引言

20世纪中国新儒家学者唐君毅（1909—1978）先生曾有中国孟学三变之说：一是东汉赵岐（字邠卿，？—201）之本经学言孟子，二是宋明儒之本心性说孟子，三是明清儒者之本"民贵"之义推尊孟子。唐先生并以"立人"之道，贯通历代孟学三变之义旨，[①]其说特具卓识。从东亚儒学视野观之，孟子学之为后儒特重者，在于孟子心性论与政治论。孟子思想内外交辉，心性论是政治论的基础，两者绾合为一。孟子主张国君以"仁心"（即"不忍人之心"）行"仁政"（即"不忍人之政"），在战国季世建构一个以人民为主体的理想世界，成为两千多年来王权高涨的东亚各国知识分子魂牵梦萦的精神原乡。孟子这一套思想体系东传朝鲜与日本之后，经历韩日在地儒者的淘洗与新诠，出现相当的扭曲，但也被赋予新的生命。作为思想交流的"中介人物"的韩日儒者，"可以被譬喻为棱镜（prism），对于外来的概念进行折射、屈光、或反射"，[②]使外来思想融入异域，较易为韩日两地知识分子所接

---
① 唐君毅：《中国哲学原论》（原道篇），香港：新亚研究所，1976年，第210—213页。
② 黄俊杰：《思想史视野中的东亚》，台北：台湾大学出版中心，2016年，第20—21页。

受。对韩日儒者而言,孟子学是外来的思想系统,在他们对孟子思想进行筛选以及重新解释的过程中,孟子政治思想的穿透力最强,在韩日儒者之间所引起的争辩也最激烈,所以本文从韩日儒者对孟子政治思想的论辩开始分析,接着探讨作为"王道"对立面的"霸道"在韩日思想史之新解,最后提出韩日"王道"论之理论涵义。

战后初期,著名史学家汤恩比(Arnold Joseph Toynbee, 1889—1975)于1952年完成共12巨册的《历史之研究》(A Study of History)。在1954年出版前2年,汤恩比曾应英国广播公司(BBC)之邀,将最后4册的重点钩元提要,发表1952年莱斯系列演讲(The BBC Reith Lectures),题为《世界与西方》(The World and the West)。汤恩比曾宏观东西文化交流的历史经验说:"一个向外辐射的文明之文化光线,射中一个外围的社会体时,[……](各股)角逐中最重要的,是回折的作用[……]。"[1] 汤恩比对东西文化接触现象的观察,很有见识,完全可以引用来说明孟子学东传之后,孟子政治思想(尤其是"王道""不尊周"等议题)因为对日韩政治与社会穿透力极强,所以也激起强而有力的"回折"(diffraction)的状况。所以,我们回顾孟子学在日韩地区的发展,应首先探讨韩日儒者对孟子政治思想的论辩,尤其聚焦于作为孟子政治思想核心的"王道"理念,及其具体化的"孟子不尊周"行为,以及管仲(? —前645)论之上。

但是,在讨论朝鲜与日本儒者对孟子政治思想的争论之前,我们必须先说明《孟子》这部书传入朝鲜半岛与日本的历史过程。

就朝鲜半岛存世史料观之,《孟子》何时传入朝鲜半岛,已无确切年代可考。788年,新罗"始定读书三品以出身,读《春秋左氏传》、若《礼记》、若《文选》而能通其义,兼明《论语》《孝经》者为上。读《曲礼》《论语》《孝经》者为中,读《曲礼》《孝经》者为下。若博通五经三史,诸子百家书

---

[1] Arnold Joseph Toynbee, *The World and the West*, London: Oxford University Press, 1953, pp. 68-69. 中译引文见汤恩比:《世界与西方》,钟建闳译,台北:"中央"文物供应社,1953年,第40—41页。

者，超擢用之。前只以弓箭选人，至是改之"，①8世纪新罗的选才新制所依据诸书清单，《孟子》一书均未列其中，可证《孟子》在8世纪时可能尚未传入朝鲜半岛或尚未广为人知。但是到了9世纪，曾留学唐朝的新罗翰林学士崔致远（857—?）的《孤云集》卷二《无染和尚碑铭》中，就出现"鱼非缘木可求"一句，②系出自《孟子·梁惠王上·7》"以若所为求若所欲，犹缘木而求鱼也"，③由此可推知《孟子》一书在9世纪已经为留学中国的朝鲜知识分子所熟知。12世纪，史学家金富轼（1075—1151）等文臣们奉王命而撰写朝鲜半岛的第一本正史《三国史记》，以纪传体叙述新罗、高句丽与百济等三国的史事。④金富轼在上高丽仁宗（在位于1123—1146）国王的《进三国史记》表中，曾有"故孟子曰：'晋之《乘》，楚之《梼杌》，鲁之《春秋》，一也。'"⑤文句，可见金富轼已看过《孟子》一书。到了13世纪，曾任高丽朝国子监司业的安珦（1243—1306）从蒙元中国携回朱子著作之后，高丽知识分子就已经由朱子《四书章句集注》而熟悉《孟子》。13世纪的李奎报（1168—1241）在《答全履之论文书》中，曾评论孔孟荀杨，其言曰：

> 孟子不及孔子，荀杨不及孟子。然孔子之后，无大类孔子者，而独孟子效之而庶几矣。孟子之后，无类孟子者，而荀杨近之。故后世或称"孔孟"，或称"轲雄"、"荀孟"者，以效之而庶几故也。⑥

---

① 金富轼：《三国史记》卷十《新罗本纪》，载任东权、李元植、娄子匡合编：《韩国汉籍民俗丛书》第5册，台北：东方文化书局，1971年，第112页。
② 崔致远：《孤云先生文集》卷二《无染和尚碑铭》，载韩国文集编纂委员会编：《韩国历代文集丛书》第2册，首尔：景仁文化社，1973年，第90—123页；"鱼非缘木可求"一句见第99页。
③ 朱熹：《四书章句集注》，台北：台湾大学出版中心，2016年，第289页。
④ 金富轼：《三国史记》，载任东权、李元植、娄子匡合编：《韩国汉籍民俗丛书》，第5册、第6册。
⑤ 金富轼：《进三国史记表》，载末松保和编：《东文选》第2册，卷四四《表笺》，首尔：太学社，1975年，第241页。
⑥ 李奎报：《东国李相国全集》卷二六《答全履之论文书》，载韩国文集编纂委员会编：《韩国历代文集丛书》第8册，第528—535页，引文见第531页。

可见到了13世纪,《孟子》一书必已为朝鲜知识分子所熟知,故能对孔、孟、荀、杨等人有所品评月且。14世纪的李谷(1298—1351)在宫廷试策,已能畅论皇、帝、王、霸之别,并期许国王"师皇、帝、王之道,此千载一机会也"。① 本文第二节将讨论的评论孟子的朝鲜儒者,都是16世纪以后的知识人,他们已经登堂入室,与孟子謦欬相与于一堂之上矣。

我们再看《孟子》传入日本的情况。关于《孟子》传入日本的确切年份已不可考。18世纪藤原贞干(1732—1797)的《闻见录》(刊于1795年)、② 桂川中良(1744—1808)的《桂林漫录》③ 以及冢田大峰(1745—1832)的《随意录》,④ 都说来自中国的船只如果载有《孟子》,该船必翻覆。据井上顺理(1915—2009)考证,以上说法都源自于明人谢肇淛(1567—1624)捏造的说法,⑤ 与史实不符。事实上,17世纪的松下见林(1637—1703)就说《孟子》一书,日本"千有余年,古来宗之","[……]乃赵岐注也,其后有《十三经注疏》《四书集注》及《大全》等,流行于世,皆自中国航海捆载而来者也,孰谓无《孟子》乎?"。⑥ 据井上顺理的调查,日本仁寿二年(852),滋野贞主(785—852)等人所编的《经国集》中已引用《孟子》书之文句,⑦ 至宽平年间(890)《孟子》书已著录于《日本国见在书目录》,可以确认至迟在9世

---

① 李谷:《廷试策・皇帝王霸之道》,《稼亭先生文集》卷十三"策",收入《韩国文集丛刊》第3辑,首尔:韩国古典翻译院,1662年本,第180—182页。
② 藤原贞干:《闻见录》"26・孟子"条,此书收入《日本随笔大成》卷十一。笔者未见此书卷十一,此处系转引自井上顺理:《本邦中世までにおける孟子受容史の研究》,东京:风间书房,1972年,第10页注1。
③ 桂川中良:《桂林漫录》,《孟子》卷下,载《日本随笔大成》卷一,东京:吉川弘文馆,1927年,第659页。
④ 冢田大峰:《随意录》,收入关仪一郎编:《日本儒林丛书》第1卷"随笔部(一)",东京:凤出版,1978年,第10页。
⑤ 谢肇淛之说见谢肇淛《五杂组》"䭾䭾之狞犷"条云:"倭奴亦重儒书,信佛法,凡中国经书皆以重价购之,独无《孟子》。云:'有携其书往者,舟辄覆溺。此亦一奇事也。'"见谢肇淛:《五杂组》第1册,沈阳:辽宁教育出版社,2001年,第90页。参见井上顺理:《本邦中世までにおける孟子受容史の研究》,第3页。
⑥ 松下见林:《异称日本传》卷中三,载物集高见编:《新注皇学丛书》卷十一,东京:广文库刊行会,1927年,引文见第481页。
⑦ 《经国集》收录日本庆云四年(707)至天长四年(827)约120年间的诗文,由此可以推估:《孟子》书至迟在天长四年(827)之前,应已传入日本。

纪,《孟子》一书已经传入日本。① 在17世纪上半叶的日本,《孟子》的注释书籍就已出现,有江户初期朱子学者藤原惺窝(1561—1619)的《四书大全头书》22卷(元和六年,即1620年)、朱子学者林罗山(1583—1657)的《四书要语抄》(宽永三年,即1626年)、加贺藩第四代藩主前田光高(1616—1645)的《孟子闻书》(正保二年,1645年写本)等书。② 井上顺理并指出:《孟子》一书从9世纪传入日本之后,在镰仓时代(1192—1333)、南北朝时代(1336—1392)及室町时代(1338—1573),一般学者、朝廷幕内以及博士家均常诵读《孟子》书,对孟子思想并不陌生。③

但是,在整个德川时代(1603—1868)日本,研究中国儒家经典的学者与著作中,与《孟子》有关的在数量上仅能排名第七:第一是《易经》,共有212位学者,著作395种;第二是《论语》,共261人,著作363种;第三是《大学》,共有183人,著作246种;第四是《春秋》,共有164人,著作224种;第五是《孝经》,共有144人,著作199种;第六是《诗经》,共有131人,著作173种;第七才是《孟子》,共有126人,著有169种著作;第八是《中庸》,共有131人,著作168种;第九是《书经》,共有111人,著有147种著作;第十是《礼记》,共有91人,著有144种著作。④ 在诠释孟子政治思想的著作中,幕末尊王死士吉田松阴(1830—1859)1856年的《讲孟余话》一书,对明治维新发挥着可观的影响。⑤ 孟子政治思想中的"革命"(rebellion)、"舍

---

① 井上顺理:《孟子传来考》,《鸟取大学学艺学部研究报告》(人文·社会科学)第15卷,1964年12月,第211—232页,特别是第232页。承藤井伦明教授从日本九州大学图书馆影印此文,谨敬申谢意。
② 井上顺理:《近世邦人撰述孟子注释书目稿》,载池田末利博士古稀纪念事业会实行委员编:《池田末利博士古稀纪念东洋学论集》,广岛:池田末利博士古稀纪念事业会,1980年,第903—942页,所引三书见第904—905页。
③ 井上顺理:《本邦中世までにおける孟子受容史の研究》,第214页。
④ 统计数据见: Wai-ming Ng, *Imagining China in Tokugawa Japan: Legends, Classics, and Historical Terms*, Albany: State University of New York Press, 2019, chapter. 4, p. 73。
⑤ 张崑将:《德川日本"忠""孝"概念的形成与发展——以兵学与阳明学为中心》,台北:台湾大学出版中心,2012年,第167—207页; Wai-ming Ng, *Imagining China in Tokugawa Japan: Legends, Classics, and Historical Terms*, chapter. 4, pp. 71-79。

生取义"（martyrdom）等理念，也广为日本知识分子们所知，对日本明治（1868—1912）早期福泽谕吉（1835—1901）提出的"天诛"思想和佐藤义雄提出的"义死论"，都有所影响。①

## 二、朝鲜君臣互动中的孟子及其"王道"概念

### （一）作为"乡愁"的"王道"

孟子政治思想可以"王道"一词加以综括，所谓"王道"一词，早见于《尚书·洪范》"王道平平""王道荡荡"等语，②原指周王宫殿前之道路平坦宽阔，到了孟子才赋"王道"一词以新意，以"王"与"霸"为对立之敌体，孟子主张"以力假仁者霸""以德行仁者王"，③"王"与"霸"是"仁"与"不仁"的对比，两者是本质之差异，而不是程度之区别。春秋时代有所谓"五霸"，但"五霸"指何人而言，则诸说纷纭，史学前辈吕思勉（1884—1957）先生考证诸家"五霸"之说甚详。④

---

① John Allen Tucker, "Two Mencian Political Notions in Tokugawa Japan", *Philosophy East and West* 47(2), 1997, pp. 233-253.
② 孔安国传，孔颖达疏，李学勤主编：《十三经注疏·尚书注疏》，北京：北京大学出版社，2000年，第311页。
③ 朱熹：《四书章句集注》，第325页。
④ 吕思勉先生说："五霸之说，尤为纷繁。《白虎通义》第一说曰昆吾、大彭、豕韦、齐桓、晋文。《风俗通义》《吕览》先已高注，《左氏》成公二年杜注及服虔诗谱序疏主之。第二说曰齐桓、晋文、秦穆、楚庄、吴阖闾，无同之者。第三说曰齐桓、晋文、秦穆、宋襄、楚庄，《孟子》告子赵注、《吕览》当务高注主之。《荀子·王霸篇》曰：'齐桓、晋文、楚庄、吴阖闾、越句践，是所谓信立而霸也。'则其说又异。（《议兵篇》以齐桓、晋文、楚庄、吴阖闾、越句践并举。又《成相篇》谓穆公强configured五霸，亦以穆公在五霸之外。）案《国语·郑语》，以昆吾为夏霸，大彭、豕韦商霸。《谷梁》隐公八年云：'交质子不及二伯。'则第一说有据。《太史公自序》云：'幽厉之后，周室衰微，诸侯专政，五霸更盛衰。'则五霸必在东周之世，第二三说及荀子之说亦有据。《白虎通义》及《风俗通义》疏释辨论之语，亦皆可通而皆未有以见必然。由其本无定说，故后人以意言之，其说皆有可取也。"见吕思勉：《读史札记》，台北：木铎出版社影印，第194页。"五霸"之名说法不一，甚至"王霸"之外，尚有"二霸"之说，所以陈登原（1900—1975）先生云："五霸云云，难以实指。"见陈登原：《国史旧闻》，台北：台湾大通书局，1971年，第184页。亦有学者认为"五霸"一词乃起于"五行"说，见相原俊二：《孟子の五霸について》，载池田末利博士古稀纪念事业会实行委员编：《池田末利（见下页）

孟子所谓"王道"政治包括"仁心""仁政""德治"与"民贵"等四个单位概念（unit ideas），要求国君以"不忍人之心"行"不忍人之政"，①以养民及教民为务，落实而为民生乐利、轻徭减税、恢复井田、提升教育等措施。我过去曾说过：

> 孟子尊王黜霸，与宋儒之尊王名同而实异。孟子所尊之王并非业已日薄西山之周天子，而系鼓舞野心勃勃的战国国君推行仁政，以早日完成一统之新局面，拯生民于水火之中。孟子的王道政治论之特殊贡献，在于因袭民贵之古义，创造转化，明确标举以**人民为政治之主体**的主张。这种"民本位"之政治思想，与中国自秦汉以降"君本位"之政治现实，有本质的矛盾，于是，孟子政治思想遂成为中国历代儒臣驯化专制，乃至反抗专制之精神利器。孟子的政治思想实系中华民族永恒的"**民族之乡愁**"。②

孟子"王道"政治思想虽然在 20 世纪以前中华帝国"君本位"的专制体制之下，仅能成为历代儒臣心中的一种"乡愁"，例如汉末乱世"建安七子"之一的王粲（177—217）在《登楼赋》中，呐喊着"冀王道之一平兮，假高衢而骋力"，③王阳明弟子泰州学派王艮（号心斋，1483—1541）曾撰《王道论》，在明末呼吁"所谓王道者，存天理，遏人欲而已矣"，④但是正如萧公权

---

（接上页）博士古稀纪念东洋学论集》，第 195—210 页。钱穆先生说："霸者标义，大别有四：一、尊王，二、攘夷、三、禁抑篡弑，四、裁制兼并。"见钱穆：《国史大纲》（上册），台北：台湾商务印书馆，1996 年，第 59 页。所谓"霸主"在春秋时代政治之角色，或类似公元前 7 世纪以后，古代希腊城邦所出现的"僭主"（tyrant），历史学家称公元前 7 世纪初至公元 2 世纪这段时期为"僭主时代"（the age of the tyrants），由于贵族对人民的压迫，希腊许多城邦出现"僭主"以建立新秩序，使人民生活安定。参考 A. Andrews, *The Greek Tyrants*, New York: Harper & Row Publishers, 1963, pp. 7-30。
① 朱熹：《四书章句集注》，第 328—329 页。
② 黄俊杰：《孟学思想史论（卷一）》，台北：东大图书公司，1991 年，第 184 页。
③ 王粲：《登楼赋》，载萧统编，李善注：《文选》第 2 册，卷十一，上海：上海古籍出版社，1986 年，第 491 页。
④ 王艮：《王心斋全书》卷四《王道论》，京都：中文出版社，据日本嘉永元年（1848）和刻本影印，第 108—115 页。

(1897—1981)先生所说:"每当君国暗危之际,孟子一夫可诛、保民而王等说,辄起与无为无君之思想相呼应",①召唤知识分子的良心。最近有学者重新思考通过儒家"王道"秩序而寻求世界正义的可能性,并呼吁:"蒙受儒家之泽几千年,拥有世界上最为众多的国民,以天下为一家,以万物为一体,推行王道,舍中国而谁?"②在21世纪,孟子的"王道"理想仍召唤着知识分子,台北民间的中华文化永续发展基金会,提出以儒家价值理念为基础的"王道永续发展指标",其中包含五大元素:仁政、反霸、民本、生生不息、同理心。这套指标还在发展与研究之中,期许将来能够促使儒家"王道"政治理念,发挥21世纪的新意义。在这一套作为中国知识分子的"乡愁"的"王道"政治思想中,孟子高唱的是人民胜利进行曲,所以他不尊王纲不振、王命衰微的没落中的周王。西汉董仲舒(前179—前104)说:"君者,不失其群者也。故能使万民往之,而得天下之群者,无敌于天下",③这是中国历代儒者的共识。但是,皇帝因为控制国家机器,深知空言"王道"不足以运作复杂的政治实务。史载西汉元帝(在位于前48—前33)为太子时,建议其父宣帝(在位于前74—前48):"陛下持刑太深,宜用儒生。"引起宣帝大怒:"汉家自有制度,本以霸王道杂之,奈何纯任德教,用周政乎!且俗儒不达时宜,好是古非今,使人眩于名实,不知所守,何足委任!"宣帝感叹:"乱我家者,太子也!"④一度考虑废太子。由此可知,"王道"作为政治理想与"王道"作为政务纲领,实有其巨大之落差。

孟子的"王""霸"之辨,实质上是勾勒未来理想中的新"王"之"应然"(ought to be),以批判战国时代龌龊的现实的"实然"(to be)。⑤孟子

---

① 萧公权:《中国政治思想史》(上册),台北:联经出版公司,1982年,第16页。
② 干春松:《重回王道:儒家与世界秩序》,上海:华东师范大学出版社,2012年,第153页。
③ 董仲舒:《春秋繁露》卷五《灭国上》,载苏舆撰,钟哲点校:《春秋繁露义证》,北京:中华书局,1992年,第133页。
④ 《汉书·元帝纪》,班固撰,颜师古注:《新校汉书集注》第1册,台北:世界书局,1973年,第277页。
⑤ 孟子曰:"五霸者,三王之罪人也;今之诸侯,五霸之罪人也;今之大夫,今之诸侯之罪人也。"见朱熹:《四书章句集注》,第480页。

的"王""霸"论述呈现典型的儒家式的"反事实性"(counter-factuality)论述方式。①《左传》僖公二十七年(前633):"晋侯(文公)始入,而教其民二年,欲用之",子犯阻止,待晋文公以具体行动使人民知"义""信""礼"之后,"一战而霸,文之教也",②从《左传》记载晋文公取威定霸的史实,春秋时代的霸政实以儒家价值理念为其根基,所以津田左右吉(1873—1961)以"儒教化"或"君子化"一词,③说明春秋时代的霸政之实质。小仓芳彦(1927—  )进一步指出:"《左传》中的霸者,是作为奉行'德行'乃至'德'、'信'、'礼'等行动原理,维持中原诸侯间一定秩序者,而受到肯定的对待。"④小仓先生之说完全符合春秋时代"霸者"的实际状况。但是泊乎战国乱世,孟子说:"今之诸侯,五霸之罪人也",所描述的是孟子所处的战国季世之实情,孟子峻别"王""霸",正是以理想化的"古"讽谏战国季世之"今",赵岐说:"孟子通五经,尤长于《诗》《书》",⑤从孟子以"古"讽"今",曲折以言之的思维方式观之,确属的论。

在东亚思想史上,朝鲜儒者对于抽象的"王道"理想及"单位概念"虽然争议不大,但是,纯祖(在位于1800—1834)曾对"王道"的实践提出极具理论意义的问题。孟子"王道"理念东传日本之后,从德川时代到20世纪上半叶,历经两阶段"脉络性转换","王道"的内容被置换成"神道",再被置换成"皇道",并在1932年伪满洲国成立后达到高潮,我将在本文第三节

---

① Kuang-ming Wu, "Counterfactuals, Universals, and Chinese Thinking," *Tsing Hua Journal of Chinese Studies*, New Series 19(2), 1989, pp. 1-43.
② 杨伯峻:《春秋左传注(上)》,台北:源流出版社,1982年,第447页。孔颖达《正义》曰:"今晋侯以义、信、礼教民,然后用之,是文德之教也",杨伯峻认为"文"是指晋文公,似以孔疏为佳。
③ 津田左右吉:《左傳の思想史的研究》,载《津田左右吉全集》第15卷,东京:岩波书店,1964年,第168页。
④ 小仓芳彦:《〈左传〉中的霸与德——"德"概念的形成与发展》,载刘俊文主编,许洋主等译:《日本学者研究中国史论著选译》第7卷(思想宗教),北京:中华书局,1993年,第1—27页,引文见第5页。
⑤ 赵岐:《孟子题辞》,见黄俊杰:《孟学思想史论(卷二)》,台北:"中央研究院"中国文哲研究所筹备处,1997年,附录1,第486—487页。

加以分析。在东亚孟学史上,"王道"理念具体化为人物或行动时,才激起中韩日儒者的激烈争论,所以本文处理韩日儒者对"王道",对作为"王道"对立面的"霸道",及其相关的管仲的历史定位等问题的解释。

### (二)朝鲜经筵讲论与儒臣上疏中的"王道"

在中韩历史上,帝王与儒臣沟通意见主要有两种通道:第一是在朝廷早朝或经筵讲论的场合,君臣之间讨论当前政务或探讨经典的义理,例如古代中国的《左传》《战国策》《史记》《汉书》等史书所记载的大量君臣对话内容,对话的语境与议题常常由国君主导,大臣对历史的论述在政治对话的脉络中,常常被政治化或受到扭曲。① 在朝鲜王朝的宫廷君臣对话中,国王也是扮演议题主导者与提问者的角色。第二种通道则是儒臣的上疏、对策等场合。前者是君臣双向的互动,后者是儒臣单向地向国王陈述关于政务或经典义理的个人意见。不论第一种或第二种状况,朝鲜君臣的沟通都大量触及孟子的"王道"政治思想,本节的任务就在于分析朝鲜君臣对话中的孟子"王道"理念。

在记载朝鲜王朝(1392—1910)初代太祖(在位于1392—1398)到25代国王哲宗(在位于1849—1863)共472年间(1392—1863)历代国王事迹的《朝鲜王朝实录》中,② "孟子"之名共被朝鲜君臣提到1114次,其中最多的是仁祖(李倧,在位于1623—1649)时期,共出现186次,英祖(李昑,在位于1724—1776)时期出现126次,成宗(李娎,在位于1469—1494)时期出现103次。我们今日披览《朝鲜王朝实录》所载有关孟子的言论,就会发现朝鲜儒臣在经筵讲论的场合,常常引用孟子"王道"思想,进谏国王依

---

① 关于这一项历史事实的讨论,参考 Garret P. S. Olberding, *Dubious Facts: The Evidence of Early Chinese Historiography*, Albany: State University Press of New York, 2012. 但是书中所论中国古代史学是否尊重"事实"有待商榷(第9页),对此,笔者已有所指摘,见拙著:《儒家思想与中国历史思维》,台北:台湾大学出版中心,2014年,第8页。
② 朝鲜国史编纂委员会编:《朝鲜王朝实录》,首尔:朝鲜国史编纂委员会,1955—1963年,共49册。

循"王道"施政。

但是,除了《实录》所记载的君臣对话之外,朝鲜儒臣上奏国王的各类奏章中,也大量触及"王道"理念。我们来看看"王道"在上述这两种管道的君臣对话中,所发挥的作用:

1. 第一种作用是朝鲜儒臣引用孟子的"王道"理念,都严王霸之别,以"王道"作为政治的最高目标,正面地要求历代国王勉力以赴。以下是两个较为突出的具体实例:

（a）宣祖 vs. 李珥

16世纪大儒李珥(号栗谷,1536—1584)在宣祖(在位于1567—1608)二年(1569)八月十六日,时任弘文馆校理,于经筵进讲《孟子》,《宣祖实录》记载此事如下:

> 李珥白上曰:"为治,先须识时。人君虽欲有为,若权臣专国,或兵革扰乱,则虽有其志,治务难成矣。今者幸无权奸及戎马,此正殿下汲汲有为之秋也。"上曰:"此言则然矣,但战国扰攘之时,孟子劝齐、梁行王道,则虽有戎马,亦可行王道矣。"珥拜谢曰:"殿下所见,诚卓冠千古矣。但王道之行,在于实功,不在于言语。伏愿殿下实下功夫也。孟子之言曰:'一正君而国定。'此最要语也。[……]"①

值得注意的是,以上这一段记载中李栗谷所说的"伏愿殿下实下功夫也"一句,在《宣祖修正实录》中已经删除,② 推测应是执笔记录的史臣,以李珥之言对宣祖不敬,而加以删除。

---

① 《宣祖实录》卷三,宣祖二年(1569)八月十六日丁巳,见《朝鲜王朝实录》第21册,第220页。栗谷这一段话,见于宣祖二年八月十六日的《宣祖实录》,亦见于宣祖二年七月一日的《宣祖修正实录》,栗谷是否将同一段话说过两次,已无可考。
② 《宣祖修正实录》卷三,宣祖二年(1569)七月一日壬申,见《朝鲜王朝实录》第25册,第418页。

宣祖六年（1573）九月二十一日的《宣祖实录》有以下记载：

> 上读前受《汤誓》讲讫，讲官进讲："自今汝其曰，止观世变矣。"讲讫，字颙进榻前，启曰："[……]孟子曰：'舜生于诸冯，东夷之人也；文王生于岐周，西夷之人也。前圣后圣，其揆一也。'我国僻在东隅，殿下以圣明之质，而君临之，其聪明睿智、仁义礼智之性，固已同符于舜、文，若能留意帝王之学，独得于舜、文之心法，而得其导率之政，则东国之民之性，亦舜、文之民之性，未尝小异，虞、周之治，岂不可复见于东国哉？[……]臣愿，殿下今日觉悟，则便从今日为始，洗濯磨励，大加圣志，**以王道为心，生灵为念**，而不宜过自菲薄，因循苟[且]，而不复以古昔帝王自期也。殿下欲法哲王，亦不待远求，只据今日进讲之书，取法成汤而已。[……]"①

从这一段史料中，我们可以遥想1573年经筵讲官引用孟子之言，强调朝鲜虽"僻在东隅"，但"东国之民之性，亦舜、文之民之性，未尝小异"，要求宣祖"以王道为心，生灵为念"，义正词严，令人动容。

（b）仁祖 vs. 姜鹤年

朝鲜儒臣引用《孟子》而要求国王行"王道"，屡见于《朝鲜王朝实录》之中，有时已对国王形成无形的压力。仁祖四年（1626）十二月十五日，司御姜鹤年对仁祖上疏曰：

> **殿下近来，进讲《孟子》，为日已久，未闻保民以王之政，是殿下空钻纸上语，而未尝体诸心，验诸行事而然也。先儒云："王道之外，举皆荆棘。"若自上躬行仁术，使赤子皆有所依归，然后兴学校、明人

---

① 《宣祖实录》卷七，宣祖六年（1573）九月二十一日戊戌，见《朝鲜王朝实录》第21册，第271页。

伦，以教化之，乃先王保四海之术也。人伦明于上，小民亲于下，国家自安，宗社永赖。昔者孟子，劝齐、梁行王道。以齐、梁之时，孟子犹为是说，是则无不可为之时也。①

类似这类儒臣严肃要求国王落实孟子的"王道"之言论，在《朝鲜王朝实录》中屡见不鲜。

在《实录》中所见儒臣正面鼓励国王行"仁政"多为一般性原则，但在儒臣文集所见疏札、策问、封事等上呈国王的公文书中，则对施行"王道"提出更详细具体的建议。

举例言之，15世纪曾任大司宪的孙舜孝（1429—1497）建议国王："臣又闻有天德者，便可与语王道，其要只在谨独。谨独之方，又在敬之一字。伏愿殿下敬之哉。"② 16世纪李彦迪（1491—1553）上呈国王的《进修八规》第四条，向国王解释"王道"之"体""本于至诚仁爱之心"，③ 其"用"则在于"尽道于仁孝"④。17世纪朱子学大师宋时烈（1607—1689）在1658年（朝鲜孝宗九年，明永历十二年，日本万治元年）向孝宗国王说朝鲜"拘于法制，不为改嫁，岂纯于王道乎？"⑤ 李惟泰（1607—1684）在1660年（朝鲜显宗元年）上疏显宗国王力陈"殿下之臣民，岂无所望于王道之行乎？"⑥ 18世纪的金龟柱（1740—1786）在参加朝讲时，力陈王霸之辨即"天理"与"人欲"之辨。⑦

---

① 《仁祖实录》卷十四，仁祖四年（1626）十二月十五日癸丑，见《朝鲜王朝实录》第34册，第153页。
② 孙舜孝：《策问》，《勿斋集》卷一"杂著"，收入《韩国文集丛刊（续）》第1辑，首尔：韩国古典翻译院，1726年本，第233页。
③ 李彦迪：《进修八规》，《晦斋集》卷八"疏"，收入《韩国文集丛刊》第24辑，1565年本，第435页。
④ 同上。
⑤ 宋时烈：《经筵讲义》，《宋子大全》"拾遗卷"第9，收入《韩国文集丛刊》第116辑，1901年本，第177页。
⑥ 李惟泰：《己亥封事 庚子五月承命封进》，《草庐集》卷二"疏"，收入《韩国文集丛刊》第118辑，1805年本，第73页。
⑦ 金龟柱：《立朝日录 起癸未十月十八日 止甲申三月三十日》，《可庵遗稿》卷二二"杂著"，收入《韩国文集丛刊（续）》第98辑，年份不详，第394—395页。

19世纪李羲发（1768—1849）主张"王道"以"裕民"为第一义，他说：

> 《孟子》曰："五亩之宅，树之以桑。"《卫诗》曰："树之榛栗，椅桐梓漆。"诚以王道之始，在于养老。足民之本，在于树艺也。子朱子之知南康，特将星子知县王文林种桑法，申谕坊里，看作裕民之第一义者，岂无以哉？我国接青兖宜桑之地，依山之村，滨水之野，隰可以种桑楮，阪可以树梓漆，山宜松桧榛栗之林，衍宜枣杏梨柿之植，真所谓衣食之乡也。①

李羲发向国王阐释所谓"王道"之根本目标在于裕民，应在朝鲜全面落实孟子的"仁政"。

综上所言，朝鲜儒者与历代国王不论是经筵双向对话之中，或是在疏札的单向条陈之中，都正面肯定孟子的"王道"理念，更在疏札中常常详细阐释落实"王道"的各项具体措施。

2. 第二种作用则是孟子的"王道"，被朝鲜儒臣引用来负面地批判国王施政公私不分。如果将宫廷里朝鲜君臣的对话，譬喻为一场"语言的战争"，那么，孟子的"王道"理念就是作为儒臣意识形态的"批判的武器"（青年马克思 [Karl Marx, 1818—1883] 语）②，用来批评国王施政的缺失。以下是两个具体实例：

（a）孝宗 vs. 金益熙

孝宗（在位于1649—1659）五年（1654）十一月十六日大司成金益熙（1610—1656）上疏曰：

---

① 李羲发：《朱子大全故寔》，《云谷集》卷十八，收入《韩国文集丛刊（续）》第111辑，1899年本，第348—349页。
② 马克思：《黑格尔法哲学批判·导言》，收入中共中央马克思恩格斯列宁斯大林著作编译局编：《马克思恩格斯选集》第1卷，北京：人民出版社，1972年，第9页。

> 盖殿下非不欲励精为治,而未甚得乎要领;非不欲好贤嫉邪,而未甚严乎辨别;非不欲立纪纲,而不知本乎大公至正;非不欲破朋党,而不知明其是非、公私。严辞峻批,每厉言事之臣,厚责重谴,或加刚介之士。**凡此数者,皆因殿下未尝留心天德、王道之学。**欲以智力,把持一世,救见速效,而意必固我之私,又缠绕相仍,摆脱不得。故发于辞令,施诸事为者,大率多奋励急迫之病,少和平宽裕之气,不能循则乎天理,慰悦乎人心。至于殿下之臣,亦莫不各私其身、各私其家,百隶怠官,纲维解纽,百孔千疮,莫可收拾,如此而其国未有不亡者也。以殿下仁圣,诚得少达治体者,以佐下风,则整顿纪纲、修举废坠,特措置中事。况内无权臣,外无强藩,国虽疲弊,四封尚完。为王为霸,只在力行如何,何惮而不为乎?①

在金益熙的上疏中,明白指责孝宗国王是非不分、公私混淆、厚责刚介之士,凡此种种疏失皆因"未尝留心天德、王道之学",持义峻烈,义正词严,我们可以想象孝宗国王阅览上疏时的心理压力。青年马克思在1852年所撰《路易·波拿巴的雾月十八日》中曾说:

> 人们自己创造自己的历史,但是他们并不是随心所欲地创造,并不是在他们自己选定的条件下创造,而是在直接碰到的、既定的、从过去承继下来的条件下创造。一切已死的先辈们的传统,像梦魇一样纠缠着活人的头脑。②

马克思这一段话,可以被引用来形容孟子"王道"政治思想在朝鲜时代的宫

---

① 《孝宗实录》卷十三,孝宗五年(1654)十一月十六日壬寅,见《朝鲜王朝实录》第35册,第691页。
② 马克思:《路易·波拿巴的雾月十八日》,收入中共中央马克思恩格斯列宁斯大林著作编译局编:《马克思恩格斯选集》第1卷,第603页。

廷政治中所发挥的作用。孟子作为两千多年前"已死的先辈",仍"纠缠着"朝鲜政治舞台上"活人的头脑"。

(b)肃宗 vs. 朴世采

孟子的"王道"政治理念,在《朝鲜王朝实录》所记载的472年历史之中"纠缠"着25代国王,① 确实是历史事实,例如肃宗(在位于1674—1721)十四年(1688)六月十四日,吏曹判书朴世采(1631—1695)上辞职疏中,就附陈小册论时务12条,第一条就论"王道",朴世采说:

> 其一,**论奋大志**。略曰,匹夫之治身,犹必立志而后,乃底于成,况人主可不奋大志而能有所为乎?**其目有二**。一曰,**审王道**,王道者,本乎人情出乎礼义,若履大路而行,无所回曲,则惟尧、舜、禹、汤、文、武之君,为能合其道,必得天理之正,必极人伦之至者。孟子所谓:"以德行仁。"董子所谓:"正其谊不谋其利,明其道不计其功。"是也。五霸先诈力而后仁义,然后天下贸贸然,辗转反侧于曲径之中,数千百年,无以王道自立者。今当以必复先王之治为期。②

从《朝鲜王朝实录》中的君臣对话来看,绝大多数朝鲜国王都能接受孟子的"王道"理想,并以践行"王道"自惕自励,《宣祖大王墓志文》记载以下这段史料:

> 论者又曰:"今者朝无权奸,国无边警,此正为治之日。"王曰:"此说不然。孟子当战国之时,劝诸侯以行王道。国家虽战争多事,岂有不能为治之时哉?"③

---

① 朝鲜时代(1392—1910)共518年,共有27代国王,但《朝鲜王朝实录》仅记载从太祖至哲宗共25代王,未列高宗与纯宗之实录。
② 《肃宗实录补阙正误》卷十九,肃宗十四年(1688)六月十四日乙卯,见《朝鲜王朝实录》第39册,第144页。
③ 《宣祖实录》卷二二一《宣祖大王墓志文》,见《朝鲜王朝实录》第25册,第395—396页。

宣祖自勉虽然国家战事频仍,但仍应效法身处战国时代的孟子,以行"王道"为己任。

3. 孟子的"王道"在朝鲜儒臣的对话中发挥的第三种作用是,"王道"被国王运用来质疑儒臣的迂腐、不通实务,在这种对话语境中,"王道"成为国王反驳儒臣的意识形态"武器"时,所进行的"武器的批判"。① 以下这个例子非常传神:

(a)纯祖的质疑

朝鲜国王在接受孟子"王道"理念的同时,有时也会提出深刻的质疑,最有思想深度的是纯祖九年(1809)三月二十七日丁亥,《纯祖实录》中的一段记载:

> 讲《孟子》。上曰:"《孟子》以以羊易牛,谓之是心足以王。恻隐之心,固善端之发,而**王天下者,徒以恻隐为心,则何以治天下乎**?"
>
> 玉堂徐长辅曰:"圣教诚然。为人君者,若以生道杀人,则是杀之中,亦不无仁心之可见处。若以妇人之仁,徒事煦煦,则是无益于治也。春生秋杀,即天之道,而春生仁也,秋杀义也。仁、义并行,然后岁功可成,而天下可治矣。"
>
> 上曰:"虽禽兽,不忍其无罪而就死,则是心足以王矣。然若使百姓无罪,而填乎沟壑,乐岁终身苦,凶年不免于死亡,则轻重倒置,失其当然之序矣。"
>
> 长辅曰:"然矣。齐王之不能行王政,实由于不知轻重之序,而不能推广其心故也。"
>
> 上曰:"乐岁终身饱,凶年免于死亡,即王道之效,而不期然而然者也。非高远难行之事,而齐王视以难行。辟土地,朝秦、楚,莅中

---

① 马克思:《黑格尔法哲学批判·导言》,收入中共中央马克思恩格斯列宁斯大林著作编译局编:《马克思恩格斯选集》第1卷,第9页。

国,抚四夷,譬如缘木求鱼,而齐王必欲求之,此亦不知轻重难易之序矣。"①

纯祖质疑:统治天下如果只有"恻隐之心",则"何以治天下乎"? 纯祖提出的这个问题非常重要,这个问题的另一种提法就是:"只有'仁心'就可以开出'仁政'吗?"纯祖的问题建立在一个未经明言的命题之上:"思想"(即"仁心")与制度(即"仁政")之间,有其"不可互相化约性"(mutual irreducibility)。这项命题正是宋代政治思想史中功利学派,如北宋李觏(字泰伯,1009—1059)、王安石(字介甫,1021—1086)、南宋陈亮(字同甫,1143—1194)、叶适(号水心居士,1150—1223)等人,对理学家如北宋程颐(字正叔,1033—1107)与南宋朱熹(号晦庵,1130—1200)政论的挑战。程朱学派诸子论政多立基于《大学》,要求国君力行"诚意正心",但功利学派诸子则强调"王道"必以建立制度为前提,所以南宋叶适说:"[⋯⋯]**法度**立于其间,所以维持上下之势也。唐虞三代必能不害其为封建,而后王道行,秦汉魏晋隋唐必能不害其为郡县,而后伯政举",②强调古代"王道"政治是建立在封建的制度基础(叶适所谓"法度")之上。18世纪日本荻生徂徕(物茂卿,1666—1728)以"举**礼乐刑政**凡先王所建者",重新定义"道",③也是指向"思想"与"制度"之间有其"不可互相化约性"与互相依存性。孟子告诉梁惠王(在位于前370—前319)"王道"之始在于"五亩之宅,树之以桑,五十者可以衣帛矣;鸡豚狗彘之畜,无失其时,七十者可以食肉矣;百亩之田,勿夺其时,数口之家可以无饥矣;谨庠序之教[⋯⋯]",④孟子主张只有"仁心"而不经过一套制度或机制运作,就不能转化为"仁政";反之,"仁"的实践必须以"仁心"作为基础或指引之方向,这就是孟子所说"徒善不足以为政,徒

---

① 《纯祖实录》卷十二,纯祖九年三月二十七日丁亥,见《朝鲜王朝实录》第47册,第627页。
② 叶适:《叶适集》,刘公纯、王孝鱼、李哲夫点校,北京:中华书局,1983年,第787页。
③ 荻生徂徕:《辨道》,收入《荻生徂徕》,东京:岩波书店,1973,第14页。
④ 朱熹:《四书章句集注》,第282页。

法不能以自行"(《孟子·离娄上·1》)<sup>①</sup>之深意,"仁心"与"仁政"如车之二轮,鸟之双翼,不可分亦不能分。"仁心"如不落实为"法度"(叶适语)或"礼乐刑政"(荻生徂徕语),则沦为空言;反之,"礼乐刑政"如不立基于"仁心",则沦为盲动。朝鲜纯祖所提出的问题,切中孟子"王道"政治论的核心问题。

更进一步来看,纯祖的这个问题已触及一个具有现代意义的问题:政治生活是否有其独立自主性?换言之,作为"私领域"之个人道德生活与个人事物,可以决定属于"公领域"的公共事务或政治事务的发展方向吗?纯祖所提出的这个问题,涉及统治者的人格(仁心)是否自己可以开展出政治秩序或制度(仁政)?纯祖的问题如果继续探索下去,必然涉及"道德领域"与"政治领域"之运作逻辑及其界线,以及"政治领域"中的"权力"问题。18世纪日本的荻生徂徕,就峻别"政治"与"道德",在政治中排除"私智",而被丸山真男推崇为开启了日本的"近代性"。<sup>②</sup>可惜纯祖的儒臣徐长辅(1767—1830)见不及此,未能如南宋叶适一般深论制度建构之于落实"王道"之重要性,于是,君臣二人的对话就滑过这个重大命题,惜哉!

其实,以上所说《纯祖实录》所载纯祖所提出的重大问题,距其大约50年前的儒者韩元震(1682—1751)就已在疏札中提出答案,他说:

> **后世议复三代之治者,徒以法制论王道,而不知其本有在于法制之外者**,故迂儒既欲一一追复其制,而俗吏徒知古法之不宜于今者,又谓其治不可复。儒者之论,常屈于俗吏之言,而遂以古治不可复,为不易之论,莫肯有志,可胜叹哉!三代之治,规模固远大矣,气像固皥皥矣。然圣人亦与人同,故为治,本无异事。孟子之论王道,不过曰:"老者衣帛食肉,黎民不饥不寒。颁白者不负戴于道路而已。"然则使斯民无饥寒而知礼义者,此则三代之治。而所谓规模之远大

---

① 朱熹:《四书章句集注》,第385—386页,引文见第385页。
② 丸山真男:《日本政治思想史研究》,东京:东京大学出版会,1983年,第80页。

气像之皥皥者,不外于是矣,此岂高远难及之事哉?天之生财,使足以养人,人之赋性,亦未有古今丰啬之异,因其财而均节之,则民可使无饥寒矣,因其性而导迪之,则民可使知礼义矣,此又岂高远难行之事也哉?惟在勉强力行,则自有所至矣。惟学可以作圣、惟诚可以求贤、惟仁可以化民、惟师心可以复古治、惟力行可以升大猷,而凡此又莫不以志为本。有志事成,汉之光武犹且知之。况以我殿下之圣学高明,独不知此理而不之信乎?①

韩元震主张仅有"法制"(如叶适与荻生徂徕所主张者)绝不足以行"王道",因为"王道"之"本""有在于法制之外者"。

那么,在韩元震的理解里,什么是"王道"之"本"呢?韩元震的回答一定就是王者的存心,他认为统治者的"仁心"是"王道"之"本",而"法制"是"王道"之末。

这一种充满"唯心主义"(idealism,或称"理念论""观念论")色彩的韩儒政治哲学,正与宋代理学家的政治哲学互相呼应。事实上,与韩元震同时代的尹东源(1685—1741)在经筵中就对国王这样说:

> 汉唐以下人君,初无留心于学问者,故数千年之间,王道消熄,杂霸横鹜,成一大空缺。昭烈武侯言其人品,则可以庶几三代,而初无问学之功,故其治法不能用王道,而自此以下,尤无足论矣。一朝如有大有为之主,奋发大志,从事学问,使正心诚意之效,熏蒸透彻,自身而家,自家而国,则其过化存神之妙用,岂与学者同日语哉?②

---

① 韩元震:《陈戒疏·九月》,《南塘集》卷三"疏",收入《韩国文集丛刊》第201辑,1765年本,第70—71页。
② 尹东源:《经筵讲义》,《一庵遗稿》卷一,收入《韩国文集丛刊》第208辑,年份不详,第411—412页。

尹东源与韩元震对"王道"的阐释,代表朝鲜儒者的主流意见,认为统治者一旦有了"仁心",自然就可以行"仁政"。这种类型的政治哲学的核心,可以称为"存心伦理学",尹东源与韩元震的政治思想,完全是朱子政治思想的翻版,朱子说:"自秦汉以来,讲学不明",① 所以"千五百年之间,正坐如此,所以只是架漏牵补,过了时日。其间虽或不无小康,而尧、舜、三王、周公、孔子所传之道,未尝一日得行于天地之间也",② 中韩朱子学者都强调国君如果"心"正,则政治就自然走上正轨。但朝鲜国王是政治最高负责人,他要运作国家机器,不能只靠一己之存心,必须依赖一套制度,而且要就政治运作的成败,负起最后的责任,所以,正祖提出"王天下者,徒以恻隐为心,则何以治天下乎?"是一个统治者每天必须面对的问题,是不容以存心良善为由就可以逃避的问题。

综上所说,孟子的"王道"政治思想在朝鲜宫廷君臣对话中所发挥的第三种作用,经由纯祖的问题而成为对儒者意识形态的"武器",发挥对"武器的批判"的作用。朝鲜儒臣与国王的伦理学立场的对比,正是"存心伦理"(ethic of intention)与"责任伦理"(ethic of responsibility)③的对比。

## 三、孟子"王道"概念在日本的两阶段"脉络性转换"

在上节回顾了《朝鲜王朝实录》以及儒臣上呈国王的疏札等各种公文中,朝鲜君臣对孟子的"王道"理念所发表的言论之后,我们可以探讨德川时代日本对孟子"王道"思想所进行的两阶段的"脉络性转换":

---

① 黎靖德编:《朱子语类》卷十三,《朱子全书》第 14 册,第 396 页。
② 朱熹:《答陈同甫六》,收入陈俊民编校:《朱子文集》第 4 册,卷三六,台北:德富文教基金会,2000 年,第 1457—1458 页。笔者曾探讨朱子对中国历史的解释,见拙著:《儒家思想与中国历史思维》,第 183—220 页。
③ Max Weber, "Politics as a Vocation," in W. G. Runciman ed., E. Matthews trans., *Max Weber: Selections in Translation*, Cambridge/New York: Cambridge University Press, 1978, pp. 212-225.

## （一）第一阶段："神学的转换"

第一个阶段的"脉络性转换"，可称为"神学的转换"。所谓"神学的脉络性转换"，涵盖时间大约是 17—18 世纪，孟子的王道逐渐被置入日本"神道"的涵义。这是孟子"王道"思想在日本的"风土化"的第一个阶段。

17 世纪的伊藤仁斋（维桢，1627—1705）与 18 世纪的荻生徂徕尚能掌握孟子"王道"的原意。仁斋盛赞尧舜之时"是为中庸之至、是为王道之极"，① 到了秦末汉初才"王道中绝"，② 但仁斋阐明"王"与"霸"之真意说：

> 盖王者之治民也，以子养之；霸者之治民也，以民治之。以子养之，故民亦视上如父母。以民治之，故民亦视上如法吏、如重将，虽奔走服役，从其命之不暇，然实非心服。有祸则避，临难则逃，不与君同患难，其设心之异，在于毫厘之间，而民之所以应上者，有霄壤之隔，非徒粹驳之异而已。③

仁斋认为"王"与"霸"并非政治发展阶段之差异，而是本质之不同，"王"者视民如子，所以人民心悦诚服，但"霸"者则视人民为被统治者，所以人民虽从命而心不服。

荻生徂徕说孟子之所以独赞周公，实因"帝道莫备于帝尧，王道莫备于周"，④ 他对孟子所说的"大体"与"小体"赋予政治的新诠释：

> 从其大体为大人，从其小体为小人，是则孟子之辨也，以安民为

---

① 伊藤仁斋：《语孟字义》卷之下，收入关仪一郎编：《日本儒林丛书》第 6 卷"解说部（二）"，第 87 页。
② 同上书，第 72—73 页。
③ 同上书，第 64—65 页。
④ 荻生徂徕：《蘐园十笔》，收入关仪一郎编：《日本儒林丛书》第 7 卷"续编随笔部（一）"，第 10 页。

心,其所志者大也;以富贵为心,不过奉己身,其所志者小也。不以安民而以心思,由此而后师道立,而王道亡,圣门之教不若是焉。①

荻生徂徕是渡边浩(1946— )先生所谓"御儒者"(御用儒者)②的代表人物,特重"政治儒学",将孟子的"王道"理解为"安民之道"。这一种解释与徂徕将《论语》中的孔子之"道"理解为"先王之道",而"先王之道,先王为安民立之",③"非离礼乐刑政,别有所谓道者也"④等说法,完全一脉相承;而与仁斋主张"人伦日用当行之路",⑤强调"若夫欲外人伦而求道者,犹捕风捉影,必不可得也",⑥构成强烈对比。仁斋与徂徕对孟子"王道"的理解之对比,是社会学与政治学的对比,也是"町儒者"与"御儒者"的对比。但是,笔者必须指出,徂徕对孟子"大体""小体"的新解释,恐已偏离孟子之原意。孟子之说出自《孟子·告子上·15》答公都子之问而说:"从其大体为大人,从其小体为小人。"⑦赵岐注本文《章指》云:"天与人性,先立其大,心官思之,邪不乖越,故谓之大人也。"⑧朱注:"大体,心也。小体,耳目之类也",并说"此天之所与我者,先立乎其大者,则其小者弗能夺也。此为大人而已矣"。⑨孟子在此所谓的"大人"是指成德之人,并不是指以"安民为心"

---

① 荻生徂徕:《蘐园十笔》,收入关仪一郎编:《日本儒林丛书》第7卷"续编随笔部(一)",第216页。
② 渡边浩:《東アジアの王権と思想》,东京:东京大学出版会,1997年,第127—128页;中译本参见渡边浩:《东亚的王权与思想》,区建英译,上海:上海古籍出版社,2016年,第96—97页。
③ 荻生徂徕:《论语征》,收入关仪一郎编:《日本名家四书注释全书》,东京:凤出版,1973年,第83—84页。
④ 荻生徂徕:《辨道》第4条,收入《荻生徂徕》,第14页。
⑤ 伊藤仁斋:《语孟字义》,收入井上哲次郎、蟹江义丸编:《日本伦理汇编》第5册,东京:育成会,1901年,第18—19页。
⑥ 伊藤仁斋:《童子问》,收入《近世思想家文集》,东京:岩波书店,1988[1966]年,第205页。
⑦ 朱熹:《四书章句集注》,第469页。
⑧ 焦循:《孟子正义》,北京:中华书局,1998年,第795页。关于孟子赵注研究,参考本田济:《赵岐"孟子章句"について》,收入池田末利博士古稀纪念事业会实行委员编:《池田末利博士古稀纪念东洋学论集》,第503—518页。
⑨ 引文见朱熹:《四书章句集注》,第469—470页。

的政治领袖,徂徕已将孟子的"心性儒学"解释为"政治儒学"。

洎乎18世纪,随着日本文化主体性之茁壮,开始出现"王道乃神道"①之说,孟子的"王道"逐渐向日本的"神道"发生位移现象。儒者与兵学者松宫观山(1686—1780)主张,神道本之于天,其教是以人言天,并以天言人,所以天人一体,幽明不二,儒道与神道暗合之处甚多。②闇斋学派的上月专庵(1704—1752)在《答安澹泊书》中说:"吾邦固有祭神灵式,吾党不用神主,勿笑儒者用神道礼,是孔子居鲁衣逢掖之衣,居宋冠章甫之冠之圣意也",③将儒家冠章甫之礼等同于日本神道之礼。

进入19世纪上半叶,从"王道"向"神道"(或称"神皇之道")的第一种类型"脉络性转换"已经完成。笔者试以幕末水户学者藤田东湖(1806[日本文化三年,清仁宗嘉庆十一年,朝鲜纯祖六年]—1855[日本安政二年,清文宗咸丰五年,朝鲜哲宗六年])作为代表,论述从王道到神道("神皇之道")的移动。

藤田东湖的思想受其父藤田幽谷(1774—1826)的影响,父子二人都是日本水户学派的代表性学者。水户学涵盖水户藩第二代藩主德川光圀(1628—1701)主导编纂《大日本史》过程中所孕育出来的尊王思想,以及藤田幽谷、藤田东湖父子和会泽正志斋(1782—1863)等人以国家论形式呈现尊王的政治经济思想,其影响持续至幕末尊王攘夷运动的思想体系之后期(幕末)水户学。④藤田东湖宣扬日本国体优越性,并强调树立国民必须忠君之思想,藤田东湖也展现了后期水户学将学问与政事合一之经

---

① 富永仲基(1715—1746):《翁の文》,收入关仪一郎编:《日本儒林丛书》第6卷"解说部(二)",第9—12页。
② 松宫观山:《三教要论》,收入关仪一郎编:《日本儒林丛书》第6卷"解说部(二)",第2—7页。
③ 上月专庵:《答安澹泊书》《徂徕学则辨》,收入关仪一郎编:《日本儒林丛书》第4卷"论辨部",第9页。
④ 徐兴庆:《导言》,载张宝三、徐兴庆编:《德川时代日本儒学史论集》,台北:台湾大学出版中心,2012年,第xxii页。

世思想。①

日本的水户学大兴于江户后期,主张"孔子之学"异于"儒者之学",显有非孟及反朱思想的用意。②藤田东湖更认为不应将《孟子》与孔子之书并列,认为孟子思想绝对不可用之于日本。③水户学者既区隔孔孟,故不云"**孔孟之教**",仅称"**周孔之教**",藤田东湖主张:"宜体周孔之本意,资明伦正名之大义,以光隆**神皇**之道。"④

藤田东湖《孟轲论》一文,写成于19世纪上半叶,在东亚孟子学史上,特具意义的有以下两点:

第一,藤田东湖是水户学代表人物,特重所谓"**大义名分**",批判孟子不重彝伦,他说:

> 为轲者,诚宜**奉孔子之遗意**,明《春秋》之大义,苟可以**扶彝伦**、**尊周室**者,汲汲为之不遗余力。今也不然,开口则谈王道,要其说之所归,不过使其齐、梁之君王于天下而已,呜呼!周室虽衰,尚有正统在焉,轲生于周之世,食周之粟,何心能忍而发其说耶?⑤

藤田东湖批判孟子不能"奉孔子之遗意,明《春秋》之大义",认为孟子不能"扶彝伦、尊周室"的"王道"就是"使齐、梁之君王于天下",他又说:

> 轲平生贵仁义、贱霸术,而无一语及**名分**,乃反欲隐然移周室之

---

① 参看吕玉新:《政体、文明、族群之辩:德川日本思想史》,香港:香港中文大学出版社,2017年,第264页。
② 参看张崑将:《德川学者对孔子思想的异解与引伸》,载黄俊杰编:《东亚视域中孔子的形象与思想》,台北:台湾大学出版中心,2015年,第220页。
③ 参看张崑将:《安藤昌益的儒教批判及其对〈四书〉的评论》,载黄俊杰编:《东亚儒者的四书诠释》,台北:台湾大学出版中心,2005年,第209页。
④ 藤田东湖:《弘道馆记述义》,收入高须芳次郎编:《新释藤田东湖全集》第5卷,东京:研文书院,1943—1944年,第160页。
⑤ 藤田东湖:《孟轲论》,收入高须芳次郎编:《新释藤田东湖全集》第4卷,引文见第8—9页。

鼎于田魏强僭之国,其为仁为义果何物?假使桓文而在,则鸣罪讨之,将不旋踵,轲岂暇于贱霸术乎哉?由是言之,轲之王道,非孔子所与也亦明矣。①

藤田东湖以上对孟子尊王黜霸之批评言论,既不知孟子"王道"论的真义,又不知孟子所处之历史背景,徒以"彝伦""名分"责孟子,亦可谓厚诬孟子者矣。东湖以"大义名分"批判孟子"王道"思想,反对孟子的"易姓革命",实则为"光隆神皇之道",②为日本天皇之神性张目,所以,东湖实系完成了从孟子"王道"向"皇道"的(也就是神学的)"脉络性转换"。

孟子所处的是狂风暴雨的战国时期(前453—前221),各国争战连年,孟子自己亲身经历"齐人伐燕"(《孟子·梁惠王下·10》),③"邹与鲁哄"(《孟子·梁惠王下·12》),④"秦楚构兵"(《孟子·告子下·4》)⑤等战乱,他感受老百姓的痛苦是"仰不足以事父母,俯不足以畜妻子,乐岁终身苦,凶年不免于死亡"(《孟子·梁惠王上·7》),⑥他痛切感到"王者之不作,未有疏于此时者也;民之憔悴于虐政,未有甚于此时者也。[……]当今之时,万乘之国行仁政,民之悦之,犹解倒悬也"(《孟子·公孙丑上·1》)。⑦所以,孟子严王霸之别有其深意,正如萧公权先生所说:"孟子黜霸,其意在尊王而促成统一。然所尊者非将覆之周王而为未出之新王,所欲促成者非始皇专制天下之统一而为先秦封建天下之统一。"⑧水户学者藤田东湖高唱"尊皇",完全未进入孟子的时代并进而理解其提倡"王道"之用心。作为水户

---

① 藤田东湖:《孟轲论》,收入高须芳次郎编:《新释藤田东湖全集》第4卷,引文见第12页。
② 藤田东湖:《弘道馆记述义》,收入高须芳次郎编:《新释藤田东湖全集》第5卷,第160页。
③ 朱熹:《四书章句集注》,第307页。
④ 同上书,第309页。
⑤ 同上书,第476页。
⑥ 同上书,第290页。
⑦ 同上书,第316页。
⑧ 萧公权:《中国政治思想史》(上册),第100页。

学者的藤田东湖强调君臣"名分",与北宋史学家司马光(1019—1086)的名分论——"为人臣者,策名委质,有死无二"①——如出一辙,而与孟子所高标的"王道"理想相去不啻万里!

第二,藤田东湖批判中华帝国常见的易姓革命,其言曰:

> 西土之为邦,**能言彝伦**,而彝伦常不明,尤疏于君臣之义,夫禅让放伐,姑置不论,**周秦以降,易姓革命,指不胜屈**,人臣视其君,犹奴仆婢妾之于其主,朝向夕背,恬不知耻,其风土然也。②

藤田东湖并进一步申论日本之天皇制度云:

> 独**赫赫神州**(按:"神州"指日本),**天地以来,神皇相承**,宝祚之盛,既与天壤无穷,则臣民之于天皇,固宜一意崇奉,亦与天壤无穷,而腐儒曲学,不辨国体,徒眩于异邦之说,亦以轲之书与孔子之书并行,欲以奴仆婢妾自处,抑亦惑矣。③

生于19世纪上半叶的藤田东湖在上述对孟子的评论中,展现出完全成熟的日本主体意识。日本主体意识早萌芽于17世纪的山鹿素行(1622—1685)、④18世纪的佐久间太华(?—1783)⑤与浅见絅斋(1652—1711)⑥称日本为"中国"之时,18世纪下半叶的尾藤二洲(1747—1813)以"我之为

---

① 司马光著,胡三省注,章钰校记:《新校资治通鉴注》卷二二〇,台北:世界书局,1976年,第7050页。
② 藤田东湖:《孟轲论》,收入高须芳次郎编:《新释藤田东湖全集》第4卷,引文见第16—17页。
③ 同上书,引文见第7页。
④ 山鹿素行:《中朝事实》,收入广濑丰编:《山鹿素行全集》第13卷,东京:岩波书店,1940—1942年,第234页。
⑤ 佐久间太华:《和汉明辨》,收入关仪一郎编:《日本儒林丛书》第4卷"论辩部",序,第1页。
⑥ 浅见絅斋:《中国辨》,收入《山崎闇斋学派》,西顺藏等校注,东京:岩波书店,1982年,第418页。

国"对比"汉之为国",盛赞日本"民稠财富,百物自足",①18世纪的荻生徂徕在他自己很看重的《政谈》一书中,屡称中国为"异国"。②凡此种种言论,都是19世纪的藤田东湖峻别"中国性"与"日本性"的思想史背景。③

因为强调日本的"神皇之道",所以藤田东湖总结指出:

> **轲之王道决不可用于神州**,然至于其存心养气之论,治国安民之说,与彼辨异端熄邪说,以闲先圣之道者,则虽孔子复生,必不易其言矣,取于人为善者,神皇之道,则轲之书岂亦可悉废耶?顾取舍如何耳,为孟轲论。④

从藤田东湖的抉择,我们看到了孟子的"王道"政治理念,东传日本之后逐渐被转化为"神皇之道"的迹象。⑤藤田东湖所谓"神皇之道"一语中的"神皇",是指具有神性的天皇,水户学者将孟子的"王道"转化为"神皇之道",可以说是"王道"理念在日本第一阶段的"脉络性转换"业已完成,并为第二阶段"脉络性转换"先做了意识形态的铺路工作。

### (二)第二阶段:"权力的转换"

孟子的"王道"在日本的第二阶段"脉络性转换",可称为"权力的转

---

① 尾藤二洲:《静寄余笔》卷上,收入关仪一郎编:《日本儒林丛书》第2卷"随笔部(二)",第10页。
② 荻生徂徕著:《政谈》,龚颖译,北京:中央编译出版社,2004年,第229页。
③ 关于近世日本思想家对"中国"的解释,参看黄俊杰:《论中国经典中"中国"概念的涵义及其在近世日本与现代台湾的转化》,收入拙著:《东亚文化交流中的儒家经典与理念:互动、转化与融合》,台北:台湾大学出版中心,2016年,第85—96页;黄俊杰:《石介与浅见絅斋的中国论述及其理论基础》,收入拙著:《思想史视野中的东亚》,第101—123页;Chun-chieh Huang, "The Idea of Zhongguo and Its Transformation in the Contexts of Early Modern Japan and Contemporary Taiwan", in *East Asian Confucianisms: Texts in Contexts*, Göttingen: V&R unipress, 2015, chapter 12, pp. 215-223.
④ 藤田东湖:《孟轲论》,收入高须芳次郎编:《新释藤田东湖全集》,第4卷,引文见第26页。
⑤ 关于孟子的"王道"在日本经历的思想内容的转化,参看张崑将:《从"王道"到"皇道"的近代转折》,《外国问题研究》2017年第3期,第4—12页。

换",其表现形式就是孟子的"王道"被注入了"皇道"的内容,为日本天皇至高无上的权力而服务,所以第二阶段的"脉络性转换",实质上是一种"权力的转换"。正如张崑将最近的研究所指出的:明治维新以后,天皇将祭、政、教集于一身,成为国家神道的最高权力系统,明治天皇(在位于1867—1912)成为皇权最高的天皇。到了1932年(民国二十一年,日本昭和七年),伪满洲国(1932年3月1日—1945年8月15日)成立,"王道"被解释成"皇道",并且接受"皇道"的指导,这是"皇道"支配"王道"的最高峰。① 所以,我们对孟子"王道"在日本的第二阶段"脉络性转换"的探讨,必须集中在1930年代。

1930年代是东亚历史风狂雨骤的年代。1931年(昭和六年)9月18日,日本发动"九一八事变",1932年2月17日,在日本关东军策动之下,伪满洲国宣告成立,以溥仪(1906—1967)为执政长官,定都长春(改名为新京),以郑孝胥(字苏戡,1860—1938)为国务总理大臣。伪满洲国是日本侵华所建立的傀儡政权,完全在日本关东军司令部控制之下,"九一八事变以前,关东军不过万余人,到了1941年7、8月间增加到百万人"。②1930年代正是日本国内军方力量快速壮大的年代,丸山真男(1914—1996)指出,从1931年日本在中国东北发动"九一八事变",到1932年5月15日日本海军少壮军人在国内发动"五一五事件",首相犬养毅(1855—1932)被刺杀,再到1936年2月26日日本国内军方发动"二二六事件"这段期间,是日本法西斯主义成熟时期,是"军部成为法西斯主义运动的推动力,逐渐掌握国政核心的过程",③也是在中国大幅增加兵力的时期。

在上述日本国内法西斯主义与军国主义高涨、日本侵华野心日亟的

---

① 参考 Kun-chiang Chang, "The Modern Contextual from 'Kingship' to 'Emperorship'", in Shaun O'Dwyer ed., *Confucian Thought in Modern Japan*, Tokyo: Japan Documents Publishing, forthcoming.
② 见张玉法:《中华民国史稿》(修订版),台北:联经出版公司,2015年,第355页。
③ 丸山真男著:《现代政治的思想与行动:兼论日本军国主义》,林明德译,台北:联经出版公司,1984年,第19页。

1930年代，伪满洲国提出以"王道乐土"为建国目标。虽然一些提倡国家主义的右翼学者，如倍受东京帝国大学哲学教授井上哲次郎（1855—1944）推崇①的东京帝国大学教授、著名汉学家盐谷温（1878—1962）访问"新京"时，还以"鼓腹重开尧舜天"条幅赠送溥仪。②但在日本关东军侵占中国东北的背景中，"王道乐土"四字显得极为突兀，竖立在万里长城山海关上的巨大石碑《王道乐土大"满洲国"》亦为莫大讽刺。伪满洲国国务总理大臣郑孝胥在所著《王道管窥》小册中，首先指出1930年代世界主要问题：

> 当世列国所用，以造成国民之思想者，岂不曰爱国乎？所用以养成国民之能事者，岂不曰军国民之教育乎？各国所以练习其国民者，唯恐落于人后。岂知爱国之宗旨，即为仇外之对象，军国民之资格，即为备战之先声。此皆建威图霸之策，而世界之战祸，已酿成于习惯之中。种因得果，不至于破坏治安，戕灭人类不止。且电力火器之技，日进未已，军械之精、军费之巨，皆百千倍于往日。战事未决，而人民之死亡，财用之耗竭，已立见矣。③

郑孝胥认为爱国主义与军国民教育，是当时各国建威图霸之国策，导致世界战祸频仍，所以，他接着开出对治世界战祸之良方，即"王道"，他说：

> 王道者，乃今日起死回生之良药，消世界之战祸，而致之于安居乐业之途者也。果行王道，必先荡涤爱国之思想，而以博爱为主，必

---

① 参考 Shaun O'Dwyer, *Confucianism's Prospects: A Reassessment*, Albany, NY.: State University of New York Press, 2019, p. 155。
② 参看陈玮芬：《"天道""天命""王道"与"皇道"：由近代日本天皇政治论德治与血缘的扞格》，收入氏著：《近代汉学的"关键词"研究：儒学及相关概念的嬗变》，台北：台湾大学出版中心，2005年，第184页。
③ 郑孝胥：《王道管窥》，"新京"："满洲国"国务院总务厅情报处，康德元年（日本昭和九年，即1934年），第1页。

先革除军国民之教育,而以礼义为先。**王道**之学,谓之内圣外王之学。**王道**至大,而不能求之于大。王道至远,而不能求之于远。然则王道安在乎?今以一言蔽之曰:在于人己之间而已。**内圣者,王道之属于己者也。外王者,王道之属于人者也**。[……]①

郑孝胥接着认为"王道"可以对治当代世界"背义之豪举""仇外之习气"以及"种族之陋说"等三大"心病"。② 最后,郑孝胥申论伪满洲国以"王道主义""建国"之理由说:

> "**满洲国**"**建国是王道的主义,这王道就是平天下的法子**,[……]所以孟子常说:"得百里之地而君之皆能以朝诸侯,行一不义,杀一无辜而得天下,皆不为也",意思说的,得到百里之地,试行这个王道,将来就能收得平天下的功效,就是**王道的真理**。③

郑孝胥在日本侵华所扶植的傀儡政权伪满洲国,提倡作为抽象理念的"王道",竟无一字涉及具体政务。郑孝胥以上所揭橥的"建国理想",于1932年在伪满洲国协和会开会场合发表。伪满洲国协和会所发表的"建国宣言",宣称批判资本主义、共产主义与三民主义,宣称伪满洲国"建国精神"在于"王道"主义。研究伪满洲国历史的山室信一(1951— )先生,曾十分传神地以古希腊的狮头羊身蛇尾的怪物(Chimera)形容伪满洲国,他指出伪满洲国政治有四个关键词:(1)日满定位,(2)日满比率,(3)总务厅中心主义,(4)内面指导。在这四大面向上,关东军司令部均为实际掌控者。伪满政府中央及地方机关官僚共7100人,其中中国人共3517人,日本人共

---

① 郑孝胥:《王道管窥》,第1页。
② 同上书,第5—6页。
③ 同上书,第9页。

3249人，日本人占总数的45.8%，实际运作是独裁的中央集权制。① 在上述政治军事背景中，郑孝胥高唱"王道主义"作为伪满的建国理想，如果不是盲目无知，就是自欺欺人，其遭受批判乃必然之事。

果不其然，当时在伪满洲国的日本新闻记者与时事评论家橘朴（1881—1945）在1934年（昭和九年）2月24日在《满洲评论》发表一篇文章，题为《郑总理的王道政策批判》，他将"王道"在中国历史上的实践分为3期：（1）氏族共产时代，指从远古到殷代中期；（2）原始封建制即农奴生产的时代，指殷末到周代中期；（3）集权的封建亦即自由农生产时代，指周末以后。他指出郑孝胥所谓的"王道"属于第2期，但是"满洲国"所要实现的"王道"应属于"王道"政治的第3期。他又批判郑孝胥的"王道"思想是保守的儒家思想，仅止于纯粹的观念论。他还引用郑孝胥给他的回信中的内容说："民国以来纷乱20余年，道德文学破坏无余。[……]建国一年以来财政稍定、寇盗稍戢。今试行青苗法，收效颇善[……]"② 他批判"青苗"法，认为其在中国历史上恶名昭彰，并指出郑孝胥的"王道"充满"父长主义"，与"满洲国"所追求的自治主义正好相反。③

橘朴是一个知识丰富的新闻记者，他对郑孝胥所谓"王道"的批判，仅针对当时伪满洲国政治现实立论。在1930年代真正完成孟子"王道"在日本的第二阶段从"王道"到"皇道"的"脉络性转换"的，是对当时政商界颇有影响力，并在1945年8月参与天皇《投降诏书》修订工作的民间儒者安冈

---

① 山室信一：《キメラ——满洲国の肖像》，东京：中央公论新社，2006年，第168—175页，统计表见第170—171页。晚近研究文献指出：伪满洲国工业化的资源并非来自中国东北地区农业部门资源的流入，而是来自日本资本的大量挹注，但这不是因为日本帝国的"仁慈"，而是因为太平洋战争突然爆发，使日本帝国来不及从伪满洲国榨取利益。见Nakagane Katsuji, "Manchukuo and Economic Development", in Peter Duus, Ramon H. Myers & Mark R. Peattie eds., *The Japanese Informal Empire in China, 1895-1937*, Princeton: Princeton University Press, 1989, chapter 5. pp. 133-157, 尤其是第157页。

② 橘朴：《郑总理の王道政策批判》，原刊于《满洲评论》第8号（昭和九年二月二十日），收入氏著：《橘朴著作集（第2卷）：大陆政策批判》，东京：劲草书房，1966年，第118—123页，郑孝胥回信内容系笔者依橘朴日译文再译回中文，与原函文字或有出入。

③ 橘朴：《郑总理の王道政策批判》，第122页。

正笃(1898—1983)。

安冈正笃在伪满洲国成立当年,也即1932年出版《东洋政治哲学:王道的研究》一书,① 此书第二编"王道"共分三章,第一章论"造化与王道"的第二节论民众教化,强调"王道"之重要工作有三:(1)大臣之任用;(2)劝学尊师,亦即太子之教养;(3)祭祀之尊重。第二章论"王""霸"之别,批判孟子的汤武放伐论。第三章特论日本天皇制度,明辨日本国体与中国国体完全不同,安冈正笃自称是其"深意"之所在。②

安冈正笃的"深意",就是将孟子的"王道"向以日本天皇为最高权力中心的"皇道"进行"脉络性转换"。相对于第一阶段将"王道"向"神皇"进行"脉络性转换"——其本质上是一种"神学的转换"——而言,第二阶段的"脉络性转换"则是将孟子的"王道"转化为日本的"皇道",如置于20世纪30—40年代日本侵华战争的历史背景中来看,这是一种"权力的转换",企图将"王道"转化为使日本帝国的侵华战争合理化的一套论述。

安冈正笃在伪满洲国成立次年的1933年发表的《皇道与王道》一文中,首先感叹自从伪满洲国建国以来,"王道"一语大为流行,但内容颇为浅薄,距离"真正的王道"尚远。安冈正笃解释:所谓"王道"的"王"指"人格者"而言,能使人心归往、民心悦服。所谓"道",指依宇宙人生而成立的活动之所以然之谓。接着,安冈正笃引用北宋邵雍(谥康节,1012—1077)之说,③ 将自古以来的国君分成"以道化民""以德教民""以功劝民"和"以力率民"4种类型,各以"皇""帝""王""霸"称之。安冈正笃认为邵雍所谓"皇""帝""王",可总称为"王",而与"霸"对扬。但是,安冈进一步指出:"王道"之最为醇乎醇者而无功利之嫌的就是"皇道"。中国儒家的"王道"重视人心之归往,常为霸者及跋扈之奸民所乘,日本现在的政党与左翼人

---

① 安冈正笃:《东洋政治哲学:王道の研究》,东京:玄黄社,1932年。
② 安冈正笃:《东洋政治哲学:王道の研究》第2编"王道",第99—188页。
③ 邵雍:《邵雍集》,郭彧整理,北京:中华书局,2010年,第13—15页。

物,常标榜"王道主义者",这是假的"王道"。今日欲重返真正的"王道",非回归在日本国体之上的"皇道"不可。①

到底安冈正笃如何进行从"王道"到"皇道"的"脉络性转换"呢？笔者分析安冈的论证过程,以为大致可以归纳为以下几个步骤：

（1）真正的"王者",必定是造化其本身,国家实行真正的"王道",暴君放伐等行为必然绝迹。

（2）"王者"既是造化之所成,所以超越于万民之上,而又于人民为至亲至尊之存在。

（3）日本的王者,称为"天皇",又称为"人皇",是造化自身,也是造化所成的人。日本的国土臣民,实是天皇之自我显现。

（4）日本人对天皇的崇敬,乃是基于深厚的造化的自觉,是全世界所未见。日本的皇室与宗家构成大家族的国家,也就是典型的本然的社会,是最合乎造化的国家,称之为"皇胤国家日本",决不过分。

（5）中国现在所实现的其实是"霸道",真正的"王道"是日本的光辉的天皇之道,故称之为"皇道"。②

经过以上所归纳的5个步骤的论证过程,安冈正笃"拔赵帜立汉赤帜",③通过偷天换日一般的思想工程,完成了孟子的"王道"向日本的"皇道"的"脉络性转换"的过程。

经由第二阶段的"脉络性转换",安冈正笃将孟子学中原作为普世政治价值而超越国家框架的"王道",置换成为特殊的国家（日本帝国）权力合法化的"皇道",成为1945年以前日本帝国主义的意识形态基础。丸山真男曾依据"远东国际军事裁判公断纪录第四一号",分析认为,战

---

① 安冈正笃：《皇道と王道》,原刊于《国维》第11期,1933年,后收入氏著：《经世琐言》,东京：刀江书院,1940年,第65—69页。
② 安冈正笃：《东洋政治哲学：王道の研究》第2编第3章"日本天皇",第183—188页。
③ 司马迁著,泷川龟太郎注：《史记会注考证》卷九二"淮阴侯列传第三十二",台北：洪氏出版社,1986年,第1067页。

争期间日本帝国"皇道"新论述中,"皇道"在时间上永续发展,在空间上无限扩大,"皇道"要求守护的是"皇军的使命",必然成为日本帝国对外侵略的意识形态基础,①因为正如丸山真男所说:战前"日本的国家主义始终只想**把自己的统治依据,置于内容价值的实体之上**",②日本帝国"国家主权一元性的**占有精神权威与政治权力**的结果,国家活动的内在本身(团体)即具有正当性的基准,因而国家的对内对外活动,并**不服从任何一种超国家的道义标准**"③。这真是对战争期间日本帝国的"超国家主义"(ultra-nationalism,此处的"超"字是"极端"之意)一针见血的剖析。④由此一端,亦可见"民族主义"如果超越于人类普世价值之上,将带来怎样的灾难性的后果。

作为一个近代日本的"儒家民族主义者"(Confucian nationalist),⑤安冈正笃对"王道"所进行的从"普遍的"(universal)到"特殊的"(particular)之"脉络性转换",为日本军国主义的侵略行动进行意识形态的背书,将使孟子英灵痛哭于地下。也许正是感受到1920年代以后,日本政界、军方与民间的"亚洲主义"思想氛围,已经从"亚洲一体论"向"日本盟主论"微妙转变,所以孙中山(1866—1925)先生于1924年(民国十三年,日本大正十三年)在神户发表"大亚洲主义"演讲时,就警告明治维新成功以后的日本,必须在"做西方霸道的鹰犬,或是做东方王道文化的干城"之间,慎重抉择。⑥

---

① 丸山真男:《现代政治の思想と行动》(增补版),东京:未来社,1970年;中译引文见《现代政治的思想与行动:兼论日本军国主义》,第154页。
② 丸山真男:《现代政治的思想与行动:兼论日本军国主义》,第40页。
③ 同上书,第7页。
④ 入江昭对于日本帝国主义的意识形态,也有极为深刻的分析,参看Akira Iriye, "The Ideology of Japanese Imperialism", in Grant K. Goodman ed., *Imperial Japan and Asia: A Reassessment*, Occasional Paper of the East Asia Institute, Columbia University, 1967, pp. 32-45。
⑤ Roger H. Brown, "A Confucian Nationalist for Modern Japan: Yasuoka Masahiro, the Nation-state, and Moral Self-cultivation, 1898-1983", Ph.D. diss., University of Southern California, 2004.
⑥ 孙中山:《演讲·大亚洲主义(民国十三年十一月二十八日在神户高等女校对神户商业会议所等五团体演讲)》,收入国父全集编辑委员会编:《国父全集》第3册,台北:近代中国出版社,1989年,第535—542页。

但正是在 1920 年代，安冈正笃用"王道"口号，为日本侵略亚洲各国以及在日本国内进行政治改革广义论述，1931 年"九一八事变"以后，日本的侵华野心已完全落实。① 在 20 世纪 30—40 年代中国与亚洲其他各国遭受日本侵略的血泪岁月里，孟子所高唱的超越国家疆界的"王道"，竟被日本右翼知识分子置换成为日本军国主义服务的"皇道"，其实质内容已成为孟子"王道"的对立面的"霸道"，可哀可叹，莫甚于此！

## 四、作为"王道"对立面的"霸道"：兼论管仲的历史定位

在探讨了朝鲜君臣与日本儒者对孟子"王道"论的讨论之后，我们必须接着探讨作为"王道"对立面的"霸道"及其代表人物管仲在日本与朝鲜的形象，我们才能将"王道"与"霸道"对比观之，对"王道"获得更深入理解，因为论"王道"者必以"霸道"作为对照系，而生于孔子之前 96 年的管仲，协助齐桓公（在位于前 685—前 643）"九合诸侯，不以兵车"，② 成就霸业，成为自孔孟以降，东亚各国儒者议论之指标性人物。我们先看管仲在日本的思想意象。

### （一）日本思想史"孟子事件"中的管仲论："实学"精神的浸润

在日本孟子学史上，自徂徕开启对孟子政治思想的批判之后，徂徕弟子太宰春台也批驳孟子，徂徕学派之后起者如伊东蓝田（1733—1809）认为汤武乃篡弑而非革命，1778 年佐久间太华撰《和汉明辨》，幕末的藤泽东畡（1793—1864）著《思问录》《原圣志》，均批判孟子及其思想。由于徂徕学派斥孟言论太过激越，遂引仁斋学派的深谷公干起而反驳太宰春台的非孟

---

① 对于安冈正笃的"王道"论述及其历史背景的详细论述，见 Roger H. Brown, "A Confucian Nationalist for Modern Japan: Yasuoka Masahiro, the Nation-state, and Moral Self-cultivation, 1898-1983", Ph.D. diss., University of Southern California, 2004, pp. 172-180.
② 朱熹：《四书章句集注》，第 212 页。

言论,①回护孟子及仁斋。其后,又有肥后(肥后国的领域大约为现在的熊本县)的程朱学者薮孤山批驳春台批判孟子之立场。后又引起服部栗斋(生卒年不明)补充薮孤山之说,以及徂徕学派弟子中山城山,起而支持太宰春台之非孟立场以驳斥薮孤山之尊孟论。②这一段从17世纪延续到19世纪的孟子学争论,可以称为日本思想史上的"孟子事件",是在思想史中具有影响力的事件,也是有思想价值的事件。③

在本文第二节与第三节,我们讨论朝鲜君臣对话或儒臣奏章中的"王道"思想,以及从德川时代到20世纪上半叶,孟子"王道"概念在日本所经历的两次"脉络性转换"。现在我们可以进而讨论作为"王道"的对立面的"霸道"及其代表人物管仲在日本的形象。在这一节的讨论中,为避免行文过于枝蔓,我仅选择参与"孟子事件"辩论的日本儒者作为探讨的对象,但在进入这些儒者的争辩之前,我想先说明日本儒者对"王""霸"之辩问题的两项主流意见。

第一,德川时代日本儒者大多主张"王霸同质论",所以大多推崇管仲的政治功业。古学派先行者山鹿素行说"王""霸"之别在于:"王道者为义之与比,伯术者有所为也。管仲之高才,夫子以称之[……]",④山鹿素行的"王""霸"论述,与同时代的中国儒者黄宗羲(别号梨洲老人,1610—1695)可谓隔海呼应。黄梨洲在《孟子师说·齐桓、晋文之事章》中说:"王霸之分,不在事功而在心术:事功本之心术者,所谓'由仁义行',王道也;只从迹上模仿,虽件件是王者之事,所谓'行仁义'者,霸也。[……]譬之草木,王

---

① 见深谷公干:《辨非孟论》,收入氏著:《驳斥非》附录,收入关仪一郎编:《日本儒林丛书》第4卷"论辩部",第27页。
② 黄俊杰:《德川日本〈论语〉诠释史论》,台北:台湾大学出版中心,2015年,第106—107页。
③ 陈少明(1958— )先生说:"可以把思想史事件分为两个类型:一个是构成思想史影响的事件,一个是有思想价值的事件。"见陈少明:《什么是思想史事件》,收入氏著:《经典世界中的人、事、物》,上海:上海三联书店,2008年,第48页。
④ 山鹿素行:《山鹿语类》卷三三,收入井上哲次郎、蟹江义丸编:《日本伦理汇编》第5册,第174页。

者是生意所发,霸者是翦彩作花耳。"①素行与梨洲之所同在于论"王""霸"存心之异,但素行并不以存心不良贬抑管仲。自山鹿素行以下,大多数日本儒者都认为管仲可称为"仁者",因为他们心目中的"仁者",是济世安民的政治家,而不是思考"仁者,心之德,爱之理也"②的哲学家。③

第二,日本儒者的伦理学立场,多半倾向于"功利伦理学"立场,他们重视政治成就或功业远过于人物的存心,所以,理学家朱子批判唐太宗(598—649,在位于626—649)说"太宗之心,则吾恐其无一念不出于人欲也",④特重其"存心"之邪曲。但是日本儒者,尤其是徂徕学派儒者,对唐太宗的政治功业却大加推崇。《贞观政要》也成为德川时代将军必读的一本书。⑤

以上所说日本儒者所主张的"王霸同质论"与"功利伦理学"的立场,都深深地浸润在从17世纪以降的"实学"思潮之中,根据源了圆(1920—2020)的研究,日本儒学史中所谓"实学"指人所真实追求的学问,也指道德实践的学问,有其"实证性"与"合理性",既是real,又是true。⑥日本儒者的"实学"可以区分为"实践性"的"实学"与"实证性"的"实学"。"实践性实学"又可细分为"道德实践的实学"与"政治实践的实学"。"实证性实学"则由荻生徂徕所肇建,开启了日本从"近世"向"近代"的移动。⑦以上所说的日本儒者实学思想的发展轨迹,都可以在他们解释孟子的"王""霸"之辩与管仲论的争论之中见其端倪。

---

① 黄宗羲:《孟子师说》,杭州:浙江古籍出版社,1985年,第51页。
② 朱熹:《四书章句集注》,第279页;又如"仁者,爱之理,心之德也",见朱熹:《四书章句集注》,第62页。
③ 黄俊杰:《东亚儒家仁学史论》,台北:台湾大学出版中心,2017年,第377—414页,曾对日儒以管仲为"仁"者之论点有所讨论。
④ 朱熹:《答陈同甫六》,收入陈俊民编校:《朱子文集》第4册,卷三六,第1458页。
⑤ 参看黄俊杰:《从东亚视域论德川日本儒者的伦理学立场》,收入拙著:《思想史视野中的东亚》,第79—100页。
⑥ 源了圆:《近世初期実学思想の研究》,东京:创文社,1980年,第59页。
⑦ 源了圆:《近世初期実学思想の研究》,第64、66—67页。

(a)太宰春台

现在,我们回顾"孟子事件"的发展历程。首先,我们看太宰春台(1680[日本延宝八年,清圣祖康熙十九年,朝鲜肃宗六年]—1747[日本延享四年,清高宗乾隆十二年,朝鲜英祖二十三年])的言论。太宰春台是荻生徂徕及门弟子,他所撰《孟子论》分上下两篇,对孟子及其思想大肆批评,论点甚多(参看拙著《孟学思想史论(卷三)》附录二之3),在东亚孟子学史上较具有普遍意义的,有以下几点。

第一,太宰春台批判孟子的君臣相对论,认为其违背孔子尊君之义,其言曰:

> 孔子对定公曰:"君使臣以礼,臣事君以忠。"孟子告宣王曰:"君之视臣如手足,则臣视君如腹心;君之视臣如犬马,则臣视君如国人;君之视臣如土芥,则臣视君如寇雠。"夫君子不仕则已,**仕则必敬其君**。语曰:"**君虽不君,臣不可以不臣。父虽不父,子不可以不子。**"言尽其道也。故臣人者,不以夷险渝其心,乃若为其君之无礼而怼焉,是不臣也。仲尼之言,可以语君,亦可以语臣,故谓之通论。如轲之言,唯可以闻于君,决不可使人臣闻之,则亦不通之论也。①

春台之说,系对孔子政治思想之误解,孔子论君臣关系主相对义而不主绝对义。孔子主张"以道事君,不可则止",②主张"道"先于"君"。孔子强调臣有殉道以求仁之义,而无曲道以从君之理。孟子以手足腹心与土芥寇雠之语喻君臣之相对性。孟子特重以德抗爵,正与孔子"道"高于"势"之主张一脉

---

① 太宰春台:《孟子论》,收入太宰春台著,稻垣白嵓、原尚贤校:《斥非(付春台先生雑文九首)》(延享一年[1744]刊),收入关仪一郎编:《日本儒林丛书》第4卷"论辩部",编23,第17—18页。
② 引文见《论语・先进・23》,朱注:"以道事君者,不从君之欲。不可则止者,必行己之志。"见朱熹:《四书章句集注》,第177页。

相承,绝无"君虽不君,臣不可不臣"之理。太宰春台既不善读《论语》,又非孟子之知音,对孟子持义峻烈,而所论多属无的放矢,厚诬古人,莫此为甚!

太宰春台主张君臣关系之绝对性,主张"君虽不君,臣不可不臣",此种说法与宋儒挞伐孟子之言论如出一辙,司马光云:"**夫君臣之义,人之大伦也。**[……]余惧后之人,挟其有以骄其君,[……]皆援孟子以自况,故不得不疑",① 司马光所提倡"君臣之义",是在北宋建国以后君权高涨,以及《春秋》学再兴的历史背景中提出的,是为政治现状(status quo)背书的政治保守主义,太宰春台之政治保守主义立场,与司马光若合符节。

第二,太宰春台批孟子之以管仲不足为,但语焉不详,未见铺陈,其言曰:

> 仲尼尝称管仲曰:"如其仁,如其仁。"又曰:"微管仲,吾其被发左衽矣。"仲尼之称管仲也,可谓盛矣。孟子乃以管仲不足为,不亦异乎?②

春台在《孟子论》文中挟孔子以批孟子,却未提出论证,恐有诉诸权威之嫌。管仲其人其事是东亚儒学史之一大争议公案。伊藤仁斋认为管仲是较小的"仁"者,③ 荻生徂徕反对孔子管仲"器小"之说,主张管仲是"大器"。④ 作为荻生徂徕弟子的太宰春台撰《论语古训外传》,在解释孔子以管仲"器小"之说时,指出孔子"器小之叹,乃惜之也,非议之也",⑤ 因为"**夫仁,莫大于安民,故孔子论仁,必以事功**",⑥ 这是典型的徂徕宗风,春台发扬徂徕以事功

---

① 司马光:《温国文正司马公文集》卷七三,四部集刊初编缩本,第531a页。
② 太宰春台:《孟子论》,收入太宰春台著,稻垣白嵩、原尚贤校:《斥非(付春台先生雑文九首)》(延享一年[1744]刊),收入关仪一郎编:《日本儒林丛书》第4卷"论辩部",编23,引文见第18页。
③ 伊藤仁斋:《童子问》,收入井上哲次郎、蟹江义丸编:《日本伦理汇编》第5册,第100页。
④ 荻生徂徕:《论语征》,收入关仪一郎编:《日本名家四书注释全书》,第68页。
⑤ 太宰春台:《论语古训外传》卷三《八佾·3》"子曰管仲之器小哉"章,江户:嵩山房,延享二年(1745)刻本,第11页。
⑥ 太宰春台:《论语古训外传》卷十四《宪问·14》,第13—14页。

释"仁"之宗旨。春台之说也为后来的松村九山、东条一堂（1778—1857）等人所继承，他们都称许管仲为"仁者"。① 德川日本儒者在面对"管仲是否仁者"这个问题时，他们思想中的"仁"是经国利民的事业，而不是如朱子所说**"仁者，心之德，爱之理也"**② 的抽象形上原理（牟宗三先生所谓"爱"之"存在的存在性"③）。

第三，太宰春台驳斥孟子所持"王霸之辨"，他说：

> 王天下之谓王，长诸侯之谓伯，**所事大小之异耳，非有二道也**。高以卑为基，大积小而成，天地之道也，王业亦然。是故"伯"，"王"之未就也；"王"，"伯"之大成也。不能"伯"，未有能"王"者也。④

太宰春台在上文中主张"王霸同质论"，认为"王"与"霸"并非对立之政体，"王"与"霸"乃"大小之异同"。春台之说与北宋功利思想家之言论虽时空不同，但遥相呼应。李觏主张"王""霸"乃"其人之号，非其道之目也"，⑤ 王安石主张"仁义礼信，天下之达道，王霸之所同也"⑥，说法都与春台如出一辙，都主张"王"与"霸"在于程度不同，而无本质的差异。

太宰春台之前，伊藤仁斋已主张"苟行仁政，则秦楚二王，亦皆可以称王者也"，⑦ 春台之师荻生徂徕亦主张"王"之于"霸""其所以异者，时与位

---

① 参看拙著：《东亚儒家仁学史论》，第 377—414 页。
② 例如《孟子集注·梁惠王上·1》，见朱熹：《四书章句集注》，第 279 页；又如"仁者，爱之理，心之德也"，见朱熹：《四书章句集注》，第 62 页。
③ 牟宗三：《心体与性体》第 3 册，收入氏著：《牟宗三先生全集》第 7 册，台北：联经出版公司，2020 年，第 272 页。
④ 太宰春台：《孟子论》，收入太宰春台著，稻垣白嵓、原尚贤校：《斥非（付春台先生襍文九首）》（延享一年［1744］刊），收入关仪一郎编：《日本儒林丛书》第 4 卷"论辩部"，编 23，第 19 页。
⑤ 李觏：《李觏集》卷三四，北京：中华书局，1981 年，第 372 页。
⑥ 王安石：《王霸论》，收入《临川先生文集》（四部丛刊初编缩本）卷六七，第 430 页。
⑦ 伊藤仁斋：《孟子古义》，收入关仪一郎编：《日本名家四书注释全书》，第 7—8 页。

耳，[……]"。① 春台继承其师荻生徂徕之"王霸同质论"。

王霸之辨发自孟子，笔者过去曾说："孔子将'王''霸'当作政治演进过程中的不同阶段，荀子则将'王''霸'视为不同等级之德行，只有孟子高举'王道'政治之大旗，明白指出'王'者以德服人，'霸'者以力服人，两者不可同日而语"，② 孟子之所以明辨"王""霸"乃异质之政体，实与孟子倾向"存心伦理学"之立场有关。日本儒者如徂徕、春台之所以主张"王霸同质论"，系基于其"功效伦理学"之立场。

(b) 薮孤山

在太宰春台之后，继续这场日本思想史上的"孟子事件"的是薮孤山（1735 [日本享保二十年，清世宗雍正十三年，朝鲜英祖十一年] —1802 [日本享和二年，清仁宗嘉庆七年，朝鲜纯祖二年]）与 18 世纪中叶的深谷公干（生卒年不明）。薮孤山撰《崇孟》一文，针对太宰春台《孟子论》而发，逐条批驳，切中要害，并深入孟子思想之肯綮，实属难能，至于文理密察，远过于春台，则犹其余事也。

在东亚孟子学史上，薮孤山在《崇孟》一文所提出的各项论点中，最具思想史意义者有以下三点：

第一，关于孔孟思想中的君臣关系，薮孤山批驳太宰春台主张臣绝对服从君的保守主义立场，其言曰：

辨曰：孔子曰："言岂一端而已夫，各有所当也"，③ 夫言有主教诲而言者，有主理势而言者。**君臣之际，当各尽其道。**假使君不尽其

---

① 荻生徂徕：《辨名》，收入井上哲次郎、蟹江义丸编：《日本伦理汇编》第 6 册，第 118 页。
② 拙著：《孟学思想史论（卷二）》，第 145 页。
③ 此语出自《礼记·祭义》："子曰：'济济者，容也远也；漆漆者，容也自反也。容以远，若容以自反也，夫何神明之及交，夫何济济漆漆之有乎？反馈，乐成，荐其荐俎，序其礼乐，备其百官。君子致其济济漆漆，夫何慌惚之有乎？夫言，岂一端而已？夫各有所当也。'"

道,臣不可以不尽其道,是君臣当务之教诲也。如孔子对定公,及语所称是已,**君亲臣则臣必亲君,君疏臣则臣必疏君**,是人情必然之理**势**也,如孟子告宣王,是已。大宰不知言各有所当,而求之一端,其疑孟子,不亦宜乎?①

以上这一段文字磅礴有力,直探孔孟政治思想核心,一举摧破太宰春台所持"君虽不君,臣不可以不臣"之"奴隶的道德"(slave morality)②,直截了当。薮孤山说:"君臣之际,当各尽其道"、"君亲臣则臣必亲君,君疏臣则臣必疏君",完全符合孔孟政治思想核心价值。孔子"君君臣臣"之要义在于名实相应,在于君臣各尽其职责,制度从周,为政尚仁。孔子主张,臣无枉道以从君之理;孟子手足腹心、土芥寇雠之喻,则尤能彰显君臣相对之义。薮孤山对春台君臣观之批判,实得孔孟政治思想之肯綮。

第二,薮孤山批判太宰春台所持孟子管仲论异乎孔子之说,其言曰:

> 盖夫子于管仲也,尊其功,而贱其才;称其力,而薄其德。夫平王东迁,周道陵夷,诸侯内攻,夷狄外侵,向微管仲相桓公,内拯诸侯,外攘荆楚,则中国之不为夷狄者,无几矣,故孔子尊其功曰"如其仁",称其力曰"管仲之力"也。然其为相也,不能行王道;其检身也,不能从礼俭,故贱其才曰"管仲之器小哉",薄其德曰"焉得俭","不知礼"。由是观之,其褒之者,以时无王者能拯诸侯、攘夷狄也,是言也,唯孟子知之,故曰:"今之诸侯,五霸之罪人也",又曰:"《春秋》无义战。彼善于此,则有之矣"。其贬之者,以其非王佐也,是

---

① 薮孤山:《崇孟》,收入关仪一郎编:《日本儒林丛书》第4卷"论辩部",第4页。
② 关于尼采所谓"奴隶的道德",参见 Friedrich Nietzsche, Keith Ansell-Pearson ed., Carol Diethe trans., *On the Genealogy of Morality*, Cambridge/New York: Cambridge University Press, 2007, p. 20;中译本见尼采:《论道德的系谱:一本论战著作》,赵千帆译,台北:大家出版社,2017年,第77页。

言也,唯孟子知之,故曰管仲"不足为也",又曰,"仲尼之徒,无道桓文之事者",由是观之,孟子论仲,吾未见其异于夫子也。①

管仲论是东亚孟子学一大焦点,中朝日非孟儒者,常主张孟子以管仲"不足为",违背孔子许管仲为"如其仁"之说,太宰春台之疑孟亦然,薮孤山主张"夫子于管仲也,尊其功,而贱其才;称其力,而薄其德",确能得孔子之意。清儒孙志祖(字贻谷,1737—1801)曾说孔子称管仲"如其仁","盖疑而不许之词",②其说可从。孟子以管仲"不足为",盖以管仲得君之专,执政之久,而不行"王道",未能符合孟子"王道"政治之理想。

第三,薮孤山批判春台之"王霸同质论",其言曰:

由是观之,伯有二义,有以位言者,有以道言者,犹君子小人有德位之别也,故西伯之"伯","位"也,其"道","王道"也;桓公之"伯","位"也,其"道","霸道"也,故五伯多作五霸,而西伯未有为西霸者也,且西伯之与桓公,其德其道,相去何止霄壤。大宰观其同有"伯"称,遂至并称之,以为非有二道,夫孔孟并称,大宰尚谓拟不以伦,大宰之拟,何不伦之甚也。大宰又曰:"至孟子,王伯之分,遂成泾渭",夫王伯之分,非独孟子,荀卿亦言之,曰:"粹而王,驳而伯";非独荀卿,左氏亦言之,曰:"四王之王也,树德而济同欲焉,五伯之霸也,勤而抚之";非独左氏,管子亦言之,曰:"强国众合,强以攻弱,以图王;强国少合,小以攻大,以图霸。"由是观之,孟子以前,既有王伯之说,王伯果无二道邪?荀卿何说粹驳?左氏何说树德勤

---

① 薮孤山:《崇孟》,收入关仪一郎编:《日本儒林丛书》第4卷"论辩部",第5—6页。
② 朱熹:《四书章句集注》,第212页。《论语·宪问·17》"如其仁"三字,历代儒者颇有争议。清人孙志祖云:"如其仁者,盖疑而不许之词,非重言以深许之也。岂有夫子而轻以仁许管仲乎?自孔安国误解,而集注因之,后世学者遂疑圣人立论之偏,与器小章抑扬悬决。[……]"见孙志祖:《读书脞录》卷二,收入《文学山房丛书》第14册,成都:巴蜀书社,2010年,第17—18页。其说可从。

抚？而管氏何说图王伯之别邪？①

"王霸之辨"是孟子政治思想一大课题，薮孤山区分"霸"之二义：以"位"言或以"道"言，有力地驳斥太宰春台之说，但薮孤山的说法，已初见于赵岐注："言霸者以大国之力，假仁义之道，然后能霸，若齐桓、晋文等是也；以己之德，行仁政于民，小国则可以致王，若汤、文王是也"，②朱子云："霸，若齐桓晋文是也。以德行仁，则自吾之得于心者推之，无适而非仁也。以力服人者，非心服也，力不赡也；以德服人者，中心悦而诚服也，如七十子之服孔子也。"③明人蔡清（1453—1508）云："此章论王霸之辨，最为深切而著明。盖王霸之辨，只是诚伪之分。王者、霸者其操术固有诚与伪之异，而人之应之者，亦随其所感而异。"④中国儒者解释《孟子》这一章，均重王者与霸者存心之不同。此种解释亦为日韩儒者所遵循，伊藤仁斋云："人见王霸之效，皆能足以服人，以为无所轻重。故孟子举力不赡，与中心悦之不同，以辨假仁与行仁之真伪邪正也"，⑤朝鲜权得己（1570—1622）云："**王霸之分，在于有意与无意而已**，非独王霸，凡人所以处己接物亦然，循其自然是王道之属，有所安排则霸道之类心术，隐微之间，宜切戒之。"⑥凡此东亚儒者的解释，均以"存心"而不是以"功利"为王霸之分判。薮孤山之"王霸异质论"，不仅与赵岐以下东亚儒者之说相呼应，亦对太宰春台提出有效之批驳。

（c）深谷公干

生于18世纪而思想倾向于古义学派的深谷公干撰《辨非孟论》上、中、下三篇，驳斥太宰春台的《孟子论》。从孟子学史观之，《辨非孟论》这篇论

---

① 薮孤山：《崇孟》，收入关仪一郎编：《日本儒林丛书》第4卷"论辩部"，第12页。
② 见焦循：《孟子正义》，第221页。
③ 朱熹：《四书章句集注》，第325—326页。
④ 蔡清：《四书蒙引》第206册，台北：台湾商务印书馆景印文渊阁四库全书本，1986年，第481页。
⑤ 伊藤仁斋：《孟子古义》，收入关仪一郎编：《日本名家四书注释全书》，第64页。
⑥ 权得己：《僭疑》，氏著：《晚悔集》，收入《韩国经学资料集成》第35册，首尔：成均馆大学大东文化研究院，1988年，第233页。

文,触及两个孟子学史的问题:

第一,深谷批评太宰春台既不知孟子又不知孔子,并指出自西汉以降就已"孔""孟"并称,其言曰:

> 呜呼甚矣!纯之不知孟子,非啻不知孟子,虽孔子亦不知焉![……]《孟子》之书与《论语》并行,岂非幸哉?干按:**以孟子配孔子,盖自西汉以来载史籍者多矣!**汉文帝《论语》《孝经》《孟子》《尔雅》各置博士,赵岐注孟子,而以载于题辞焉。班孟坚亦并称仲尼孟轲,又《淮南子》高诱注曰:"邹谓孟子,鲁谓孔子",又张协赋中称"孔孟",且韩氏曰:"孔子传之孟轲,轲之死不得其传焉",向无孟子,则皆服左衽,而言侏离矣,故推尊孟氏,以为功不在禹下。[……]①

深谷公干认为自西汉以降即"以孟子配孔子",此说恐难以获得史实之支持。关于孟子在中国学术史上地位之上升,拙著《孟学思想史论(卷二)》已有所说明,②兹增补若干资料再综述如下:(1)在10世纪之前,孟子仅是儒家诸子之一,《孟子》书在《汉书·艺文志》与《隋书·经籍志》中,均仅列入《子部·儒家类》。《汉书·景十三王传》:"献王所得书,皆古文,先秦旧书,《周官》《尚书》《礼》《礼记》《孟子》《老子》之属。"③可证西汉景帝(在位于前157—前141)时《孟子》已入河间献王所藏书中。西汉儒者除扬雄(前53—18)"窃自比于孟子"④之外,重视《孟子》者甚少,如韩婴(前200?—前130?)撰《韩诗外传》屡引《荀子》以说《诗》共40余次,⑤而不及善于

---

① 见深谷公干:《辨非孟论》,收入氏著:《驳斥非》附录,收入关仪一郎编:《日本儒林丛书》第4卷"论辩部",第15—17页。
② 拙著:《孟学思想史论(卷二)》,第127—129页。
③ 班固撰,颜师古注:《汉书》卷五三《景十三王传·23》,见《二十四史》第2册,北京:中华书局,1997年,第615页。
④ 汪荣宝:《法言义疏》,陈仲夫点校,北京:中华书局,1987年,第81页。
⑤ 据清儒严可均(1762—1843)之说,见严可均:《铁桥漫稿》卷三《荀子当从礼议》,台北:新文丰出版社,1988年,第25页。

说《诗》的《孟子》。① 汉武帝(在位于前 141—前 87)一朝贤良文学与士大夫之盐铁论辩中,贤良文学常引《孟子》以为据,② 但对孟子思想之内涵尚嫌一间未达。东汉王充(27—?)著《论衡》,有《问孔》《刺孟》二篇,于孟子多所指摘。梁(502—557)元帝(在位于 552—554)撰《金楼子》,略及于孟子的历史循环说与五伦之说。③ 唐朝宝应二年(763),④ 礼部侍郎杨绾(见于 777 年之记载)请以《孟子》为孝廉应读的经典。⑤ 唐德宗(在位于 779—805)建中元年(780),濠州刺史张镒(?—783)送呈《孟子音义》。⑥ 韩愈(字退之,768—824)撰《原道》《与孟尚书书》,以孟子传孔子之道"功不在禹下"。唐人注释《孟子》而今尚存佚文者有陆善经(生卒年不详,约为玄宗开元至天宝年间人)《孟子陆氏注》、张镒《孟子张氏音义》、丁公(生卒年不详)《孟子丁氏手义》。⑦ 唐代文人皮日休(834?—883?)更在 863 年,撰《请孟子为学科书》,⑧ 要求提升《孟子》在科举考试中之地位,主张"去庄、列之书,以《孟子》为主",但不获朝廷采择。⑨

(2)10 世纪以后,孟子地位逐渐提升:《孟子》书之获朝廷尊信,始自北宋真宗(在位于 997—1022)大中祥符七年(1014)命孙奭(962—1033)作《孟子音义》。⑩ 北宋仁宗嘉祐六年(1061)刻石经,立于汴京开封国子

---

① 参看丰岛睦:《韩诗外传に见える思想の原流》,收入池田末利博士古稀纪念事业会实行委员会编:《池田末利博士古稀纪念东洋学论集》,第 453—468 页。
② 参看斋木哲郎:《〈盐铁论〉中の贤良:文学と孟子——汉代における孟子の展开绪论》,《东方学》第 87 辑,1994 年 1 月,第 42—56 页。关于汉代孟子学最新的研究,参考吴凯雯:《汉代孟子学的转变与实践》,台北:政治大学中文研究所硕士论文,2017 年 6 月。
③ 梁元帝:《金楼子》卷四上,台北:世界书局,未著出版日期,第 6—7、25—28 页。
④ "宝应"为唐肃宗(在位于 756—762)年号,宝应元年四月十八日(762 年 5 月 16 日)肃宗逝世,代宗(在位于 762—779)继位之初沿用"宝应"年号,至同年七月始改元"广德"。参见欧阳修、宋祁:《新唐书》卷六,北京:中华书局,1975 年,第 165—169 页。
⑤ 王溥:《唐会要》卷七六,北京:中华书局,1955 年,第 1395 页。
⑥ 同上书,第 1396 页。
⑦ 均收入马国翰:《玉函山房辑佚书》,长沙:琅环馆,1883 年。
⑧ 此文收入《皮子文薮》,加注释后收入拙著:《孟学思想史论(卷二)》,第 517 页。
⑨ 参考吹野安:《皮日休と孟轲》,《国学院杂志》1979 年第 9 期,第 1—11 页。
⑩ 朱子疑此书非孙奭之作。朱子曰:"孟子疏,乃邵武士人假作,蔡季通识其人。当孔颖达时,未尚《孟子》,只尚《论语》《孝经》《尔雅》,其书全似疏样,不曾解出名物制度,只绕缠赵岐之说耳。"见《朱子语类》卷十九"论语·1",《语孟纲领》,台北:正中书局复印件。

监,共包括《易》《诗》《书》《周礼》《礼记》《春秋》《孝经》《论语》及《孟子》等九经。① 宋神宗(在位于1067—1085)熙宁四年(1071),王安石更定贡举法,以经义策论取士,考试科目除《易》《诗》《书》《周礼》之外,兼考《论语》及《孟子》。② 神宗元丰七年(1084)五月,以孟子配享孔庙,大大提升孟子在"官方"的地位。王安石变法,尊崇孟子,并以"大有为"自许,遂激起反对新法的司马光等人借批孟而批王安石。南宋中期陈振孙(1179—1261?)《直斋书录解题》卷三《语孟类》云:"今国家设科取士,《语》《孟》并列为经,而程氏诸儒训解二书常相表里,故今合为一类。"③ 南宋末年王应麟(1223—1296)《玉海》卷四一《艺文》以《易》《诗》《书》《周礼》《礼记》《春秋》《孟子》《论语》《孝经》为《九经》,④ 可见自北宋以降"孔孟"合称始为惯用名词。在10世纪的北宋之前,"周孔"并称,孔子的地位继周公之后,所重在孔子的"业";10世纪之后则"孔孟"并称,所重在孔子的"德"。诚如牟宗三先生所说:"周、孔并称,孔子只是尧、舜、禹、汤、文、武、周公之骥尾。[……]但孔、孟并称,则是以孔子为教主,[……]"。⑤ 从"周孔"到"孔孟"的转变,在中国思想史上具有重大意义。

综上所述,深谷公干主张自西汉以降即"以孟子配孔子",恐难以成立。至于深谷先生所称班固(32—92)《汉书》及张协(?—307?)诗赋中已有"孔""孟"并称,均查无实据。⑥ 东汉马融(79—166)撰《长笛赋》,有"温直扰毅,孔孟之方也"一句,⑦ 已"孔孟"并称,但仅能视为特例,"孔孟"并称

---

① 钱基博:《四书解题及其读法》,台北:台湾商务印书馆,1996年,第33—34页。
② 徐松原辑,陈援庵等编:《宋会要辑稿》第108册"选举",台北:世界书局据北平图书馆印行本影印,1964年,第4283页;《宋史》卷一五五"选举志"。
③ 陈振孙:《直斋书录解题》卷三,上海:上海古籍出版社,1987年,第72页。
④ 王应麟:《玉海》卷四二,扬州:广陵书局,2003年,引文见第783页。
⑤ 牟宗三:《心体与性体》第1册,收入氏著:《牟宗三先生全集》第5册,第16页。
⑥ 《汉书》中查无"孔孟"连用或"仲尼孟轲"并称处,然《汉书·楚元王传》:"赞曰:仲尼称'材难不其然与!'自孔子后,缀文之士众矣,唯孟轲、孙况、董仲舒、司马迁、刘向、扬雄"一句。
⑦ 马融:《长笛赋》,收入萧统编,李善注:《文选》卷十八,上海:上海古籍出版社,1986年,"温直扰毅,孔孟之方也"一句,见第817页。

并非汉代习见之用词。

第二，深谷公干驳太宰春台的管仲论，其言曰：

> 噫！纯何无眼也！子曰："管仲之器小哉"，或曰，"管氏而知礼，孰不知礼"，可见夫子不偏称管仲也，且子路子贡疑管仲未仁，故夫子告曰云云，岂可称管仲概言盛矣哉？夫公孙丑不知孟子之所志，而率尔问曰："夫子当路于齐，管仲晏子之功，可复许乎？"故以"管仲为曾西之所不为"，若夫学孔子而当路，则五尺童子亦羞比管仲与晏婴，况于孟子乎？故以为不足为也。夫子于管仲，虽许以仁，七十子之徒，岂亦喜而期管仲耶？太宰果以愿管晏耶？①

管仲论系东亚儒学史之一大课题。《论语》一书所见人物共140人，孔子弟子27人，②除尧、舜、禹、汤、孔子之外，管仲其人其事是中朝日各儒者最关心之历史人物。德川日本儒者自伊藤仁斋以下，如荻生徂徕、太宰春台、松村九山等均推重管仲功业，推评为"仁"者。拙著《东亚儒家仁学史论》第9章已有详述。

深谷公干驳太宰春台之管仲论，仅引孔子之言为据，未及深论徂徕与春台之"功效伦理学"立场，似尚有一间未达也。

(d) 中山城山

生活于18世纪下半叶与19世纪上半叶的中山城山（1763 [日本宝历十三年，清高宗乾隆二十八年，朝鲜英祖三十九年]—1837 [日本天保八年，清宣宗道光十七年，朝鲜宪宗三年]），曾学习古文辞学，在思想立场上可归属徂徕学派。中山城山延续这一场"孟子事件"，他所撰的《崇孟解》一文

---

① 见深谷公干：《辨非孟论》，收入氏著：《驳斥非》附录，收入关仪一郎编：《日本儒林丛书》第4卷"论辩部"，第17页。
② 据皇侃（488—545）《论语义疏·序》，见《论语义疏》，大阪：怀德堂刊本，1923年，第5页。

（见拙著《孟学思想史论（卷三）》附录二之6），是针对薮孤山对徂徕弟子太宰春台的批判而提出的反驳。中山城山针对孟子政治思想中的"王霸之辨"以及"仁义"之说，提出具有徂徕学色彩的批判。第一，中山城山批驳孟子的"王霸之辨"，其言曰：

> 王霸之辨，惑孟轲氏之言也。古者八州有八伯，八伯各以其属，属于天子之老。二人分天下以为左右曰"二伯"，管仲答楚使者曰："昔召康公命我先君大公曰：'五侯九伯，女实征之，以夹辅周室'［……］"，然则管仲所为必随周公之道也，是以楚子服之。且管仲为齐也，与周室制，大同小异也，是以夫子许之。而孟子驳之者，则说之术也，岂公论哉？荀子所谓"粹"、"驳"者谓其德义已至济之与未至济也，岂绌伯之言哉？左氏亦岂贬霸矣？伯入声霸去声，则后世韵学家之言岂足征哉？嗟乎！薮生之驳杂也，不折中之圣人，动折中之后世杂家，苟以此抗乎吾党，是布鼓过雷门也，多见其不知量也。①

中山城山与太宰春台同两宋功利学派儒家思想家一样，主张"王霸同质论"，并以此批判孟子的"王霸异质论"。从"王霸同质论"可知，徂徕以降，徂徕学派诸人在思想倾向上均在不同程度上近于荀子而远于孟子。

第二，中山城山特别批判孟子之特重"仁""义"，强调"礼、乐、刑、政"的重要性，展现鲜明的徂徕学派思想倾向。荻生徂徕说："道者，统名也。举礼乐刑政，凡先王所建者，合而命之也。非离礼乐刑政，别有所谓道者也。"②又说："先王之道，先王所造也，非天地自然之道也。"③徂徕及其弟子太宰春台，都重新定义儒家的"道"，主张"道"是"人为构作的"（anthropogenic）

---

① 中山城山：《崇孟解》，收入薮孤山：《崇孟（付读崇孟·崇孟解）》（安永四年［1775］刊），收入关仪一郎编：《日本儒林丛书》第4卷"论辩部"，编25，引文见第23页。
② 荻生徂徕：《辨道》，收入井上哲次郎、蟹江义丸编：《日本伦理汇编》第6册，第13页。
③ 同上。

而不是自然所生的。中山城山承继这种徂徕学宗风,主张"礼、乐、刑、政"等制度的"教化之具",较孟子所说的"仁义"等心性的"教化之道"更重要,也更具优先性。中山城山说:

> 苟知孟子之迂远,则思过半矣,且薮生不知"仁""义""礼""乐"之别,而徒云说"仁""义"而"礼""乐"在其中矣,其所云"仁""义"何物也?夫"仁""义"也者,教化之道也,"礼""乐""刑""政"者,教化之具也,若欲舍其具而行其道,犹欲不持镃基而耕耨也。呜呼!难矣夫!苟有其具则其道可行也,是行"礼""乐"而"仁""义"在其中矣。且战国之士,各有经济之才,故各为其功,苟有圣人出,则豹变者,必在斯人也。[1]

中山城山在以上这一段论述中批判孟子"迂远",兼及薮孤山未能区别"教化之道"与"教化之具"的不同,并主张后者先于前者。中山城山的言论潜藏着一种对人性的不信任感,他走的是荀子的以"礼义师法之化"(《荀子·性恶》)[2]矫治人性的道路,而不是孟子的"仁义礼智根于心"(《孟子·尽心上·21》)[3]的思路。进一步推衍,中山城山相信"礼、乐、刑、政"等制度,比人性中的善性重要。这种论点与荻生徂徕所说"大抵先王之道在外,[……]故先王之教,唯有礼以制心耳"[4]如出一辙,"以礼制心"一语出自《尚书·汤誓·仲虺之诰》,[5]是徂徕学派的共识。徂徕学派诸子所特重的

---

[1] 中山城山:《崇孟解》,收入薮孤山:《崇孟(付读崇孟·崇孟解)》(安永四年[1775]刊),收入关仪一郎编:《日本儒林丛书》第4卷"论辩部",编25,引文见第23—24页。
[2] 《荀子·性恶》:"今人之性恶,必将待师法然后正,得礼义然后治,今人无师法,则偏险而不正;无礼义,则悖乱而不治。"引文见王先谦:《荀子集解》,北京:中华书局,1988年,第435页。
[3] 朱熹:《四书章句集注》,第497页。
[4] 荻生徂徕:《辨名》,收入《荻生徂徕》,第98—99页。
[5] 《尚书·汤誓·仲虺之诰》,收入孔安国传,孔颖达疏,十三经注疏整理委员会编:《尚书正义》,北京:北京大学出版社,2000年,第237页。

是孟子所说的"徒善不足以为政"这一面,但却遗漏了孟子"徒法不足以自行"①这一面,亦可谓不善读《孟子》者矣。

(e)松村九山

在18世纪下半叶到19世纪上半叶的日本儒学界,参与"孟子事件"中的管仲论辩的尚有松村九山与日尾瑜。

松村九山(1743[日本宽保三年,清高宗乾隆八年,朝鲜英祖十九年]—1822[日本文政五年,清宣宗道光二年,朝鲜宣祖二十二年]),名良猷,字公凯,称栖云,自号九山,为日本江户时期著名儒者。松村九山所撰《管仲孟子论》一文,分上下两篇,上篇系《管仲论》,下篇系《孟子论》(见拙著《孟学思想史论(卷三)》附录二之7)。此文以问答方式提出自己对管仲与孟子的意见。松村九山主张管仲是"仁"者,只是管仲的"仁"的量与尧舜等圣人的"仁"之量不同而已。松村九山说:

夫"仁"之工夫不同,尧舜自有尧舜之"仁",汤武自有汤武之"仁",伊周自有伊周之"仁",管仲自有管仲之"仁",此而同之,岂不诡哉?夫管仲所谓善人也,不践迹,亦不入室。虽先王之制不必从焉,随时而变,应俗以化,非圣人而自作,何屑从事于学者之务哉!故奢而失礼,亦不害于其仁也。②

松村九山认为,尧、舜、汤、武、伊尹、周公都具有"仁"的本质,只是"仁"的工夫与数量有所不同而已。松村九山与伊藤仁斋一脉相承,仁斋在《童子问》中曾说"尧舜之仁,犹大海之水,[……]管仲之仁,犹数尺井泉,[……],虽有大小之差,岂谓之非水而可乎!"③仁斋认为尧舜与管仲皆是"仁"者,只

---

① 二句出自《孟子·离娄上·1》,见朱熹:《四书章句集注》,第385页。
② 松村九山:《管仲孟子论》(享和三年[1803]刊),收入关仪一郎编:《日本儒林丛书》第12卷"随笔部及杂部续续编",编13,尤其是第7页。
③ 伊藤仁斋:《童子问》,收入井上哲次郎、蟹江义丸编:《日本伦理汇编》第5册,第100页。

是质同而量异而已。徂徕认为"管仲以诸侯之相,施政于天下,可谓'大器'已。"① 太宰春台认为"孔子于管仲,盛称其功,[……]器小之叹,乃惜之也,非讥之也。"② 徂徕学派都以"安民"作为"仁"之定义,所以都盛赞管仲的"事功"。③ 松村九山从管仲的政治事功的立场,推崇管仲是"仁"者。这个论点显示松村九山与诸多德川时代的思想家一样,多半倾向"功效伦理学"的立场。

(f) 日尾瑜

日尾瑜(1788[日本天明八年,清高宗乾隆五十三年,朝鲜正祖十二年]—1858[日本安政五年,清文宗咸丰八年,朝鲜哲宗九年]),是日本幕末折衷学派与兵学派的代表学者。

日尾瑜所撰《管仲非仁者辨》(见拙著《孟学思想史论(卷三)》附录二之8),是自17世纪古学派大师伊藤仁斋、18世纪古文辞学派大师荻生徂徕、徂徕弟子太宰春台、19世纪初松村九山推崇管仲为"仁者"之后,于19世纪针对日本思想史的"孟子事件"中之"管仲问题"的最新发展。《管仲非仁者辨》一文在东亚孟子学史上的意义有二:

第一,日尾瑜以五伦重新定义"仁",呈现明确的反宋学思想,他说:

> 夫君臣父子夫妇兄弟朋友五者,天下大伦也,能以诚处于其间,大之天下国家,小之一乡一邑,中心说服不能忘焉,此之谓仁也。如小白子纠兄弟争国,姑置焉,设令兄弟相雠,奉其兄者雠其弟,奉其弟者雠其兄,各以其所奉为君,以其所见奉为臣,于义为然,管仲未知君臣之义乎?又未知兄弟之友乎?其初出也奉公子纠,子纠为小

---

① 荻生徂徕:《论语征》,收入关仪一郎编:《日本名家四书注释全书》,第68页。
② 太宰春台:《论语古训外传》卷三,第11页。
③ 太宰春台说:"夫仁,莫大于安民,故孔子论仁,必以事功。"参看原贵史:《徂徕学派の管仲评价——〈论语〉解释をめぐって》,《北海道大学大学院文学研究科研究论集》第8号,2009年1月,第1—20页。

白所杀,而请自囚,反相桓公霸诸侯,是遗君而奉雠也,弑兄者不友也,贰君者不忠也,嗟呼仲也抱不忠之罪,奉不友之君,恬乎如不知者,汲汲图霸,后世有背君亲侮兄长党不义行不仁,管仲为之俑而已,其何仁之有?①

我所谓日尾瑜的"反宋学"倾向,更具体地说,特指日尾瑜的"反形上学"思想倾向。日尾瑜强调以"诚"使五伦圆满,重新定义"仁",反映日本儒学从16世纪以"敬"为中心,向以"诚"为中心移动的轨迹。②日尾瑜将儒家核心价值"仁",从"仁者,心之德,爱之理"③的朱子学的形上学诠释典范中解放出来,将"仁"从朱子学中作为"爱之所以然之理",④翻转为日用常行的君臣、父子、夫妇、兄弟、朋友的以"诚"相处之道,将"仁"的定义从天上拉回到人间,"大之天下国家,小之一乡一邑,中心说服不能忘焉,此之谓仁也",日尾瑜的反宋学新诠,使儒家"仁"学之"体神化不测之妙于人伦日用之间"⑤(熊十力语)的特质,获得落实之处。从日本思想史视野来看,19世纪的日尾瑜正是站在日本实学的主流思潮之中反宋学的形上学。

第二,日尾瑜主张管仲不可被称为"仁"者,在日本思想界的管仲形象中,可称为非主流观点。日尾瑜说:

夫仁也者人也,人各尽其诚,对物无耻之谓。孝悌也,忠恕也,慈爱也,礼也,信也,义也,森然罗列乎其中,故一介背其诚,则不得为仁为,是以孔子许仁者,仅不过五六人,其难可以观也已。若夫管

---

① 日尾瑜:《管仲非仁者辩》,收入关仪一郎编:《日本儒林丛书》第5卷"解说部(一)",编28,引文见第2页。
② 相良亨:《近世の儒教思想——"敬"と"诚"について》,东京:塙书房,1966年。
③ 朱熹:《论语集注》卷一《学而·2》注:"仁者,爱之理,心之德也",收入朱熹:《四书章句集注》,第62页。
④ 牟宗三:《心体与性体》第3册,收入氏著:《牟宗三先生全集》第7册,第272页。
⑤ 熊十力:《读经示要》,台北:广文书局,1970年,第67页。

仲者旷世之豪杰,一时之英才,无以尚为,然律之先王之法,则鳖矣,其焉得仁?[……]①

日尾瑜进一步厘清"仁"必须落实在"孝悌""忠恕""慈爱""礼""信""义"等日常生活之中,才能符合"仁也者,人也"的定义。因此,他认为管仲虽是"旷世之豪杰",但不符合他心目中"仁"者的标准,所以管仲不是"仁"者。日尾瑜在文末引用清人孙志祖《读书脞录》中《管仲非仁》一文,强调孔子说管仲"如其仁"乃**"疑而不许之词"**,将孙志祖引为未面心友。孙志祖生于1737年,早日尾瑜51年,但日尾瑜已读到孙志祖的《读书脞录》,亦可显示19世纪中日两国文化交流中"书籍之路"②之通畅。

笔者在旧著中曾经说:"17世纪以降的日本儒者深深浸润在这种具有日本文化特色的'实学'思想氛围之中,当他们思考中国春秋早期的管仲是否'仁'者这个问题时,他们念兹在兹的'仁'并不是如朱子学中之抽象的、超时空的形上学概念的'心之德,爱之理',而是具体的、在时空之中的政治社会经济作为。当伊藤仁斋与荻生徂徕推崇管仲为'仁'者时,他们想象的是管仲九合诸侯、一匡天下的政治事业,使孔子称赞为'民到于今受其赐'",③从德川时代日本多数儒者都倾向于"功利伦理学"立场来看,④日尾瑜批判管仲,认为管仲不是"仁"者,在日本实非主流观点。

综上所论,从参与日本思想史中"孟子事件"争辩的儒者所论的"王""霸"之别以及他们对管仲的历史定位言论来看,我们如果说孟子所揭橥的"王""霸"之别及其管仲批判,在德川时代的日本,经历了从"存心伦

---

① 日尾瑜:《管仲非仁者辨》,收入关仪一郎编:《日本儒林丛书》第5卷"解说部(一)",编28,引文见第1—2页。
② 王勇编:《东亚坐标中的书籍之路研究》,北京:中国书籍出版社,2013年。
③ 黄俊杰:《东亚儒家仁学史论》,引文见第399—400页。
④ 黄俊杰:《从东亚视域论德川日本儒者的伦理学立场》,收入拙著:《思想史视野中的东亚》,第79—100页;Chun-chieh Huang, "On the 'Contextual Turn' of Ethical Stance from Zhu Xi to Tokugawa Japanese Confucians" (Unpublished manuscript).

理学"向"功效伦理学"的"脉络性转换",似亦不为过。换言之,如果我们说徂徕所重视的是"功业"(achievement)而不是"德行"(virtue),反徂徕学的五井兰洲(1697—1762)、中井竹山(1730—1804)以及本文所说的薮孤山则侧重德行。

### (二)朝鲜视野中的"霸道"与管仲论

现在,我们可以探讨朝鲜视野中,作为"王道"对立面的"霸道"及其代表人物管仲的形象。就《朝鲜王朝实录》所载的君臣对话,以及朝鲜儒者文集中所见的言论来看,大致有两个趋势:

第一个趋势是,朝鲜国王对"王""霸"之辨的立场,近于现代的"实用主义"(pragmatism),强调"理论"(theoria)与"实践"(praxis)必须有其相应性。朝鲜历代国王虽然对"王道"不胜其向往之情,但基本上肯定"霸道"可致富国强兵。相对于朝鲜国王而言,儒臣的哲学立场倾向于"观念论"(idealism)立场,主张一切政治事务并不独立于统治者的"心"之外,甚至主张"心"之外的外部世界都是"心"的活动的表现或反映,所以儒臣特别告诫国王处理政事应注意"起心动念"之际。

由于哲学立场的差异,所以朝鲜国王与儒臣讨论"霸道"问题时,常联系到现实的政治军事策略,注重理念的"可行性"(feasibility);但是儒臣常将"霸道"作为纯粹政治理念来思考,注重理念的"可欲性"(desirability),严"王""霸"之辨,认为"霸道"是私欲横流。

我们可以用《朝鲜王朝实录》中国王对臣子提出的两个问题,说明朝鲜君臣对于"霸道"的态度之差异,其中博通儒学的正祖是最佳的个案。正祖的问题见于正祖十五年(1791)七月十七日的《正祖实录》:

> 上语及年事丰歉,教曰:"两南即国计之根本,而岭南半道,全归下纳,岂非痛叹乎?人皆以富国强兵为霸道,而如欲辟土地朝秦、

楚,则固非王者当务,至于**疆场之内,裕财而阜民,训兵而御暴**,岂有**王霸之可论乎**? 故相柳成龙请炼兵一万,五千上番,在京师,五千休番,就屯田,以屯田之谷,养入番之兵,无事时递休,有虞则征用。此古人兵寓农之美制。如此则资保可减也,放料可除也,在国计为汰冗食,亦岂小补?①

正祖在以上这一个问题中,反对将富国强兵等同于"霸道",认为"裕财而阜民,训兵而御暴"无关乎"王""霸"之别。

另一个问题由仁祖提出,收录于儒臣李植(1584—1647)的文集之别集中,李植曾任大司宪、弘文馆大提学等职,经历宣祖、光海君、仁祖三朝,这一条史料的"王若曰"未载明是哪一位国王,从李植的年龄推测也许是仁祖。仁祖提问曰:

> 士大夫之论王道者,高谈尧舜而不及于救难应变之策。论霸术者,专事功利而不暇于安民化俗之政。王道之效,茫如河汉。霸者之效,亦不可望。兵弱财匮,事功无成。以至强敌外侮,贼民内讧,日趋乱亡之域,抑何故而至于是欤? 如欲安民善俗措世治平,则行何政术而致之欤?②

仁祖之所以提出这个问题,是因为他看出了提倡"王道"的儒臣"高谈尧舜而不及于救难应变之策",而提倡"霸道"的儒臣,则"专事功利而不暇于安民化俗之政",两者各有长短优劣,仁祖希望在"王道"与"霸道"之间,获得一个动态的平衡。

---

① 《正祖实录》卷三三,正祖十五年(1791)七月十七日庚寅,见《朝鲜王朝实录》第 46 册,第 232 页。
② 李植:《治道择术》,《泽堂先生别集》卷十三"殿策问",收入《韩国文集丛刊》第 88 辑,1674 年本,第 507—508 页。

仁祖心目中的"霸道"并不是儒臣想象中的"人欲"横流的政治。17世纪上半叶的儒臣柳楫(1585—1651)的文集《白石遗稿》中,附录《殿策》有以下一段文字:

> 王若曰:[……]吾东一域,素称文献,享祚至于一千年五百年,其时立政,王道欤?伯道欤?惟我祖宗神圣相继,熙洽已久,顷值中否,王政日疵,逮予嗣服,余习犹存,朝臣玩愒,庶绩未凝,生民怨詈,邦本不固,当以德教治之欤?抑以刑政治之欤?海寇狡黠,需索之岁系,山戎桀骜,防戍之日紧,当以文教服之耶?当以武力威之耶?如欲正朝廷,固邦本,御外侮,其道何由?子大夫其悉心以对。予将亲览焉。①

显宗(在位于1659—1674)也提出类似上引《殿策》的问题,他说:"富强之术,虽是霸道,我国则欲行王道,亦当因此增损。"②柳楫在光海君时曾任地方官,在仁祖时曾任两湖召使、麒麟查访与王子师傅,在孝宗元年(1650)时曾召为谘议,但因病未就任,死于孝宗二年(1651),所以,我推测柳楫文集中所引这一段"王若曰",应是仁祖所提的策问。仁祖希望在"王道"与"霸道"之间,找出一条适用于朝鲜的政治道路。可惜柳楫的对策仍是宋儒的陈腔滥调:

> 臣窃惟天下致治之道有二,"王"与"伯"而已。纯乎天理之公,而一出于诚者,王道也。杂乎人欲之私,而一出于伪者,伯道也。出于诚者,无所为而行,出于伪者,有所为而行,此王伯之道,所以不出

---

① 柳楫:《王霸之别》,《白石遗稿》卷六"殿策问",收入《韩国文集丛刊》第22辑,第87—90页。
② 《显宗实录》卷一,显宗即位年(1659)十二月五日辛卯,见《朝鲜王朝实录》第36册,第230页。

于公私诚伪之间,而治效之不同,有如爝火之于日月,桔槔之于雨露者也。①

从以上朝鲜君臣的对话来看,国王念兹在兹的是"霸道"的"可行性",但儒臣所关心的是"王道"的"可欲性",君臣殊不同科。

第二个趋势是,虽然朝鲜君臣对"霸道"看法不同,但是他们对"九合诸侯",襄助齐桓公"一匡天下"、成就霸业的管仲,评价却非常相近。

朝鲜儒者对管仲的评价,虽然有些微出入,但大致都肯定管仲可称为"仁"者,16世纪的李珥、17世纪的宋时烈及其门人金昌协(1651—1708)等人,都同意管仲所行的是"霸术",如18世纪大儒丁茶山(1762—1836)所说:"〔案〕仁者,非本心之全德,亦事功之所成耳。然则既有仁功,而不得为仁人,恐不合理。"②正祖认为"管仲之心,虽不可谓之仁,而管仲之功,则不可不谓之仁也。管仲之仁,虽不可许之以全体,而惟此一段,则不可不谓之仁也。"③关于朝鲜君臣的管仲论,拙著《东亚儒家仁学史论》中已有详细论述,④所以在此不再重复。

综上所论,朝鲜时代君臣对"霸道"看法之歧异,可说是"实用论"与"理念论"的差异。国王基本上肯定"霸道"可富国裕民,但儒臣则如宋儒一样严"王""霸"之别,特重"王"与"霸"存"心"之不同。从朝鲜儒者的言论来看,他们坚持"王""霸"乃存"心"不同,但他们对"心"之本质的论述

---

① 《显宗实录》卷一,显宗即位年(1659)十二月五日辛卯,见《朝鲜王朝实录》第36册,第230页。
② 丁若镛:《论语古今注》卷七《宪问下》,收入《(校勘·标点)定本与犹堂全书》第9册,第133—134页。
③ 正祖:《答宫僚》,见《春邸录》卷三,收入《弘斋全书》,首尔:文化财管理局藏书阁事务所,1978年,第7页。正祖在另一场合亦说孔子之于管仲"许其仁者,非全德也,谓其利泽及人,有仁之功也。斥其不知礼者,谓其不知圣贤之道,不能正心修德,自归于奢而犯礼也。一则以其事业成就而言,一则指其本领褊卑而言。"见正祖:《鲁论夏笺》,收入《弘斋全书》卷一二四,第753页。
④ 另详见拙著:《东亚儒家仁学史论》,第9章,第377—414页。

常一语带过,颇嫌粗疏。我们可以进一步再问朝鲜儒者:所谓"心"是存在于"自然"(或"天")之外吗?或是存在于"自然"之中?"心"与"理"是什么关系?这一类有关"心"之本质的问题,都涉及他们的"王""霸"之辩的深层问题,值得进一步探索。

## 五、结论

本文分析韩日儒者对于孟子政治思想的理论基础"王道"及其对立面"霸道"的争论,及其所出现的从中国孟子学到韩日孟子学的"脉络性转换"之类型及其涵义。现在,在本文论述的基础上,我想提出以下三点结论:

第一,近代以前的东亚各国儒者,处于程度不同的权力关系之中,中华帝国与朝鲜王朝的儒臣,以及德川日本所谓"御儒者"的"存在结构"(existential structure)[①]深深地浸润在权力关系网络之中,所以,在他们解读孟子政治思想并提出新诠时,他们的论述(福柯[Michel Foucault, 1926—1984]称之为"话语形构"[discursive formation])也常被权力关系(如政治权力关系或学术权力关系)渗透,而相互之间进行内部的"权力斗争"。[②] 福柯的论点在德川日本思想史上绵延二百年的笔者称之为"孟子事件"之中,在朝鲜时代儒者与君臣对"王道"的讨论之中,以及在20世纪上半叶日本安冈正笃将孟子"王道"解释成"皇道",并主张"皇道"才是"王道"之醇乎醇者等思想史发展中,都获得了不同程度的具体的印证。

福柯曾说:"正是权力形式,使得个体成为主体。'主体'一词在此有双重意义:凭借控制和依赖而屈从于他人;通过良心和自我认知而束缚于他

---

[①] Maurice Merleau-Ponty, *Phenomenology of Perception*, Colin Smith trans., London: Routledge & Kegan Paul, 1962.
[②] Michel Foucault, *Archaeology of Knowledge*, London/New York: Routledge, 2002, part II, chap. 2, pp. 31-39;中译本见福柯:《知识的考掘》第2部,王德威译,第2章,台北:麦田出版公司,1993年,第107—118页。

自身的认同。两个意义都表明权力形式的征服性",① 本文所分析的韩日儒者的孟子学解释,也启示我们:这些《孟子》的阅读者与诠释者,一方面在作为主体的"自我"与"他者"之间对话、互动、争辩,这种争辩是"思想的斗争",常常也是"政治的斗争";但另一方面,他们的"自我"又一分为二,作为权力网络中之一分子的"政治自我",与作为孟子学价值理念(如"仁政""王道")的信仰者的"文化自我"之间,有时不免进行"内心的战斗"。本节所探讨的韩日儒者对"王道"的新诠,都显示出他们的"自我"与"他者"之间,以及他们内心的"政治自我"与"文化自我"之间,经由诠释的战斗而追求"和解"(reconciliation)的过程。

第二,从本文的分析可以清楚地看出:朝鲜与日本儒者秉承中国儒家读经传统,读书非徒博文,读书乃所以畜德,乃所以治国平天下,他们将"诠释文本"(interpreting a text)与"使用文本"(using a text)熔于一炉而治之,② 他们读《孟子》时即诠释即运用,不仅以《孟子》义理诉诸他们所处时代的社会政治现实,也回归他们自己的安心立命、立身处世。

这种现象是东亚各国儒学史之普遍现象,主要原因有二:(1)包括《孟子》在内的中国儒家经典,不仅是个人修心养性之书,也是经世致用之书,心性论与政治论绾合为一;(2)孟子的"王道"论乃是治国平天下的一套论述,所以包括日韩儒者在内的东亚儒者,解释孟子学于异时异域,虽然议论纷纷,但他们的解释均像中国历代政治思想家一样地"重实际而不尚玄理[……],多因袭,少创造"。③ 以上这两项因素,使日韩儒者诠释孟子学时,将"诠释文本"与"运用文本"合而为一,密不可分。

---

① 米歇尔・福柯著:《主体与权力》,汪安民译,收入汪安民编:《福柯读本》,北京:北京大学出版社,2010年,第280—296页,引文见第284页。
② 这两个名词是艾柯(Umberto Eco)所用的名词,参考Umberto Eco et al., *Interpretation and Overinterpretation*, Cambridge/New York: Cambridge University Press, 1992, p. 68;中译本见艾柯等著:《诠释与过度诠释》,王宇根译,北京:生活・读书・新知三联书店,1997年,第83页。
③ 萧公权:《中国政治思想史》(下册),第946页。

第三,从本文所分析韩日儒者对孟子学的解释与争论来看,域外儒者多半是从他们的文化主体性或政治主体性之角度,来重新解读并诠释孟子,所以我们似不宜简单地将韩日孟子学视为中国孟子学的韩日版本。相反地,正因为他们是透过"本国文化之眼""本国政治之眼"或"自我心性之眼"而研阅《孟子》,所以,他们是对孟子学进行一种具有朝鲜文化特色或日本文化特色的孟子学解释。就这一点而言,小岛毅等人说"书籍的大量输入,使得有更加多样的阶级接触到中国文化,但是这样的现象不能够称为'中国化',因为抄写和改编本身,会随着接受者的文化体系进行不同解读和变化",[①]也可以用来描述孟子学在朝鲜与日本的发展实况。韩日儒者的孟子新诠,别开生面,使孟子学在异域开出灿烂的思想花絮,但其创见所在,短亦伏焉,其是非得失诚不易言也。

---

① 羽田正编,小岛毅监修:《东アジア海域に漕ぎだす 1 海から見た歴史》,东京:东京大学出版会,2013年,第266页;中译引文见羽田正编,小岛毅监修:《从海洋看历史》,张雅婷译,新北:广场出版,2017年,第232页。

# 孟子论修身***

信广来（美国加州大学伯克利分校哲学系）

## 一、心的伦理禀赋

### （一）伦理禀赋

前几章①的讨论表明，孟子相信人心有某种禀赋，而且它业已指向伦理理想。这种观点也反映在《孟子》一书的其他部分，比如，6A:6②描述了仁义礼智的伦理品质已经在人之中，而非外在所赋予的。6A:17观察到，

---

\* 本文为信广来：《孟子与早期中国思想》（Kwong-loi Shun, *Mencius and Early Chinese Thought*, California: Stanford University Press, 2000）第五章"修身"，标题中"孟子论"三字为译者所加。——译者注（本文中，结合原书缩写说明、参考文献等部分，通过增补脚注的形式对原书的引用信息进行了必要的补充，并对文中与原书前后联系处另行加注说明。在此作统一说明，后不赘述。——编者注）

\*\* 本文引文缩写说明如下：

| 早期文本： | | 《孟子》注释： | |
|---|---|---|---|
| KY | 《国语》（卷，页，行） | C | 赵岐《孟子注》 |
| LC | 《礼记》（卷，页，行） | CC | 赵岐《孟子章指》 |
| LSCC | 《吕氏春秋》（卷，页，行） | MTCC | 朱熹《孟子集注》 |
| LY | 《论语》（篇，章） | MTHW | 朱熹《孟子或问》（卷，页，行） |
| MT | 《墨子》（章，行） | MTPI | 俞樾《孟子平议》 |
| SC | 《诗经》（诗，节） | TMHP | 余允文《尊孟续辨》（卷，页，行） |
| TC | 《左传》（页，行） | TMP | 余允文《尊孟辨》（卷，页，行） |
| | | YL | 朱熹《朱子语类》（页） |

① 参看 Kwong-loi shun, *Mencius and Early Chinese Thought*, chap. 1-4.
② 文本参看杨伯峻译注：《孟子译注》，北京：中华书局，1984年。略号示篇，段。

每个人在他自身已经有"良贵"了（这里"良贵"可能就是指伦理特征，参看 6A:16）。而且，孟子认为一个人是否道德，就在于他是存有还是丧失心中某物。比如，6A:10 描述了贤者是能够不丧失人人本有之心的人，6A:8 和 6A:11 描述了成为不道德是亡其心，并将学习描述为一种求放心的事情。① 4B:19 描述了君子能够保存把人与禽兽区分开的几希因素，而庶民则丢掉了它。4B:28 说："君子所以异于人者，以其存心也。"② 4B:12 描述了大人是"不失其赤子之心者也"，对此看法的一种可能解释是：伦理理想就是心中已有禀赋的实现。③

认为伦理理想是植根于心之禀赋的那些确定方向的一种实现，这一观念反映在《孟子》一书的两个类比中。第一个是有关味觉的类比，这在讨论 6A:4-5 时已经考察过。6A:7 段同样用味觉类比来加以说明：就像人们的味觉普遍具有对食物的相同口味那样，他们的心也普遍地具有某种相同的东西。此段中的"心之所同然者"，可以被解读为"所有心都共有的东西"（参看刘殿爵）。还存在另一种可能，即，如果我们把"然"当作动词，"同然"的意思就是"同意"，这是根据此段中同然、同嗜、同听、同美的平行结构而得出的。那么，这句话就可以被理解为所有的心所一致认可的东西（参看理雅各④；赵岐［C］；朱熹［MTCC；YL 1390-1391］；戴震，No. 4⑤）。不管接受

---

① 朱熹（YL 1406-1407, 1409）把"放失"解释为变得懒散和不留心，但在 6A:8 中出现的"放其良心"和 6A:11 中鸡犬放的描述，说明了"放"意思是"丢失"。
② 张栻（《孟子说》）把 4B:28 中的"存心"解释为保护心。但是赵岐（C）、朱熹（MTCC；YL 1355）、孙奭（《孟子注疏》）则把"存心"解释为保持某物（仁义）于心中。赵岐可能是基于 4B:28 的其他部分，这些内容辩论了君子总是在心中保持仁义。但是 4B:19 中与"人异于禽兽者几希"相关联的"存"的用法，以及 7A:1 中"存心"与"尽心"的并列用法，且"尽心"可能是指完全实现心，从而使得"存心"很可能与"保护心"有关。
③ 对 4B:12 还有一种可能的解释。朱熹（MTCC）、黄宗羲（《孟子师说》［卷，页，行］2/27b.4-28a.6）和张栻把"赤子之心"看作是指人生而有的心，而赵岐（C；CC）和焦循（《孟子正义》）则理解为：保护、关切普通人，仿佛他们是新生儿一样。只有基于第一种解释——对此赵岐已经注意到，但没有接受——这段才意味着：心已经有了伦理方向的禀赋。
④ James Legge trans., *The Works of Mencius*, 2nd ed., Oxford: Clarenden Press, 1895.
⑤ 戴震：《孟子字义疏证》，何文光整理，北京：中华书局，1982 年。下文同。

哪种解释，孟子接下来则提出"理义之悦我心，犹刍豢之悦我口"，这显示了孟子把"义"看作心之所悦。① 而且，2A:2 段既说明了浩然之气如果不配于"义"就会馁，也说明了行如果有不慊于"心"也会馁，这显示与"义"冲突的东西是不能满足于心的。

这些段落显示孟子相信任何人都会在"义"中获得快乐，并且发现有违于"义"则"不慊于心"。最保守来说，这意味着人们会对自己的行为作判断，如果合于"义"就会快乐，如果与"义"冲突就令人不满。朱熹（YL 1391）认为，孟子还相信任何人都会一致地赞成合乎义的人类行为，而不赞成不合乎义的。戴震（No. 4）也类似地认为，对"义"的敏感，不仅是关切于自己的行为，而且也关切于他人的行为。这种解读与 6A:7 一致，而且与作为四端之一的羞恶之心相符。上文已经讨论过，所谓"羞"（认为自己是卑下的），是由与自己有特别关系的事情导致的，而"恶"（厌恶），则可能由自己的行为导致，也可能由他人的行为导致。

孟子用的另一个类比是植物比喻，他把伦理发展比作植物的生长。比如，2A:2 观察到：没有致力于伦理发展就像不耘苗，而强助于伦理发展就像揠苗。6A:7 和 6A:8 段，把伦理发展比作薪麦与牛山之木的发展；6A:9 把伦理发展缺乏持续性，比作植物之营养不足；6A:19 以五谷的成熟来描述仁的形成。植物比喻意味着，人类的伦理发展，类似于从萌芽到成熟植物的发展。这种观点也符合 2A:6 所讲的作为伦理发展出发点的四端（端这个字的右部分，就是有根的发芽植物的图像）。如果萌芽未曾受损，且萌芽发展的方向是内在于萌芽的构成之中的，那么这个类比意味着，人发展的特定方向是内在于心的某种禀赋中。

孟子所诉诸的伦理禀赋，在其思想中扮演了两个角色。第一，他经常引

---

① 葛瑞汉（A. C. Graham, "The Background of the Mencian Theory of Human Nature", *Tsing Hua Journal of Chinese Studies* 6, 1967, pp. 215-271. Reprinted in *Studies in Chinese Philosophy and Philosophical Literature*, Albany: State University of New York Press, 1990, p. 37）注意到，孟子这种观察是对 LSCC 4/11b.7-12a.1 中子华子的观察的一种回应。

用这些禀赋来显示人有能力(能)成为有道德的。人有四端,那么就不应该把自己看作不能成为有道德的(2A:6);齐宣王对牛的同情,显示出他对人们不关心,是不去做的问题,而非不能去做的问题(1A:7);人们具有的对父母之爱、对兄长之敬,也显示了他们有特定的能力(7A:15)。

正如我们在前文①谈到的,对墨子来说,常见的挑战来自于那些怀疑人们是否有能力去实行兼爱的人。巫马子就认为他自己缺乏适当的情感倾向去实行兼爱,从而质疑这一主张(MT 46/52-60)。孟子诉诸心的禀赋来证明人有成善的能力,意味着他可能意识到了对墨家的这种挑战。这种看法可以从此事实得到支持:他把挟泰山越北海作为人真正无法实现的例子(1A:7),而这个例子在《墨子》(15/29-31,16/46-48)中也出现了。②在强调人们心中有与儒家理想方向一致的禀赋时,孟子在某种程度上试图显示人类有能力去实行儒家理想。因此,儒家理想不像墨家的那样,容易受到同类型的反驳。

第二,孟子强调心的伦理禀赋,以此作为捍卫儒家理想的一部分。他所回应的墨家主要面对的挑战,并非有关人实现伦理理想的能力的问题,因为儒墨两家均存在这种问题。实际上,墨家攻击儒家所支持的那种实践活动,并且以"利"为"义"的基础。正如我们在前文③所看到的那样,孟子回应了这类挑战,认为我们对"义"的认识,是源于心的某种特性,更具体地说,是从心所拥有的已经指向伦理理想的禀赋而来的。

伦理禀赋所扮演的这两个角色是相关的:如果伦理理想是已经构建于禀赋中的那种方向的一种实现,那么反过来,这种禀赋也就是使人们能够实现伦理理想的东西。因为在实际情况下需要激发人们来实现理想,所以要给说服的对象提供一种更直接的吸引。那么,我们可以认为孟子有时是这样考虑的:除了指出伦理禀赋,以说服听众相信他们自己有能力实现伦理

---

① 参看 Kwong-loi Shun, *Mencius and Early Chinese Thought*, § 2.2.2。
② 这个观点在倪德卫的论文中被注意到,参看 David S. Nivison, "Philosophical Voluntarism in Fourth-Century China", Unpublished paper, 1973, p. 21。
③ 参看 kwong-loi Shun, *Mencius and Early Chinese Thought*, chap. 4。

理想,孟子在与统治者对话时,还试图说明践仁会带来某种政治益处,从而激发统治者行仁,同时呼吁人心之禀赋,以证明统治者有能力施行仁政。所以,孟子诉诸政治利好,可能只是出于实际需要,然而,这并不能显示他认为心的伦理禀赋对伦理理想不起作用。由于诉诸政治益处将只对那些处于特定的政治位置、有特定的抱负的听众产生影响,但孟子试图在更广泛的听众面前反驳墨家以及其他反对者,那么,政治益处不可能是他认为唯一可用于捍卫儒家理想的东西。更可能的是,诉诸人们普遍拥有的心的伦理禀赋,不仅显示人们有能力为善,在辩护儒家理想的过程中也能起到一定的作用。①

（二）伦理禀赋与伦理方向

接下来的问题是,这些伦理禀赋如何指引伦理方向呢?对此,要考虑到孟子强调的自发反应,例如齐宣王对牛之不忍其觳觫(1A:7),乍见孺子将入于井皆有怵惕恻隐之心(2A:6),看到去世的父母躯体被狐狸啃噬的反应(3A:5),对嗟来之食的不屑(6A:10)。当一个人突然面对自己未预期到的情境,这些反应就会出现。虽然 2A:6 中明确提到了这种突发情形,但是在其他三种情况中,主体所面对的是某种可预期的东西。②不像由预先存在的目标来决定的连续活动,比如齐宣王压迫人民(1A:7),或者有人接受不符合礼义的万钟谷物(6A:10)。上述反应泄露了某种内心深处的东西,向他人显露出人之所以为人。③因为这是在毫无准备的情况之下作出的反应,也就是说,这不是被未来的动机所激发,而是直接从心中发出来的。并非未来动机,这在 2A:6、3A:5 中被表述得十分清楚,大概也隐含于 6A:10（一个人放

---

① 关于这些问题,我受益于与万百安(Bryan Van Norden)的讨论。
② 许谦在与 6A:10 有关的例子中强调了这种观点。
③ 朱熹将 7B:11 解释为相似的观点。在他(MTCC;MTHW;YL 1458)看来,7B:11（译者按:原文为"好名之人能让千乘之国;苟非其人,箪食豆羹见于色"）表达了这样的观点:当一个人是所有人注意的焦点,而且想要求名时,他能放弃一个国家;但如果他并不真的是那种能放弃东西给予他人的人,在无意中就会不愿去付出小如箪食豆羹的东西,这样就泄露了他实际是什么样的人。这种解释不同于赵岐、张栻和孙奭,后者认为此段后半部分考虑了不同的人,即不想去求名的人。就我所知,没有足够的文本证据来裁定这两种解释。

弃其生命，而这是其一切所欲中之最重者）、1A:7（齐宣王赦免牛使得国人以为他很吝啬，因此可能也毫无用处）。而且，这个反应是人人都会有的，一个人意识到它，并不是通过对人们经验的归纳，而是通过反思自己的内心。2A:6、3A:5、6A:10等部分所描述的均寓于假设中，这表明孟子邀请我们进入某种情境，想象自身将会作出怎样的反应。即使其中1A:7是实际发生的情境，但在此段孟子所做的还是引导齐宣王去察识自己的心。

那么这种反应显露了什么？要回答它，取决于这种反应涉及什么。正如注释者已经注意到的那样（朱熹，MTCC；张栻），6A:10所表明的情况同样出现在《礼记》（LC 3/18a.5-b.2）中，共同证明了四端之一的羞恶。在此段，"恶"被明确提到，而"羞"的态度，也隐含于文中所说的乞者不屑接受嗟来之食的例子中。这种反应让人拒绝食物，有可能就是因为将接受食物视为不义之举。在这个意义上，3A:5中的反应是类似的：让一个人埋葬死去父母的躯体，也是因为看到如此行为的正确性。当然，尽管3A:5中的反应，与2A:6中不忍人的反应在某些方面相似（都直接从心而来，都不能忍受特定事物），但前者同时含有羞恶的反应，它使得人们去纠正导致此反应的那种状况。

这种反应，不仅引导人们懂得在当下活动情境下什么是正确的，而且引导其未来的行为，或者其他情境下的行为。比如，3A:5中的反应，会让人以后也意识到埋葬家族成员的正确性。在6A:10的反应，似乎会引导人们对政治情境下的行为形成某种看法。与接受嗟来之食对比时所提到的接收万钟谷物的例子就是一个参照，即某人接受了一个当权者提供的俸禄，而此权贵是没有按照礼来对待人的。① 至于3A:5，似乎也适合于去引导听众看到：接受这种俸禄是不正确的，就像接受嗟来之食那样，从而激发听众在政治情境中不要这样做。也就是说，接受嗟来食会获得生命，这比接受万钟谷物而获

---

① 所说的万钟谷物，出现在2B:10，与给予孟子的一个可能的俸禄有关。

得外在财富更重要。但是,既然人们在前一种情况下可以因尊重"义"而放弃生命,那么,在后一种情况下违背"义"而接受万钟的谷物,就是没有弄清楚两者中哪种是更重要的。

心的自发反应能引导行为,这一观点在 1A:7 中可以找到进一步的证据。在这段开始处,齐宣王先询问孟子齐桓公、晋文公之事,孟子却引导齐宣王去讨论如何能够成为真正的王者。根据孟子的说法,成为真正的王者在于关心、保护百姓。为了显示齐宣王有能力去这样做,孟子提起他以前的一件事:他出于不忍之心赦免一头要被杀掉用来衅钟的牛。这个例子是为了表明齐宣王有能力去保民,从而成为真正的王者。然后孟子问齐宣王为什么其慷慨不能及于百姓,并敦促齐宣王去度量自己的心。齐宣王以至高的抱负(大欲)作为回应,而孟子将其抱负等同于武力扩张。接着孟子就论证:要实现扩张的抱负,需要去保民、实行仁政。

对此段的解释是个有争议的话题。孟子某种程度上试图显示齐宣王有能力去保民,这比较清楚,因为孟子反复提到齐宣王的能力。但不甚清楚的是,孟子是否同时试图激发齐宣王去实际保民。并且,如果确实如此,应该如何来实现。一个可能的意见是,齐宣王开始时也想保民,但他认为自己不能做到,所以孟子唯一的目的就是显示齐宣王有这个能力。但是,对话的过程表明可能有更多的东西在展开。尽管齐宣王确实问到他是否能够保民,但实际上,他对"保民"并不感兴趣,而是希望由此实现真正的王应有的政治地位。但在 3A:5 随后的部分,孟子似乎期望齐宣王调整对百姓的态度。孟子问齐宣王为什么没有扩展其慷慨于百姓,就是试图让齐宣王对自己的行为感到惭愧,以使他对百姓更为关切。进一步,既然齐宣王诉诸政治抱负来解释他为什么没有保民,那么,激发齐宣王的东西,就与政治目的不同。所以,至少从孟子的观点来看,对话过程中确实发生了什么,这促使齐宣王有了照顾百姓(保民)的动机。

但是,很难判断这种转变是如何发生的。一个有争论的问题是:齐宣王获得的进一步的动机,是否只是他与孟子对话的偶然结果,或者说,这是否依赖于他以特定方式去看待事物,比如获得了那种"按照孟子的观点更好地认识自己"的那种方式。另一个不一致的问题是:在孟子看来,对话开始时齐宣王对其百姓的态度是什么,以及在试图提高齐宣王动机的过程中,孟子运用的是什么?为了便于呈现不同的可能性,我先描述针对第二个问题的一些讲法,再对这些讲法中的每一个,以两种不同的精致方式来分别阐明,而这两种方式是与对第一个争议问题的两种不同立场相对应的。

一个极端的讲法是:齐宣王开始时对其百姓根本毫不关心。为了试图激发齐宣王更关心百姓,孟子指出百姓与那头牛的处境的相似性。既然齐宣王对牛的反应,是对牛无辜而就死的回应,而他也知道百姓无辜受苦,齐宣王就会受到激发去同情百姓,并免除他们的苦难。这种见地可以从两方面加以阐述。一种是把所意识到的相似性看作在产生新动机过程中只有偶然的作用,即并不把齐宣王对此相似性的意识,当作他同情百姓的基础。另一种则认为,齐宣王把此种相似性当作他同情百姓的基础,正是因为如此看待事物,才产生了新的动机。①

另一个极端的讲法是:甚至在与孟子对话之前,齐宣王便已经具备对百姓产生同情的成熟形式,尽管因为特定政治抱负的扭曲影响,它还没有显露自身。通过提起齐宣王对牛的同情,孟子帮助他加快了对百姓同情的显露。这种讲法同样有两种变形,一种是把动机上的变化仅仅当作偶然的过程,并不依赖于齐宣王意识到他从一开始就已经有对百姓的同情。另一种则认为齐宣王确实是由于意识到在牛这件事上反映出来的东西,才被引导着去同

---

① 在倪德卫(David S. Nivison, "Two Roots or One?", *Proceedings and Addresses of the American Philosophical Association* 53, 1980, pp. 746, 753-754; David S. Nivison, "Mencius and Motivation", *Journal of the American Academy of Religion* Thematic Issues 47, 1980, pp. 421-422)那里能看到类似于这种讲法的东西;在以前的写作中,我对这种讲法的第二个变种也有详细讨论。万百安(Bryan Van Norden, "Mencian Philosophic Psychology", Ph. D. diss. Stanford University, 1991, chap. 3)指出了这个讲法的两个变种的区分。

情百姓，而这种意识转而又产生了新的动机。①

这两种意见代表了两个极端，后者认为齐宣王对百姓的充分关心一开始就出现了，而前者则允许齐宣王开始时可以没有对百姓的关心。在这两个极端之间还有其他的意见，认为齐宣王有某种程度上的对百姓的关心。比如，一种意见是：通过引导齐宣王看到，其臣民的困境就如同那头牛的困境一样，孟子帮助齐宣王具体化了他对百姓的关心，从而激发他免除百姓的苦难。②也就是说，通过引导齐宣王更留意其臣民的困境，使其得到对其苦难的更生动认识。孟子帮助齐宣王触发了对百姓的关心，并提高了他对百姓苦难的认识，而不再是冷漠的水平。③

这一段没有包含足够的细节，能够为上述解释中的任一个提供决定性的证据。此段中一些部分，反对了第一种极端的解释。比如，齐宣王对牛的同情，被说成他看待牛，就好像是一个无罪却被置于死地的人。这意味着齐宣王开始就有某种对百姓的关心，孟子就是尝试帮助其将这种关心实现为行动。就像王夫之④（513-514，516）所注意到的，孟子主要是敦促齐宣王推展其行为，而不是敦促他对人民有对牛同样的关心。实际上，齐宣王关心牛，并看待此牛似乎是无罪之人，就意味着他可能对人比别的动物有更多的关心。

这种观察，还可以从孟子的一个类比得到支持。孟子把齐宣王与牛的关系，和与人的关系作比较，前者就像举百钧之重物、察秋毫之末，而后者就像举一羽、见舆薪。这个类比显示了，孟子认为，对齐宣王来说，同情人民比

---

① 在后世儒家学者对此段的注释中，能看到与这种建议类似的解释，比如朱熹（MTCC 1A:7；YL 1223-1224）和张栻。
② 与此类似的建议可以参看 David Wong, "Is There a Distinction Between Reason and Emotion in Mencius?", *Philosophy East and West* 41, 1991, pp. 31-44，尤其是第 38—40 页。倪德卫似乎也提出了相似的图景，参看 David S. Nivison, "Problems in Mencius, Part Ⅱ", Unpublished paper, 1975, pp. 9-10；idem, "Motivation and Moral Action in Mencius", Unpublished paper, 1975, pp. 26-27。
③ 这些观点受益于与乔尔·考普曼（Joel Kupperman）的通信。
④ 王夫之：《读四书大全说》，北京：中华书局，1975 年。

同情牛更容易。这种对比的判断,大概不是基于齐宣王的身体层面的能力。如果是那样,齐宣王在发布命令去赦免一头牛,与发布命令来赦免人民时,只需要同样的身体活动。但是通过前文①的观察,伦理文本中的"能",经常被视为取决于正确的情感倾向。那么,这种对比判断可能基于这种预设:齐宣王在某种意义上,对人比对动物更为关心。

尽管齐宣王可能对人怀有更多的关心,但并不明确的是,这种关心是否一开始就以成型的方式表现出来了。它赖于齐宣王是否先具有看待百姓的正确方式,从而才有可能使之具体化或被激活,而文中提到齐宣王对牛的同情,也是出于此种目的。但就我所知,此段没有足够的证据去辩护任何特定的解读,即齐宣王开始时的关心是什么样的,孟子究竟希望这段对话如何推动齐宣王将此关心付诸行动。

6A:10 和 1A:7 中的讨论能帮助我们理解 7A:17。这段提出了为善就是"无为其所不为,无欲其所不欲"而已。赵岐(C; CC)认为这段涉及不同的个体:他人以及自己。也就是说,不要让他人去为、去欲自己不会去为、去欲的东西。相应地,他把这段看作己所不欲勿施于人,并把它关联到《论语》中所讲的恕道。②魏鲁男(James R. Ware)可能就接受了这种解释,将 7A:17 翻译为:不去为(欲)你自己不为(欲)的东西(do not have done [desired] what you yourself do not [desire])。有些翻译者,则把此段看作关于自己以及他人。比如,刘殿爵译为:不要为(欲)他人不会选择去为(欲)的东西(do not do [desire] what others do not choose to do [desire]);赖发洛译为:不为(希望)那种他人不为(希望)的东西(do [wish] nothing they do not do [wish])。但是与 7B:31 比较,此段说"仁""义"是因一个人扩展他所不忍、不为,到那些他所忍、所为的东西,那么,7A:17 就不可能是关于不同的个体。将 7A:17 理解为是关于相同的个体,这在翟楚与翟文

---

① 参看 Kwong-loi Shun, *Mencius and Early Chinese Thought*, §2.2.2。
② 赵岐(CC)也把 7A:15 看作是关于"恕"的。

伯①、多布森②、理雅各的解释中有所反映：它是关于一个人不为、不欲他自己所不为、不欲的东西。翟楚与翟文伯、多布森把"所不为"、"所不欲"看作是关于人们不应该去为、去欲的。理雅各则认为它们是说，一个人的良知告诉他不去为、去欲，因此形成这样的看法：在自身中有某种东西，告诉自己不要去为、去欲。

既然孟子认为心具有指向某种伦理方向的伦理禀赋，那么 7A:17 就可能指出了由这些禀赋所显露的方向。③7B:31 中提到心无欲害人，意味着人所不欲的东西是害人，而 6A:10 和 1A:7，则分别提供了人不做某种事情与人无欲害人的例子。因此，7A:17 的观点可能就是：尽管有些东西是人类事实上去为、去欲的，比如接受违反义的万钟谷物（6A:10），或者想要压榨臣民而达到自己的政治抱负（1A:7）；但心的伦理禀赋中的某种东西，显示了人确实不想"为"或"欲"这些事情。这反过来提供了对 7B:31 中"充"、2A:6 中"扩充"的解释，它们指的是在心的伦理禀赋所指示的方向下，发展自身的过程。

为了完成对"伦理禀赋如何能指示伦理方向"的讨论，我们需要考虑孟子如何辩护爱有差等的理想，从而回应墨家的挑战。孟子把专门指向家族成员的某种反应和态度，当作伦理发展的出发点。3A:5 所描述的反应，是由去世父母的躯体而引发；这段还暗示，人对自己兄长的孩子比对陌生人的孩子有更多的爱。7A:15 段把爱父母、敬兄长，描述为培养仁义的出发点。4A:27 把事亲、从兄，分别描述为仁之实、义之实，其中的"实"，被解释为仁义的真正实质（与名相对）、具体方面（与虚或抽象的相对）、果实（与华或

---

① Chu Chai & Winberg Chai eds. and trans., *The Scared Books of Confucius and Other Confucian Classics*, New York: Bantam Books, 1965.
② W. A. C. H. Dobson trans., *Mencius: A New Translation Arranged and Annotated For The General Reader*, Toronto: University of Toronto Press, 1963.
③ 这里对"禀赋如何指示一方向"的问题留有余地。后来的儒者，比如朱熹（MTCC 7A:17）和张栻（7A:17；参看 7B:31）就把这段解释为：人本来不倾向于去做或者想要某些事，尽管被自私欲望遮蔽会导致人去做这些事。

开花的相对)。① 这些专门指向家族成员的反应和态度,可能在孟子辩护爱有差等时发挥作用。

在 7A:15,孟子把仁义描述为:人们将自己的爱亲、敬长,推广到天下所有人的结果。胡炳文精化了朱熹(MTCC)的解释,认为这是说,人们不应该把这样的"爱"与"敬"限制于自己,而应该使所有人都知道,他们也应该有这样的爱与敬。依照这种解释,扩展的东西是爱与敬的主体:这个过程始于一个人有这样的爱与敬,成于他人也对其父母、兄长有爱与敬。赵岐(CC)把 7A:15 关联到恕,这意味着一种相似的解释:一个人帮助他人获得他所有的东西,即爱父母、敬兄长。但在别处,赵岐(C)把扩充描述为一个人践行对他人的爱与敬。这意味着,这种解释把扩展的东西看作爱与敬的对象:这个过程始于一个人对父母、兄长有爱与敬,成于他对任何人都有爱与敬。

有三个理由表明为什么第二种解释是更可信的。第一,把某种态度的对象,从家族成员扩展到他人,这种观点在别的段落可以找到。比如,1A:7 讲到把开始只对自己家族长者的"待长者以长",扩展到其他的长者。第二,7A:15 出现的"达",在别的段落被用来指一个人态度所指对象的扩展。比如,7B:31 说把人所不忍、所不为的东西,扩展到他所忍、所为的东西;像我们以前看到的,这就是说把人们开始时针对某些对象的那种态度,扩展于别的对象。② 第三,7A:15 宣称,任何人都是如此,孩提时爱父母,及其长便敬兄长。这样,7A:15 就不可能是说:敦促一个人,去引导他人也有这样的爱与敬。

可以认为,尽管人们扩展了爱与敬的对象,但其依然对自己家族的成员保持特别的态度。7A:45 段讲到用对待父母的方式对待父母(亲亲),这是一种不会指向别人的态度。3A:5 中隐指,把自己的爱从家族扩展到外部是有差等的。③ 6A:5 段隐指,一个人应该对其兄长比对年长的同村人要更尊

---

① 参看 Kwong-loi Shun, *Mencius and Early Chinese Thought*, §2.2。
② 这一点被倪德卫注意到,他考察了注释者和翻译者对 7A:15 的不同解释,参看 David S. Nivison, "On Translating *Mencius*", *Philosophy East and West* 30, 1980, p. 115。
③ 参看 David S. Nivison, "On Translating *Mencius*", *Philosophy East and West* 30, 1980, p. 116。

敬,即使村人更年长一岁。那么,孟子是如何辩护人们这种在态度上的差等呢?就我所知,《孟子》中没有足够的细节,能够重构出孟子对此问题的立场。我所能做的只是描述一种可能的辩护差等的方法,但并没有明确将其归属于孟子。这是从王大卫的著作中借鉴而来的,其与孟子辩护儒家理想所诉诸的普遍具有的心之禀赋相一致。①

首先考虑对他人的情感关切,这是"仁"所强调的。因为既定的社会结构,人正是在家族中第一次发展出这种关切。进一步,对于人类来说有一个无可争辩的事实,即人们是在家族中被养育,他们自然对爱护、支持他们的人产生依恋,这些人一般是他们的父母。随着年龄增长,这种依恋会逐渐概念化。孩童会把爱慕的对象看作父母,开始想要亲近他们;孩童会懂得什么构成了父母的安乐,并乐于为之采取行动。随着时间的推移,他们还会更多地思考自己与父母的关系;会了解父母如何实质性地支持了自己,以及父母如何塑造自己成为现在这样的人。②结果,他们可能就会因为父母为他所做的,而认为自己对父母的爱慕与关切是合情合理的。另外,人们还可能把这种爱慕与关切,部分看作是因为自己的生命是由父母赋予的,也就是说,这种生物联系本身就被看作一个密切相关的考虑因素。在这一点上,人们的爱慕与关切,不只是一个偶然的事实,而是一种由爱慕与关切对象的某种特性所保证的明确事实。

接下来设想,人们反思了这种自己与父母理应具备的关系。这里有两种考虑因素,为保持上文所说的特殊爱慕与关切提供了基础。第一,认识到这是关于人类心理的一个事实,即自己被父母养大,那么就会有这样的特殊爱慕与关切。这深深根植于人们的动机中,而伦理生活应该接受这种实际的人类动机。第二,人们也认为这种依恋与关切之情是合理的,因为父母

---

① David Wong, "Universaliam Versus Love With Distinctions: An Ancient Debate Revived", *Journal of Chinese Philosophy* 16, 1989, pp. 251-272.
② Ibid., pp. 258-260.

在过去为我们付出很多,比如提供物质的支持、为培养我们的品质做出的努力,抑或是因为他们是我们生命的起源。尽管人们并非直接基于这些而有爱慕与关切,但考虑到爱慕与关切的现实存在,依然可以看作是因为这些基础,而得到爱慕与关切的正当性。① 因为这两个考虑,把特别的爱慕与关切父母看作伦理生活的合理部分,就有了根据。

类似的描述也适用于其他人,比如朋友与配偶,人们与之在之后的生活中发展了类似的关系。这些人会以另外的方式来爱护他,帮助他的生活。尽管他对这些人的爱慕和关切,是作为一个自然就如此的状态出现,而没有根基于什么,但他还是能把这种爱慕与关切视为合理的。这不仅由于这些人帮助了他的生活,而且由于这种爱慕与关切反映出了深根于人类动机中的某种可敬的东西。因为相互的活动历史有很大不同,人们对朋友的关切,确实不能跟对父母的关切相比。但这种差等自身能够被辩护,不仅因为父母对他的生活有更大的付出,而且,特别关切有唯一关系的父母,是人类动机中的一种可敬事实。按照这样的解释,关切他人的过程中有差等,就能被看作伦理生活中合理的部分。

相似的看法还能够用来解释对长者的尊敬,这是培养"义"品质的出发点。"义"涉及认同什么是正确,这是由人应该遵从的某种伦理标准所定义的。同样地,考虑到既有的家庭结构,人们通常先从家庭中培养出一种尊重的态度。小时候,人们只是学习如何依照家族中长者的指导而做事,其态度是顺从长者以及尊敬长者,这是一种用心于长者、在长者前放低自己的状态。随着年龄的增长,就发现这样的态度确实是正确的,因为长者比自己更有智慧、更有经验;而且,因为长者有与自己相处的经历,他们还比别人更知

---

① 王大卫(同前作)在发展此方面的解释时,引用了《论语》17.21。这一段能以两种方式来读,第一,认为这段是说:人们对照料了、抚养了自己的人,有一种实际就如此的、而不是经过反思的爱。第二,认为这段是说:因为人们认识到父母如何照料了、抚养了自己,他们就感到有责任报答父母。这段可能更强调第一种观点,而《孟子》7A:15 所描述的依然在怀抱中的孩提之童对父母的爱慕,也强调了人在生命早期的那种对父母的无须反思的爱慕。

道自己的需要与兴趣。当他越明确尊敬长者的观念,他就越认识到这是对"自己曾经学习于长者以及长者的更多经验与智慧"的正确回应。更多的反思还让我们看到,对家族中长者有特别态度,是伦理生活中合理的部分,其原因与对父母的关切相似。具有这样的特别态度,是人类动机中的一个可敬的、有深切根基的事实;而且,因为从长者处学到东西以及长者的能力还会持续提供正确的引导,这也支持了人们的特别态度。

当人们的交际活动圈扩展后,还会对他人持有相似的态度,比如对老师与上级。但他依然保持对家族长者的特别尊重,因为他与长者有更多的交互经历。这是人类动机中的可敬事实,伦理生活应该容纳之。而且,还由此事实而得到支持:在过去他从这些人那里学到了更多,而且这些人更好地知道他的具体情况,所以又更有资格来继续提供指导。在这个意义上,人们对他人的尊敬中有差等,就能被看作伦理生活中合理的部分。

## 二、自我反思与修身

### (一)自我反思与"思"

在前一节,我们考虑了在多种方式下,心的伦理禀赋都会指示一个伦理方向。有时候,像 3A:5 所描述的例子,在某些情境下,人们基于对伦理禀赋的自发反应,来判断什么是正确的。有时候,像 1A:7 与 6A:10 所描述的例子,在某些情境下,人们通过反思在别的情境下会如何反应,而了解到什么是正确的。虽然人们形成伦理方向的过程有不同的形式,但为便利起见,我把这个过程都看作自我反思。但有一个限定条件,即,自我反思实际上可能包括,或者可能不包括对自己的伦理倾向的反思。对于伦理品质,尽管孟子把它与依照心的伦理禀赋所指示的方向来修身联系起来,但并不意味着这些品质是终点,所谓终点,意味着其内容能够被细致地说出,而且在修身过程中能直接引导人们。① 实际上,伦理品质更多是描述由自我反思而显露出的伦理方向的不同侧面;比如,"仁"强调有情感关切的方面,"义"强调对正当有认同的方面。

作为讨论自我反思的基础,让我们先考察"思"的概念。孟子经常用"弗思"来解释伦理失败(6A:6, 6A:13, 6A:17)。在 6A:15 他观察到,人们如果"思",则得之,如果不思,则不得之。在这里,未有明确所得到的东西是什么。翟理斯、赖发洛没有指出"得"的对象,翟楚与翟文伯认为是"获得善的东西",多布森认为是"接受被传来的东西",刘殿爵认为是"将发现答案",理雅各认为是"得到事物的正确观点"。② 与 6A:6(其语境说的是仁义礼智等伦理禀赋)说的"求则得之,舍则失之"比较(参看 7A:3),显示出一个人通过"思"得到的东西,是某种关于伦理理想的东西。注释者也大都同意这一点,比如朱熹(MTCC)认为由"思"得到的是"理",张栻认为是居于心中的天理;王夫之(696-697)则认为是义。但并不十分清楚的是,"思"涉及的是什么?其对象又是什么?

"思"在《诗经》中频繁出现,经常作为一个及物动词,意思是反思某物或在心中考虑一个对象。在很多例子中,这个对象是指某种人对之有赞赏态度的东西,比如,一个人可能思考、思虑一个他所仰慕的人(SC 27/3-4, 28/4, 38/3, 87/1-2),挂念或关心这样的人(SC 44/1-2, 62/3-4, 66/1)。另外,"思"还可能是回想、记起某种东西,与忘记相对(SC 201/3),也可能是考虑、思考某种没有赞赏倾向的东西(SC 26/4-5, 109/2, 114/1-3)。基于"思"的这些用法,阿瑟·韦利的观点可能是正确的,即认为"思"的主要意

---

① 尽管同意安乐哲的观察:孟子没有把伦理发展设想为可以被确定的、特定的目标所引导(Roger T. Ames, "The Mencian Conception of ren xing: Does it Mean 'Human Nature'?", in *Chinese Texts and Philosophical Contexts: Essays Dedicated to Angus C. Graham*, Henry Rosemont, Jr. ed., La Salle, Ill.: Open Court, 1991, p. 159),我依然倾向于认为这种发展方向很少有可变性。
② 在《孟子》的导言中(D. C. Lau trans., *Mencius*, London: Penguin, 1970, p. 15),刘殿爵先生把"思"看作去思考道德责任、规范,等等,显示了他把"思"看作去发现关于这类型问题的答案。

思是用心于某物,这是一种更近似于具体观察、而不是精致思虑的过程。①《孟子》是在想起某物的意义上来使用"思"(2A:2,2A:9,4B:24,4B:29,5A:7,5B:1),这里想起的东西可能是人们有赞赏倾向的某种东西(7B:37),或某种他想去做的事情(3A:5,4B:20,6A:9)。而且,"思"被描述为某种属于心的东西,它可以被耗尽(4A:1)。

既然"思"被认为是达到伦理理想所必需的,那么"思"的对象就可能与伦理理想有关。一些注释者就以这样的方式解释"思"的对象,比如,赵岐(C)认为其对象是善。我们已经看到,"思"某物包括注意于某物、反思某物,而且此物经常是人们有赞赏倾向的东西。像倪德卫所注意到的,6A:7观察到心悦"理义",就如同感官悦其喜好对象,这意味着"思"的对象可能是"理义"。②这种看法可以由此来获得支持:"思"与"求"时常被并列使用(6A:15,6A:6,7A:3),而我们看到③,告子格言中"求"的对象很可能就是"义"。进一步,就像倪德卫也注意到的,"思"与"求"被并列地使用,意味着"思"也有一种"求"。④所以,对孟子来说,"思"可能是指:引导去关注、并且去寻求心的适当对象,即"义"。

在其他早期文本中,"思"也把"义"当作对象(例如,LY 14.12,16.10,19.1;TC 627/14,736/9),并认为导向善或义的"思",对人们的为善是很关键的,这一点在下面所引的《国语》的一段有着明确表达:

> 夫民劳则思,思则善心生;逸则淫,淫则忘善,忘善之恶心生。……瘠土之民莫不向义,劳也。(KY 5/8a.11-8b.2)

---

① Arthur Waley trans., *The Analects of Confucius*, London: George Allen & Unwin, 1938, pp. 44-46.
② David S. Nivison, "Philosophical Voluntarism in Fourth-Century China", p. 13;参看idem, "Motivation and Moral Action in Mencius", pp. 47-48。
③ 参看Kwong-loi Shun, *Mencius and Early Chinese Thought*, §4.4.3。
④ David S. Nivison, "Weakness of Will in Ancient Chinese Philosophy", Unpublished paper, p. 14.

此段中"思"与忘善的对比，显示了"思"与引导去注意善有关，并保持于心。进一步，既然民劳被认为引向"思"，而且人民引导自己向"义"，那么"思"也是一种引导自己向义的东西。因此，这段就表达了类似的观点，导向善或义的"思"，对人们的为善至关重要。

返回到 6A:15，这一段比较了心与感官，称前者思而后者不思。感官被描述为"不思而蔽于物，物交物，则引之而已矣"。注释者大都认为，"蔽于物"是说：在喜好对象方面，感官就是蔽；"物交物"是说：这样的喜好对象接触到感官；"引之"是说：前者引动后者。① 对蔽的解释是存在争议的，朱熹（YL 1415）认为是"被掩盖""遮蔽"，王夫之（705-706）认为是"限于一体之中"（参看 LY 2.2），即感官活动完全依赖于他们与感官对象的关系。

我们需要解决的问题是心与感官的不同，这在 6A:15 中用思与不思的不同来描述。一种看法是，把这种对比看作心与感官以不同的方式使人行动。感官的活动是自发的，当他们面对喜好对象时，他们被推动着追求其对象，没有进行思虑。心的活动可能也有这种自发，因为 2A:6 与 3A:5 等描述的心的反应，在这种意义上也是自发的。但是，感官的活动同时还是自动的，因为一旦被触动，它们就引导人去追求喜好对象，除非心介入其中。心的活动则不是这样的。即使心因同情而自发反应，也不会自动地引导行动。反之，这个人必须经过深思熟虑，并决定根据反应采取行动，将决定付诸实践。这样，感官将引导人们做某事，不需要他做任何事来使之可能；然而，心要引导人们做某事，只有在他已经主动做了某事，即思虑了、决定了之后，才会去做。②

这种讲法有某种可信性，但它还需要被验证。比如，需要考虑 1A:7 所描述的那种属于心的同情反应。有了对牛的同情反应后，齐宣王在主动赦

---

① 也有一些例外。比如，裴学海认为"物交物"中的两个物，都是指外在对象（感官的对象），"交"是指一个外在对象接着另一个去作用于感官。
② 在倪德卫那里，可以发现类似于这种提法的解释，参看 David S. Nivison, "Two Roots or One?", *Proceedings and Addresses of the American Philosophical Association* 53, 1980, pp. 744-745; idem, "Weakness of Will in Ancient Chinese Philosophy", p. 11.

免牛之前，并没有深思熟虑。相反，他在同情心的反应之下立即放了牛；至于需要衅钟的想法，则是后起的，这使得他要用羊来代替牛。同样，从6A:10拒绝食物的例子中，可以得到这样的印象：一人认为接受嗟来之食是自轻自贱的时候，他立即就去拒绝食物，而并没有思虑是否应该按照反应去做。这样，心的反应似乎与感官一样，也可能是自动的。那么，两者的不同只能在别处。

两者的不同可能是：感官接触到喜好对象，就被对象引走，既没有能力反思这种活动的正确性，也没有能力拒绝被引走，即使其追求是不正当的。被接触到的喜好对象引走，是感官唯一的活动方式，这提供了对"物交物，则引之而已矣"的解释。这样，感觉"不思"意为它们缺乏反思什么是正确的能力，而且，它们被外在事物所遮蔽了，或者说，它们的活动完全依赖于它们与外在事物的关系（蔽于物），因为当面对喜好对象时，它们完全被这些对象引走，而没有更多的反思。

作为对比，尽管心也有自发反应，会自动引导行为无须进一步的思虑，但它有干预的能力。它能反思什么是正确的，当它认为自己的反应所引发的活动是不正确的，它就有能力终止这个活动。因此，心与感官的一个重要不同，在于前者有能力反思什么是正确的，并相应地规范一个人的行为。另一个不同，涉及心、感官与它们喜好对象的关系。当接触到喜好对象，感官会被引走，以此来获取其对象；与感官不同，心要获得其喜好对象"义"，只需要通过"思"，"思"会实际引导人们去注意"义"、寻求"义"。

这种对心与感官不同的解释，符合前面提出的主张："思"是引导人们去注意"义"、寻求"义"的一种活动，这是心的一种特别能力，感官并不具有。那么，一个人以何种方式来引导人们去注意"义"、寻求"义"呢？我们已经看到"思"被关联于"求"，还看到孟子不同意告子格言的前半部分[1]，这意

---

[1] 参看Kwong-loi Shun, *Mencius and Early Chinese Thought*, §4.4.3。

味着"义"是求之于心的。如果这是正确的,那么,"思"可能与前面所说的自我反思过程有关,这是一个由心的伦理禀赋所引导的过程。不过,因为文中对"思"的提及相对较少,不可能为"思"的这种解释提供更多的有说服力的论证,即使它符合于孟子其他部分的思想。

### (二)自我修养的过程

在通过自我反思发现了转化的方向后,一个人依然需要采取行动,从而在此方向下转化自己。在《孟子》中,这种关于修身过程的描述不是很多,但至少有两个相关的段落。一个是 2A:2 的部分,描述养浩然之气的方式,另一个是 4A:27,考虑了在仁义发展中"乐"的作用。在 2A:2,孟子认为如果"气"没有正确地关联于"义",如果人的行为有不慊于心或不符合其标准,"气"就会"馁"。因此,修身就涉及因"义"而行;而且,考虑到孟子"理义悦心"的观点,那么,修身也就是以满足于心的方式来做事。① 另外,孟子还描述"气"是"集义"而生,而不是因"义袭"而为正确的。

关于"集义"与"义袭"的对立,至少有三种常见的解释。第一种认为,这种对立是区分"义"是从心而来的,还是从不依赖于心的源头获得的。第二种认为,这种对立是区分根据"义"来做事是完全倾向于如此做,还是强迫自己抗拒个人偏好而根据"义"做事。第三种认为,这种对立是区分规律地、持续地根据"义"来做事,还是偶然地根据"义"来做事。很多注释者,包括赵岐(C)、张栻、黄宗羲(1/16a.6-b.7, 1/18a)、孙奭、王夫之(540),把这种对立与将"义"看作内在/外在的区分相联系,但从其解释中却时常难以辨清他们是支持第一种解释还是第二种。另一方面,朱熹(MTCC,YL 1259-1263)提出了第三种解释,徐复观与翟楚、翟文伯、多布森、翟理斯、刘殿爵、理雅各和赖发洛几位翻译者均表支持。② 另外也有不太常见的解释,

---

① 6B:2 段也表达了这一点,一个人成为圣人,就是以圣人做事的方式去做事。
② 徐复观:《中国思想史论集》,台北:台湾学生书局,1975 年,第 143 页。

比如，俞樾把这种对立，看作"气"被"义"引导与"义"系属于"气"的不同。不过，就我所知，并没有足够的文本证据能够对此问题的各种解释进行评判。

在 2A:2 的讨论中，孟子继续描述了修身的过程，他说："必有事焉而勿正心勿忘勿助长。"接下来，还讲了宋国的农夫拔苗助长的故事，并批评那些放弃修身的人以及助长而为的人。"必有事焉"被大多数注释者，包括朱熹（MTCC）、张栻、许谦，看作人们应该经常致力于践"义"。[①]"勿正"或"勿正心"——这取决于断句，被一些人，比如黄宗羲引述程明道的话（1/17a.8-b.3），解释为不要有意识地追求所期望的结果。之所以这样解释，可能是因为如此做会削弱人们的努力。其他的人，比如朱熹（MTCC；MTHW 3/5a.6-12），将其理解为不要期望结果快速到来。否则，一个人要么因为期望结果自行到来而不付出努力。要么付出了一点努力，但结果没有立即到来，就放弃了努力或强迫此进程实现。[②] 对于"正"，可能是指某种过分的渴望，而这会削弱人们的努力。在这句话中，"必有事"看起来与"勿忘"对应，"勿正（心）"看起来与"勿助长"对应。既然"助长"是由宋国农夫的故事说明的，而故事中认为过度的热切削弱了农夫的努力，那么，"正"也可能是指这种过度的热切。对于"心勿忘"或"勿忘"（这取决于断句），一般被看作心中时时保持，不让其努力退步（例如，朱熹，MTCC），"勿助长"被看作不要过于热切地强迫其过程来达到理想结果（例如，黄宗羲，1/17a.3）。

2A:2 中所强调的需要把伦理发展的目标保持于心中、并坚持努力，在别的段落也可以看到。比如，6A:9 批判统治者缺乏付出与坚持，7B:21 观察到缺乏毅力会阻碍一个人的发展。至于过于热切的危险，2A:2 没有清楚表述，

---

① 大部分翻译者也类似地解读"必有事焉"；但翟理斯和赖发洛认为"事"的意思是困难，这个短句是说：困难将不可避免地出现。
② 大部分翻译者采取这两种解释中的前一个或者后一个。但也有例外，翟楚与翟文伯认为"正"是"停止"（可能把"正"修改为"止"），翟理斯则看作"澄清"，刘殿爵则把"正心"修改为"忘"。

热切如何会削弱人们的努力。朱熹认为,当期望的结果没有立即到来时,过于热切的人就会放弃努力。他可能是从 6A:18 的意思中引出了这种看法,那里说:"仁之胜不仁也,犹水胜火。今之为仁者,犹以一杯水,救一车薪之火也;不熄,则谓之水不胜火。"对于"仁之胜不仁"的意思,有不同的解释。它可能是说,人们实践"仁"从而克服自己所缺乏的"仁",或如黄宗羲所理解的(2/69a.3-7),统治者实践仁从而胜过别的缺乏仁的统治者。无论我们采取哪种解释,这段都强调实践"仁"需要坚持;而当期望的结果没有立即到来时,对结果过于热切会导致人们放弃努力。

但是,尽管朱熹的解释符合 6A:18,却不是很符合 2A:2 中宋国农夫故事中的观点,在这个故事中,产生有害结果是因为过度做事,而不是缺乏坚持。对过于热切的有害影响,有另外一种解释,认为这是刻意地要达成目的,从而侵扰了其努力。比如,一个有抱负的钢琴家可以把其整体追求目标放在心中,但当练习的时候有意识地追求此目标,会分散其注意力,从而阻碍其发展。相似地,人们进行修身,要把提高自身道德水平这个整体目标放在心中。但在具体待人时,有意识地追求此目标,可能阻碍一个人真正地关切他人,而关切他人正是目标的一部分。对过于热切的有害影响,还有一种解读,这也可以从宋国农夫的故事中得到暗示。在故事中,禾苗因农夫强迫其生长而被戕害,这意味着此种可能:即使在修身中,也必须逐步地进入期望的生活方式,进展太快则会有不利的影响。① 不过,尽管这两种解释更符合孟子的整体思想,但没有足够的文本证据来评判这三种不同的解释。

再来看 4A:27 段,它把事亲、从兄,描述为仁之实、义之实。有人解释"实"为"果实",就像"花实"中与花连用的那样(朱熹,MTHW;YL 1333;孙奭)。别人解释为"真的实质",与名相对(焦循),或是"具体的",与虚相对(黄宗羲,2/20a.7-21a.1)。智之实、礼之实,被解释为知而弗去、

---

① 这种提议可以在倪德卫的写作中找到,而我在稍后的讨论还将返回到这个问题上。

节文斯二者。"二者"可能指仁、义，或事亲、从兄。后一个解释被大多数注释者接受，包括赵岐（C）、焦循、朱熹（MTCC）、王夫之（616），这很可能有鉴于此种对应：4A:27 中引述了"斯二者"，7A:15 中则引述了知爱其亲、敬其兄。

这段继续以"乐斯二者"解释了乐之实："乐则生矣，生则恶可已也，恶可已则……。""乐则生矣"被一些翻译者（例如，刘殿爵、杨伯峻）和注释者（例如，王夫之，616）看作"乐出现了"；他们可能把乐当作生的主语。但是，在后面两个短句中出现的"则"，翻译者也都注意到，有"如果/当…那么"的意思，那么，这就意味着在"乐则生矣"中的"则"也可以这样理解。进一步，"生则恶可已也"中的"生"可能是指"乐则生矣"中的"生"，后者可能是动词用法。这支持把"乐则生矣"中的"乐"读作动词，指人从"斯二者"得到快乐。因此，我倾向于把"乐则生矣"解释为：当人们从"斯二者"得到快乐，它们二者就会有生意（参看朱熹，MTCC）；进一步，当它们有生意，它们就无法被抑止了。

在前面，我说明了把"斯二者"看作事亲、从兄的理由。而事亲、从兄被看作两种有生意的事情，这可以由此得到支持：两者是仁义之实，而 7B:31 把"实"当作某种被扩充或发展的东西。但是，无论"斯二者"是什么，这段都意味着，当人在修身过程中得到"乐"，就会更加趋向于"仁""义"，且无法抑止。[1] 而认为人将在修身过程中得到乐，这符合于孟子的信念。孟子认为人类本来就有在"义"中得到快乐的倾向；而一个人得到了快乐，至少就涉及恰当地倾向于做这些事，而不再需要强迫自己才能做这些事。[2]

也有人认为，孟子相信：当一个人没有适当情感，而需要强迫自己去按

---

[1] 倪德卫讨论了修身过程的这一方面，参看 David S. Nivison, "Mencius and Motivation", *Journal of the American Academy of Religion* Thematic Issues 47, 1980, p. 427；idem, "Two Roots or One?", *Proceedings and Addresses of the American Philosophical Association* 53, 1980, p. 745.
[2] 朱熹（MTCC；YL 1333）和黄宗羲（2/19b.1-3），认为"乐"有这样的涵义。

照"义"做事,那么,这对于修身来说就是有害的。对于这种关联,可以引用多个考虑因素来说明。第一,孟子在 2A:2 说人的行为不慊于心,"气"就会馁,这可能被解释为:逆着人的倾向做事,会有害于修身。① 第二,4A:27 可能被解释为:只有那些感到快乐的行为,才对修身有贡献。第三,孟子反对强迫性的修身、反对助长式行为,可能是表达了这样的观点:逆着人的倾向,即使做正确方向的事,也会对其过程有不利的影响。② 第四,孟子反对把"义"看作外在的东西,可能被解释为:反对去做"即使是正确的但与人的倾向相反"的事情。③ 最后,4B:19 所说的由仁义行与行仁义的不同,可能被解释为:是去做正确的且本身就想这样做的事情,还是强迫自己去做正确的事情之间的区别。而孟子是反对后者的。④

这是很有趣的建议,尽管我认为文本证据无法提供决定性判断。对第一种考虑,2A:2 所说的行不慊于心会导致气馁,可以被解释为不正确的行为,而不是违背自己意愿的相应行为,对修身有害。⑤ 这种不同的解释,从同段中孟子所说的如果气不正确地关联于义就会馁,可以得到支持。至于第二种考虑,4A:27 中并未很明确地包含其所说的那种意涵。实际上,这段可以被解释为:虽然人们开始要强迫自己做正确的事,但通过经常这样做,就会在这些事中感到快乐;当这种情况出现了,如此做事的倾向就会发展,且不可抑止。⑥ 至于第三种考虑,前面我们已经看到,在 2A:2 中没有足够的细节,能够评判对"修身中过于热切会伤害其进程"的各种不同解释。第四种

---

① 例如,David S. Nivison, "Motivation and Moral Action in Mencius", p. 46; A. C. Graham, "The Background of the Mencian Theory of Human Nature", *Tsing Hua Journal of Chinese Studies* 6, 1967, p. 31。
② 例如, David S. Nivison, "Mencius and Motivation", *Journal of the American Academy of Religion* Thematic Issues 47, 1980, p. 427。
③ 这是前文(Kwong-loi Shun, *Mencius and Early Chinese Thought*, §4.3.2)所描述的对"义内/义外"的多种解释中的一种。
④ 例如, David S. Nivison, "Mencius and Motivation", *Journal of the American Academy of Religion* Thematic Issues 47, 1980, pp. 422-423, 427。
⑤ 参看赵岐(C)与朱熹(YL 1254)。
⑥ 参看朱熹(YL 1335-1336)。

考虑提出了一种对"义内/义外"的解释,而我前文①说明了拒绝这种解释的理由。第五种解释是关于 4B:19,我将在下文进一步讨论。对于这种解释,因为 4B:19 的语境是关于圣王舜的,我们至少能说,孟子宣扬由仁义行而反对行仁义,可能指的是孟子的这种看法,即关于人们应该怎样完善自己的行止,而不是人们在修身过程中应该如何行动。因为文本证据的不确定性,我将避免将孟子的观点解读为:虽然按照义,但没有适当情感支持的行为会有害处;不过,也留有余地,即孟子确实可能有这样的观点。

### (三)修身中的"气"与"身"

在讨论 2A:2 中养气的观念时,我们看到孟子认为修身不仅影响"心",而且影响"气"。有证据表明,他还认为修身也影响身体。②比如,4A:15 段讲到"听其言也,观其眸子,人焉廋哉",注释者(例如,赵岐,C;朱熹,MTCC)一致把"廋"当作"隐藏"(参看 LY 2.10),并认为这段是在说,当别人听其言,观察其眼中的瞳孔时,此人的心灵状况无法被隐藏。朱熹(MTCC)和张栻还有附加的观点:尽管人们的言语可以有欺骗性,但眼中的瞳孔却不能作假。

7A:21 章也讲到伦理品质如何在人的身体形态上表现出来:"仁义礼智根于心,其生色也,睟然见于面,盎于背,施于四体,四体不言而喻。"注释者都认为所说的四体,是指人的外在行为;但对于"不言而喻"的含义,则有不同意见。赵岐(C)认为是说,即使一个人不说话,但别人看到其行为举止,也会通过四体的形态了解他。朱熹(MTCC;YL 1444)认为是说,人的四体能够晓喻其意图,即使他没有说话,也没有发布命令于四体。俞樾(MTPI)

---

① 参看 Kwong-loi Shun, *Mencius and Early Chinese Thought*, §4.3.3。
② 这种观点也被许多学者注意到,参看陈大齐:《浅见集》,台北:台湾中华书局,1968 年,第 226—234 页;黄俊杰:《孟学思想史论(卷一)》,台北:东大图书公司,1991 年,第 22—23、61—63 页;杨儒宾:《论孟子的践形观:以持志养气为中心展开的工夫论面相》,《清华学报(台湾)》1990 年第 20 卷;袁保新:《孟子三辨之学的历史省察与现代诠释》,台北:文津出版社,1992 年,第 74—79 页。

反对朱熹的解释,他认为朱熹解释的"不言而喻"对任何人来说都是正确的,而与道德品性无关。他也反对替代的讲法:别人能理解一个人的四体,不需要四体说话,这是因为四体不能说话。他自己的提议是修改文本,从而避免说到四体。但是,俞樾反对朱熹的理由,可能并无力度。因为,朱熹的观点可能很好地考虑到:一些有伦理品质的人,其伦理行为是无须努力的(四体不需其努力就能正确地活动),这正是张栻解释此段的方式。不过,赵岐的解释也是可能的,但似乎没有足够的文本证据去评判这些解释。同样地,无论我们接受哪种解释,这段都蕴含着:伦理品质在人们的身体上显示出来。

孟子认为修身影响身体的观点,在7A:36中也可以看到,那里他说"居移气,养移体"。还说到"居天下之广居",这里"广居"可能指仁,因为3B:2就在伦理语境下说"广居",在4A:10、7A:33(参看2A:7)中,还提到人居于仁。再一次,这一段关注了人们的伦理品质不仅影响"心",而且影响"气"与"体"。① 既然2A:2描述"气"是体之充的东西,并当作某种被"志"引导、支持"志"的东西,而"志"是心的方向;那么,"气"可能作为人的一部分,处于"心"与"体"之间。②

那么,在那种方式下,修身会对"气"与"体"有所不同么?在最近的写作中,杨儒宾提出一个有趣的讲法:就像修身涉及人们认识到心中隐含的发展方向一样,它也涉及人们认识到"气"与"体"中隐含的发展方向。③ 为了支持这一意见,杨先生指出,6A:8中孟子对"气"的观点与对"心"的观点是

---

① 这一点与前文(Kwong-loi Shun, *Mencius and Early Chinese Thought*, §2.1.2)的观察相符:作为修身对象的自我,不是内在的或私有的实体,而是人之整体。
② 参看杨儒宾:《论孟子的践形观:以持志养气为中心展开的工夫论面相》,《清华学报(台湾)》1990年第20卷,第96、111页;以及杨儒宾:《支离与践形:论先秦思想里的两种身体观》,载《中国古代思想中的气论及身体观》,台北:巨流图书公司,1993年,第431—432页。
③ 杨儒宾:《论孟子的践形观:以持志养气为中心展开的工夫论面相》,《清华学报(台湾)》1990年第20卷;参看杨儒宾:《支离与践形:论先秦思想里的两种身体观》,载《中国古代思想中的气论及身体观》。

呼应的,并提到 7A:38 中所说的"惟圣人能践形"。为了评价这一意见,我依次考虑这两个段落。

6A:8 段观察平旦时人之气,"其好恶与人相近也者几希";而在晚上不能保存"气",就会让他违禽兽不远了。讲到平旦之"气"与夜晚之"气",可能是强调在没有日常人类行为影响时,"气"是什么样子的;这就像 2A:6 提到的,一个人突然看到孺子将入井,是强调在没有这些影响时,"心"是什么样子的。同样地,讲到与人之气相近的"几希",谁丢失的话就会让他近于禽兽;类似于 4B:19 所说的能区分人与禽兽的"几希",君子就在于能够保存它。对孟子来说,这些类似显示了,人之气与人之心是相似的。人之心有某些伦理禀赋,当人们免于日常人类行为的影响,且去保存之、养育之,这些禀赋会是非常明显的;那么人之气也具有这些禀赋,当免于日常人类行为的影响,且去保存之、养育之,这也是非常明显的。① 因为,确实有证据支持杨先生的观察,即修身确实与"在已经内在的方向引导下发展气"有关;另外,这种观察也能从孟子在 2A:2、6A:8 讨论"气"之长时所用的植物比喻得到支持。

返回到 7A:38,赵岐(C)把"践"看作"居住于",把"践形"看作伦理品质寓于人的身体形态中。另一方面,朱熹(MTCC;MTHW;YL 1451-1452)拒绝了赵岐的解释,把"践"看作"完成",就像"践言"中的一样;朱熹引用并认同程颐的解读,把"践形"看作人通过尽其"理"而充实其身体形态。张栻的解释类似于朱熹,他理解"践形"为顺着并尽其身体形态之"理"。杨儒宾先生正确地指出:赵岐的解释,是把人的身体形态当作"伦理中立的、伦理品质只是居于其中"的东西;这与朱熹的解释不同,朱熹认为人的身体形态有伦理维度,其实现依赖于伦理品质。除了不认同朱熹关于"理"的解释,杨儒宾先生支持后一种解释,即人的身体形态有伦理维度,其

---

① 实际上,这些平衡是很相近的,以至于黄宗羲(2/64b.2-3)甚至把凌晨的气等同于良心,即 6A:8 所讲到的那样。

实现依赖于伦理品质。

这两种解释也可以在别的注释者和翻译者处看到。有人解释"践形"为使之完成或者实现人的身体形态。比如，戴震（No. 29）把"践形"中的"践"释为"实现"。刘殿爵翻译"践形"为"让他的身体完成其实现"，赖发洛译为"获得他的完全形态"。有人解释"践形"为达到或满足于身体形态的设计。比如，翟楚与翟文伯翻译"践形"为"与其身体材质一致"，理雅各译为"满意于其身体结构"，魏鲁男译为"达到该有的身体材质"。既然这些注释者、翻译者把伦理品质当作是完成人的身体形态或实现其设计所必要的，那么，他们可能也认为身体形态有一个伦理维度。作为对比，别的注释者、翻译者认为身体形态是中立的，尽管在修身中要用到它。比如，王恩洋把"践形"看作居于或使用人的身体形态，去实行道。陈荣捷翻译为"把他的身体形态完全运用"，多布森译为"正确地操作（身体之功能）"。

只考察"践"的用法自身，并不足以判定这个问题。《说文》解释"践"为"履"，而"履"是脚所踏之处。因为走路时可能有、也可能没有一种脚所跟顺的方向或设计，那么"践"的解释也就是开放的，无法确定"践形"是否与跟随某个发展方向或符合于人的身体形态的设计有关。在早期文本中，"践"以两种方式被使用。有时候，人践行不需要有一个依顺的方向，或符合的设计，就像"践"特定的地方（KY 19/10b.2），或者马蹄可以践雪这一事实（CT 9/1）。有时候，"践"某物则涉及依顺确定的方向，或符合特定的设计；这样的例子包括践行其诺言（LC 1/2a.4-5）、践德（KY 3/2a.1）、践迹（LY 11.20）。而有时候，尽管人践行可能有特定的方向，但践行这件事本身不需要依顺确定的方向，或符合特定的设计。比如，"践"一个政府职位，就是说他拥有了一个给定职责的职位，但并不必然含着：他完成了这些职责（例如，TC 159/14；KY 17/2b.1）。《孟子》5A:5 讲舜"践"天子位时就是这样使用"践"的。这样，就"践"这个字的用法本身来说，它不能对 7A:38 的某一种解释，有多过其他种解释的支持。

但有趣的是，5A:5 中的一个平行结构，能够使 7A:38 更容易被理解。5A:5 说：尧去世后，只有百姓以某种方式回应了舜，他才能够占据天子之位。这样的语境暗含着，在某人"践"天子位这件事获取其正当性之前，需要满足特定条件，即使这并不意味着这个人实际完成了与该职位相关的职责。现在，7A:38 说，只有一个人已经成为圣人了，才能践其身体形态。像我将在后文①讲到的那样，关联于"践形"的"可以"，也暗含着特定条件需要满足，从而使得一个人践其身体形态是可能的或适当的。

这些观察显示孟子很可能把身体形态看作具有某种伦理维度，尽管对于我们如何阐明这种伦理维度，这些段落仍留有余地——是否身体形态中确实有与圣人相符的特定设计或圣人所认识到的发展方向。比如，前文②讨论了与《论语》政治思想有关的两个观念。一个是"知人"的观念，即评价一个人的品性，并在此基础上任用人。③另一个是说，有修养的人有能力吸引他人、转化他人，而理想情况下这种力量应该成为治理的基础。这两个观念都关联于这样的看法：人的道德品质不可避免地在身体形态中显明；也就是说，正是因为他们是如此显明，他们才能被别人看见，并会有转化他人的效果。而既然有修养的人有这样的转化效果，这就意味着，修身的效果扩展到自己之外了。

这样的观点也可以在《孟子》的一些段落中发现。比如，2A:2 说人修养的浩然之气至大至刚，塞于天地之间，这意味着修身的效果超越人本身，达到了宇宙秩序。④可能，就像赵岐（C）和许谦已经注意到的，"塞于天地之

---

① 参看 Kwong-loi Shun, *Mencius and Early Chinese Thought*, §6.3.2。
② Ibid., §2.1.2。
③ 墨子刻（Thomas A. Metzger, "Some Ancient Roots of Modern Chinese Thought: This-Worldliness, Epistemological Optimism, Doctrinality, and the Emergence of Reflexivity in the Eastern Chou", *Early China* 11-12, 1985-1987, pp. 61-117）讨论了早期儒家关于人们能力的乐观主义，或者至少有教养的人所有的"识人"的能力。
④ 陈大齐（《浅见集》，第 231—232 页）做了有趣的观察，浩然之气是指它充满了天与地之间的空间，不屈是指它不被贫困、财富、强力所改易。

间"部分地涉及修身效果在自己之外的扩展,它包括了有修养的人处理任何事情的方式。另外,我们在3.3节看到,在早期文本中,"气"被看作这样的东西:其平衡会同时关联于人类的秩序与自然界的秩序。这种对"气"的看法,可能在2A:2段中也有效。在7A:13和7B:25段,同样描述了有德之人的转化力量,7A:13则观察到君子"与天地同流"。另外,4A:12说修身是政治秩序的基础,而且,"诚"有一种转化力量,"诚"被描述为天之道,"思诚"则是人之道(参看7A:4)。或许,有德之人的转化力量被比作天的作用:像天一样,他的运作方式是精微的、不测的(参看7A:13),他的影响能达到任何东西,使任何东西被滋养、转化(参看赵岐,C;朱熹,MTCC;张栻,7A:13)。为了更好地理解孟子思想的这个方面,接下来我转而讨论他的政治思想。

## 三、自我教化与政治秩序

与孔子一样,孟子把有德之人的转化力量看作治理的理想基础。如果管理者是正的,那么任何人都会正,人类社会也会拥有秩序(4A:20;参看7A:19,4A:14)。而且,与《论语》一样,《孟子》虽然强调转化的力量,但也讨论了政府治理的细节。[①] 这样的例子有:任用可敬且有能力的官员(1B:7,2A:4-5)、重视农业以提供百姓的需求(1A:3,1A:7,3A:3,7A:14;参看7A:20,40)、强调教育的重要(1A:5,2A:5,3B:8),以及提出使用土地的规范(1B:5,3A:3)。所谓的仁政或当权者对百姓之苦的不忍,正是仁心或心不忍百姓之苦的呈现。但是,不仅仁心是重要的,而且从自古以来的仁政中获得的引导,也是重要的。另一方面,正确地评判这些政策,也同时需要仁心和能力这两者(4A:1;参看7B:5)。

---

① 参看徐复观:《中国思想史论集》,第138—140页;袁保新:《孟子三辨之学的历史省察与现代诠释》,第117—124页。

除了这些在讨论《论语》时已经讨论过的观念，孟子还强调了三种观念。第一，他更明确地阐明了，社会秩序取决于家族内部具有的正确态度，进一步取决于自我修养。7B:32 段把修身关联于天下的平安，4A:11 和 4A:28 把家族内的适当态度关联于平安与秩序（参看 LY 1.2, 8.2）。4A:5 段描述了人作为家的基础，家族作为国的基础，国作为天下的基础；这与 4A:12 的进展过程相似，尽管有些不同。

第二，孟子强调获得人心是合理治理的基础。4B:16 段指出，要成为真正的王，取决于是否得到百姓的真心拥护，而反过来这又取决于是否善待百姓。4A:9 强调只有通过行仁政而得到民心，一个人才能成为真正的王（参看 7A:14, 7B:14）。相应地，也正是百姓的回应，显示了此人获得了从天而来的权威，从而能够顺受天子的位置（5A:5-6）。

第三，孟子还认为，百姓被吸引到仁君那里，仁君就能够统一天下，带给社会平安与秩序，而且这是无敌的或不可战胜的。"仁者无敌"，在《孟子》中出现过数次（2A:5, 3B:5, 4A:7, 7B:3-4）。陈大齐已经注意到，无敌可能是说这样的统治者没有敌人，也可能是说没有能战胜这样统治者的敌人。①孟子有时候观察到，因为获得百姓的拥护，仁君就不会受到敌视，在此意义上成为无敌（例如，1A:5）。但有时候，他也讲到，如果仁君被卷入战争，为什么必然会胜利（例如，2B:1）。在他看来，没人能抵抗享有百姓拥护的仁君（1A:6-7, 2A:1），而当仁君征伐不仁的统治者时，毫不费力就能取得胜利（7B:3）。所以，孟子可能是从这两方面来提出"仁者无敌"的。一方面，仁君享有百姓的拥护，且在理想情况下没有遭到任何敌对，在此意义上是无敌的。另一方面，腐朽的统治者很少会试图反对仁君，因为仁君受百姓拥护，将很容易击败这些反对者，从而是无敌的。

在孟子尝试推动统治者去行仁政时，他经常诉诸此观点，即行仁将使君

---

① 陈大齐:《孟子待解录》,台北:台湾商务印书馆,1981 年,第 129—135 页;我对此段的讨论,是从陈先生的讨论引出。

王成为无敌的或不可战胜的，从而成为真正的王。考虑到孟子时代的政治状况，这是可以理解的，即他所描述的仁政效果正是统治者们想要的东西。他还把"仁"关联于"荣"，而缺乏"仁"就是"辱"或"耻"（例如，2A:4，2A:7，4A:7，4A:9）。之所以这样，可能是因为"仁"能够获得别人的拥戴，这是"荣"的处境，而缺乏"仁"导致附属于别人，这是"辱"或"耻"的处境。另外，为了推动统治者行仁政，孟子还指出百姓将报答统治者对他们的善待。也就是说，百姓将用爱与敬，来回应统治者对他们的爱与敬；而且，如果统治者与他们同乐，他们也将乐君之所乐（1B:4，4B:28）。反过来，如果统治者对待下属和百姓十分暴戾，后者就会把他当作寇雠（4B:3，7B:7）。①

关于仁政的政治益处，在 1A:1 与 6B:4 也出现过，在文中孟子对比了"仁义"与"利"。在这两段，孟子分别对梁惠王与宋牼说：治理国家时关注"利"，会导致国家的灾难性后果，而关注"仁义"则会有理想的结果。这两段的某些部分还可能意味着，孟子在宣扬用"仁义"而不是"利"来作为政治口号。在 1A:1，他敦促梁惠王谈论"仁义"而不是"利"，在 6B:4，他同样敦促宋牼不要跟秦楚的国君讨论"利"。这使得一些注释者，比如赵岐（C 1A:1；CC 1A:1, 6B:4）、焦循（1A:1）、孙奭（1A:1），认为孟子主要考虑的，只是在政治中使用哪种口号。

不过，尽管孟子在 1A:1 开篇处就描述了自统治者而下所有人都在谈论"利"的情况，但他接着还讨论了，当所有人都求"利"时会引发的严重后果。类似地，在 6B:4，他讨论了所有人感到愉悦于"仁义"或被（悦）仁义所推动的效果，以此来反对"利"。② 所以孟子关心的可能不只是口号，而是政治的具体实践。他敦促梁惠王、宋牼不要讨论"利"，可能是因为他认为言论会产生严重后果，3B:9 和 6A:1 就提到了杨朱、墨子、告子的教导将引发的灾难

---

① 陈大齐（《孟子待解录》，第 190—191 页）注意到孟子的这些观察与墨子的类似，即墨子基于关心和利于他人会引导别人同样去对待自己，从而辩护兼爱。
② 参看 Kwong-loi Shun, *Mencius and Early Chinese Thought*, §4.3.1. 对于"悦"，有解释为"被感动"的可能性。

性后果。在上述这两段中,孟子可能认为梁惠王强调"利",将导致他下面的人逐"利";而宋牼讨论"利",将导致秦楚的国君唯"利"是图。

这里看似令人困惑,因为既然孟子把政治益处归功于仁政,他应该反对关注"利",特别是经常引用儒家观点的《左传》和《国语》这两本书,都把"义"描述为产生"利"的基础(例如,TC 200/12,339/10,391/1,437/6,627/14;KY 2/1b.9-11,7/5b.9-10,8/7b.9-11,10/8b.5;参看KY 3/3a.1-2,3/3b.2)。要解释这种困惑,不能简单地说儒家总是在贬义上使用"利"这个字。因为在《论语》(20.2)和《孟子》(7A:13)中,有时候将它与使百姓受益联系起来,这就是在积极意义上使用。①

对此问题,有很多可能的回答。第一种意见是,尽管孟子可能在便利百姓的正面意义上宣扬"利",但他倾向于在贬义上使用这个字(例如,7A:25)。因为孔子的看法经常是反对"利"的(例如,LY 4.16,14.12);而且,孟子需要使自己与墨家相区分,而后者是宣扬"利"的。第二种意见是,尽管孟子不反对与"义"一致的"利",但只要人们关注"义",伴随"义"的"利"就会随之到来,因此,人们没有必要关注"利"。②

第三种意见是,根据赵岐(C 1A:1)、朱熹(MTCC 1A:1)所述,在政治环境中,"利"经常是指军事上的扩张、获取土地与财富之类的东西,孟子就是如此理解梁惠王所讲的"利"。既然孟子认为统治者不应该被这类的成就迷住,他在政治语境中就避免使用"利"。王充(《论衡》100/1-5)批评孟子,因为他以这样的方式而不是以思虑百姓安危的方式,不正确地解释了梁惠王所讲的"利"。但是,根据6B:9等段落,对那个时代的统治者来说,构成"利"的东西,可能确实就是这类政治成就(参看余允文,MTHP 1/1a.3-2a.2;胡毓寰,1A:1③)。

---

① 在《孟子》7B:10,"利"与"德"是呼应的,但这里"利"不可能被用作正面的意义;赵岐(C;CC)和焦循都认为,这里的"利"是指牺牲了"义"而只考虑他们自己利益的情况。
② 参看陈大齐:《孟子待解录》,第64—68页。
③ 胡毓寰:《孟子本义》,台北:台湾中华书局,1958年。

最后还有一种与第三种相关的意见,在政治语境下宣扬"利",会较容易地引导统治者以及政府官员去求利。这种求利,一定程度上是在使国、家、自己都获利的意义上说的。① 这可以从 1A:1 看到,梁惠王明确地说"利吾国",而孟子则认为统治者的关注,应该是引导下面的人去关心他们家族与他们自己的利益。1A:1 的这一方面,甚至可能是对墨家宣扬"利"的一个隐性批评;也就是说,在政治语境下说到"利",不可避免地会在一定程度上关注个体的"利",也就是墨子视为混乱之源者。

尽管仁政可以带来政治益处,但孟子还是反对关注"利",上述就是几种可能的解释。但还有另一种解释,因为它考虑了早期文本中有时会出现的两种义利关系观之间的紧张,所以被凸显出来。比如,在《吕氏春秋》中,尽管"利"有时候被呈现为从"义"而来(例如,LSCC 4/10b.7, 19/11b.4-5, 22/4b.1-2;参看 13/10b.5-7),但有时候也被看作某种与"义"冲突的东西(例如,LSCC 11/9b.9-10)。对这种明显的紧张,一个可能的解决方案是:会与"义"冲突的"利",关心的是人们的个别利益;而从"义"而来的"利",关心的是普惠公众的"利"。② 但是《吕氏春秋》的观察中还暗含着另一种可能:小人以利为目的,结果得不到"利";而恰是以不利为目的,才会得到"利"(LSCC 22/1a.8-1b.1)。这个观察意味着,即使在利于自己的意义上来说"利",求利本身也会有害于"利"的获得。这样,反对关切"利",可能并不是因为任何一种不受欢迎的"利",而是因为这种关切会伤害到目标的达成。这种观点在道家文本中很常见,它遍及《老子》,在《淮南子》(例如,14/8a.2)、《列子》(例如,8/7a.6-8)等其他文本中也可以明显看到。

回到孟子,虽然他反对计算这些政治益处,因为它迷住了那时的统治

---

① 参看 Benjamin I. Schwartz, *The World of Thought in Ancient China*, Cambridge, Mass.: Harvard University Press, 1985, pp. 260-262;王恩洋:《孟子疏义》,台北:新文丰出版公司,1975 年, 1A:1。
② 对于这种与孔子、孟子思想有关的明显紧张,冯友兰提出了此解决方式,参看冯友兰:《新原道》,香港:中国哲学研究会,1977 年,第 17—18 页。

者,但他似乎不认为这种考虑在本质上是不可取的。他在与统治者的对话中指出,如果统治者行仁政,这样的目标就能够被实现(1A:1);而且,获得财富这样的东西并无问题,只要统治者与百姓同享财富的快乐(1B:5)。这样,在敦促统治者不要关注"利"时,孟子不是说"利"本身有什么问题,而是指出只有在行仁义时,而不是以利为目的时,"利"才能被获得。有多位注释者,包括朱熹(MTCC;MTHW 1/2a.5-2b.5;YL 1218-1219)、张栻、许谦、苏辙,在评论1A:1时已经注意到,孟子的观点是:统治者所关心的目标,只有当他行仁政,而且没有刻意追求政治收益时,才能被实现。

实行仁政所成就的东西,可能就是某种接近于、但不完全等同于统治者开始所想要的东西。比如,统治者可能开始想要无敌,这是在拥有更强的军事力量意义上说的,但仁政所达成的,是在不遇到或只有最少敌对的意义上达到无敌。不过,仁政所达成的,依然是统治者想要的东西,更进一步,还可能是某种比他原来关心的目标更让统治者满足的东西。① 因此,认为只有在行仁时没有刻意追求其结果,这种结果才会因为行仁而获得,这样的信念对于探讨孟子为什么反对关心"利",提供了一种附加解释。

另有其他段落也隐含着仁政的结果会在没有刻意追求于此时出现之意。比如,4A:9便指出,一位好仁的统治者不会不成为王,即使他没有想要成王。别的段落更进一步宣称,仁的结果取决于不去意图于此结果,比如3B:5描述了百姓尊敬汤,是因为认识到他不是期望拥有天下才去征伐别的国家。另外,3B:16和6A:16也有此观点的陈述;至于2A:3和4B:19,也能用这种观点来解释。

6A:16段不仅考虑了统治者寻求成为王,还考虑了百姓寻求政府中的官爵。尽管人修养天爵(伦理品质),其人爵就会到来,但那些为了谋求人爵而修养天爵的人,将不可避免地失败。多位注释者,比如朱熹(MTHW

---

① 关于1B:1中的喜爱音乐,孟子表达了这样的观点:对王来说,与人分享他对音乐的喜爱,比自己喜爱音乐更能令人满足。

11/10a.1-5；参看MTCC）、张栻、许谦，已经注意到，孟子的观点是：人爵会顺着人们修养天爵而来，但只有在人们不是以修养后者为达成前者的手段时，人爵才会顺之而来。

4B:16 段观察到那些借助"善"来获得他人拥护的人（以善服人），不能真的获得他人的拥护；但那些借助"善"来养护他人的人（以善养人），将获得天下的拥护，从而成为真正的王。这种对比，可能是指这样两种人的对比，即那些利用"善"以谋求获得他人拥护的人，与那些真正善良，而且养护他人但不刻意追求他人拥护自己的人之间的对比。而只有后者，才能成功得到他人的拥护（参看张栻）。所以，观点仍然是：只有不带着获取结果这样的目标心态去做事，"善"才会有特定的政治结果。①

真正的行仁义与为了政治益处而行仁义，这两者之间的对比，提供了对 2A:3 的一种可能的解释。这段描述了霸主依赖力量而利用仁或假装行仁（以力假仁）；这与真正的王者不同，王者依靠"德"而真正地行仁（以德行仁）。前者可能会行仁、甚至是假装行仁以谋求获得政治利益，但他们不能真正得到他人的拥护。后者有"德"，行仁时也没有意图政治利益，结果却能真正获得他人的拥护。这种对比也提供了对 4B:19 中观察的可能解释，那里说舜"由仁义行"，而不是仅仅行仁义。朱熹（MTHW 1/5a.4-9）的解释认为它强调了舜是真正的仁义，且由此而行；不像霸主那样，是利用仁义以谋求获得政治利益。但是，也有另外的同样可行的解释。比如，可能通过对两者进行对比来解释：那些真仁义的人，与那些必须强迫自己行仁义来修养自身的人（例如，MTCC；YL 1349）；或者，那些行仁义但没有以这样的概念去想的人，与那些有仁义的概念并寻求付诸实施的人（例如，黄宗羲，

---

① 4B:16 段看起来与 2A:3 段冲突，后者比较了依靠"力"来获得他人拥戴的人与依靠德"来"获得他人拥戴的人，而只有后者被认为是成功的。两段的冲突是这样的，在 4B:16 中说以"善"服人会失败，而在 2A:3 中则说以"德"服人会成功。一种解决方式是说，2A:3 更多地强调了"力"与"德"的对立，而且以"德"服人，并不一定含有：以谋求他人拥戴为目的，才来实践仁。

2/32b.1-3）；又或者，那些完全发展自己的伦理禀赋而成就仁义的人，与那些从外面强加仁义于自己的人（例如，焦循；参看孙奭）。

孟子为什么反对为了政治利益而行仁似乎已经很清楚了。但是，有一段内容似乎与这种解释相冲突。根据 7A:30 中"假之"与 2A:3 中"假仁"的对应，可以把 7A:30 中的"之"当作"仁"，我们再次看到，文中把五霸描述为利用仁或假装行仁。但这段继续说，如果人利用仁或假装行仁的时间长了，就无法知道他本来是并没有"仁"的。赵岐（C），以及接受其观点的张栻、焦循、孙奭、余允文（TMP 1/15b.8-16b.1；TMHP 2/1b.8-2a.3），都认为上面的评价是说：如果一个人利用仁或假装行仁的时间长了，他就会真的有"仁"。这种解释被很多翻译者接受，包括刘殿爵、魏鲁男、杨伯峻，还可能包括赖发洛。张栻、焦循、余允文还加了限制，认为五霸利用仁或假装行仁的时间不能持续很长，所以不能真正成为"仁"；余允文还认为，孟子作此评论是为了鼓励统治者坚持行仁。但是，即使有这些限制，认为一个为了政治利益利用仁或假装行仁的人，将会有"仁"，还是会与别的段落冲突——在这些段落中，认为如果一个人为了政治利益而行仁，便不可能达到其目的。

但是，并不能明确说 7A:30 中的这个看法就应该这样来解释。朱熹（MTCC；参看 YL1449）就反对这种解释，认为这个看法是说：如果一个人利用仁或假装行仁的时间长了，他自己或者别人将不会意识到他并不是本来就有仁。这种解释也被很多注释者接受，包括许谦和黄宗羲（2/83b.8-84a.5）。不过，就我所知，尽管孟子在别的段落中反对为了政治目标而行仁，为朱熹的解释提供了一定的支持，但这段文本自身并没有偏向于某种解释。

为了完成对孟子政治思想的讨论，让我们转向他对那些批评他在政治环境中的活动的回应。《孟子》中有数个他拒绝见统治者或某权贵的例子，因为他们没有按照"礼"来对待孟子。这引发了一些批评：如果孟子愿意会见那些没有以"礼"相待的权贵，他可能已经能实现他期望的政治变革，从而帮助百姓。我们在前文①看到，孟子自己承认，"礼"有时候会被别的考虑所压倒。在 5B:1 中批评伊尹、柳下惠、伯夷时，他也反对政治活动中的僵化。但在政治领域中，他自己坚持符合"礼"，把"礼"置于百姓福祉之上，似乎也使他自己过于僵化了。这一批评也可以在 3B:1 看到，在那里陈代质疑孟子为什么不愿意委屈自己一点，而成就所期望的政治变革。在 4A:17 也有，在那里淳于髡用援嫂子以手的例子指出，如果忽视对"礼"的违反，孟子可能已经救济于天下了。

孟子在 3B:1 的回应是，陈代提出在政治场合应该"枉尺而直寻"，这是因"利"得出的看法；而如果"利"是主要考虑因素，人也可以"枉寻直尺"。孟子说"枉寻直尺"会引致"利"，这似乎是令人迷惑的。因为，如果人们可以为了较少意义的东西而放弃更有意义的东西，这样来说"利"是很古怪的。已经有人提出这是孟子的一个滑转。②但也有另一种可能，孟子指的是某种特定类型的收获，而那种放弃的东西尽管有更大意义，但并不能有助于得到这种类型的收获。

我们看到，在 1A:1 和 6B:4 中孟子反对追逐"利"的时候，"利"是以政治益处而被理解的，比如获得土地、财富、军事力量。考虑到 3B:1 中的政治语境，孟子可能认为，陈代说"枉尺而直寻"时，就是在说类似的政治益处。如果是这样，那么孟子所讲的"利"就是指这样的政治益处。这种解释可能从同一段中的御者的例子来获得支持。这个例子是说，人们委屈自己去使别人得到如"获禽"这样的物质收获。按照这种建议，"枉尺"是指自己接受羞辱性的待遇，相对来说，这比"直寻"所指的政治益处更值得重视。既然"利"关乎政治益处，而自己所接受的羞辱性待遇不会因为政治益处——如果真的能得到——而减少，那么，就不会再对孟子由"枉尺而直寻"来说"利"，感到有什么困惑了。

但是，问题依然存在。也就是说，如果孟子的对手是正确的，即认为他可

---

① 参看 Kwong-loi Shun, *Mencius and Early Chinese Thought*, §3.1.2, 3.3。
② 例如，陈大齐：《孟子待解录》，第 86 页。

以通过这样做来获得重要的政治成就,那么,为什么孟子不稍作变通?对孟子来说,回答可能是:利于百姓的唯一方式是引导统治者行仁政,而不是帮助他们获得土地、财富和军事力量。但在 3B:1 的结尾,孟子指出"枉己"而能"直人"是不可能的。相似的观点在《论语》中也可以发现,其表达如:正己以正人(LY 13.13;参看 12.17),举直错诸枉(LY 2.19,12.22);而且,正(LY 1.14)、直(LY 18.2)的观念都关联于"道"。孟子认为,他的任务是正人之心(例如,3B:9),而他说"正"他人或者"直"他人,显示了他在政治领域的目标是"正"统治者,而不是帮助达成统治者所关心的政治成就。在孟子看来,屈身则不能正权贵。这可能是因为,若屈身,他就将成为一个坏的榜样;也可能是因为屈身将导致缺乏转化的力量,而这是转变别人时所需要的。

相似的观点,在 4A:17 中也可以看到。在关于嫂子溺水的例子处,① 我们考察了用权的问题。淳于髡提到这个例子时,批评了孟子在政治环境下固守"礼"。这种批评是说,如果孟子愿意忽视权贵的无"礼"而与之会见,他可能已经获得他们的信任,从而拯救天下。不过,依照孟子,在嫂子溺水的例子中,"权"能让人忽视"礼"而援手以救嫂子;这种情况下,救嫂子的方法是援手,而违反"礼"并不会影响到这种方法。但在政治环境下,人们救天下是用"道",忽视对"礼"的冒犯却会伤害这种方法。因此,这也解释了孟子何以用反问来结束 4A:17:是否有人会认为用手就可以救天下呢?或许,其中隐含的预设是:在政治环境下,如果孟子忽视自己遭受到的无"礼",将不能与"道"一致。这一观点在 3B:1 的结尾也可看到,孟子把"枉己"关联于"枉道"。也就是说,既然"枉己"或"枉道"的人,不能"直"他人,那么这样的人也就不能转变那些权贵,从而也就不能救天下。②

---

① 参看 Kwong-loi Shun, *Mencius and Early Chinese Thought*, §3.1.2。——编者注
② 参看刘殿爵对 4A:17 的讨论( D. C. Lau, "Theories of Human Nature in Mencius and Shyuntzyy", *Bulletin of the School of Oriental and African Studies* 15, 1953, p. 245)。刘先生讲了有趣的一点:要挽救帝国,就涉及引导帝国去获得"道",而这不能以妥协"道"的方式来实现。

## 四、伦理的失败

上文已经考察了修身的性质以及其与政治秩序的关系,让我们转向讨论人们不能致善的情况。《孟子》中有几种对伦理失败的笼统描述。比如,它被描述为人放弃或丢失其心(6A:8,6A:10,6A:11);或者丢失了均衡感,让不太重要的东西伤害更重要的东西——心(6A:15;参看 6A:14)。① 如果只是强调伦理失败是不能存心、养心,这样的笼统描述,并不能告诉我们多少关于失败根源的信息。

当然,还有对道德失败更为具体的描述,这可以分为三组。第一,有些人完全未被伦理理想所吸引。4A:10 段描述了有些人的"言"与"礼义"相反,这就是所谓的自暴;可能这些人已经认识到"礼义"的观念,但是有意识地反对之。这段并未明确孟子所批评的对象是谁,但可能包括那些明确反对儒家理想的思想对手,以及那些被别的显然与"礼义"冲突的追求所迷住,因而反对"礼义"的人。梁惠王就是后一种情况,他被"利"迷住了,这种"利"可能是强大其国家(5A:5)、增加其人口(1A:3);另外,那些被孟子严词谴责的人(7B:1)以及那些杀人以政(1A:4)的人,也是这种情况。

第二,有些人某种程度上被引向伦理理想,但很少或者没有致力于此方向。人们可能是因为关注于其他追求而不努力,但这大概会伴随着一种对自己不去努力的合理化论证。这可能就是这类人的情况,即宣称缺乏"能"去为善;孟子在数个场合提到过这类人。比如,2A:2 描述人们因认为修身无用而放弃;2A:6 和 4A:10 把那些认为自己缺乏"能"去为善的人,看作戕贼自己或"自弃"。一个实际的例子是齐宣王,他已经问到了自己是否"可以"照顾百姓,但他把失败归咎于自己特定的政治抱负(1A:7)或者混乱的欲望

---

① 6A:14 是否指向心,这一点并不十分明晰,尽管赵岐(C)和朱熹(MTCC)对此段都作此种解释;而与 6A:15 相对照,也能够支持这种解释。

（疾；1B:3，1B:5）。另外，还有那些做了一些努力但并不足够的人，因为他们缺乏投入或者因为他们期望立竿见影的结果，当结果没有马上到来时，他们就放弃了。前者是 6A:9 中所描述的统治者的情况，后者是在前文①中讨论的现象。②

第三，还有一些被伦理理想所吸引、也实际上投身其中的人，但他们却失败了。这可以归因于他们把这个过程推动得太急了，或者是因为错误的理由而为伦理理想所吸引。前一种现象前文③有过讨论，后一种则在第三节涉及那些渴求仁以获取某种政治利益的人时有过讨论。

上面的讨论，显示了伦理失败可以有不同的来源，比如错误的教导、被别的欲望所充斥、缺乏热爱与坚持、过于急躁。在这些因素中，孟子特别强调了错误的教导和扭曲的欲望。2A:2 段和 3B:9 段，描述了错误的"言"（教导）如何会导致错误的政策以及灾难性的后果，3B:9 和 6A:1 指出了墨子、杨朱和告子的"言"会产生的灾难性后果。孟子所反对的"言"，既包括其思想对手的教导，还可能包括给予统治者的建议。比如，6B:4 描述了宋牼以"利"游说秦王、楚王，会怎样给国家带来灾难性结果；3B:9 和 6A:9 则观察到王需要在那些善良且能提供合理建议的人的陪伴下才能有所进步。④

对于扭曲的欲望，在 1A:7 有讲到，齐宣王说他的大欲是扩展土地，统治中国；另外，在 1B:3 和 1B:5 中，齐宣王说其"疾"在于好勇、好货、好色。"疾"可能意味着病（LY 2.6）、对某物的厌恶（LY 8.10，14.32，15.20）、快速（6B:2）或者热切投入于某物（MT 13/56，25/37，35/37，36/23）。它还能指向一种内在的无序，比如，《墨子》（14/2）和《国语》（14/10a.11-10b.1）都把

---

① 参看 Kwong-loi Shun, *Mencius and Early Chinese Thought*, §2.2。
② 在 6A:9 中，把"一人专志于学棋"与"一人分神去想着射雁"这两者作比较，是很有趣的。因为在早期文本中，立志有时候被比作射箭时的瞄准；但这里说想去射雁，强调的却是一种意志的分散。
③ 参看 Kwong-loi Shun, *Mencius and Early Chinese Thought*, §2.2。
④ 依照赵岐（C）和张栻，我把 6A:9 所提到的那些让王暴露在寒中的人，解释为就是那些提供坏建议的人。

个人的"疾"比作政府的无序。在 1B:3 和 1B:5 的语境中,"疾"可能是指自身的一种强烈的、极端形式的恣意妄为。"疾"被齐宣王提出来作为他实行仁政的障碍,可能是因为:当齐宣王结束与孟子的谈话而回到政府的实际事务时,他的"疾"会导致他去做违反孟子建议的行为,甚至会看不到孟子建议的价值。孟子在 7B:35 宣扬寡欲时,可能已经意识到了欲望的这种扭曲影响。① 同样,他强调常人的"恒心"依赖于"恒产",可以为这一事实提供解释:如果基本的需要没有满足,人们会以一种阻碍他们的伦理发展的方式来专注于他们的生计(1A:7,3A:3)。但是,过度奢华的生活同样会有危险,因为会变得过度放纵,而不致力于伦理追求(6A:7)。

孟子对这些伦理失败之源头的看法,会对理解 6A:15 中所讲的伦理失败图景造成困难。在这一段,伦理失败被解释为跟从自己的小体(感官),而不是跟从大体(心);此外,只要心去思,伦理理想就会被获得。从这一段看来,孟子似乎把伦理失败的源头完全归于感官。但如果是这样,此观点就很难与上面描述的对伦理失败的源头的解释相协调。

这里的问题,并不是由于感官无法脱离心官,而能够自己活动。因为即使确实是这样,依然可以把感官当作伦理失败的首要源头。也就是说,心独自的活动不会导致伦理失败,但与心之活动一起的感官运动则会导致伦理失败。② 同样,问题也不在于孟子在其他段落所描述的,伦理失败是因为人们"放失其心",即把伦理失败看作是关于心的事情。因为即使伦理失败涉及"放失其心",这种"放失"也可能主要是由于感官活动。而且,问题也不是王夫之(695)所提出的那样,认为既然孟子把伦理失败描述为一种跟从人之小体的事情(6A:15),或者为了小体而伤害了大体的事情(6A:14);那就必须有一个主体,它跟从小体,并因而伤害大体。依照王夫之,这个主

---

① 参照其他段落的"存心"(例如,4B:28,6A:8),有利于把 7B:35 中的"存"解释为保存心。朱熹(MTCC)采取了此种解释,但赵岐(C)则把这个"存"看作保存人的生命。
② "感官运动涉及心"这种观点在早期文本中可以看到(例如,LSCC 5/9b.6-10a.1),在后世儒者比如王阳明(例如,201 条)那里也有强调。

体就是"心",那么伦理失败依然要溯源到"心"。但是,并不能完全明确地认为这个主体肯定是"心",它完全可以是整体的人。不过,即使这个观察是正确的,人依然能够把感官当作道德失败的主要源头,其原因在于,导致心去顺从小体的,总是感官的倾向。

实际上,考虑到伦理失败可能发生的不同方式,真正的困难在于:不像 6A:15 所暗示的那样,伦理失败的主要源头似乎有时候是在"心"上。比如,同意错误的学说,完全可以主要溯源于心的功能的错误,而不是感官的活动。而且,也不能清楚表明,所有导致伦理失败的扭曲欲望都可以溯源到感官活动。比如,尽管一个国王专注于领土扩展,可能源于他对感官满足的渴望,但这也可能是为了提高其权力的欲望,这就不必然关联到感官满足。王夫之以"思"的概念明确阐述了一个相关的问题:6A:15 观察到,人们如果"思",就获得伦理;但是,如果"思"可以是任何种类的反思,那么"思"似乎也可能是错误的。王夫之(701)对此问题提供的一个解释是,孟子在 6A:15 中提到的这类"思"不是泛泛的反思,而是指向"义"的那种"思"。这种提法,与本文第二节第一部分中所描述的对"思"的解释相通,即认为"思"是反思"义"、寻求"义"。但是,依然可以这样认为:不道德的行为可能是由心的特定活动导致的,即使这类活动不是 6A:15 中所提到的那种"思"的情况。

至于矫正伦理失败的这两种主要源头,对于错误的教导,其纠正需要显露它们的错误;而这也正是孟子所说的他为何去辩论的原因(3B:9)。对于扭曲的欲望,它们可能导致人拒斥伦理理想;或者即使人们一定程度上被引向伦理理想,在实行时欲望依然能使其不再看到伦理理想,或以缺乏能力的名义而使其不努力合理化。一种矫正方式,是说服那些在欲望影响下的人,使他们相信为善恰恰会带来他们欲望的东西,而不是与之冲突。孟子就经常采用这样的策略。比如,他对梁惠王说,实行"仁义"将会有很好的政治效果;对齐宣王说,仁政以及与百姓共享对物的爱,符合甚至有助于其"大欲"目标的实现(1A:7, 1B:1, 1B:5)。

使用这种策略可能导致此种印象,即孟子宣扬仁义,是因为他们会带来个人益处。顾立雅甚至根据这些段落,认为孟子是在宣扬一种"开明的自利"。① 虽然这可能部分地描述了孟子在与梁惠王、齐宣王对话中讲到的东西,但并没有完全把握住孟子的观点。尽管在与统治者对话时,孟子确实诉诸政治益处,但我们应看到孟子同时还辩护了儒家理想,即这个过程同时实践了那种已经蕴含于心的伦理禀赋中的发展方向。所以,尽管诉诸政治益处有助于刺激那些沉迷这些政治益处的统治者,但如果只是这样理解,可能并没有抓住孟子对于实行"仁义"的根基的主要观点。②

　　为了完成关于伦理失败的讨论,让我们考察孟子对于"善"的表象的某些看法。依照孟子,尽管行仁义可能获得别人的认可以及一个好名誉,但为了这样的目的而行仁义的人,并不是真的"善",而只是获取了某种伪装。在 6A:17 中,孟子描述了好的名誉是自身有"仁义"的一个结果,而且,在 2A:6、3A:5 描述心的自发反应时,他强调了这种反应不是去谋求他人的赞成。对于 7B:11 段,有一种解释认为它描述了意图求名的人会有怎样的行为,比如他能放弃千乘之国,但在无意中还是会泄露真实的自己,这从勉强于放弃小如箪食豆羹的东西中可以看到。不过,这不是对 7B:11 段唯一可能的解释,赵岐(C)、张栻、孙奭就解释为,这段描述了两种不同的个体,一种想求名,一种则不是。

　　对于那些谋求他人赞成,只是伪装"善"的人,最精微的说明是 7B:37 中对乡愿的描述。这段引用了《论语》中的多个观点( LY 13.21, 17.13, 17.18;参看 13.24),其中孟子详细阐述了孔子所说的"不得中道而与之,必也狂狷

---

① Herrlee G. Creel, *Chinese Thought from Confucius to Mao Tse-tung*, Chicago: University of Chicago Press, 1970, pp. 86-87. 作为比较,蔡信安认为孟子是在辩护行仁义,因为这是有利于公众的,参看蔡信安:《从西方伦理学观点看孟子伦理学》,载文化大学研究所编:《东西哲学比较论文集》,台北:新文丰出版公司,1993 年,第 406—408 页;氏著:《道德抉择理论》,台北:时英出版社,1993 年,第 150—154 页
② 参看李明辉:《儒家与康德》,台北:联经出版公司,1990 年,第 148—152、183—194 页;袁保新:《孟子三辨之学的历史省察与现代诠释》,第 138—139、146—150 页。

乎"的说法。① 狂者被界定为一种勇猛向前,非常喜欢古人的人;狷者被界定为一种不去做某些事情的人。这种不去做某些事情(不为),在 4B:8、7A:17 中被强调,在 7B:31 中则被关联于"义"。7B:31 还给出了不要穿墙或逾墙而得妻(参看 3B:3),以及不接受轻贱的称呼方式(参看 6A:10)的例子。这也与 7B:37 中的"不屑不洁之士"相联系;此处很可能与"耻"有关,即认为自己卑下的感觉,孟子认为这对于自我提高非常重要(7A:7;参看 7A:6)。② 至于乡愿,则被界定为一种其生活方式完全齿合于社会评价的人。他们的目标是别人的好评价,而既然他们顺应地调整其生活方式,就很难在他们身上发现任何明显可批评之处。他们的生活方式看起来是好的,人们赞成他们,他们也认为自己是在适当地生活。不过,尽管他们看起来很像有德的人,从而某种程度上让人们容易误解他们是有德的,并给予他们"德"之名,但是,他们并不真的具有德,从这个意义上说,他们正是"德之贼"。

至于狂者与狷者所一致的东西,就在于他们被推动着提高他们自己;前者被成贤的渴望所推动,后者被自感低微的感觉所推动。而乡愿与这两者的不同主要在于:除了获得他人的赞成,他们没有真正的提高自己的担当感;而且他们满足于此,即只要获得了赞成,他们就认为自己是在适当地生活。他们是典型的"为人"而不是"为己"来提高自己的例子;而既然他们是为了他人的赞成而行善,就使得他们的行为更为表面而不是真正的"善"。③ 孟子批

---

① 这里,我把"中道"里的"中"作动词使用。
② 在 7A:6,"无耻之耻无耻矣"已经被提供了多种不同解释:"从无耻到有耻的转变,使人能免于耻"(焦循);"耻于自己的无耻,能使人免于耻"(赵岐,被朱熹引用,MTCC,张栻也同意);"没有耻的那种耻,是真正的无耻"(刘殿爵;杨伯峻)。第一种解释是不可能的,因为联结"无耻"与"耻"的"之",经常被用作从一处到另一处的意思,但在早期文本中很少被用来说从品格的一状态到另一状态(参看杨伯峻)。对后两种解释则难以作一个判断,两者都对两次出现的"无耻"有不同解读:第一次出现的无耻是指对自己的卑微没有感觉;第二个是指免于耻(第二种解释)或者真的缺乏耻(第三种解释)。不过,无论我们采取哪种解释,7A:6 都清楚地强调了"耻"的重要性。
③ 4B:28 段指出了不是真礼义的那种礼义,这被看作描述了一种可能类似乡愿的情况,即一个人看起来是、但并没有真的遵守礼义。但也可以被看作描述了那些做的过火的事情,即尽管尊敬是礼,但过分尊敬却不是礼,即使它看起来像礼(例如,张栻,引用了程子)。

判那些让生活方式齿合于别人评价的人,这或许会有些令人困惑。因为他自己有时候似乎也说,修身应该由别人的回应来引导。比如,4A:4 观察到,如果别人没有以亲、序、礼来回应自己的爱、治、礼,就应该去反省自己的仁、智、敬;而且还一般地观察到,如果人们与他人相处不顺畅,人总是应该反省自己。4B:28 类似地描述了,无论何时与他人相处不顺畅,君子应该如何反省自己。而 2A:7(参看 LC 20/12a.5-7)把行仁比作射箭,当发而不中时,要去反求自身来看是否正确地端正了自己。这些看起来困惑的观察,可以根据孟子关于有教养的人会产生转化效果的观点作出合理的解释。既然有教养的人能引生别人的特定回应,那么没有合适的回应就显示自己品性的不足。也就是说,虽然根据别人的回应而调整自己,但并不是把别人的回应当作修身的目标,而仅仅把它们当作一种评估自己进展的方式。

(译者:吴宁/中山大学博雅学院)

# 试论《中庸》的"诚"

郑开(北京大学哲学系)

## 一

《中庸》里的重要概念——"诚",旧训"实"或"实而不妄",然而这种流行已久的解释多少有些含混不清、易生误解,虽然它并不是错的。问题在于这里解释性的"实"字含义丰富,可以卷亦可以舒:既可以指"眼见为实"的"实"(可感觉的实物)以及更抽象的"实体",也可以指更深入的精神知觉层面的、类似"切肤之痛"的"真实感"。因此,诠释者的首要任务就是勿使滑转,从而把握其呈现于具体语境中的准确含义。

毋庸置疑,倘若没有"真的""真实""真理"这样的语词及其标记的"真实"观念,任何有意义的哲学思考都是不可想象的。然而,有趣的是,早期儒家典籍里面却找不到"真"字的影踪。宋儒已经发现,"六经无真字","真"字仅见于诸子之书;顾炎武亦指出这一点。同时,宋以来的学者一般认为儒家的"诚"具有"真"的意义,或者相当于道家诸子所说的"真"。[①] 现代

---

① 宋代学者开始意识到"六经无真字"。北宋马永卿《元城语录解》(卷中)、南宋张镃《仕学规范》(卷十)俱引司马光语曰:"且六经之中,绝无真字,所谓诚即真也。"南宋洪适《隶续》卷二:"六经无真字,独于诸子见之。"南宋戴侗曰:"经传无真字,惟列御寇、庄周之书有之。"(清徐灏《说文解字注笺》卷八上引)南宋孙奕《履斋示儿编》卷一:"六经无真字。"(《坚瓠集》卷六六引孙沙溪先生云:"古时人无诈伪,故六经中无真字。")南宋俞(见下页)

学者屈万里还指出,"《十三经》无真字",但似乎不能排除旧典中的"贞"就是"真"。①

一方面,道家思想语境中的"真"非常重要,因为"它是儒、道两家各自表现其不同哲学体系时,属于道家的专门术语"②;另一方面,道家所说的"真"也是非常独特的哲学概念,因为它的最根本涵义不是真假的"真",而是真伪的"真",③比如说庄子哲学语境中"真"的准确含义就是指"纯粹""不杂",④不能贸然把道家哲学概念"真"归结为"真实""真相""真理"。前人认为儒家所说的"诚"相当于诸子所说的"真",仍以"真"为真假的"真",这不能不说是个致命的误解。那么道家哲学思想有没有"真实"观念呢?如果说有的话,我认为"自然"概念更接近也更适合表达"真实"观念。许慎《说文解字》解释"真"字时,认为其字形意味着"仙人变形而登天也",也许濡染了战国秦汉时期流行的神仙思想;而徐《笺》批驳段《注》理由是老庄诸书中的"真"并没有许慎所说的"仙人变形"的意思。由此可见,旧儒用"实"解释"诚",的确意味深长。

---

(接上页)文豹《吹剑录外集》:"六经《语》《孟》无真字,凡经义皆不用真字。"顾炎武《日知录》卷十八:"五经无真字始见于老庄之书。《老子》曰:'其中有精,其精甚真。'《庄子·渔父篇》:'孔子愀然曰:敢问何谓真?客曰:真者,精诚之至也。'《大宗师篇》曰:'而已反其真,而我犹为人猗!'《列子》曰:'精神离形各归其真,故谓之鬼。鬼,归也,归其真宅。'"("破题用庄子"条)清段玉裁《说文解字注》卷八上:"经典但言诚实,无言真实者,诸子乃有'真'字耳"。北京大学哲学系蒋睿鹏同学未刊稿《略述〈老子〉中"真"的概念》细密梳理了宋以来的文献材料,裨益拙稿甚多;北京大学助理研究员吕欣博士帮助进一步检核文献资料,且提出不少建设性意见,谨致谢忱。森三树三郎认为,《中庸》大量接受了道家特别是《庄子》的影响,而《中庸》所谓"诚"就是《庄子》"真"的另一种说法。这个说法当然经不起推敲,但提示出了儒道两家思想交涉、对话等问题,有一定意义。详见森三树三郎:《〈中庸〉的"诚"与〈庄子〉的"真"》,王顺洪编译,《中国典籍与文化》1994年第2期。

① 屈万里尝引贾谊《新书·道术》:"言行抱一谓之贞,反贞为伪",谓"十三经无真字,盖贞即真也"。(屈万里:《读易三种》,载《屈万里先生全集》卷一,台北:联经出版公司,1983年,第419页。)按通行王弼注本《老子》真字凡三见,约为战国中期的郭店楚简《老子》乙本中残存两处(第11简;第16简),均写为"贞",而其后的北大汉简本(第4章)、帛书乙本的相应部分又均为"真"。
② 李丰楙:《仙境与游历:神仙世界的想象》,北京:中华书局,2010年,第3页。
③ 陈静:《吾丧我——〈庄子·齐物论〉解读》,《哲学研究》2001年第5期。
④ 《老子》第21章"其精甚真"涉及的问题较复杂,兹不具论。

表面上看，以上讨论有些散乱，未免"治丝益棼"，但是问题非常明确，那就是"诚"这个概念体现了儒家哲学思考的"真实"观念，而道家哲学概念"自然"至少部分地反映了其"真实"观念，《荷马史诗》和前苏格拉底时期哲学所说的physis近乎道家所谓"自然"。① 值得进一步追问的是，"诚"（不限于儒家哲学语境）这个语词之内为什么具有"真实的"（real）意味？实际上，当儒家赋予"诚"这个语词以"真实感"（sense of realness）之时，就已经偏离了"诚"的日常语义，例如诚信、诚实等，因为早期的"诚"只是一个德目或日常伦理规范。更重要的是，战国中期以来的儒家把"真实的""真实感"等新意思、新义项内置于"诚"，其思想动机是什么？其必然性何在？我以为，用"真实的""真实感"界定和诠释"诚"，恰是"诚"由日常语词淬火为哲学概念，亦即"诚"的概念化的重要标尺。如果说《大学》之"诚意"主要理解为一个德目和伦理规范的话，《中庸》之"诚"则包含了更加深邃复杂的意味，远远逸出了伦理学（含政治哲学）的范畴。② 也就是说，我们应该从形而上学层面分析和把握"诚"的概念，而不能仅仅限制在伦理道德领域。或许这就是"诚"的哲学概念化之必然性之所在吧。

还有一个问题不容回避，那就是"诚"是一种本体或伦理本体吗？具体一点儿说，"诚者天之道"这个命题能否表明儒家以伦理为本体，就如朱伯崑先生所认为的那样？从哲学研究的角度分析，以美德或伦理（德目和规范）为本体必然会引发复杂棘手的理论问题，无论是古希腊哲学还是宋明理学都表明了这一点。尽管宋明诸儒的确使用过"诚体"这个字眼儿，但它是不是牟宗三所说的ontological being还值得进一步讨论。③ 西方哲学思考传统中的真实观念与实体概念之间有着紧密的联系，正如real（真实的）

---

① 郑开：《道家的自然概念——从自然与无的关系角度分析》，《哲学研究》2019年第2期；郑开：《自然与Physis：比较哲学的视野》，《人文杂志》2019年第8期。
② 朱伯崑认为，"诚"只是一个道德范畴，"相当于道德义务感"，然而《中庸》"把道德生活中'诚'的观念无限夸大，以'诚'为天地万物生存和生长的根据和动力"。（朱伯崑：《先秦伦理学概论》，北京：北京大学出版社，1984年，第141页。）
③ 郑开：《中国哲学语境中的本体论与形而上学》，《哲学研究》2018年第1期。

与reality（实体）之间的关系一样。然而，儒家哲学概念"诚"虽然具有"真实的"（real）之意味，却未见得亦具有西方哲学概念"实体"（reality）之意义。"诚体"如同"心体""性体"，皆非reality或ontological being（本体），亦非no-being，乃不折不扣的real，亦即毋庸置疑的、无形有实的real being或reality。更确切地说，无论是《中庸》所讨论的"诚"，还是宋明新儒家所说的"诚体"，都迥乎不同于西方哲学"实体"概念，也不同于勾连于实体概念的"本体"（being）概念。西方哲学传统中的实体和本体概念乃是以主客两分为基本特征，以逻辑学、知识论和本体论为核心的理论范式下的思考结果；儒家哲学的"诚"和"诚体"概念则只能建构于心性论、实践智慧和境界形而上学。此中西哲学理论差异之荦荦大端也。

接下来，我们将进一步探讨《中庸》中的"诚"只能解释为"实"或"真实的"（real），却不能理解为"实体"抑或"本体"之所以然。

## 二

《中庸》是《礼记》中的篇什，它被编入《礼记》一定是有充足理由的。《中庸》反复阐述"诚"，"诚"这个重要概念已呈露了深邃、精微和抽象的理论意义；然而，笔者认为，恰切准确地把握"诚"仍需要通过"礼"，更具体地说就是诉诸"祭"。也就是说，唯有将"诚"置身于《中庸》的具体语境之中，唯有《中庸》的重新历史语境化，才能真正理解和把握《中庸》中的"诚"。

《礼记》曰："礼有五经，莫重于祀。"（《礼记·祭统》）"祭"可以认为是"礼"的具体而微。"祭祀"之所以重要，就是它可以使人们与祭祀物件——即逝去的祖先乃至所有的天地神祇——在这种特殊的仪式语境里面建立起联系，发生精神感通作用。通过祭祀仪式，宗族或其他族群的祖先魂灵可以被召唤进祭祀的场景和语境之中，与参与祭祀活动的人们同在。那么，祭祀不辍的文化象征和思想逻辑就是：古昔的祖先并没有真正消逝，而是可能经由祭祀，在某种意义上，重新复活。这里面是不是包含了古哲关于永生和永恒的解答？曾子说："慎终追远，民德归厚矣。"（《论语·学而》）当然是有弦外之响的。

然而，倘若仅仅把祭祀归结为行礼如仪的仪式化过程，还不足以把握祭的重要意义。实际上，祭祀除了仪式化程序之外，尚有内面化精神维度，这一点特别重要，不容忽视。《中庸》说：

> 鬼神之为德，其盛矣乎！视之而弗见，听之而弗闻，体物而不可遗。使天下之人齐（读若斋）明盛服，以承祭祀。洋洋乎，如在其上，如在其左右。《诗》曰："神之格思，不可度思，矧可射思？"夫微之显。诚之不可掩，如此夫。（第16章）

如果我们离开了祭祀语境思考问题，就难免会觉得《中庸》第16章出现于《中庸》中既突兀又费解。比如说，上文提到的"鬼神"还是不是原始宗教意识形态意义上的"鬼神"？《礼记·祭仪》《孔子家语·哀公问政》并载的"宰我问鬼神之名"表明了这一点；朱熹亦曾指出"鬼神以祭祀而言"。[①]钱大昕也说："经言鬼神，皆主祭祀而言。"（《十驾斋养新录》卷二）可谓的论。儒家坚持"神道设教"，更加重视祭祀活动中人的精神体验。对他们来说，"鬼神"究竟有没有这一问题并不重要，真正重要的是祭祀语境中显现出来的精神体验及其人文价值；而这种特殊的精神经验或内在体验，《中庸》以"诚"字描摹转写之。例如：

> 子思曰："丧三日而殡，凡附于身者，必诚必信，勿之有悔焉耳

---

[①] 吴震：《鬼神以祭祀而言——关于朱子鬼神观的若干问题》，《哲学分析》2012年第5期。应该说，朱子"鬼神以祭祀而言"堪称的论，而这种文化意义上的鬼神观念，早已深入人心，渗透于"生民日用而不知"的文化小传统。参考吴震：《明末清初地方儒者的宗教关怀》，《杭州师范大学学报》（社会科学版）2010年第4期。

矣。三月而葬，凡附于棺者，必诚必信，勿之有悔焉耳矣。丧三年以为极，亡则弗之忘矣。故君子有终身之忧，而无一朝之患。故忌日不乐。"（《礼记·檀弓》）

反诸身不诚，不顺乎亲矣；诚身有道：不明乎善，不诚乎身矣。诚者，天之道也；诚之者，人之道也。诚者不勉而中，不思而得，从容中道，圣人也。诚之者，择善而固执之者也。博学之，审问之，慎思之，明辨之，笃行之。有弗学，学之弗能，弗措也；有弗问，问之弗知，弗措也；有弗思，思之弗得，弗措也；有弗辨，辨之弗明，弗措也，有弗行，行之弗笃，弗措也。人一能之己百之，人十能之己千之。果能此道矣，虽愚必明，虽柔必强。自诚明，谓之性；自明诚，谓之教。诚则明矣，明则诚矣。唯天下至诚，为能尽其性；能尽其性，则能尽人之性；能尽人之性，则能尽物之性；能尽物之性，则可以赞天地之化育；可以赞天地之化育，则可以与天地参矣。其次致曲。曲能有诚，诚则形，形则著，著则明，明则动，动则变，变则化。唯天下至诚为能化。（《礼记·中庸》）

故至诚如神。诚者自成也，而道自道也。诚者物之终始，不诚无物。是故君子诚之为贵。诚者非自成己而已也，所以成物也。成己，仁也；成物，知也。性之德也，合外内之道也，故时措之宜也。故至诚无息。……唯天下至诚，为能经纶天下之大经，立天下之大本，知天地之化育。夫焉有所倚？肫肫其仁！渊渊其渊！浩浩其天！苟不固聪明圣知达天德者，其孰能知之？（《礼记·中庸》）

著诚去伪，礼之经也。礼乐偩天地之情，达神明之德，降兴上下之神，而凝是精粗之体，领父子君臣之节。（《礼记·乐记》）

外则尽物，内则尽志，此祭之心也。是故，天子亲耕于南郊，以共齐盛；王后蚕于北郊，以共纯服。诸侯耕于东郊，亦以共齐盛；夫人蚕于北郊，以共冕服。天子诸侯非莫耕也，王后夫人非莫蚕也，身致其诚信,诚信之谓尽,尽之谓敬,敬尽然后可以事神明,此祭之道也。及时将祭,君子乃齐。齐之为言齐也。齐不齐以致齐者也。是以君子非有大事也,非有恭敬也,则不齐。不齐则于物无防也,嗜欲无止也。及其将齐也,防其邪物,讫其嗜欲,耳不听乐。故记曰:"齐者不乐",言不敢散其志也。心不苟虑,必依于道;手足不苟动,必依于礼。是故君子之齐也,专致其精明之德也。故散齐七日以定之,致齐三日以齐之。定之之谓齐。齐者,精明之至也,然后可以交于神明也。是故,先期旬有一日,宫宰宿夫人,夫人亦散齐七日,致齐三日。君致齐于外,夫人致齐于内,然后会于大庙。(《礼记·祭统》)

孔子曰:"祭如在,祭神如神在。"(《论语·八佾》)朱子《四书章句集注》引范氏(祖禹)说:"君子之祭,七日戒,三日斋,必见所祭者,诚之至也。是故郊则天神格,庙则人鬼享,皆由己而致之也。有其诚则有其神,无其诚则无其神,可不谨乎?"《易传》"修辞立诚",应该在"以通神明之德"角度予以把握。①《大戴礼记》既言"依鬼神而制义",②又言"絜诚以祭祀"(《五帝德》),同样点出了一个"诚"字,以阐释祭祀仪式过程之中的精神现象之本质,即内心世界的真实呈露、内在精神的真切体验。试想,祭祀过程中或者说与神明交通过程中,岂容虚情假意、文过饰非?倘非以最虔诚、最真切的态度敬对神明,则无异于亵渎。这种思想一旦确立,就几乎坚不可摧,那么"至诚感神"(《尚书·大禹谟》)、"惟诚感神"(《韩诗外传》卷四)、"精诚致鬼"(《论衡·死伪》),以至于"精诚所至金石为开"的说法就不足为怪了。

---

① 前引钱大昕《十驾斋养新录》卷二曰:"有神而后郊社,有鬼而后有宗庙。天统乎地,故言神可以该示。从死为鬼,圣人不忍忘其亲,事死如事生,故有祭祀之礼。经言鬼神,皆主祭祀而言。卜筮所以通神明,故《易传》多言鬼神。精气为物,生而为人也;游魂为变,死而为鬼也。圣人知鬼神之情状而祭祀之,礼兴焉。"
② 另见《史记·五帝本纪》和《孔子家语·五帝德》。"制义"乃经典常辞,即确立行动准则和行为规范,亦即伦理。

前引《中庸》"夫微之显,诚之不可掩如此夫!"朱熹解释说:"诚者,真实无妄之谓。阴阳合散,无非实者。故能发见之不可掩如此。"(《四书章句集注》)又说:"盖鬼神是气之精英,所谓'诚之不可掩'者。诚,实也。言鬼神是实有者,屈是实屈,伸是实伸。屈伸合散,无非实者,故其发见昭昭不可掩如此。"(《朱子语类》卷六三)理解"诚之不可掩如此夫"这句话的关键在于:诚表示的祭祀语境下的真切鲜活精神体验即神圣感,所谓感应、感通、感格、交感,皆精神知觉之发见与呈露。朱子使用的"实"这个字眼,也应该从精神经验的真实感和神圣性两方面予以把握,舍此,则不能鞭辟入里。①

《中庸》曰:"诚者,物之终始。不诚无物。是故君子诚之为贵。诚者,非自成己而已也。所以成物也。成己仁也。成物知也。性之德也,合外内之道也。"(第25章)这几句话比较费解,千古聚讼。前引《祭统》"外则尽物,内则尽志",是不是恰好能作为一个参照呢?

《礼记·檀弓》所引"子思曰"一段话,拈出了一个"附之于身,必诚必信",看似不足为奇,其实非常重要,可以作为《礼记》(包括《中庸》)进一步讨论相关问题的出发点。子思所说的"附之于身"其实就是祭祀礼仪过程中交于神明的特殊精神状态,亦即精神体验,而"必诚必信"则强调了那种精神状态和精神体验之真切、鲜活和生动。《礼记》诸篇记叙了那种特殊的精神现象,几乎不惮词费:

> 祭有祈焉,有报焉,有由辟焉。齐之玄也,以阴幽思也。故君子三日齐,必见其所祭者。(《礼记·郊特牲》)

> 凡祭,容貌颜色,如见所祭者。丧容累累,色容颠颠,视容瞿瞿梅梅,言容茧茧,戎容暨暨,言容诰诰,色容厉肃,视容清明。(《礼记·玉藻》)

---

① 郑开:《祭与神圣感》,《世界宗教研究》2019年第2期;张清江:《信仰、礼仪与生活:以朱熹祭孔为中心》,北京:中国人民大学出版社,2020年,第101—103页。

致齐于内,散齐于外。齐之日:思其居处,思其笑语,思其志意,思其所乐,思其所嗜。齐三日,乃见其所为齐者。祭之日:入室,僾然必有见乎其位,周还出户,肃然必有闻乎其容声,出户而听,忾然必有闻乎其叹息之声。是故,先王之孝也,色不忘乎目,声不绝乎耳,心志嗜欲不忘乎心。致爱则存,致悫则著。著存不忘乎心,夫安得不敬乎?君子生则敬养,死则敬享,思终身弗辱也。君子有终身之丧,忌日之谓也。忌日不用,非不祥也。言夫日,志有所至,而不敢尽其私也。唯圣人为能飨帝,孝子为能飨亲。飨者,乡也。乡之,然后能飨焉。是故孝子临尸而不怍。君牵牲,夫人奠盎。君献尸,夫人荐豆。卿大夫相君,命妇相夫人。齐齐乎其敬也,愉愉乎其忠也,勿勿诸其欲其飨之也。文王之祭也:事死者如事生,思死者如不欲生,忌日必哀,称讳如见亲。祀之忠也,如见亲之所爱,如欲色然;其文王与?《诗》云:"明发不寐,有怀二人。"文王之诗也。祭之明日,明发不寐,飨而致之,又从而思之。祭之日,乐与哀半;飨之必乐,已至必哀。(《礼记·祭义》)

上面几段话都旨在描摹祭祀仪式所伴随的精神经验,真实不虚,鲜活生动。倘若对这种精神经验、内在体验视而不见,我们就很难对古代思想"同情之了解"。孔子曰:"祭如在,祭神如神在。"(《论语·八佾》)又载:"子张曰:'士见危致命,见得思义,祭思敬,丧思哀,其可已矣。'"(《论语·子张》)其中有两点值得探究:第一,什么是"祭神如神在"?第二,"祭思敬"的"敬"怎么理解?第一个问题涉及"祭"的实质就是"通神明之德""降上下之神""附之于身",即召唤逝去的神明,在精神知觉层面与神明交通(感通)。换言之,"鬼神"存在不存在其实无关宏旨,重要的是它出现于祭祀礼仪语境之中的意义已发生了重要变化,这当然是儒家将古代宗教传统予以精神层面创造性转化的结果。第二,"敬"的观念经过了西周以来"敬德保民"传统的濡染,意味深刻,已近乎宗教意义上的虔敬、虔诚、诚敬,那么《论语》所谓"祭思敬"就赋予了祭祀礼仪某种神圣感,不是吗？①

可见,《中庸》所讨论的"诚",深刻镶嵌于礼乐文明之历史语境,镶嵌于丧祭仪式之内在体验;另一方面,"修辞立诚""絜诚以祭祀""必诚必信"又表明了儒家思想针对传统宗教遗产的内在转化和精神突破,并赋予"诚"这个概念以真切体验（real, sense of realness）的意义。看来,"诚"这个概念内蕴的"实""真实"的义涵未必来源于日常伦理规范中的诚信和忠诚,而是祭祀语境下的虔诚、虔敬之真切精神经验。② 也就是说,由虔诚和虔敬引发的内心真实的精神体验,才是诚的概念化之思想基础。作为哲学概念,"诚"的重要性就在于：它描摹和界定的深邃复杂的精神经验,而不是基于逻各斯的理性沉思。儒家思想特别关注内在而幽微的内在精神经验,并把它作为儒家人文精神和实践智慧的内驱力。

## 三

现在我们讨论《中庸》内蕴的精神哲学和实践智慧。首先,请看《中庸》里面的几段文本：

> 自诚明,谓之性;自明诚,谓之教。诚则明矣,明则诚矣。（第21章）
> 至诚之道可以前知。国家将兴,必有祯祥;国家将亡,必有妖

---

① 郑开:《祭与神圣感》,《世界宗教研究》2019年第2期。
② 王夫之则强调了"诚"的"实有"意味,似乎倾向于将"诚"理解为阴阳未分的原初本然之气。他说:"气之诚,则是阴阳,则是仁义;气之几,则是变合,则是情才。若论气本然之体,则是未有几时,固有诚也。"（《读四书大全说》孟子告子上）又说:"不测者,有其象,无其形,非可以比类广引而拟之,指其本体,曰诚,曰天,曰仁,一言而尽之矣。"（《正蒙注》太和）"天地有其理,诚也。"（《正蒙注》诚明）还说:"诚也者,实也,实有之,固有之也,无有弗然,而非他有耀也。若夫水之润固下,火之固炎而上也,无所待而然,无不然者以相杂,尽其所可止。而莫之能御也。"（《尚书引义》洪范三）曾振宇指出:王夫之以"诚"概念取代了"气",作为哲学意义上的本原。详见曾振宇:《中国气论哲学研究》,济南:山东大学出版社,2001年,第346—347页。

孽。见乎蓍龟,动乎四体。祸福将至,善必先知之;不善,必先知之。故至诚如神。(第24章)

动则变,变则化。唯天下至诚为能化。(第23章)

显然,如何理解其中出现的"诚"是非常关键的。尽管前贤已经做过不少有价值的研究,笔者仍打算另辟两条蹊径,以期进一步深化讨论:第一,从知与良知之间的关系思考"知"与"诚"之间的张力;第二,参照道家哲学中的"明""神明",探究儒家哲学中的"诚明"或"明诚"。试详论之。

(1)《中庸》尤其强调"知",似乎可以通过知识论进路(epistemological approach)展开探究,例如:

子曰:"舜其大知也与!舜好问而好察迩言。隐恶而扬善。执其两端,用其中于民。其斯以为舜乎!"(第6章)

至诚之道可以前知。国家将兴,必有祯祥;国家将亡,必有妖孽。见乎蓍龟,动乎四体。祸福将至,善必先知之;不善,必先知之。故至诚如神。(第24章)

唯天下至圣,为能聪、明、睿知,足以有临也;宽、裕、温、柔,足以有容也;发、强、刚、毅,足以有执也;齐、庄、中、正,足以有敬也;文、理、密、察,足以有别也。(第31章)

唯天下至诚,为能经纶天下之大经,立天下之大本,知天地之化育。夫焉有所倚?肫肫其仁!渊渊其渊!浩浩其天!苟不固聪明圣知,达天德者,其孰能知之?(第32章)

上文出现的"知"的内涵丰富而复杂,因为它不仅包含一般意义上的"聪明",而且逸出或超过一般意义上的"知",还涉及了"执中""圣""诚""前知"等深邃意味。由于《中庸》与思孟学派关系密切,就不妨通过思孟哲学探讨《中庸》，推敲《中庸》所包含的知识论进路。倘若从知识论进路予以分析，"诚"的概念内蕴的知识论意味，显然不是一般意义上的知识论所能范围的，也就是说，它不同于一般意义上的"知"或"智"，而更接近孟子所说的"良知"。因此很有必要在知与良知之间的张力之中思考"诚"。

简帛《五行篇》所说的"五行"（亦即五德）包括"仁义礼智圣"，不同于后来所说的"五常"——"仁义礼智信"。有意思的是，简帛《五行篇》里的"圣"较之"智"更进一境，乃是把握天道的内在依据。简帛《五行篇》和《孟子》都屡言"金声玉振"，所谓"金声玉振"就是指那种有些神秘的感应作用或者感通作用。《易传》同样重视那种略具知识论意味的感通作用，例如咸卦《彖》《象》两传以及《系辞传》。① 这种感应作用或者感通作用是否如葛兰言、葛瑞汉所说，只是一种渊源于且近乎原始思维的"关联思维"（Correlative thinking）？② 这一点还值得进一步讨论。要之，呈现于中国哲学语境的感应或感通，乃是特殊的精神知觉状态，超出了一般意义上的感觉和心知。问题在于，《中庸》所说的"诚"，似乎也隐含了感应与感通的意味，其曰"至诚能化"（第23章）、"至诚如神"（第24章）是也。恰好孟子亦如是说：

> 是故诚者天之道也，思诚者人之道也。至诚而不动者，未之有也；不诚，未有能动者也。（《孟子·离娄上》）

---

① 例如《咸卦·彖传》："咸，感也。柔上而刚下，二气感应以相与……天地感而万物化生，圣人感人心而天下和平，观其所感，而天地万物之情可见矣。"《系辞传》："夫易，无思也，无为也，寂然不动，感而遂通天下之故。"诸如此类感应的思想，亦颇见于《吕氏春秋》《春秋繁露》等。例如《吕氏春秋·应同》曰："类固相召，气同则合，声比则应。鼓宫而宫动，鼓角而角动。"《春秋繁露·同类相动》曰："故琴瑟报弹其宫，他宫自鸣而应之，此物之以类动者也。其动以声而无形，人不见其动之形，则谓之自鸣也。"《淮南子·览冥训》曰："夫物类之相应，玄妙深微，知不能论，辩不能解，故东风至而酒湛溢，蚕咡丝而商弦绝，或感之也。画随灰而月运阙，鲸鱼死而彗星出，或动之也。"

② 他们把（或者倾向于把）类推和感应当作说明中国哲学关联思维的例子。参葛瑞汉：《论道者：中国古代哲学论辩》，张海晏译，北京：中国社会科学出版社，2003年，第365页。

万物皆备于我矣。反身而诚，乐莫大焉。强恕而行，求仁莫近焉。(《孟子·尽心上》)

《中庸》所谓"化""能化"，①《孟子》所谓"动"，都是起作用的意思，准确地说就是指感应作用和感通作用；从政治伦理层面上看，"动""化"还有教化的意思。②有意思的是，"诚"的概念所内蕴的比较复杂的知识论含义是古代思想世界里的普遍现象，并不限于《孟子》《中庸》，也不限于儒家哲学。例如：

修胸中之诚，以应天地之情而勿撄。(《庄子·徐无鬼》)
真者，精诚之至也。不精不诚，不能动人。(《庄子·渔父》)
夫道者，藏精于内，栖神于心，静漠恬惔，悦穆胸中，廓然无形，寂然无声。官府若无事，朝廷若无人，无隐士，无逸民，无劳役，无冤刑，天下莫不仰上之德，象主之旨，绝国殊俗莫不重译而至，非家至而人见之也，推其诚心，施之天下而已。故赏善罚暴者正令也，其所以能行者精诚也，令虽明不能独行，必待精诚，故总道以被民而民弗从者，精诚弗至也……精诚内形，气动于天，景星见，黄龙下，凤凰至，醴泉出，嘉谷生。(《文子·精诚》，《淮南子·泰族训》略同)
君子诚能刑于内，则物应于外矣。(《说苑·善说》)
钟子期夜闻击磬者而悲且召问之曰："何哉！子之击磬若此之悲也。"对曰："臣之父杀人而不得生，臣之母得生而为公家隶，臣得生而为公家击磬。臣不睹臣之母三年于此矣，昨日为舍市而睹之，意欲赎之而无财，身又公家之有也，是以悲也。"钟子期曰："悲在心也，

---

① 荀子亦曰："诚心守仁则形，形则神，神则能化矣。"(《荀子·不苟》)
② 荀子所言最为明确："天地为大矣，不诚则不能化万物；圣人为知矣，不诚则不能化万民。"(《荀子·不苟》)

非在手也,非木非石也,悲于心而木石应之,以至诚故也。"人君苟能至诚动于内,万民必应而感移,尧舜之诚,感于万国,动于天地,故荒外从风,凤麟翔舞,下及微物,咸得其所。《易》曰:"中孚处鱼吉。"此之谓也。勇士一呼,三军皆辟,士之诚也。昔者,楚熊渠子夜行,见寝石以为伏虎,关弓射之,灭矢饮羽,下视,知石也。却复射之,矢摧无迹。熊渠子见其诚心而金石为之开,况人心乎? 唱而不和,动而不随,中必有不全者矣。夫不降席而匡天下者,求之己也。孔子曰:"其身正,不令而行;其身不正,虽令不从。"先王之所以拱揖指挥,而四海宾者,诚德之至,已形于外。故诗曰:"王犹允塞,徐方既来。"此之谓也。(《新序·杂事四》)

腾蛇雄鸣于上风,雌鸣于下风而化成形,精之至也。故圣人养心,莫善于诚,至诚而能动化矣……(圣主)推其诚心,施之天下而已矣。(《淮南子·泰族训》)

徐梵澄尤其注重探究精神哲学,而中国哲学具有鲜明的精神哲学旨趣。[①] 从知识论进路看,《中庸》乃至整个中国哲学所讨论的"诚"都属于精神哲学的范畴,因为"诚"具有那种精神知觉性或宇宙知觉性的意义。实际上,"诚"也是"天人感应""天人合一"的内在基础。《越绝书》记载欧冶子铸剑的传说,却提出了一个问题:"夫剑,铁耳,固能有精神若此乎?"然而欧冶子能够"因天之精神,悉其伎巧",亦即"精诚(一作神)上通天",因而赋予了剑以生命力(《越绝外传记宝剑》)。庄子笔下的庖丁解牛之时的"官知止而神欲行""以神遇而不以目视",伯牙操琴之时的"精神寂寞",宗炳《画山水序》所说的"畅神而已",都是同一种意义上的"精神"。这种意义上的"精神"贯通天人,换言之,它是使天与人联系进来的前提或基础。那么,它

---

[①] 徐梵澄:《陆王学述:一系精神哲学》,上海:远东出版社,1994年,第12—13页;徐梵澄:《老子臆解》,北京:中华书局,1988年,第13—14页。

是否(或者部分地)近乎徐梵澄屡次提及的"宇宙知觉性"或者"精神知觉性"?这样一种"精神"意味,恰好吻合于古代哲学思想中的主客混合、天人合一的倾向,这难道是偶然的吗?

(2)《中庸》曾把"诚"和"明"结合起来,造构了"诚明"概念,耐人寻味。从语词衍生规律角度看,举凡黏附了"明"字者,如"明堂""明器""明神"等,都具有独特的思想意义,"诚明"亦莫能外。另外,古代思想世界里的"明",往往表示特殊的智慧,这一点也是"诚明"题中应有之义。

拙著《道家形而上学研究》梳理和分析了道家著作中的"神明"辞例,通过知识论分析的进路趋近实践智慧,阐明了道家以之表达特殊智慧和精神境界之缘由。① 从老子开始,"无知"就是相对于"知"的哲学概念;庄子还提出了一个"真知"概念,区别于耳目心思建构起来的"知",其实就是"无知"的另一种表述。孟子对于知与良知的区分能够启发我们进一步认识道家的"无知""真知",顾炎武曾指出:"孟子言:'所不虑而知者其良知也。'下文明指是爱亲、敬长,若夫因严以教敬,因亲以教爱,则必待学而知之者矣。今之学者明用孟子之'良知',暗用庄子之'真知'。"(《日知录》卷十八"破题用庄子"条)可见儒家和道家思想交涉与对话关系是多么深广。现在的问题是,道家哲学中的"神明"是否可以对照于儒家哲学的"诚明"?我们能否借镜于道家之"神明"探究儒家之"诚明"呢?试举两个例子如下:

夫徇耳目内通而外于心知,鬼神将来舍。(《庄子·人间世》)
若正汝形,一汝视,天和将至;摄汝知,一汝度,神将来舍。(《庄子·知北游》)

《老》《庄》《管》《列》诸书中的"鬼神""神"(不妨统称之为"神明")指的是某种特殊智慧,超越了感性与理性、感觉与心知,逸出了"心与心识

---

① 郑开:《道家形而上学研究》(增订版),北京:中国人民大学出版社,2018年,第161—178页。

知"之外,能够知晓宇宙万象、洞见道的真理,唯有上帝鬼神方能匹配之。所谓"舍",笼统说就是指"心",确切说乃是指"心中之心",即"心"的深层结构。"鬼神来舍"命题表明了:仿佛有一种特殊智慧隐藏于内心深处,很难被日常意识所觉察,需要特殊的方法和途径才能唤醒它。要之,"神""神明"突破了一般意义上的知识论范围,因为从本质上说,它没有外在的认识对象,却意味着精神知觉、精神体验和精神境界本身!换言之,老庄哲学中的"道"并不是"什么",因为道不能被名言所描述和转达,也不可以被对象化,当然更不是那种古希腊以来的西方哲学里常见的"实体""本体"。如此看来,逻辑学、知识论和本体论的理论范式并不能确切把握道家哲学中最核心的概念——"道"及"道的真理"。解答"道"以及"道的真理"的密钥在于:老庄哲学早已把所谓的本体论、逻辑学和知识论诸问题转化为心性论、精神哲学和境界形而上学了。"道"以及"道的真理"既不是"对象"也不能被"认识",只是内在深邃幽微的精神体验、精神境界而已。从这个意义上说,"道即神明",或者说"道"与"神明"莫分彼此。①

其实,"诚"与"明"的相遇几乎就是必然的,因为两者相互结合,恰能提示出"诚"的智慧性,揭示"诚明"与"良知"的一致性。正如道家哲学语境中出现的"神明"语词来源于古代宗教传统一样,儒家哲学中屡见不鲜的"诚明"乃是祭祀仪式过程中真切、虔敬而用志不分的心理-意识状态和精神体验,两者殊途同归、相映成趣。如果说,道家哲学使"神明"话语脱胎于"通于神明"(与鬼神交感)的宗教传统,经过注入新的意蕴而把旧有的"神明"观念哲学化,那么儒家所说的"诚""敬"也经过了由宗教到哲学的内在转化和精神蜕变。如此说来,儒道两家皆汲取于古代宗教并创造性地改造了它,只不过角度和方式不尽相同罢了。比较而言,儒家哲学中"诚""诚明"等概念似乎比道家哲学里的"神""神明"更加复杂,更加不容易理解。王阳明说:"诚字有以工夫说者,诚是心之本体,求复心之本体,便是思诚的

---

① 郑开:《道家形而上学研究》(增订版),第 192—194 页。

工夫。"(《传习录》卷上)"心之本体"的确切含义是心的本然状态,亦即良知的精神知觉性。陈来指出:"在《中庸》的哲学体系中有'诚'与'思诚'二个范畴。诚表示一种状态与性质,如果把诚本体化,诚就变为宇宙间一种普遍的德性。"① 戴震曾说,宋儒以理藏于心之内而为性,老聃、庄周和释氏以神居于心之内而为性。② 其说甚精,然而却不足以概括先秦儒家,因为早期儒家所讨论的"诚明""良知"等概念及其理论更为恢宏、更为深刻。

"神明"和"诚明"分别是道家和儒家哲学之关键概念,它们都涉及了知识论语境且纠缠于心性论语境,都是心性论的核心概念。比较起来,"神明"在于"虚静",而"诚明"却在于"诚敬""虔敬"。宋儒程颐强调"主敬",并以此与周敦颐的"主静"划清界限,自有其当仁不让于师的充分理由。看来,通过道家哲学讨论儒家思想,抑或反之,不失为一种可资参取的方法和途径,因为儒道两家思想交涉关系甚为深广复杂,值得探讨的问题仍然不少,把他们的哲学思想堪堪视为泾渭分明的孤立阵营,未免以邻为壑、画地为牢矣。

## 四

以上讨论已多少揭示出"诚"的意义结构之复杂性,以及《中庸》哲学思考之深刻性,然而,迄今为止的研究还不足以给出一个明确结论,以透彻阐释和准确把握"诚"的思想意义与理论价值。笔者以为,至少还有两个问题需要更深入的探索,以期进一步推进对于"诚"的整体理解:第一,应该首先明确回答"诚"这样一个如此特殊的哲学概念之所由,亦即它依凭的或者所由以产生的理论范式是什么?第二,应该针对《中庸》"诚"的概念及理论的若干棘手问题予以分析和诠释,不容回避。

---

① 陈来:《有无之境:王阳明哲学的精神》,北京:人民出版社,1991年,第76页。
② 戴震:《孟子字义疏证》(合编本),何文光整理,北京:中华书局,1982年,《绪言》卷下,第122页。

前面曾提及,借助西方哲学理论范式探讨道家哲学,无异于南辕北辙,注定是竹篮打水一场空。同样,诉诸本体论、知识论和伦理学(政治哲学)等理论分析进路诠释《中庸》"诚""诚明"概念及其理论,如同雾里看花水中望月,终隔一层。那么我们又怎样理解儒家哲学"诚"这个概念所具有的知识论和本体论意义呢?为了方便进一步展开分析和讨论,兹抄录几段《中庸》原文如下:

(1)诚者自成也,而道自道也。诚者,物之终始,不诚无物。是故君子诚之为贵。诚者非自成己而已也,所以成物也。成己,仁也;成物,知也。性之德也,合外内之道也,故时措之宜也。故至诚无息。不息则久,久则征,征则悠远,悠远则博厚,博厚则高明。博厚,所以载物也;高明,所以覆物也;悠久,所以成物也。博厚配地,高明配天,悠久无疆。如此者,不见而章,不动而变,无为而成。(第25章)

(2)唯天下至诚为能尽其性。能尽其性,则能尽人之性。能尽人之性,则能尽物之性。能尽物之性,则可以赞天地之化育。可以赞天地之化育,则可以与天地参矣。(第22章)

(3)诚者,天之道也。诚之者,人之道也。诚者,不勉而中不思而得,从容中道,圣人也。诚之者,择善而固执之者也。(第20章)

这几段话含义丰富、脉络复杂而且不容易理解,值得探讨。第(1)段话(第25章)似乎包含了某种若有若无的本体论意味(ontological sense),如其曰"诚者,物之终始,不诚无物","至诚无息"。似乎"诚"被《中庸》阐释为万物之本原、宇宙之本体,是弥散于天地万物的恒久存在。这是不是把"诚"予以本体化的企图?是不是伦理本体化的尝试?朱伯崑认为《中庸》夸大了"诚"的意义,以之作为产生宇宙万物的根源[①]。然而,我们以上的研究却

---

① 朱伯崑:《先秦伦理学概论》,第141—142页。

表明,如果说祭祀旨在把自我与他者、今天的人和过去的人联系起来,或者说使我们与逝去的祖先乃至于天地万物建立紧密联系,那么《中庸》推崇备至的"诚"之特殊意义就是追寻某种人文理性与精神价值,以使群己之间的自然分裂得以遏止,以使整个族群、社会和天下趋于必然的和谐状态,以使人性的光辉驱散人性的阴影。而"诚者非自成己而已也,所以成物也"之类的说法恰好出现在这种思想逻辑及其延长线上。"诚"的概念并不限于伦理学或政治哲学范围,还纠结于知识论,甚至具有那么一点点本体论的意味,这是不能否认的。然而,"诚"显然不是那种ontological being,因而不能使用含混不清的"本体"概念阐释它。细味《中庸》所说的"至诚无息",还有"诚者物之终始,不诚无物",不难发现它旨在强调"诚"是人文世界的本原,至于它能否推拓到宇宙万物,其实并不那么重要。毕竟,对于个人及群体社会而言,人文世界最切己,也最重要。这样一种思考方式并不是儒家哲学的孤例,《易传》试图通过"设卦观象"建立的世界,也是或者说首先是人文世界,而不是确立一个宇宙万物的解释体系,尽管《易传》也出现了"太极生两仪,两仪生四象"(《系辞》)、"帝出乎震"(《说卦》)等宇宙论模式。既然如此,继续沿着"本体论"(ontology)理论模式,把"诚"分析和阐释为"实体"(reality)、"本体"(ontological being),就很值得反思了。①总之,《中庸》所讨论的"诚",从本质上说,就是人文世界和精神价值的基础,把它比拟为"本体"并不恰当,将其纳入本体论(ontology)分析进路亦有误。唯有诉诸心性论方能真正登堂入室,内在把握"诚"之真谛。

上引第(2)段话(第22章)乃典型的心性论语境。"能尽其性,则能尽人之性。能尽人之性,则能尽物之性。能尽物之性,则可以赞天地之化育。可以赞天地之化育,则可以与天地参矣"几句话,正是前述"成己成物"的具体展开,孟子"万物皆备于我"的另一种表述,由此亦可以更好理解和把

---

① 郑开:《中国哲学语境中的本体论与形而上学》,《哲学研究》2018年第1期。

握"诚者物之终始,不诚无物"的意义。虽然这段话重点讨论"性",但毋庸置疑,"诚"这个概念内蕴了"本心"和"良知"。《中庸》"尽性"思想与孟子"尽心"思想犹如表里。孟子曰:

> 尽其心者,知其性也。知其性,则知天矣。存其心,养其性,所以事天也。夭寿不贰,修身以俟之,所以立命也。(《孟子·尽心上》)
>
> 万物皆备于我矣。反身而诚,乐莫大焉。强恕而行,求仁莫近焉。(《孟子·尽心上》)

《孟子》《中庸》比照而观,始知儒家心性论深邃莫测。我们称之深邃莫测,就是因为这样一种心性论哲学思考深闳而肆,具有天人合一的视野与襟抱,甚至还有些神秘主义色彩。神圣的总是神秘的,古代思想世界尤其如此。由于战国中期以来的儒家心性论哲学触及了身心之间复杂的交互作用,涉及了精深幽微的精神体验,而精神体验又莫可名状,因此阐述心性论的文本都具有了某种欲言又止、点到为止、说了便休的特点,这也许也是其表面上看起来具有神秘主义特质的部分原因。冯友兰曾指出,圣人之此种(寂而常照,照而常寂)心理状态,名曰诚。到了"至诚"的境界,即能与天地合其德,可以赞天地之化育,即已与宇宙合一者也。[①]他的体会是很深入的。

第(3)段话(第20章)包含了不少值得探讨的问题。其曰:"诚者,天之道也。诚之者,人之道也。"这句话是对《孟子·离娄上》思想的进一步发挥,它的意思是,诚乃人的天赋本性,把这种天赋本性发扬光大,需人为的努力,这也是人的天职与使命[②]。思孟学派作品《五行篇》常说:"德,天道也;善,人

---

[①] 冯友兰:《中国哲学史》,北京:中华书局,1947年,第806—808页。
[②] 葛瑞汉指出,《中庸》中的"性"对应于"生","诚"对应于"成",也就是说《中庸》显示出从实现人性及其内含的道德伦理价值的角度阐发"诚"的意义,颇有些亚里士多德目的论(Aristotelian teleology)的意味(葛瑞汉:《论道者:中国古代哲学论辩》,第159页)。其说很有启发性,因为孟子、荀子和董仲舒的人性论都多少有些"天生人成"的思想,值得进一步探讨。

道也。"又以"圣"对应于"天道"。由此可见,《中庸》力图把"诚"阐释为最核心、最重要的概念,匹配于"天道""德""圣"等。接下来所说的"诚者,不勉而中,不思而得,从容中道,圣人也",强调了"诚"本质上属于亚里士多德所说的"实践智慧"(phronēsis),而"圣人"则是这种实践智慧的具体而微。前引《中庸》第25章曰:"如此(至诚)者,不见而章,不动而变,无为而成。"同样提示了最高境界的伦理政治行动所独具的实践智慧之特点,即不勉而中,不思而得,不见而章,不动而变,一言以蔽之,"无为"而已。"无为"概念出现于儒家著作,是不是有些奇怪?《论语》《易传》都提到了"无为"。实际上,儒家沿着自身的思想逻辑,通过"无为"概念阐述政治期望和人性理想,而儒家又把政治期望和人性理想寄托于"圣人",以"圣人"形象表出之:圣人不假思索,自然而然,达到了举手投足、从容周旋无不中道的至高精神境界。[①]可见,《中庸》的理论归宿就是那种境界理论亦即境界形而上学。

王夫之说:"说到一个诚字,是极顶字,更无一字可以代释,更无一语可以反形,尽天下之善而皆有之谓也,通吾身心意知而无不一于善之谓也。若但无伪,正未可以言诚。"(《读四书大全说》卷九)如果说我们接受并再次确认了"《中庸》把'诚'视为最高的道德境界和道德实践的动力"[②]的观点,那么还需要在此基础上进一步推进研究,阐明《中庸》里的"诚"以及由此建构起来的复杂哲学理论。拙稿尝试摆脱古希腊以来的西方哲学理论范式,转而诉诸更加内在于中国哲学传统的心性论、精神哲学和境界形而上学理论范式阐释"诚"。是耶非耶?尚祈海内外方家不吝教正。

---

[①] 郑开:《试论儒家思想语境中的"无为"》,载王博主编:《哲学门》总第35辑,北京:北京大学出版社,2017年。
[②] 朱伯崑:《先秦伦理学概论》,第140页。

# 仁爱与兼爱
## ——重探儒墨之是非

郑宗义（香港中文大学哲学系）

一

儒墨之是非是先秦思想世界的一场大论辩。《庄子·齐物论》记曰："故有儒、墨之是非，以是其所非而非其所是。"《韩非子·显学》亦记曰："孔子、墨子俱道尧、舜，而取舍不同，皆自谓真尧、舜；尧、舜不复生，将谁使定儒、墨之诚乎？"本文判定双方争论的核心是在仁爱与兼爱之孰是孰非。但此处必须立即补充两点说明，以免引起误解。一是这判定无须预认兼爱是墨学的核心观念，如同仁爱之于儒学，虽则自先秦以降便有这样的看法。例如，《尸子·广泽》："墨子贵兼"；《孟子·滕文公上》："墨氏兼爱"；《庄子·盗跖》："墨者兼爱"；《吕氏春秋·不二》："墨翟贵兼"。可见早在战国时，兼爱已成墨家招牌。不过，研究者对墨学的核心观念为何一直争论不休，[①]然这与本文题旨无直接关系，故不必作此预

---

[①] 关于墨学的核心观念为何，唐君毅曾检讨19世纪末至20世纪中的各种看法，如兼爱、天志、尚同与功利等，并提出应以"义道"为是。参看唐君毅：《中国哲学原论——原道篇（卷一）》，台北：台湾学生书局，2004年全集校订版，第152—211页。

认，徒招证立负担。二是这判定是根据仁爱与兼爱的分辨在往后哲学史的发展与影响，以及所涵哲学义理的重要性而作出，而不是说墨学最初非议儒学之处即在于此。事实上，墨学最早对儒学的批评，不在以兼爱反对仁爱，因为兼爱观念本身有变化，它原先的设想与仁爱并没有根本性的矛盾。

如是，本文的工作，首先(1)厘清兼爱观念的变化，接着(2)重构儒墨两家的争辩过程。从中我们可以看到，在先秦时双方的理论立场均未充分展开，留下不少模糊待解的地方。到宋明时，儒者因特殊机缘重启检讨，乃将论辩延续。尽管这次是在墨者缺席下进行，宋明儒者却对自家立场做了澄清与补充。下迄现代，争议更形激烈，有站在儒家立场，批评墨家兼爱未顾及实践的可能；有为墨学平反，指其崇尚平等比儒家的血亲伦理进步；更有认为儒墨是非根本不在此，仁爱与兼爱实差异不大。本文重构争辩，自是希望能作一恰当评议。最后(3)评估双方的理论效力。此评估分两步，一是探讨仁爱与兼爱倘面对与远近亲疏相冲突的情况，它们能提供怎样的行动指引。二是引介当前西方哲学蔚为大观的"偏私证立理论"(justifications for partiality)为对照，显示儒墨观点的独特之处。

## 二

"兼爱"内涵的变化，谭戒甫《墨辩发微》早已指出："墨家之言爱人，先后计凡三变：即(一)兼爱；(二)尽爱；(三)周爱是已。斯三变者，自春秋之末以至战国之终，约三百年间，展转递化，皆有其最大之因为之前，而此特其所收之果耳。"[①] 这是十分精确的论断，本文立论即本于此。其实，"兼爱"的变化亦部分反映于《兼爱》三篇之中。葛瑞汉(A. C. Graham)早有《兼爱》

---

① 谭戒甫：《墨辩发微》，北京：中华书局，1964年，第402页。

三篇代表不同墨学派别以及《兼爱上》属后出的说法。① 近时戴卡琳（Carine Defoort）提出异议，认为《兼爱》三篇是一逐步变化的文本（an evolving text），其中的重点是"兼相爱"而非"兼爱"，只是后来墨家不断扩大兼相爱的范围和程度至兼爱天下，"相"那人与人之间的互惠之义（reciprocity）才大大减煞，结果便是去掉相字而成"兼爱"，故篇名应属后加。② 诚然，"兼爱"不见于《兼爱上》《兼爱中》，只一见于《兼爱下》："即此言文王之兼爱天下之博大也，譬之日月兼照天下之无有私也，即此文王之兼也。"③ 但兼爱一词见于《法仪》《天志下》《大取》《耕柱》《鲁问》诸篇，故与其说《兼爱》三篇的主旨不是兼爱，不如说三篇正好透露出兼爱观念变化的消息。下面让我们逐步按"兼爱"或"兼相爱"（inclusive love）、"尽爱"（all-inclusive love）与"周爱"（universal love）来作一详细考查。

首先，"兼爱"是《兼爱上》的"兼相爱"、《兼爱中》的"以兼相爱，交相利之法易之"及《兼爱下》的"兼以易别"。研究者早已指出，墨子对当时天下混乱的诊断是"皆起不相爱"（《兼爱上》），所开的救治药方是劝爱，即"故圣人以治天下为事者，恶得不禁恶而劝爱？故天下兼相爱则治，交相恶则乱。故子墨子曰：'不可以不劝爱人者，此也。'"（同前）但墨子似无兴趣深究为何天下人会交相恶，又为何天下人能兼相爱，而诚如劳思光所说只"扣住中间一段，欲直接转'不相爱'为'兼相爱'"，且视兼相爱"为一必有

---

① 葛瑞汉提出《兼爱中》是北方墨学的纯粹派（Purists），亦可名 Y group（因文字中用"于[yu]"这小品词）；《兼爱下》是北方墨学的妥协派（Compromising），亦可名 H group（因文字中用"乎[hu]"这后语小品词）；但《兼爱上》却不属于南方墨学的反动派（Reactionary），反动派亦可名 J group（因文字中用"然[ran/jan]"这小品词），遂以为上篇是后来墨者消化前说所补作。参看 A. C. Graham, *Divisions in Early Mohism Reflected in the Core Chapters of Mo-tzu*, Singapore: Institute of East Asian Philosophies, 1985, pp. 20-27。
② 参看 Carine Defoort, "Are the Three 'Jian Ai' Chapters about Universal Love?", in Carine Defoort & Nicolas Standaert ed., *The Mozi as an Evolving Text*, Leiden & Boston: Brill, 2013, pp. 33-67。
③ 本文引用《墨子》，主要依据孙诒让：《墨子间诂》，北京：中华书局，2001年。不一一标示页码。

实效之主张而提出"。① 墨子曾受业于儒者,故所提出兼相爱的爱,亦随儒家名曰"仁","兼即仁矣,义矣"(《兼爱下》);兼相爱者亦名曰"仁人","仁人之所以为事者,必兴天下之利,除去天下之害,以此为事者也"(《兼爱中》)。而具体规定即是"爱人若爱其身"(《兼爱上》),也就是说爱别人像爱自己的生命或身体般(在先秦文献中,"身"有生命、人生和身体两义);如此,为他人着想亦犹如为自己着想,故《兼爱下》说"为彼犹为己也"。当然,此爱人若己绝非完全不分人我,因那根本不可能。所以它的意思应是指吾人视所爱者如同自己人生或身体的一部分,更具体说,即宋明儒者说的吾人与所爱者能同体痛痒之义。值得注意的是,《经上》又以"体爱"释仁:②

《经上》7:仁,体爱也。

《经说上》7:仁。爱己者非为用己也。不若爱马者。

但《经上》另有释"体"为部分以别于"兼"为整全,故易教人误解,以为体爱是部分的爱,不同于兼爱是整全的爱,故需稍作厘清。先看《经上》言"兼"与"体"的文字:

《经上》2:体,分于兼也。

《经说上》2:体。若二之一;尺之端也。

《经上》45:损,偏去也。

《经说上》45:损。偏也者兼之体也。其体或去、存。谓其存者损。

《经上》86:同,重、体、合、类。

---

① 见劳思光:《新编中国哲学史(一)》,台北:三民书局,1995年增订八版,第292页。
② 为方便检索故,本文引用《经上》《经说上》《经下》《经说下》,皆依谭戒甫《墨辩发微》所分条号。《墨辩》或《墨经》的成书年代向有争议,如胡适、葛瑞汉等主张属后期墨家,但本文引用其中文字析论墨学早期的兼爱观念,正是以为从思想内容看,它们也包含早期学说,甚至有些即为墨子所述亦未可知,不全属后出。

《经说上》86：同。二名一实，重同也。不外于兼，体同也。俱处于室，合同也。有以同，类同也。

《经上》87：异，二、不体、不合、不类。

《经说上》87：异。二必异，二也。不连属，不体也。不同所，不合也。不有同，不类也。

无疑，条 2、45 明以体言其分、兼言其全，但条 86 提醒体是不外于兼的，易言之，体是要相互包容（不外）而为整全者方可谓之体。同样，兼字金文从"又"从二"禾"，像一双手同时拿着两把禾，本义是兼及、一并。《说文》："并也。从又持秝。兼持二禾，秉持一禾。"① 此即兼是要由各体的相互包容而成方可谓之兼。以一身为喻，手足四肢等（即体）是要相互包容始能成为一身（即兼），而手与足同属于身，故谓"体同"；若不相连属，如桌与椅，便不可谓"体同"，条 87 说"不连属，不体也"（桌与椅可以是"俱处于室"的"合同"，即两者同放置于一房间内的同）。回到体爱，其涵义应为包容的（inclusive/embodied）爱，而通乎"爱人若爱其身"明矣。谭戒甫因《经上》以体言分，遂认为条 7 说的体爱："此体非上文'体分于兼'之体，核之《说》语便知。"②《经说上》以"爱己者非为用己也。不若爱马者"作解，确表明体爱之体不可仅作部分解，但若明白上文分析体与兼俱涵包含、不外、连属之义，则体爱之体亦不必与体分于兼之体迥不相侔。而若只执体分于兼之义，完全漠视《说》语，释体爱为分别地爱（to love individually），③ 就更非善解

---

① 兼字释义，见香港中文大学人文电算研究中心的"汉字多功能字库"，https://humanum.arts.cuhk.edu.hk/Lexis/lexi-mf/search.php?word=%E5%85%BC。
② 谭戒甫：《墨辩发微》，第 84 页。
③ 葛瑞汉译条 7 为："To be *jen* (benevolent/humane/kind) is to love individually"，见 A. C. Graham, *Later Mohist Logic, Ethics and Science*, with a new introduction and supplementary bibliography by Christopher Fraser, Hong Kong: The Chinese University Press, 2003, Reprint version, p. 270。新近 Ian Johnston 的墨子全译亦跟从葛译为："Benevolence is loving individually"，见 Ian Johnston translated and annotated, *The Mozi: A Complete Translation*, Hong Kong: The Chinese University Press, 2010, pp. 378-379。

矣。总之，墨子最初提出的兼相爱，是"仁"，是"爱人若爱其身"，是"为彼犹为己也"，亦是包容别人于自己生命当中的"体爱"。

如此爱人若己，自非因所爱者有利用价值而已。吾人爱自己，非因利用；吾人爱自己一身，亦非因手与足可用，实则有时手足伤残，吾人或更怜爱之。是故，与兼相爱、仁与体爱相反的是"利爱"，即通过计算利益而生的爱。《大取》云："仁而无利爱，利爱生于虑"；虑是计虑，通过计虑有利而生的爱非可谓仁。利爱的底子是《兼爱上》的（自私的）"自利"或"自爱"，即"子自爱不爱父，故亏父而自利；弟自爱不爱兄，故亏兄而自利；臣自爱不爱君，故亏君而自利，此所谓乱也。"必须知道，《兼爱上》的"利"只是"自利"，与兼相爱对反，还没有中下篇那与兼相爱相辅相成的"交相利"和"天下之大利"，而这正可见墨子早期仍留有一点儒学义利之辨的色彩。

此时，墨子的兼相爱既与儒家的仁爱无异，自无反对仁爱之理。所以，墨家早期非儒，重点不在仁爱，此证于《公孟》可知：

> 墨子谓程子曰："儒之道足以丧天下者，四政焉。儒以天为不明，以鬼为不神，天鬼不说，此足以丧天下。又厚葬久丧，重为棺椁，多为衣衾，送死若徙，三年哭泣，扶后起，杖后行，耳无闻，目无见，此足以丧天下。又弦歌鼓舞，习为声乐，此足以丧天下。又以命为有，贫富寿夭，治乱安危有极矣，不可损益也。为上者行之，必不听治矣；为下者行之，必不从事矣，此足以丧天下。"

依此，墨家反对儒道，最初乃在申明天志、明鬼、节葬、非乐与非命等思想，根本无涉乎仁爱与兼爱。反过来，墨子以仁、爱人若爱其身与体爱等说的兼相爱，儒家也可承认接受，试看下面孟子的话：

> 孟子曰："人之于身也，兼所爱。兼所爱，则兼所养也。无尺

寸之肤不爱焉，则无尺寸之肤不养也。所以考其善不善者，岂有他哉？于己取之而已矣。体有贵贱，有小大。无以小害大，无以贱害贵。养其小者为小人，养其大者为大人。今有场师，舍其梧槚，养其樲棘，则为贱场师焉。养其一指而失其肩背，而不知也，则为狼疾人也。饮食之人，则人贱之矣，为其养小以失大也。饮食之人，无有失也，则口腹岂适为尺寸之肤哉？"(《告子上》)

孟子说人对于自己身体的每部分都是爱的，与墨子爱人若爱其身相通，但孟子提醒其中仍应有贵贱、大小之别，则或是为突出与墨家不同之处。而言下之意，似以为墨家无分别于贵贱大小，然所针对的已是兼爱观念后来的变化。① 个中曲折，下面将有详细分析，这里暂不多说。

兼相爱的进一步发展，便是与交相利、天下之大利联结起来。墨学论爱与利，所涉义理多端，以下逐一分疏。(1) 吾人既爱他人，自必利他人。可以说，这一步将爱与利关联，使墨家言利超越只及自私自利的观点，而见及利他的重要。从墨学观点看，利他非是爱他带来的后果，而是爱本身便涵蕴利，或曰爱即利。《兼爱下》云："姑尝本原若众害之所自生，此胡自生？此自爱人利人生与？既必曰非然也，必曰从恶人贼人生"；"姑尝本原若众利之所自生，此胡自生？此自恶人贼人生与？既必曰非然也，必曰从爱人利人生。"此即"爱人利人"连言，用例还可见《法仪》《天志中》。②《兼爱下》甚

---

① 值得注意的是，后来墨家亦承认于一身之所爱中还是可以有大小之别，则或是在回应孟子。《大取》云："于所体之中而权轻重，之谓权。权非为是也，亦非为非也。断指以存腕，利之中取大，害之中取小也，非取害也，取利也。"此处的利应是天下之大利而非一己私利，所以下面才紧接着说："断指与断腕，利于天下相若，无择也。"倘孟子提醒于一身之所爱中应有贵贱大小之分，是类比仁爱中应有差等，则后来墨家亦似已承认差等，推论必须合符兼爱天下或利于天下的前提。下文将提出一个后期墨家细致化的兼爱或周爱观念，当中肯定爱有差等，其义与此处论轻重大小相通，可合而观之。但即便如此，墨家的兼爱仍不同于儒家的仁爱，读者读毕本文，当知其中理由所在。
② 例如，《法仪》："故为不善以得祸者，桀纣幽厉是也；爱人利人以得福者，禹汤文武是也。爱人利人以得福者有矣，恶人贼人以得祸者亦有矣。"《天志中》："夫爱人利人，顺天之意，得天之赏者，谁也？曰：若昔三代圣王，尧舜禹汤文武者是也。尧舜禹汤文武焉所从事？曰：从事兼，不从事别。"

至出现"爱利"这复合词:"吾不识孝子之为亲度者,亦欲人爱利其亲与?"他处用例可见《尚贤中》《尚同下》《非攻中》和《鲁问》。①(2)如此,兼相爱者必交相利。交字像一人双腿交叉,本义为交叉,《说文》:"交,交胫也,从大,象交形。凡交之属皆从交。"后传世文献多指交错或结交。②也就是说,兼相爱者,其相互利他亦交错其中。(3)若天下人之人都能兼相爱、交相利,则"果生天下之大利者与"(《兼爱下》)。③(4)墨家更直接以利为义。《经上》8:"义,利也。"《经说上》8:"义。志以天下为芬,而能能利之;不必用。"用现代的话说,义就是正当的意思。必须指出,自春秋礼坏乐崩以来,有识之士都在思考或曰重新设想(reconceptualize)何谓义;他们之间的思想交锋实不妨看作是在争夺"义"的解释权。④墨子便认为远古未有政治社会组织时的混乱,正是源于对何谓义言人人殊:"是以一人一义,十人十义,百人百义,其人数兹众,其所谓义者亦兹众。是以人是其义,而非人之义,故相交非

---

① 例如,《尚贤中》:"曰:若昔者三代圣王尧舜禹汤文武者是也。所以得其赏何也?曰:其为政乎天下也,兼而爱之,从而利之,又率天下之万民以尚尊天事鬼,爱利万民,是故天鬼赏之,立为天子,以为民父母,万民从而誉之曰'圣王',至今不已。"《尚同下》:"若见爱利家者必以告,若见恶贼家者亦必以告。若见爱利家以告,亦犹爱利家者也,上得且赏之,众闻则誉之;若见恶贼家不以告,亦犹恶贼家者也,上得且罚之,众闻则非之。"《非攻中》:"东方有莒之国者,其为国甚小,间于大国之间,不敬事于大,大国亦弗之从而爱利。"《鲁问》:"吾愿主君之上者尊天事鬼,下者爱利百姓,厚为皮币,卑辞令,亟遍礼四邻诸侯,敺国而以事齐,患可救也,非此,顾无可为者。"

② "交"字释义,见香港中文大学人文电算研究中心的"汉字多功能字库",https://humanum. arts.cuhk.edu.hk/Lexis/lexi-mf/search.php?word=%E4%BA%A4。

③ 墨学的天下大利,非抽象浮泛地说,而是扣紧当时现实,说为追求人民的"富"与"众"和国家的"治"。《节葬下》:"虽仁者之为天下度,亦犹此也,曰:'天下贫则从事乎富之,人民寡则从事乎众之,众而乱则从事乎治之。'当其于此,亦有力不足、财不赡、智不智然后已矣,无敢舍余力,隐谋遗利,而不为天下为之者矣。若三务者,此仁者之为天下度也,既若此矣。"另参看冯友兰:《中国哲学史》(上册),香港:三联书店,1992年重印本,第91—95页。

④ 扼要言之,孔子是仁、义、礼并举,三者相互涵蕴,却未直接以仁义说(更无使用复合词"仁义")。墨子自儒学转手而出,提倡义者利也,却仍受儒学影响,以为此即仁义(虽未见"利义"一复合词,却已使用"仁义")。孟子高举仁义,常用"仁义"一词,但严辨义利,正是要纠正墨学,申明儒学仁义之旨。荀子则转重礼义,其文字常见"礼义"一词,虽亦言"仁义",但可谓摄仁义归礼义(即必须在礼义的观念下来理解仁义)。至于其时法理学者,既重视法,乃言法义、公义。总之,利义、仁义、礼义、法义与公义等观念的交锋,是先秦思想世界中重要的一环。然要梳理、分析与评断,需另文为之。

也。"(《尚同中》)如今,墨子既以利界说义,乃鼓励人当立志以追求天下之利即天下之义为职分,并且肯定人皆有利义天下的能力;人只要持守此志、发挥此能,则亦非必得见用于当权执政,所谓"不必用"。

(5)前面已指出,墨家以兼相爱为仁,现加上交相利为义,则"爱利"者"仁义"也。其言曰:

《经下》76:仁义之为外内也罔。说在仵颜。

《经说下》76:仁。仁,爱也。义,利也。爱、利,此也。所爱、所利,彼也。爱利不相为内外,所爱所利亦不相为内外。其为"仁、内也;义、外也":举"爱"与"所利"也,是狂举也。若左自出;右自入。①

此处论证爱利或仁义皆是一体两面,不得分为内外,犹如不得分左鼻司出气、右鼻司入气;说左鼻司出气、右鼻司入气是"仵颜",是"狂举"。如必作分别,也只能说爱利(即我之爱利)在一边,所爱所利(即我爱利所及之他人)在另一边;仁义(即我之仁义)在一边,仁义的对象(即我仁义所及之他人)在另一边。由是,乃反对仁内义外之说。若以仁内义外说为《孟子·告子上》所载告子的主张(其意思是仁即爱乃是发自吾人内心,而正当性即义乃是外在的行为规范),则此条《经下》与《说》的文字恐属后出,应为后期墨者的补充。②但检读《墨子》,不难发现"仁义"一词,虽未见于《兼爱》三篇,且"义"亦只

---

① 这里所引《经下》和《经说下》一条,孙诒让的句读、文字不及谭戒甫清楚,故从谭本舍孙本。又"若左自出;右自入"句,本作"若左目出右目入",谭解释道:"惟目似无出入可言。兹校作自者:《说文》:'自,鼻也;象鼻形。'又皇字下云:'自,读若鼻。'则此犹云左鼻司出气,右鼻司入气,必无此理。盖以鼻气出入而分左右,即所谓仵颜,亦即所谓狂举耳。"见谭戒甫:《墨辩发微》,第341页。谭改"目"为"自",可备一说。因此处是鼻或是目,于义理解读无害,既取谭本,遂随其说。

② 谭戒甫的考订值得参考,他说:"此辩'仁内义外说'之非。《孟子》载告子之言曰:'仁、内也,非外也;义、外也,非内也。'考《管子》《戒篇》亦有'仁从中出,义从外作'之语。惟《管子》时代先后不一,则此仁内义外说,大抵起于告子,或稍先于告子,亦未可知。"见谭戒甫:《墨辩发微》,第340页。

一见于《兼爱下》"兼即仁矣,义矣"句,惟"仁义"却散见于《尚贤下》《尚同下》《非攻上》《非攻下》《节葬下》《天志上》《天志中》《天志下》《非命下》与《非儒下》等,是则"仁义"此复合词应为墨家先发,或可能是孔子以后的儒者已提出,惟书阙有间,不足证明。后来孟子高举仁义、严辨义利,实反与墨家争解释权矣。儒家与早期墨家都提倡爱或仁,是两家在这点上不必为相互矛盾,但对爱与利的关系则两家取径截然异趣。个中理论涵义,值得深究。①

(6)有了上面的分析,便知墨学绝非以兼相爱为手段(means),天下之大利为目的(end)。过往有将墨学之追求天下大利相比于西方效益主义(utilitarianism)之追求"最大多数之最大幸福";② 倘沿(古典而非当今)效益主义的思路,以天下大利为目的,则易以兼相爱为手段,且如有更具效益的手段,兼相爱是可替换的(replaceable)。但凡此已转说转远,非可谓得墨学之旨趣。

(7)又(兼相)爱、(交相)利与义,墨家亦以为"法",并通通收于"天志"之下。此法是法仪,指标准与模范;转作动词,即效法之义。墨子为强调其爱、利与义之说可行,乃托辞先圣先王,谓"今若夫兼相爱、交相利,此自先圣六王者亲行之"(《兼爱下》)。③ 故墨学所倡导者,实是取法或效法先圣先王。更重要的是,先圣先王也是取法于天,其言曰:"然则奚以为治法而可?故曰莫若法天。天之行广而无私,其施厚而不德,其明久而不衰,故圣王法之。"(《法仪》)所以,天志的内容是"必欲人之相爱相利,而不欲人之相恶相贼也"(同前);而爱利既为义,"然则义果自天出矣"(《天志中》)。至此,可知爱、利、义与天志在墨学中乃四维一体,交相联结。

回到兼相爱,《兼爱下》复提出"兼以易别",即区分"兼"(兼相爱)与

---

① 儒墨对爱与利的关系持不同看法,唐君毅曾作分析,参看氏著:《中国哲学原论——原道篇(卷一)》,第160—170页。
② 冯友兰:《中国哲学史》(上册),第99页;另胡适:《中国哲学史大纲》,北京:东方出版社,1996年,第153页。
③ 孙诒让注解此句说:"下文止有四王,此'六'疑'四'篆文之误,下同。"见孙诒让:《墨子间诂》,第120页。根据《兼爱下》,"下文止有四王"是指文王、禹、汤、武王。

"别"(别相恶),并主张应以兼取代别。前面已说过,"兼"有包容、不外(inclusive)的涵义,所以"别"就是不包容、相外(exclusive)。人与人若相互不包容或相外,即不把他人视为自己生命或身体的一部分,则彼此自易相恶相贼。这里不应望文生义,错认"别"为差别或差等(discriminated),并由此联想"兼"为无差等(indiscriminate)。墨学的兼爱发展为无差等的爱,还是往后的事,虽《兼爱》三篇亦已稍露端倪。此即兼相爱的范围与性质在三篇中是有所变化的。《兼爱上》说"若使天下兼相爱",《兼爱中》说使"天下之人皆相爱",但到《兼爱下》却说取法"文王之兼爱天下之博大也"。由教导天下之人兼相爱到宣扬兼爱天下之人,兼相爱的范围可谓扩大至其极。这或是墨学调整其推广策略与游说对象的缘故。显然,教导天下之人兼相爱的言说对象主要是天下之人,但宣扬兼爱天下之人的言说对象则必是国君。大抵墨者发现最能实现兼相爱的方法就是让国君相信和采用,① 且国君兼相爱之所及必不限于个别的人而是天下之人。要让国君接受,墨者遂强调此是古代圣王的垂范,更重要的,也是天志的要求。② 但一旦将兼相爱说为天志,则不仅它的范围得推扩至天下,它的性质亦得进一步规定为无私,因天志必是兼爱天下万物且无有偏私的。故《兼爱下》还说文王之兼爱天下,乃"譬之日月兼照天下之无有私也"。将兼相爱扩充至兼爱天下之人,即是"尽

---

① 《兼爱中》:"昔者晋文公好士之恶衣,故文公之臣皆牂羊之裘,韦以带剑,练帛之冠,入以见于君,出以践于朝。是其故何也?君说之,故臣为之也。昔者楚灵王好士细要,故灵王之臣皆以一饭为节,胁息然后带,扶墙然后起,比期年,朝有黧黑之色。是其故何也?君说之,故臣能之也。昔越王句践好士之勇,教驯其臣,和合之焚舟失火,试其士曰:'越国之宝尽在此!'越王亲自鼓其士而进之。士闻鼓音,破碎乱行,蹈火而死者左右百人有余。越王击金而退之。是故子墨子言曰:乃若夫少食恶衣,杀身而为名,此天下百姓之所皆难也。若苟君说之,则众能为之。况兼相爱、交相利与此异矣。"

② 《法仪》:"昔之圣王禹汤文武,兼爱天下之百姓,率以尊天事鬼,其利人多,故天福之,使立为天子,天下诸侯皆宾事之。"《天志下》:"今天下之士君子之欲为义者,则不可不顺天之意矣。曰:顺天之意何若?曰:兼爱天下之人。何以知兼爱天下之人也?以兼而食之也。何以知其兼而食之也?自古及今,无有远灵孤夷之国,皆犓豢其牛羊犬彘,絜为粢盛酒醴,以敬祭祀上帝山川鬼神,以此知兼而食之也。苟兼而食焉,必兼而爱之。譬之若楚越之君,今是楚王食于楚之四境之内,故爱楚之人;越王食于越,故爱越之人。今天兼天下而食焉,我以此知其兼爱天下之人也。"

爱"；将其性质说为无私，即入于（无差等的）"周爱"矣。

尽爱是兼爱天下之人，《经下》提出三个论证：

《经下》73：无穷不害兼，说在盈否。

《经说下》73：[……]人若不盈无穷，则人有穷也。尽有穷无难。盈无穷，则无穷尽也，尽无穷无难。

《经下》74：不知其数而知其尽也。说在问者。

《经说下》74：不。不〔一一〕智其数，恶智爱民之尽之也？或者遗乎其问也？尽问人，则尽爱其所问。若不智其数而智爱之，尽之也无难。

《经下》75：不知其处，不害爱之，说在丧子者。

（本条无《说》）

这可谓极尽思辨之能事。首先，无穷并不妨碍尽爱，因人若不能充满无穷，人便是有穷，而尽爱有穷之人，不难；人若能充满无穷，无穷便是有穷，而尽爱有穷（之人），不难。其次，不知天下之人有多少亦不妨碍尽爱，因只要尽乎其问即可。问而后知之，知之而后可尽爱之。最后，不尽知天下之人在何处，同样不妨碍尽爱他们，道理就像吾人丧失子女后，即使不知子女是否魂归幽冥，却丝毫不减吾人对其之爱。实则，墨学说尽爱，除上述爱利一体之义外，与儒学说圣王博施济众无大分歧，故两家皆举尧舜禹汤文武为证。

但当兼爱观念入乎周爱，儒墨的分途乃逐步显露出来。周者，周普也；用现代的话说，就是普遍的意思。《小取》云：

爱人，待周爱人，而后为爱人。不爱人，不待周不爱人，不周爱，因为不爱人矣。

周爱即普遍的爱。若爱人必须是普遍地爱所有人,则"(周)爱人"是个全称命题,要否定之,举一特例"不爱(某)人"即可。相反,"不爱(某)人"是个特称命题,要肯定之,举一特例即可,无须普遍地不爱所有人。而周爱或普遍的爱,必涵无私亦即无差等之义。换句话说,就是持道德平等(moral equality)的立场,视人人皆具有平等的道德身份与分量(all people have equal moral status and weight)。《兼爱下》早触及此义:"古者文武为正,均分赏贤罚暴,勿有亲戚弟兄之所阿,即此文武兼也。虽子墨子之所谓兼者,于文武取法焉。"

或谓墨家未必反对差等的爱,方克涛(Chris Fraser)便持这种见解。[1] 他提醒我们应注意墨家并不否定各种人伦关系,如家庭的伦常和社会政治的阶层等级,且肯定关系德性(relational virtues)有构成(constitute)与促进(contribute)兼爱观念的效用。这于《兼爱下》有根据:

> 故兼者圣王之道也,王公大人之所以安也,万民衣食之所以足也。故君子莫若审兼而务行之,为人君必惠,为人臣必忠,为人父必慈,为人子必孝,为人兄必友,为人弟必悌。故君子莫若欲为惠君、忠臣、慈父、孝子、友兄、悌弟,当若兼之不可不行也,此圣王之道而万民之大利也。

既以惠、忠、慈、孝、友、悌为君臣、父子与兄弟间的关系德性,是"当若兼之不可不行也",那么墨家的兼爱观念又怎可能会主张吾人应平等地爱所有人,对所有人有平等的伦理责任,而不该考虑吾人与所爱者的关系。由是,

---

[1] 参看 Chris Fraser, *The Philosophy of Mozi: The First Consequentialists*, New York: Columbia University Press, 2016, pp. 145-149。

方克涛认为墨家在正视人伦关系的价值上根本与儒家相若，墨者并不反对差等的爱。无疑，方的提醒十分重要，但他的结论则非是。说方的提醒重要，是因为它能让我们做更深入的考察以获得一个细致化（fine grained）的兼爱或周爱观念。

此细致化的兼爱或周爱观念包含三点。（1）墨家既重视关系德性，无异于承认兼爱因所爱对象或关系的不同而会有不同性质的表现。此即君对臣是惠、臣对君是忠；父对子是慈、子对父是孝；兄对弟是友、弟对兄是悌。尤有进者，（2）墨家可同意吾人实践兼爱因本乎人伦关系而会由亲人开始。后来墨者夷之通过徐辟与孟子对话时说过"之则以为爱无差等，施由亲始"（《滕文公上》）的话。（3）墨家甚至能同意吾人对不同关系与身份的人的爱会有厚薄之分，但前提必须是本乎兼爱或大利天下的义道。支持这点的文本证据在《大取》的"伦列"，而哲学论证则是对偏私的无偏私证立（impartial justification for partiality）。

先来看《大取》的"伦列"：①

> 义可厚，厚之；义可薄，薄之，谓伦列。德行、君上、老长、亲戚，此皆所厚也。为长厚，不为幼薄。亲厚，厚；亲薄，薄。亲至、薄不至，义。厚亲不称行而类行。为天下厚禹，非为禹也；为天下厚爱禹，乃为禹之爱人也。厚禹之为加于天下，而厚禹不加于天下。若恶盗之为加于天下，而恶盗不加于天下。爱人不外己，己在所爱之中。己在所爱，爱加于己。伦列之爱己，爱人也。……有厚薄而毋伦列之兴利，为己。

---

① 此段文字各家增补缺字与句读不尽相同，这里除参考孙诒让与谭戒甫外，还兼及吴毓江的校订，因为吴的注解最为明白清楚。参看吴毓江：《墨子校注》，北京：中华书局，2006年二版。

对"伦列",过往大多依孙诒让的训诂,以伦者等也,列者等比也,即平等的意思。但葛瑞汉认为"伦"应通"论",指整理(sort out);"列"是分别等级(grading),所以"伦列"就是按照不同的人伦关系作分别等级的处理(arrange according to grade)。① 易言之,就是作差等对待。虑及上引文字之重点是在说爱可有厚薄,对有德行者、领导国家者、年长者与有亲者皆应厚爱,则葛说为是。不过,这绝不等于说墨者与儒者同调。相反,伦列的观点正是墨者用来自别于儒者。吴毓江《墨子校注》虽依孙说以为"'伦列'犹今言平等",② 但其注释此段文字甚明白可取。他说:"墨家厚薄以义为鹄,平等之中有厚薄,而厚薄仍不失为平等。……'德行、君上、老长、亲戚,此皆所厚也',墨之道贵乎充此厚以及于人人,故曰:为长固厚矣,为幼亦不当薄,否则亲厚者厚之,亲薄者薄之,厚薄以亲疏为鹄,则不免有论亲当薄者论义则不当薄,是亲与义有时不能并存,协于亲者不免害于义矣。凡厚亲者之行厚薄也,不问其义不义、称不称,但问其亲不亲、类不类。墨家贵义,与此厚亲者殊科也。"③ 又说:"禹爱天下之人,故为天下之人厚禹,非为禹也。厚禹者,以其德行加于天下。至对禹之为人,固与天下人相若也。若恶盗者,以其恶行加于天下,至对盗之为人,固与天下人相若也。盖平等者其人格,而对之有厚薄者,其行为殊也。"④ 可知,自墨学的观点看,即便认为兼爱可有厚薄,但厚薄对待是依据所爱者能否促进兼爱天下或兴天下大利的义道来决定;能者厚爱之,不能者薄爱之,这比起儒学的差等厚薄是依据人际关系的亲疏远近来决定更合理。而儒学以亲疏远近论差等厚薄,在墨家看来,便无异于是完全以自我为中心的自我主义(egoism),故谓"有厚薄而毋伦列之兴利,为己"。

再来分析墨学所允许的差等厚薄,其哲学论证实是以无偏私来证立偏

---

① 见 A. C. Graham, *Later Mohist Logic, Ethics and Science*, pp. 194, 255。
② 吴毓江:《墨子校注》,第 608 页。
③ 同上书,第 608—609 页。
④ 同上书,第 609 页。

私的合理。试想吾人都是生活在一关系网络中,若父母子女、朋友乃至国民之间偏私的爱被压制禁止的话,将侵蚀相爱和互惠等重要的道德价值,严重破坏兼相爱(交相利)、尽爱以至周爱的实行。为免有此不良后果(此为无偏私的理由),遂可允许某程度偏私的爱。实际上,这论证策略亦为当前一些西方哲学家所惯用。例如,辛格(Peter Singer)提出要建立一套全球伦理,除强调跨越国界的无私外,还得交代偏私的合理性,划定偏私的合理范围。他通过考察父母子女、亲属、朋友、邻居与国人等的偏私都有助宣扬感恩、合作和互惠等道德价值,甚至能让吾人扩充这些偏私体验至其他人来建立一个延伸的、想象的社群(the extended and imagined community),乃肯定偏私可以有无偏私的证立。而偏私的合理范围自然就在于推广那些无偏私的价值。① 如是,若偏私的价值与无偏私的价值发生冲突,则偏私的价值便会沦为反价值而不再被允许。回到墨学,伦列亦当作如是观。下面三个例子即是佐证:

> 孟山誉王子闾曰:"昔白公之祸,执王子闾,斧钺钩要,直兵当心,谓之曰:'为王则生,不为王则死。'王子闾曰:'何其侮我也!杀我亲而喜我以楚国,我得天下而不义,不为也,又况于楚国乎?'遂而不为。王子闾岂不仁哉?"子墨子曰:"难则难矣,然而未仁也。若以王为无道,则何故不受而治也?若以白公为不义,何故不受王,诛白公然而反王?故曰难则难矣,然而未仁也。"(《鲁问》)

> 墨者有巨子腹䄯居秦,其子杀人,秦惠王曰:"先生之年长矣,非有它子也,寡人已令吏弗诛矣。先生之以此听寡人也。"腹䄯对曰:"墨者之法曰:杀人者死,伤人者刑,此所以禁杀伤人也。夫禁杀伤人者,天下之大义也,王虽为之赐,而令吏弗诛,腹䄯不可不行墨子

---

① 参看Peter Singer, *One World: The Ethics of Globalization*, New Haven & London: Yale University Press, 2002, pp. 150-180。

之法。"不许惠王而遂杀之。子，人之所私也，忍所私以行大义，巨子可谓公矣。(《吕氏春秋·去私》)

　　墨者巨子孟胜善荆之阳城君，阳城君令守于国，毁璜以为符，约曰："符合听之。"荆王薨，群臣攻吴起，兵于丧所，阳城君与焉。荆罪之。阳城君走，荆收其国。孟胜曰："受人之国，与之有符。今不见符，而力不能禁，不能死，不可。"其弟子徐弱谏孟胜曰："死而有益阳城君，死之可矣，无益也，而绝墨者于世，不可。"孟胜曰："不然。吾于阳城君也，非师则友也，非友则臣也。不死，自今以来，求严师必不于墨者矣，求贤友必不于墨者矣，求良臣必不于墨者矣。死之所以行墨者之义而继其业者也。我将属巨子于宋之田襄子。田襄子贤者也，何患墨者之绝世也。"徐弱曰："若夫子之言，弱请先死以除路。"还殁头前于孟胜。因使二人传巨子于田襄子。孟胜死，弟子死之者百八十。(《吕氏春秋·上德》)

这三例中首两例比较显豁，可见当偏私与无偏私冲突时，墨者必取无偏私的大义或公义。此大义或公义自是兼爱天下或兴天下大利。以此之故，墨子不认同王子闾因亲人被杀之仇而拒绝登位为楚王是合符仁的行为，因仁（即兼爱）应是关注爱利天下而非只着眼于杀亲之仇；相反，若王子闾能弃私仇接受王位，再运用权力拨乱反正，才是爱利天下之举。同样，腹䵍在面对听从惠王建议赦免儿子性命与持守墨家兼爱禁杀伤的两难时，毫不犹疑地让儿子伏法受诛以捍卫墨家信念，正是清楚认识到救儿子性命属偏私之私，必屈从于兼爱禁杀伤此无偏私之公。至于孟胜依诺替阳城君守城而死，表面上是保存他与阳城君之间的师道、友道或臣道，实际上乃是为守护墨者言而有信的义道。总之，墨学既是基于无偏私的理由接纳某程度的偏私（即伦列的观念），如二者发生矛盾，它"必取"无偏私而舍偏私岂非理所当然的事。但正是在这一点上，后期墨家那能包容差等厚薄的细致化的兼爱或周爱观念,仍与儒家主张仁爱涵亲疏差等不侔。① 下一节重构儒墨辩论,将详析个中差异。

## 三

这节重构儒墨的论辩,首先整理先秦的部分。前面曾指出,《兼爱下》已透露出尽爱与周爱的信息。不必说,无偏私的周爱易触动儒者强调亲亲的神经,这从《兼爱下》"意不忠亲之利,而害为孝乎"的质疑可以证明。儒者重孝道,乃怀疑无私兼爱会损害孝亲。对此,墨子的回答是:

> 吾不识孝子之为亲度者,亦欲人爱利其亲与?意欲人之恶贼其亲与?以说观之,即欲人之爱利其亲也。然即吾恶先从事即得此?若我先从事乎爱利人之亲,然后人报我以爱利吾亲乎?意我先从事乎恶贼人之亲,然后人报我以爱利吾亲乎?即必吾先从事爱利人之亲,然后人报我以爱利吾亲也。……先王之书,《大雅》之所道曰:"无言而不雠,无德而不报。投我以桃,报之以李。"即此言爱人者必见爱也,而恶人者必见恶也。(《兼爱下》)

根据上一节分析,可知墨家以兼爱、利、义与天志为四维一体,故此处不应误会墨子是在以自利论证利他。假如儒者的质疑,是吾人尽爱天下之人将分

---

① 方克涛分析过以上三个例子,亦同意若要在天下大利的义道(即本文所说的无偏私)与特殊关系的责任(即本文所说的通过无偏私证立的偏私)之间作选择,墨者总取前者舍后者。但他认为假使儒者不是总取后者舍前者,那么儒墨在肯定人伦关系的价值上恐根本没有不同。见 Chris Fraser, *The Philosophy of Mozi: The First Consequentialists*, pp. 147-149。从本文的观点看,方的结论不当,因他看不到儒墨对所谓特殊关系的责任实有不同理解。用本文的话说,墨家是以无偏私的证立为前提来承认偏私的合理性,儒家非是。沿此,墨家在偏私与无偏私冲突时,必取无偏私,儒家则不必如此,其可取偏私,也可取无偏私。再换一种说法,墨家并不认为偏私的价值能独立于无偏私的价值,儒家却不以为然。凡此,下一节将作详细分析。

薄对父母的孝，毕竟人力有限，则墨子的回答可谓对题有力。但假如儒者质疑的焦点，是吾人持守无私兼爱即道德平等的立场，视父母与他人在道德地位与价值上相若，会伤害孝道，那么墨子便答非所问。

儒者既从孝道挑战兼爱，墨者乃反过来批判儒家的孝或亲亲只是纯粹肯定血缘的"自然偏私"（natural partiality），此即吾人自出生后便得依赖父母的养育故自然依恋亲近他们。自然偏私，说穿了就是自我主义，也终未免于自利。这从《耕柱》中墨子与巫马子的辩论可见：

> 巫马子谓子墨子曰："我与子异，我不能兼爱。我爱邹人于越人，爱鲁人于邹人，爱我乡人于鲁人，爱我家人于乡人，爱我亲于我家人，爱我身于吾亲，以为近我也。击我则疾，击彼则不疾于我，我何故疾者之不拂，而不疾者之拂？故有我有杀彼以我，无杀我以利。"子墨子曰："子之义将匿邪，意将以告人乎？"巫马子曰："我何故匿我义？吾将以告人。"子墨子曰："然则一人说子，一人欲杀子以利己；十人说子，十人欲杀子以利己；天下说子，天下欲杀子以利己。一人不说子，一人欲杀子，以子为施不祥言者也；十人不说子，十人欲杀子，以子为施不祥言者也；天下不说子，天下欲杀子，以子为施不祥言者也。说子亦欲杀子，不说子亦欲杀子，是所谓经者口也，杀子之身者也。"

历来已有巫马子是孔子学生巫马期的推测，孙诒让注释先引苏时学的话："巫马子为儒者也，疑即孔子弟子巫马期，否则其后"，复加按语说："《史记·孔子弟子传》云：'巫马施少孔子三十余岁'，计其年齿，当长墨子五六十岁，未必得相问答，此或其子姓耳。"① 姑勿论巫马子是否巫马期、此段

---

① 孙诒让：《墨子间诂》，第422页。

对话是否实有其事，这是墨者模拟所理解的儒学立场并对之展开攻击则确定无疑。① 儒家讲推爱（extension of love），墨者反其道设想缩爱（contraction of love），即儒家自亲亲出发推展扩大的仁爱（墨家以为的自然偏私），如遇上两难必须逆向收缩时，便只能顾及较亲近者而牺牲较疏远者，所谓"我爱邹人于越人，爱鲁人于邹人"云云，更严重的是，到最后"爱我身于吾亲，以为近我也"，彻底暴露出自我主义或自利中心的底子。墨子复申明自利主义必导致自我否定（self-defeating）的结果，因若人人接受自利主义（或曰普遍化自利），则大家都亏人自利、交相恶贼，而自利终不可得；又若人人不接受自利主义，则大家都欲除之而后快，自利主义者处处受排斥，而自利亦终不可得，这可谓自利主义的吊诡。值得注意的是，类似对儒家的批评在战国时相当普遍，如《商君书·开塞》云："亲亲者，以私为道也。"就算如前所述，后来墨家发展出伦列观念，承认偏私的价值，但此为无私证立的偏私，与他们理解的儒学的自然偏私仍不能划一等号，故谓"为长厚，不为幼薄"，"有厚薄而毋伦列之兴利，为己"。视儒家的孝亲为自然偏私、自我主义或自利中心是否诬枉，便有待儒者出来澄清。

于是，到孟子登场。孟子非斥"墨氏兼爱，是无父也"，"是禽兽也"（《孟子·滕文公下》），词锋不可谓不犀利。但他的论据主要见于与墨者夷之的对话：

> 墨者夷之因徐辟而求见孟子。孟子曰："吾固愿见，今吾尚病，病愈，我且往见，夷子不来！"他日，又求见孟子。孟子曰："吾今则可以见矣。不直，则道不见；我且直之。吾闻夷子墨者，墨之治丧也，以薄为其道也；夷子思以易天下，岂以为非是而不贵也；然而夷子葬其亲厚，则是以所贱事亲也。"徐子以告夷子。夷子曰："儒者之

---

① 虽则《耕柱》中的巫马子反对"誉先王"，以为"是誉槁骨也"，又不类儒家主张。

道,古之人若保赤子,此言何谓也?之则以为爱无差等,施由亲始。"徐子以告孟子。孟子曰:"夫夷子信以为人之亲其兄之子为若亲其邻之赤子乎?彼有取尔也。赤子匍匐将入井,非赤子之罪也。且天之生物也,使之一本,而夷子二本故也。盖上世尝有不葬其亲者,其亲死,则举而委之于壑。他日过之,狐狸食之,蝇蚋姑嘬之。其颡有泚,睨而不视。夫泚也,非为人泚,中心达于面目,盖归反虆梩而掩之。掩之诚是也,则孝子仁人之掩其亲,亦必有道矣。"徐子以告夷子。夷子怃然为间曰:"命之矣。"(《滕文公上》)

这场对话,向乏善解,以下试作一梳理分析。首先,(1)如上文所示,儒墨之是非是围绕着孝亲展开,这便不难理解为何孟子选择自丧葬入手。孟子指控夷之厚葬其亲是"以所贱事亲也",表面是因墨家反对厚葬,实则是暗指墨家兼爱无差等,何故又厚爱父母(此由下文明白道出"夫夷子信以为人之亲其兄之子为若亲其邻之赤子乎"可证)?(2)夷之答以"爱无差等,施由亲始",奇怪的是,他似乎认为自己的立场实与"儒者之道,古之人若保赤子"无异。"古之人若保赤子"类乎孟子乍见孺子入井之例(此由下文"赤子匍匐将入井,非赤子之罪也"可证),所以夷之是在以子之矛攻子之盾。盖孟子明言今人乍见孺子将入于井而萌发怵惕恻隐之心,乃是没有任何条件考虑的(unconditional),即非要誉乡党朋友、非纳交于孺子父母和非恶其声的三非表示的意思;恻隐仁爱本身既为无条件,自然也不分亲疏差等,这不就是爱无差等吗?至于施由亲始,则此处并无证据显示夷之已经有伦列的观念(即无私证立的偏私),否则他当可说厚亲并不违背爱无差等,且在面对孟子"信以为人之亲其兄之子为若亲其邻之赤子乎"的质疑时,他亦应可更作申辩。但墨学既自始便不否认人伦关系的价值,实践兼爱由亲人开始似乎也是理所当然的事。不过为何用墨家反对的厚葬来表达对父母的爱,夷之则未有正面回应。(3)对夷之的反诘,孟子是一方面肯定仁爱本身是无条件的，也等于说是无亲疏差等的考量，故面对不认识的赤子"匍匐将入井"，吾人亦必有恻隐之心。所以在这一点上，他承认夷之的主张是"彼有取尔也"。可是另一方面，孟子又绝不同意"人之亲其兄之子为若亲其邻之赤子"。试想，兄之子与邻之子皆将入于井，难道救谁在道德价值上都一样？显然，孟子认为不一样，吾人爱兄之子应该厚于爱邻之子。为什么孟子可以兼持仁爱本身无差等和仁爱的实践必有差等这两个骤然看来并不一致的观点？孟子虽似未有给予充分的理由，但留下一句"且天之生物也，使之一本，而夷子二本故也"的话。倘同情理解，他是说吾人之所以应该厚爱父母是因为父母是吾人生命独一无二的本源，假使把自己的父母与别人的父母等量齐观，岂非以为吾人生命有两个本源。易言之，吾人实践仁爱之所以必有差等是因为吾人必是生于一个有远近亲疏的人伦关系网络中。这一理由后来宋明儒者续有发挥，在此暂不多说。（4）然而墨家不是早已批判儒家的孝是自然偏私（即依关系亲疏定厚薄差等），不脱自我主义与自利中心的窠臼？恰正是有了上文理清的这条辩论线索，我们才能懂得为何最后孟子又绕回到丧葬，他是在借分析葬亲的（义理而非历史的）起源来澄清孝不是自然偏私。所谓自然偏私，是指吾人分别亲疏、待亲者厚疏者薄是与生俱来的自然性向（natural disposition），好像孩童受父母慈爱养育自然心生依恋之情、学生得老师青眼有加自然心生亲近之意。此可谓是人类于进化求存中迄今为止仍不能否认与去除的事实。孟子借由上世尝有不葬其亲的思想实验（说是思想实验，因有历史记载与考古研究以来，人已是墓葬），得出"则孝子仁人之掩其亲，亦必有道矣"的结论。此中关键是在以仁人说孝子，即孝子葬其亲实出于仁心之不忍见其亲曝尸荒野（"夫泚也，非为人泚，中心达于面目，盖归反虆梩而掩之"）。所以，孝是仁心的流露，是仁爱道理的体认，绝非自然偏私。实际上，靠自然偏私根本无法成就孝，因吾人的自然性向会随成长和环境改变。孟子说得好："人少则慕父母，知好色则慕少艾，有妻子则慕妻子，仕则慕君，不得于君则热中。大孝终身慕父母，五十而慕者，予于大舜见之矣。"(《万章上》)可知儒学提倡孝,乃是要教人凭所体认的仁心仁爱去转化自然偏私,而转化所成者,我们可称之为"伦理偏私"(ethical partiality)。孝是伦理偏私,也是一种德性(virtue)。最后,(5)为进一步说明伦理偏私,我们不妨将它与后期墨学那无私证立的偏私(即伦列)做一比较。墨学无私证立的偏私,人伦偏私的合理与价值皆取决于能否促进兼爱无私(或天下大利),故未有独立于兼爱无私以外的地位。而一旦遇到人伦偏私与兼爱无私发生冲突的两难处境,则必舍偏私取无私。与此不同,儒学的伦理偏私与其说是为了促进仁爱无私,不如说它本身即是仁爱无私的一种具体的表现方式,且与仁爱无私全然不涉及偏私考量时的表现方式同有合理的地位。是以如碰上自然偏私与仁爱无私发生冲突的两难处境,则不必定舍自然偏私,亦不必定取仁爱无私。此时需要的是"权"衡两造再作定夺,① 孟子说:"权,然后知轻重;度,然后知长短。"(《梁惠王上》)又说:"知者无不知也,当务之为急;仁者无不爱也,急亲贤之为务。"(《尽心上》)

下面转过来考察宋明儒者的接力辩论。孙诒让说"墨氏之学亡于秦季",② 虽有些汉代典籍仍见"儒墨"并称,如《淮南子·氾论训》有"丰衣博带而道儒墨者,以为不肖"的话,但学者的考证已指出这"很可能只是沿袭了一种习惯用法而已",③ 不足以证明墨学在汉代曾一度复兴。然既出现"儒墨"连言的用法,或可侧面反映儒墨是非在汉代已经逐渐模糊。事实上,到了唐代,韩愈《读墨子》甚至说:"孔子必用墨子,墨子必用孔子;不相用,不

---

① 在上一节的一个注释中,为说明墨家亦承认于一身之所爱中是可以有大小之别时,曾提及墨家有权的观念,惟必以天下大利或兼爱天下的义道为准绳。回到这里的讨论脉络,就是必取兼爱无私舍人伦偏私。《大取》云:"于所体之中而权轻重,之谓权。权非为是也,亦非为非也。断指以存腕,利之中取大,害之中取小也,非取害也,取利也。"又云:"断指与断腕,利于天下相若,无择也。"然这自孟子看来,乃是执中无权的执一,其言曰:"杨子取为我,拔一毛而利天下,不为也。墨子兼爱,摩顶放踵利天下,为之。子莫执中,执中为近之。执中无权,犹执一也。所恶执一者,为其贼道也,举一而废百也。"(《尽心上》)
② 孙诒让:《墨子间诂》,第680页。
③ 张永义:《墨子与中国文化》,贵阳:贵州人民出版社,2001年,第304页;另参看李若晖:《"儒墨"连及与墨家消亡的时间》,收入氏著:《思想与文献》,上海:上海古籍出版社,2010年,第169—174页。

足为孔墨。"儒墨是非反变成儒墨互补。但及至宋明复儒兴学,儒者着力阐述天道性命,乃得机缘重启论辩。在分析是次延伸论辩之前,有两点需先稍作说明。一是这次墨者缺席,故只得儒者演绎和补充自家立场;二是宋明儒者理解的兼爱,全本乎孟子,也就是说,他们根本不知后期墨家有伦列观念。

最先碰上仁爱兼爱有何不同的问题,是二程弟子杨龟山怀疑张横渠《西铭》"民吾同胞,物吾与也"的话无异于墨学兼爱,程伊川遂在《答杨时论〈西铭〉书》中解说两家立说的分别。其言曰:

> 《西铭》之为书,推理以存义,扩前圣所未发,与孟子性善养气之论同功,(二者亦前圣所未发。)岂墨氏之比哉?《西铭》明理一而分殊,墨氏则二本而无分。(老幼及人,理一也。爱无差等,本二也。)分殊之蔽,私胜而失仁;无分之罪,兼爱而无义。分立而推理一,以止私胜之流,仁之方也。无别而迷兼爱,至于无父之极,义之贼也。子比而同之,过矣。①

析而言之,(1)孟子兼持仁爱本身无差等和仁爱的实践必有差等这两个观点,被伊川以"理一而分殊"的命题综括起来。理一是仁爱本身无差等;分殊是仁爱有各样不同的表现,它能以无私、无差等的方式表现,如见孺子入井而生恻隐,也能以前述的伦理偏私、有差等的方式表现,如爱自己父母厚于别人父母。(2)理一与分殊两面都是真正体认仁爱道理所不可或缺的。只知理一,便成墨氏"无分之罪,兼爱而无义";只知分殊,则是把儒家的伦理偏私倒退回自然偏私,是"分殊之蔽,私胜而失仁"。所以,对墨氏而言,自是要承认兼爱无差等的理论缺失;而对儒家来说,乃是要努力扩充仁爱,因只有亲亲而仁民而爱物,吾人方能于"推爱"中"推明"分立包含的理一,以免

---

① 《河南程氏文集》卷九,《二程集》,王孝鱼注解,北京:中华书局,2004年,第609页。

沦为自我主义或自利中心。(3)尤有进者,伊川警惕地意识到儒家讲求分殊,在实践上很易沦为私胜失仁。验之往史,历历不爽,我们固不必为儒家隐讳。

接着是朱子的发挥,试看下面两段文字:

> 墨氏见世间人自私自利,不能及人,故欲兼天下之人人而尽爱之。然不知或有一患难,在君亲则当先救,在他人则后救之。若君亲与他人不分先后,则是待君亲犹他人也,便是无父。①

> 《西铭》大纲是理一而分自尔殊。然有二说:自天地言之,其中固自有分别;自万殊观之,其中亦自有分别。不可认是一理了,只滚做一看,这里各自有等级差别。且如人之一家,自有等级之别。所以乾则称父,坤则称母,不可弃了自家父母,却把乾坤做自家父母看。且如"民吾同胞",与自家兄弟同胞,又自别。龟山疑其兼爱,想亦未深晓《西铭》之意。《西铭》一篇,正在"天地之塞,吾其体;天地之帅,吾其性"两句上。②

首段文字中,(1)朱子明确反对墨学道德平等的立场(即兼爱无差等)。他要吾人想象父亲与他人同遇患难,难道不是应该先救父亲后救他人?若谓吾人应考虑天下大利、兼爱无私而不宜分别先后,儒学即讥讽为无父;当今一些西方哲学家即批评为用思太过(thought too many),③ 或要求太苛(demand too much)。④ 第二段文字中,(2)朱子以为墨学兼爱的毛病与其说是忽略分殊,不如说是搅混了理一与分殊。天道生化万物,固可视乾坤

---

① 黎靖德编:《朱子语类》卷五五,朱杰人、严佐之、刘永翔主编:《朱子全书》第15册,上海:上海古籍出版社/安徽:安徽教育出版社,2002年,第1806页。
② 黎靖德编:《朱子语类》卷九八,《朱子全书》第15册,第3317页。
③ 参看Bernard Williams, "Persons, Characters, and Morality," in *Moral Luck*, Cambridge, UK: Cambridge University Press, 1981, pp. 1-19.
④ 参看Troy Jollimore, "Impartiality," *Stanford Encyclopedia of Philosophy*, Section 3.2, https://plato.stanford.edu/entries/impartiality/#ConsImpaTooDema.

为父母，但吾人生命本源于父母，故岂有将自家父母与乾坤父母"滚做一看"的道理。最后，(3)朱子指出无论(统体的)天地或(散殊的)万物，当中已"自有等级之别"，这可谓存有的本性或曰结构。以此之故，吾人表现仁爱道理亦不能外于此本性或结构而必为分殊，所谓"理一而分自尔殊"。换一种说法，由于天地万物包括人在内皆属具体有限的存在物，对于普遍无限的道理，遂只能依各自具体有限的方式来呈现，而根本不可能取一普遍无限的方式来表现普遍无限的道理。明乎此，则知伦理偏私(如厚爱亲人)与不涉及关系考量的无偏私(如恻隐将入于井的孺子)都不过是(无偏私的)仁爱道理的分殊表现而已，两者地位相等，如相冲突，便需作权衡。

除了张横渠的《西铭》外，程明道以至王阳明都强调"仁者与天地万物为一体"的思想，这同样易启人疑窦，误会是墨氏兼爱。阳明的学生便尝有此一问，且看阳明的回答：

> 问："程子云：'仁者以天地万物为一体。'何墨氏'兼爱'反不得谓之仁？"先生曰："此亦甚难言，须是诸君自体认出来始得。仁是造化生生不息之理，虽弥漫周遍，无处不是，然其流行发生，亦只有个渐，所以生生不息。如冬至一阳生，必自一阳生，而后渐渐至于六阳，若无一阳之生，岂有六阳？阴亦然。惟有渐，所以便有个发端处；惟其有个发端处，所以生；惟其生，所以不息。譬之木，其始抽芽，便是木之生意发端处；抽芽然后发干，发干然后生枝生叶，然后是生生不息。若无芽，何以有干有枝叶？能抽芽，必是下面有个根在。有根方生，无根便死。无根何从抽芽？父子兄弟之爱，便是人心生意发端处，如木之抽芽。自此而仁民，而爱物，便是发干生枝生叶。墨氏兼爱无差等，将自家父子兄弟与途人一般看，便自没了发端处；不抽芽，便知得他无根，便不是生生不息，安得谓之仁？孝弟

为仁之本,却是仁理从里面发生出来。"①

（1）阳明教学生反求诸己,从自身体认去掌握儒家的仁爱是发自仁心。因发自仁心,遂必有萌蘖之"发端"与扩充存养之"推行有渐"。然不论是发端或推行有渐,落在吾人生命的实践上,无非就是仁心的泛应曲当;于不同处境中当机而知所当为(即抽芽、发干、生枝生叶所喻)。这用阳明的话说,是"人须在事上磨"②,是"随事随物精察此心之天理,以致其本然之良知"③。这里阳明虽似未有直接讨论爱无差等的问题,然既明仁心推行有渐,则知仁心在不同处境下表现仁爱道理的方式必为分殊,而差等亦涵其中矣。故套入《孟子》的话说:"父子兄弟之爱,便是人心生意发端处,如木之抽芽。自此而仁民,而爱物,便是发干生枝生叶。"（2）仁心的灵动,正好显示仁爱道理不是一项普遍、抽象的道德律则,而是个能动、有强度、有弹性的道德道理;"仁是造化生生不息之理"。譬如说孝,它并非"应该孝顺父母"的道德律则,吾人实践孝道,更非把这普遍律则应用到特殊境况。孝的道理,首要是吾人孝心该如何行孝,而这必须因应情况灵活动弹,且唯有灵活动弹,吾人始能借由不断行孝来强化深化对孝的体认。（3）相比之下,便知墨家兼爱只求解决现实混乱,在人心中没有根,兼爱无差等遂只能沦为普遍、抽象的道德律则。最后,（4）阳明说"孝弟为仁之本,却是仁理从里面发生出来",是呼应孟子,重申"孝弟"乃伦理偏私而非自然偏私。

对仁爱道理有厚薄,阳明还有一段解说,不可忽略：

> 问:"大人与物同体,如何《大学》又说个厚薄?"先生曰:"惟是道理,自有厚薄。比如身是一体,把手足捍头目,岂是偏要薄手足,

---

① 王守仁:《传习录上》,吴光、钱明、董平、姚延福编校:《王阳明全集》,上海:上海古籍出版社,2011年,第29—30页。
② 王守仁:《传习录上》,《王阳明全集》,第14页。
③ 王守仁:《传习录中·答顾东桥书》,《王阳明全集》,第53页。

其道理合如此。禽兽与草木同是爱的,把草木去养禽兽,又忍得?人与禽兽同是爱的,宰禽兽以养亲与供祭祀、燕宾客,心又忍得? 至亲与路人同是爱的,如箪食豆羹,得则生,不得则死,不能两全,宁救至亲,不救路人,心又忍得? 这是道理合该如此。及至吾身与至亲,更不得分别彼此厚薄。盖以仁民爱物,皆从此出;此处可忍,更无所不忍矣。"①

此处(5)阳明以三个道德两难作说明(即"禽兽与草木同是爱的,把草木去养禽兽,又忍得";"人与禽兽同是爱的,宰禽兽以养亲与供祭祀、燕宾客,心又忍得";"至亲与路人同是爱的,如箪食豆羹,得则生,不得则死,不能两全,宁救至亲,不救路人,心又忍得"),想表达的是吾人表现仁爱之所以必有亲疏厚薄与差等,乃是由于存有的本性或曰结构使然。存有的本性或曰结构,即吾人得"把草木去养禽兽";得"宰禽兽以养亲与供祭祀、燕宾客";得活在一个有远近亲疏的人伦关系网络中。并且,吾人与万物皆为有限的存在者,设若人是如天(或上帝)般无限的存在,则表现仁爱便不必有亲疏厚薄,更无所谓道德两难。此义,前面分析朱子谓天地万物自有等级时已论及,阳明只是换用更切身的例子再作演绎。此外,(6)值得注意的是,儒家的伦理偏私在面对"及至吾身与至亲"的两难时,便"更不得分别彼此厚薄",即不能说应该将箪食豆羹救自己不救至亲,"盖以仁民爱物,皆从此出;此处可忍,更无所不忍矣"。但自然偏私则会无所不忍,为了自己生存可狠心牺牲父母。至此,阳明可谓正面辨明《耕柱》中巫马子的观点不属儒家。②

---

① 王守仁:《传习录下》,《王阳明全集》,第 122—123 页。
② 尽管儒者煞费苦心澄清说明,但中国家族社会的历史却好像证明儒家亲亲观念的实践总不免沦为程伊川说的"私胜而失仁"或《耕柱》中巫马子的自我主义与自利中心。一直到 20 世纪,社会学家费孝通还在说:"我们社会中最重要的亲属关系就是这种丢石头形成同心圆波纹的性质。……一个网络像个蜘蛛的网,有一个中心,就是自己。……在这种富于伸缩性的网络里,随时随地是有一个'己'作中心的。这并不是个人主义,而是自我主义。个人是对团体而说的,是分子对全体。在个人主义下,一方面是平等观念,指在同一(见下页)

最后，让我们总结一下宋明儒者在这场延伸论辩中的补充与发挥，特别是说明为何仁爱必涵差等的理由。首先，(1)仁爱是发乎仁心的道理，必借仁心的泛应曲当来表现，故其呈现亦必为分殊。其次，(2)吾人实践仁爱，不能脱离存在的本性或结构，此即：天地万物自有等级；人的存在自有一亲疏远近的人伦关系网络；天地万物包括人皆为有限的存在者。如是，吾人在面对自有等级的万物、面对自有亲疏远近的人伦关系和面对自身能力有限无法两存的时候，表现仁爱如何可能没有差等？差等的仁爱是伦理偏私而非自然偏私。再者，(3)吾人或曾经验过不涉关系考量的仁爱表现，如见孺子入井而生恻隐，遂误以为此方是真的仁爱而厚薄差等或伦理偏私非是。实则，不涉关系考量（无偏私）与涉及关系考量（有偏私）的仁爱都不过是无偏私仁爱在不同情况下的不同表现，不可谓前者是真后者非真。须知仁爱的道理本身固然是无差等与无偏私的，否则仁爱不成仁爱，但它的实现却必是差等与偏私的，理由在上一点已作阐析。所以，我们若错认不涉关系考量的无偏私的仁爱表现为真的仁爱，并执此以求普遍化于所有的道德处境中，结果恐怕反而是对仁爱的扭曲与伤害。现代西方的律则伦理学（rule ethics）正是犯了类似的错误，其被批评为非人性化（impersonal）实不难理解。

---

（接上页）团体中各分子的地位相等，个人不能侵犯大家的权利；一方面是宪法观念，指团体不能抹煞个人，只能在个人们所愿意交出的一分权利上控制个人。这些观念必须先假定了团体的存在。在我们中国传统思想里是没有这一套的，因为我们所有的是自我主义，一切价值是以'己'作为中心的主义。自我主义并不限于拔一毛而利天下不为的杨朱，连儒家都该包括在内。杨朱和孔子不同的是杨朱忽略了自我主义的相对性和伸缩性。……我们一旦明白这个能放能收，能伸能缩的社会范围，我们可以明白中国传统社会中的私的问题了。我常常觉得：'中国传统社会里一个人为了自己可以牺牲家，为了家可以牺牲党，为了党可以牺牲国，为了国可以牺牲天下。'……不但在我们传统道德系统中没有一个像基督教里那种'爱'的观念——不分差序的兼爱……因为在这种社会中，一切普遍的标准并不发生作用，一定要问清了，对象是谁，和自己是什么关系之后，才能决定拿出什么标准来。"见氏著：《乡土中国》，香港：三联书店，1986年，第23—35页。我们固不必讳言且当正视儒家亲亲观念有在实现上被扭曲的困难，但把中国传统社会的问题全归罪于儒家，全用儒学来解释，恐有失公允。先不说汉代以来的政治化儒学与先秦和宋明的经典性儒学不应混为一谈，不要忘记的是，形塑中国传统社会的力量除了作为历代皇朝意识形态的儒学外，更重要的是私天下的君主政治。

## 四

这一节我们来评估仁爱与兼爱的理论效力。此评估分两步,第一步考查它们可以发展出的行动指引。先说墨学兼爱:(1)兼爱(即义即利)可谓墨学的核心道德判断(core moral judgment),即兼爱是道德的,不兼爱或相恶相贼是不道德的,因而它本身亦是普遍与无私的。对于兼爱如何可能,墨学未作深究,只关注于其能拨乱反正的效用,遂说为天志的要求与古代圣王的垂范。是以兼爱发展至尽爱和周爱时,特别强调普遍与无私,甚至批判讲爱有厚薄差等为自然偏私即不道德,故其性质实类乎一普遍、抽象的道德原则。(2)不过,墨学亦不能完全抹杀人伦关系的价值,结果乃得正视之,并以为关系德性如君惠臣忠、父慈子孝、兄友弟悌等皆可贡献与促进兼爱,由是提出伦列观念。伦列观念可以允许某程度的人伦偏私,但前提是必须合符无偏私的兼爱。这是以无偏私证立偏私的合理。(3)依伦列观念,在一般情况下,吾人信守兼爱,亦可厚爱家庭中的亲人、社会中的长者或政治中的贤能;实践兼爱,亦可施由亲始。(4)但在被允许的人伦偏私与无偏私的兼爱发生冲突的情况下,吾人必弃人伦偏私而取无偏私,因人伦偏私并无独立于无偏私的合理地位。

再说儒学仁爱:(1)仁爱(即仁义但非利)可谓儒学的核心道德判断,即仁爱是道德的,不仁爱是不道德。因而它本身亦是普遍与无私的。对于仁爱如何可能,儒学特别是孟子的心学,将其归于人心本有的道德道理(与道德情感)。是以仁爱必借由吾人仁心的萌蘖发端与扩充存养来表现,亦即仁心于吾人面对的各种道德处境中泛应曲当地作分殊的表现,故其性质实不类乎一普遍、抽象的道德原则,而是一能动、有强度、有弹性的道德道理。(2)考虑到吾人表现仁爱不能脱离存有的本性或结构,即天地万物自有等级、吾人的人伦关系网络与有限性,仁爱的表现必有差等。此有差等的仁爱不是自然偏私而是伦理偏私。必须知道，伦理偏私是道德的，非不道德，亦非道德不相干（non-moral）；即不是在道德上多放了非道德的（如关系的）加权砝码而已。（3）尤有进者，从儒学的观点看，伦理偏私与不涉偏私的仁爱都不过是仁爱的不同表现而已。换言之，既同为表现，则伦理偏私与不涉偏私的仁爱当同具合理的地位。若两相冲突，便须权衡以定取舍。（4）依伦理偏私，在一般情况下，吾人信守仁爱，自应厚爱家庭中的亲人、社会中的长者或政治中的贤能；实践仁爱，亦必自孝弟开始。如是，（5）当吾人触及能力有限而须在处境 X 和 Y 两者中作一抉择时，若两处境完全等同（everything being equal），而 X 涉及亲人，则道德上应该选择 X。（6）但当吾人触及能力有限而须在处境 X 和 Y 两者中作一抉择时，两处境却不完全等同，而 X 涉及亲人（即有伦理偏私），则选择 X 不一定是道德上对的；选择 X 可能是对，亦可能是错。这里须作一处境考量（situation consideration）以为道德审问（moral deliberations）之所资。用儒家的话说，即必用权衡以定轻重，而所权衡者当为 X 和 Y 的道德重要性（moral worth or importance）。

前面为说明墨学面对人伦偏私与兼爱无私冲突时，必舍偏私取无私，曾举王子闾、腹䵍与孟胜三例为佐证。现在说儒学面对伦理偏私与不涉偏私的仁爱相冲突时，必用权衡，是否亦有例可援？检索文献，确有三例可举：

叶公语孔子曰："吾党有直躬者，其父攘羊，而子证之。"孔子曰："吾党之直者异于是，父为子隐，子为父隐，直在其中矣。"（《论语·子路》）

万章问曰："象日以杀舜为事，立为天子则放之，何也？"孟子曰："封之也；或曰，放焉。"万章曰："舜流共工于幽州，放驩兜于崇山，杀三苗于三危，殛鲧于羽山，四罪而天下咸服，诛不仁也。象至不仁，封之有庳。有庳之人奚罪焉？仁人固如是乎——在他人则诛之，在弟则封之?"曰:"仁人之于弟也,不藏怒焉,不宿怨焉,亲爱之而已矣。亲之,欲其贵也;爱之,欲其富也。封之有庳,富贵之也。身为天子,弟为匹夫,可谓亲爱之乎?""敢问或曰放者何谓也?"曰:"象不得有为于其国,天子使吏治其国而纳其贡税焉,故谓之放。岂得暴彼民哉?虽然,欲常常而见之,故源源而来,'不及贡,以政接于有庳'。此之谓也。"(《孟子·万章上》)

桃应问曰:"舜为天子,皋陶为士,瞽瞍杀人,则如之何?"孟子曰:"执之而已矣。""然则舜不禁与?"曰:"夫舜恶得而禁之?夫有所受之也。""然则舜如之何?"曰:"舜视弃天下犹弃敝蹝也。窃负而逃,遵海滨而处,终身䜣然,乐而忘天下。"(《孟子·尽心上》)

不得不说,这三例并不理想,很易引起误解。但误解亦有不同层次,故还是值得作一番分疏。过往最流行的误解,是以为儒家在公私冲突的情况下,总是徇私。例如,对瞽瞍杀人之例,或谓"团体道德的缺乏,在公私的冲突里更看得清楚。就是负有政治责任的君王,也得先完成他私人间的道德"。① 对封象于有庳一例,或谓"更表现了道德标准的缺乏普遍性了"。② 从本文的观点看,此误解的主要缘由在于未能认清儒学仁爱思想中伦理偏私的性质,而直以为凡偏私皆自然偏私。然若是自然偏私,则人各有私,所谓私人间的道德根本不成其为道德(即缺乏道德标准的普遍性),更何劳孟子煞费苦心来说明当中的合理性(如"夫舜恶得而禁之";"舜视弃天下犹弃敝蹝也";"象不得有为于其国,天子使吏治其国而纳其贡税焉,故谓之放。岂得暴彼民哉?")。至于子为父隐一例,学术界曾有激烈争论,有自训诂文字下手,亦有从儒家思想、道德哲学或法律的角度切入,莫衷一是,③ 但是争论中的种种细节多与本

---

① 费孝通:《乡土中国》,第34页。
② 同上。
③ 参看郭齐勇主编:《儒家伦理争鸣集——以"亲亲互隐"为中心》,武汉:湖北教育出版社,2004年。

文的主旨无关,不须深论。与本文相关的,是劳思光的分析。劳思光在讨论此例时,敏锐地指出"孔子论'直',其本旨是说价值即具体理分之完成,故每一事之是否合理,须就具体理分决定"。①"因一抽象价值意识,固根本不能在生活中实现而不引起内在冲突(譬如,因主张'公平'而令老幼男女各运石一百斤,则结果适成'不公平',即内容冲突)。"② 所以,就此例说,"叶公以为能不顾父子之关系,表示正直合理;孔子则谓,正直合理不在于视父子为路人,而在于各尽其父子之理分。"③ 不难看出,劳思光的具体理分可通乎本文的伦理偏私。然劳说以为儒学的道德价值必借由具体理分来完成,故在道德处境中什么行动为合理须就具体理分决定,则仍有需作厘清的地方。在子为父隐一例中,父子关系固可谓具体理分,而路人非是。惟现代社会或以路人亦公民也,有举报罪案的责任。若然,则依劳说,是否会认为相比起父子的具体理分,公民的理分实较抽象,故对儒学而言,凡涉两项理分冲突时,具体者必凌驾于抽象者? 劳思光未曾论及封象于有庳及瞽瞍杀人两例,但依其思路,是否会认为相比起父子兄弟的具体理分,身为天子的理分还是较为抽象,故孟子同样取具体者而舍抽象者? 如果这是劳说隐藏的逻辑,则此对儒学的演绎恐有偏差。上文的分析已明白指出,依儒家仁爱学说,倘伦理偏私与不涉偏私的仁爱相冲突(即具体理分与抽象理分相冲突),儒家不必定取伦理偏私;同理,倘某一伦理偏私与另一伦理偏私相冲突(即两个具体理分的冲突),儒家亦不必定以远近亲疏(即谁更具体)来作决断。总之,自本文看来,此三例都在表示伦理偏私(父子兄弟)与不涉偏私的仁爱(举报罪犯、惩罚恶人)相冲突时,须用权衡来定轻重。虽然三例的结果都是伦理偏私胜,但孔孟权衡后的定夺,特别是瞽瞍杀人之例,实不必人皆同意。若谓此三例正见儒学权衡后必取伦理偏私,则大谬。盖真如此,伦理偏私亦不成其为伦理,而

---

① 劳思光:《新编中国哲学史(一)》,第 129 页。
② 同上书,第 129—130 页。
③ 同上书,第 128 页。

只是赤裸裸的自然偏私,"私胜而失仁"矣。

下面转过来做第二步评估,即引介西方哲学的偏私证立理论为对照,来显示儒墨观点的独特之处。当前西方哲学有一股批判无私伦理学(critique of impartial ethics)的思潮,为偏私辩护,蔚为大观。后又延伸至讨论"偏私一般"(partiality in general),此即偏私的对象不一定是个别的人,可以是物件,如杯、某品牌的衣服,也可以是集体的人,如球队、族群和国民等。下面的比较自然是聚焦于伦理学的范围。要为偏私辩护,即偏私是道德的,能为吾人提供一规范性理由(即"应该偏私"),一条较自然的思路是以无私来证立偏私,如前面提及的辛格,墨家伦列亦属此路。但如此一来,实未有独立肯定偏私的合理性。故更引人入胜的思路是要证立偏私与无私可并存,两者都是道德的,都能给予吾人规范性理由。所以,儒家的伦理偏私在此应更可收相互攻错之效。

综括而言,当今西方哲学证立偏私有三个主要观点,都是从肯定偏私为有价值的出发,分别只在于判定什么是有价值的。[①] 第一是"计划观点"(Projects View):即偏私的理由是偏私的对象(the object that one is partial towards)属于吾人根本计划(即构成吾人个人认同的计划)的一部分。例如,子女是父母根本计划中的一部分,所以父母应偏私子女。主张者有Bernard Williams、Susan Wolf等。第二是"关系观点"(Relationships View):即偏私的理由是偏私的对象与吾人有关系。例如,父母应偏私子女,因为子女是父母的子女。此中有认为关系本身即具内含价值而非因其能带来别的价值(Simon Keller名为value-based version);亦有认为关系提供了吾人偏私最基本的理由(Simon Keller名为reason-based version)。主张者包括Samuel Scheffler、Joseph Raz、Niko Kolodny、Diane Jeske、Thomas Scanlon等。第

---

① 下面对此三个观点的综述,参考自Errol Lord, "Justifying Partiality", *Ethical Theory and Moral Practice* 19(3), 2006, pp. 569-590;Sungwoo Um, "Solving the Puzzle of Partiality", *Journal of Social Philosophy* 52(3), 2021, pp. 362-376。

三是"独特个体观点"(Individuals View):即偏私的理由就是偏私的对象本身。例如,我应偏私J,只因J是J。主张者主要是Simon Keller。

  大体而言,这三种观点是相互竞争的(competing),非此即彼,故都有论者批判它们的理论缺失。例如,"计划观点"未能解释所有偏私现象,好像某学系老师会偏私刚到学系访问的学者,但似乎与他个人的根本计划无关。尤有甚者,这观点有失焦问题,即吾人反省自己为何偏私或被质疑偏私而需提出辩解理由时,根本不会想到这是由于吾人的根本计划。"关系观点"未能有力证立关系本身有内含价值,试问坏的关系如父母虐待子女,有何价值可言。此外,吾人若只关注于保存自己与偏私对象的关系,或未免有过于自我中心(self-centered)之嫌,实则吾人偏私X应是因为X(即他者中心,other-centered)而非因为自己(与X)的关系得以保存。"独特个体观点"正是认为吾人偏私X只因为X(或说X本身的价值),不是因为X参与了吾人的根本计划或吾人与X的关系。这虽好像能避免前述两种观点的问题,但它本身有一个致命的缺点,即诉诸偏私对象其实并未充分解释偏私行为本身。当吾人面对X和Y而偏私于X(这是吾人偏私的必然处境),理由若是只因X是X,则无异于没有解释为何是X而不是Y,因为Y本身也可以有价值。易言之,X本身的价值是吾人对其好的理由,却不足以说明吾人为何厚待X薄待Y。若认为吾人偏私X,是因为对于吾人而言,X比Y有价值,则会落入不停转换偏私对象的问题。但某些转换明显不能提供规范性理由。例如,吾人不应因配偶年老色衰便另寻年轻貌美的情人。

  于是,不同观点都得更求善化自身。例如,有持守"独特个体观点"者从其他观点借取资源。Simon Keller便借Jonathan Dancy的区分,提出:偏私对象是吾人的"所好者"(favorer),亦是偏私唯一的理由;而吾人与偏私对象的关系只是"赋能者"(enabler,即使所好者或理由能无障碍地实现)。[①]

---

[①] 参看 Simon Keller, *Partiality*, Princeton, NJ: Princeton University Press, 2013, pp. 133-136。

Errol Lord 仿效 Simon Keller，提出：偏私对象是吾人偏私的理由（reason）；而吾人与偏私对象的关系乃是理由的"限定者"（modifier）或"强化者"（intensifier）。① 此外，有为"关系观点"辩护补强者。Sungwoo Um 强调应是"关系活动"（relational activities）而非关系本身有内含价值。吾人通过关系活动，特别是亲密关系的活动，能转化、育成和创造价值而为"关系德性"（relational virtues）以成就吾人与偏私对象的福祉。并且由这种关系活动造成的偏私，已经超越我与他者（偏私对象）壁垒分明的界限。② Thomas E. Randall 则由女性主义关怀伦理学（care ethics）的立场出发，认为"好的关怀关系"（good caring relations）能创造关怀价值（caring values），如用心聆听（attentiveness）、相互关怀（mutual concern）、积极回应（responsiveness）和值得信赖（trustworthiness）等，故能证成偏私的合理性。对批评"关系观点"有失焦问题，Randall 有力地指出这批评是出于错误地截然划分关系与关系者（或偏私对象）；至于批评关系本身不必具内含价值，其探究则只集中于必具内含价值的好的关怀关系或活动。③

显然，Sungwoo Um 的观点带有儒家哲学的影子，而 Thomas E. Randall 的女性主义关怀伦理学立场亦与儒家的仁爱思想有理论上的亲和性（affinity）。从上一节的分析中已可清楚看到，儒学肯定的伦理偏私也是从关系出发，但与"关系观点"仍有根本性的不同。试分述如下：（1）儒学肯定关系与关系者在本体上亦不可分（ontologically inseparable），此点与 Thomas E. Randall 同调。但同样，关系与关系活动在本体上不可分，即关系本身涵蕴着相关活动的可能展开；虽则在现实上有时关系并不一定发展出关系活动，此点与 Sungwoo Um 不同。（2）尤有甚者，儒学会认为关系、关系者和关系活动

---

① 参看 Errol Lord, "Justifying Partiality", *Ethical Theory and Moral Practice* 19(3), 2006, pp. 577-579。

② 参看 Sungwoo Um, "Solving the Puzzle of Partiality", *Journal of Social Philosophy* 52(3), 2021, pp. 368-374。

③ 参看 Thomas E. Randall, "Justifying Partiality in Care Ethics," *Res Publica* 26, 2020, pp. 67-87。

亦和当中关系者的根本计划在本体上不可分。换句话说，儒学并不以为当代西方三种证立偏私的观点是彼此相互竞争，相反，它们之间应可以相辅相成。在吾人的伦理偏私中，如亲子关系（关系）、父母子女（关系者）和父母慈子女孝（关系活动）三方面是相互关联（intertwined）而为吾人为己之学（成就仁爱的大我，亦即此处所说的根本计划）所不可或缺者。（3）关于偏私的焦点问题，实则偏私对象的独特性和吾人与偏私对象的关系最常被意识到，而吾人（涉及偏私对象在内）的根本计划则很多时候隐身幕后。但有时亦会现身幕前，好像吾人不孝（或不偏私）父母会被责备为禽兽（即没有表现人之所以为人者）。（4）最后，既然关系与关系活动在本体上不可分，则关系本身就具内含价值。关系是吾人的存在事实，吾人亦必须在其中体认仁爱、育成自身，故成己必成物。职是之故，即便现实上吾人处身的是一非理想的恶劣关系，但仍应努力经营、尽力改变（即仍应持守伦理偏私），以期于修复关系中更深刻地体认仁爱的价值，此所以孟子推崇舜的大孝。儒学在这点上与关系观点实截然异趣。（5）最后，上述西方哲学的偏私证立理论，虽承认偏私的价值（即其为道德上许可的，而只争价值何在），但对偏私价值到底与无私价值有何不同，两者异质乎同质乎，又或两者冲突时应如何抉择等问题，均未涉及。相反，从本文的分析看，儒学是有全面的思考和主张。所以，我们只是借这些西方论说来进一步评估与申明儒学伦理偏私观念的涵义，而非是要在它们之间划一等号。

必须知道，偏私与无偏私是个从古至今都得面对的重要哲学问题。概略言之，在个体的人伦关系上，我们似乎不能否认偏私的合理，但在集体的政治关系上，我们又不能不肯定无私的重要，并且这两面是交迭而非割裂的。于是，如何理解偏私与无私的性质和关系，疏导两者之间的可能张力，便需哲学家费心思考。现代西方伦理学的发展，起初或是随现代政治观念的探索而特别强调道德的律则性、普遍性、平等性与无私性，及后经过逐步反省检讨，乃有批判无私伦理学的非人性化及过度要求，转而肯定偏私。不过，肯定偏私固然能校正我们对伦理生活的恰当理解，但在政治生活中仍难免困难重重，因人各有其偏私考虑，且各人的偏私考虑恐无法完全协调谐和而必发生矛盾。这样，是否在个体伦理的领域就承认偏私，在群体政治的领域便讲求无私，而两个领域为割裂且有两套迥然不同的道德？① 由此反观儒墨之是非，可见墨家自始重视政治领域，明白其运作不能一人一义而只能一同天下之义，故主张兼爱无私。问题是墨家想把政治生活的无私普遍化到伦理生活，这就不能不发生困难。尽管后来补充伦列观念，但无私证立的偏私终究并未真正承认偏私的（独立）合理地位。此无异于是说每当两者冲突时，永远以无私凌驾偏私、以政治凌驾伦理、以集体凌驾个体。与此不同，儒家自始认定个体伦理与群体政治乃连贯相通。对个体伦理中的偏私，吾人必须体认仁爱道理将其由自然的转化为伦理的。而伦理偏私与不涉关系考虑的无私（此即政治生活所特别讲求者）都只是普遍无私的仁爱道理本身于不同处境中（如伦理生活与政治生活）的分殊表现。故当偏私与无私冲突时，须作权衡。权衡于个人行动抉择时不成问题，于政府政治决策时亦然，惟如何将之客观化于制度建设中（objectify it in political and social structure）则绝非简单容易的事。如前所述，儒家仁爱学说及其中的伦理偏私观念从未真正实现于历史，传统中国的家族社会（在家天下的君主政治笼罩下）只是将伦理偏私退堕回自然偏私。在现代（而非传统）政治社会的视域下，仁爱学说及其所涵的伦理偏私与无私观念如何客观化于制度建设中还是个有待探究的课题。

本文厘清墨学兼爱观念的变化，重构儒墨在先秦以至宋明的论辩过程，

---

① 对伦理生活的偏私与政治生活的无私之间的张力，Thomas Nagel 曾直面个中的复杂，并尝试提出如何整合个体的伦理多元主义（ethical pluralism，多元即允许偏私考虑）与集体的强义平等主义（strong egalitarianism，强义平等即只作无私考虑），虽则他最终悲观地以为这整合的尝试恐难奏其功。参看 Thomas Nagel, *Equality and Partiality*, Oxford: Oxford University Press, 1991。此研究引起不少讨论，有认为其尝试只需作出修正，还是有望成功的，参看 Alan Thomas, "Nagel's 'Paradox' of Equality and Partiality", *Res Publica* 9, 2003, pp. 257-284。儒学的伦理偏私观念如何参与其中，值得探索。

再评估双方的理论效力,是希望能为仁爱与兼爱之孰是孰非作一评议。至于成功与否,就留待方家指正。

2010 年 6 月 1 日初稿

2011 年 7 月 4 日二稿

2019 年 6 月 28 日三稿

2022 年 6 月 2 日终订

# 专题研讨

# "尼采与人的可疑问性"
## ——马克斯·舍勒的一个未完成报告[*]

[德]沃尔夫哈特·亨克曼

## 一、引言

一直以来,舍勒对尼采的阐释无论是在尼采研究还是舍勒研究中都不能说完全未被注意到,但并未得到多少展开。人们很早就注意到舍勒,并将他纳入20世纪头十年的尼采哲学的效果历史中。[①] 新教神学家恩斯特·特洛尔奇(Ernst Troeltsch)于1922年将其比作"天主教的尼采",[②] 以此使得舍勒对尼采哲学的具有基督教世界观特征的兴趣得到了突显,并提出了阐释舍勒与尼采关系的一个指导思想。但是,在《舍勒全集》中,关于舍勒的基督教-天主教的尼采主义仅仅呈现为一幅可堪模糊不清的图景。这一图景甚至也并未因如下一点而变得更清楚:舍勒遗稿中的一些源起于1920年代后期的、针对尼采个别命题的观点被汇编在"对诸种片面的人类学的批判

---

[*] 根据Wolfhart Henckmann, „Nietzsche und die Frawürdigkeit des Menschen, Ein unvollendeter Vortrag von Max Scheler"译出。本文为德国慕尼黑大学荣休教授Wolfhart Henckmann于2018年10月22日中山大学哲学系"谦之论坛"之舍勒系列讲座的发言稿。——译者注
[①] 对此首先可参见Richard Frank Krummel, *Nietzsche und der deutsche Geist, 4 Bde.*, Berlin: De Gruyter, 1998-2006. (Reg., „[ Scheler ]und Nietzsche ", besonders in Bd. Ⅲ.)
[②] Ernst Troeltsch, *Der Historismus und seine Probleme*, Berlin: De Gruyter, 2008, Bd. Ⅲ, S. 609.

性观点"这一栏目之下①——显然,从这个语境出发,舍勒想要以一种"全面的"人类学来超出包括尼采人类学在内的片面的人类学。舍勒的"尼采主义"自此也就无从谈起了。如果人们想要对舍勒与尼采的关系形成一个更准确的图景,那么当然也还要参考舍勒遗稿中的其他文本。这会在下文中援引舍勒的所谓"尼采-笔记本"②为例进行尝试。但首先还应对舍勒对尼采的接纳以及对其关于尼采的报告最终并未完成这一情况进行简短的回顾。

## 二、对舍勒的尼采-理解的回顾

在至今为止的尼采研究中,人们尤其对舍勒与尼采的道德哲学和价值哲学的争论感兴趣,该争论已于1912年发表在长篇论文《道德建构中的怨恨》③中——该研究被认为是舍勒与尼采哲学的最深刻的争论。他尝试通过一种在问题史和文化史上对尼采道德哲学的相对化而去驳回后者对基督教的批判。反之,在《一种生命哲学的尝试》(1913)中对尼采生命哲学的简短阐述则不那么富有启发性,其中舍勒从尼采出发、经由狄尔泰而推进到柏格森,简述了他对生命哲学的观点。④与之相比,对尼采道德哲学的历史分类——舍勒在一个关于"伦理学"的研究报告(1914)⑤中所采取的——以及在关于"当代德国哲学"的概览(1922)中散落各处的对尼采哲学的指涉似乎证明,尼采对于舍勒而言,已经变成了一个仅仅是出于历史兴趣的对象,后者的现实效应被总结在"权力意志""超人"以及"永恒轮回"这些众所周知的关键词之下,并供人凭吊。

---

① GW 12, S. 47-57.
② 舍勒的手稿册B. I. 21因其包含大量关于"尼采报告"的内容而被玛利亚·舍勒(Maria Scheler)标为"尼采-笔记本"。该笔记本位于慕尼黑巴伐利亚国立图书馆中的"舍勒遗稿",索书号:Ana 315, B. I. 21。
③ 目前收于GW 3, S. 33-147。
④ GW 3, S. 311-339.
⑤ GW 1, S. 371-409.

然而在 1926／1927 年，舍勒再次突然地表现出对尼采哲学更强烈的兴趣，这一方面与他的关于政治和道德的报告相关，① 在报告中他将尼采划分到马基雅维利的强权政治的传统中；另一方面则与哲学人类学相关，舍勒自 1920 年代初以来始终不懈地致力于此。在 1927 年凯瑟琳伯爵（Graf Keyserling）的"智慧学派"（Schule der Weisheit）于达姆施塔特（Darmstadt）举办的主题为"人与地球"的研讨会上，舍勒在一个关于"人的独特地位"的报告中阐述了他的哲学人类学的几个基本要点，这些要点在系统地完善之后，于 1928 年在一个标题为《人的本质——一种哲学人类学的新尝试》的长篇论著中出版。② 尼采仅仅在报告的三个地方被提及：一次是正面地提到其《道德谱系学》中的话，即人类是一种可以作出承诺的动物，另外两次是批判尼采将生命解释为"权力意志"。在这些少得可怜的评论中还无法看出他对尼采的重新关注，这些评论充其量支持了舍勒思想中尼采的一个潜在的、有限的在场，但是，对于当时的任何一位思想家而言，谁又不是如此呢！对尼采的重新关注看起来不如说是由于一个外在的、但对于舍勒的思想而言本来就很典型的动因而导致的。

## 三、尼采报告的形成

舍勒在达姆施塔特报告中所引起的强烈反响，促使在场的魏玛尼采档案馆领导成员们邀请舍勒参加一个他们筹备中的应于 1927 年 10 月在魏玛举行的大会。最初的那些预备性协商已经在达姆施塔特会议接近尾声时进行了，参加这些预备性协商的除了尼采的妹妹伊丽莎白·福尔斯特-尼采（Elis-

---

① 参见舍勒的《政治学与道德手稿》(1926—1928)，收于 GW 13, S. 5-74。该原稿版本参见拙著 *Geist und Buchstabe. Zur Edition von Schelers Nachlass in der Ausgabe der Gesammelten Werke*, Nordhausen: Traugott Bautz, 2017，特别是第 94 页及其后。
② 参见 Max Scheler, *Die Stellung des Menschen im Kosmos*, Wolfhart Henckmann hrsg., Hamburg: Meiner, 2018。舍勒最终未能写完原本计划于 1929 年完成的专题论著。

abeth Förster-Nietzsche)的两位代表,即理查德·奥勒(Richard Oehler)和马克思·奥勒(Max Oehler)兄弟,以及尼采协会主席弗里德里希·维茨巴赫(Friedrich Würzbach)以外,还有达姆施塔特大会的其他报告人如凯瑟琳伯爵、非洲研究者与文化哲学家列奥·弗罗贝尼乌斯(Leo Frobenius)、精神病学家汉斯·普林茨霍恩(Hans Prinzhorn),当然还有马克斯·舍勒。在5月底的时候,尼采档案馆理事会受汉斯·普林茨霍恩的到访及其报告手稿的启发,决定将魏玛会议的核心议题定为"尼采与20世纪——人的申辩",该主题也许还对于1980年举行的关于"弗里德里希·尼采在20世纪"的会议产生了影响。①档案员马克斯·奥勒在一封官方邀请函中对舍勒说明了核心议题并请求他确定他的报告题目。舍勒弄丢了这封邀请函,因此他必须请马克斯·奥勒再给他重复说明一遍。不巧的是,第二封邀请函也丢失了,但是至少舍勒大致在6月底的时候已经起草了三个题目,它们显示出他尤其对尼采人类学的兴趣:

为魏玛而作
尼采与人的危机
尼采与人的本质和未来
人的本质和未来(警世钟尼采)②

舍勒对尼采的兴趣是被尼采对其所处的时代的文化状况的评估而激发的,他看到这种状况带有人的自身理解中的那种矛盾而不具人类尊严的危机的烙印——在这一评估中,他与尼采意见一致。由此,问题产生了,出于这种以相似的方式被体验到的危机状况,人们是否能够与尼采一起找到一

---

① 参见 Wolfgang Müller-Lauter, Volker Gerhardt & Internationale Nietzsche-Tagung hrsg., *Aufnahme und Auseinandersetzung. Friedrich Nietzsche im 20. Jahrhundert* (*Nietzsche-Studien*, Bd. 10/11), Berlin: De Gruyter, 1981/1982. 舍勒仅在第 10、27、94、108、436 页被提及,可以说是几乎没有出现。

② Notizbuch 63.(慕尼黑巴伐利亚国立图书馆"舍勒遗稿",索书号: Ana 315, B. II. 63, S. 1。)

条通向那合乎人类尊严的未来的道路。

由于巨大的工作量，舍勒在1927年夏季学期余下的几个星期都无法再更细致地展开其对尼采哲学的兴趣，并在计划的几个题目之中选定了一个，更别提去完善它了。除了他的关于"哲学导论"的讲座、关于"知识形式与社会"的讲座以及两个关于认识论问题的研讨班之外，他还被凯瑟琳要求提供他在达姆施塔特所作的那个与尼采无关的报告的最终稿，以收入会议文集《人与地球》，而舍勒在1927年8月中旬才完成它。在同样的时间里，他也必须完成为赫尔穆特·普莱斯纳（Helmuth Plessner）的杂志《哲学小报》（*Philosophischer Anzeiger*）所写的文章《观念论-实在论》，这一工作同样持续到8月的后半个月。此外，在7月初，他还陷入了一场与普莱斯纳的激烈争论中，因为他在普莱斯纳的大部头《有机物的诸阶段》（1928）的第四部分中看到了对自己的人类学观点的剽窃。虽然尼古拉·哈特曼（Nicolai Hartmann）成功地让愤怒的舍勒相信，普莱斯纳完全是在走自己的路。尽管如此，这场争论仍使舍勒感到自己受到了挑战，他要去证明他的哲学人类学不仅胜于普莱斯纳，而且在整个战后德国的思想界中也更胜一筹。在一个于文化上享有如此盛誉的城市——如魏玛——作一个人类学主题的报告，对于舍勒而言，想必来得正是时候。

可是，在1927年夏季学期末，舍勒已经精疲力尽，以至于他的医生给他开处方让他到巴特诺因阿尔（Bad Neuenahr）进行疗养居住。舍勒利用8月的四个星期完成了他最急迫的工作：关于"人的独特地位"的报告以及《观念论-实在论》①，然而，如"尼采-笔记本"和一些在巴特诺因阿尔的皇冠酒店匆忙写就的信纸所显示的，他在诺因阿尔也开始越来越多地从事于如下问题：如何能够在一种对当时被颂扬为崇拜形象的尼采的敬意之中，让他自己的人类学发挥作用。在他忙于完成这两篇文章期间，

---

① GW 9, S. 183-241, 增补 S. 245-304。

汉斯·普林茨霍恩前来拜访他——自从达姆施塔特以来他们就处于书信联系中——以便在如下问题上达成共识，即如何对他们即将于魏玛的尼采会议上所作的报告进行区分。似乎正是由于与普林茨霍恩的交流，舍勒才决定了"尼采与人的可疑问性"这一题目，并致使普林茨霍恩基于舍勒对尼采人类学的敬意而将自己几乎已经完成的报告进行了限制。尽管有了这次协商，普林茨霍恩还是告知档案员奥勒，两篇报告有三分之一的部分将是完全重叠的。因此人们必须设想，舍勒的报告题目——如果人们愿意的话——是"对话式地"从与普林茨霍恩的交流中产生的。人们可以进一步推测，舍勒对报告题目的选择是受到了普林茨霍恩对尼采的"人的可疑问性"观点之说明的影响，正如普林茨霍恩已经在其手稿中所解释的：

> 人的形象（Menschenbild），尼采在其一生的念想中都热切地围之旋转的东西，只能从那唯一为其所钟爱的、最具其本己特色的概念的微光（Zwielicht）中才能被正确地看到："人的可疑问性"。这个提法是那许多看似简单、而且听起来可靠的语词构造之一，它大概仅仅在德语中是可行的。有什么东西不是全部被包含在这个词组的神秘光亮之中！去质疑人是有尊严的，这一提法本身会具有多强的冲击力和多大的涉及面！这里面包含了：对尊严的承认，但是不如说是还有带着法官或者罪犯（或者二者为一？）的有意的激情来提出的关于法权（Recht）、真理、本质的彻底追问，不管是出于"辩护"，还是出于对无效（Nichtigkeit）的坦白——所有这一切，还有许多其他的东西，都回荡在那个提法之中，这个提法应作为主导动机凌驾于尼采关于"人"所说出来的所有东西之上。[1]

---

[1] Hans Prinzhorn, *Nietzsche und das XX. Jahrhundert-Zwei Reden*, Heidelberg: N. Kampmann, 1928, S. 43.

未加批判地接受来自外界的推动并不是舍勒的风格——这些推动通常作为他进一步深化它们并且补充他当前的哲学兴趣的动力,以至于在舍勒的论述中那些被接纳的思想通常不再能够被辨认出来。"尼采-笔记本"表明,他打算部分地根据他早年的尼采阅读,部分地根据他对尼采《查拉图斯特拉如是说》以及后续著作的重新阅读来展开"人的可疑问性"这一主题。在《查拉图斯特拉如是说》开端所宣告的超人理论恰恰成为舍勒诠释"人的可疑问性"的主要线索。

当查拉图斯特拉对聚集的人们宣告,超人才是原本的"大地的意义",却仅仅引来哄堂大笑后,他说:

> 人是一根系在动物与超人之间的绳索——一根悬在深渊之上的绳索。一种危险的穿越,一种危险的旅途,一种危险的回顾,一种危险的战栗和停留。人身上伟大的东西正在于他是一座桥梁而不是一个目的;人身上的可爱的东西正在于他是**一种过渡**和一种**没落**。①

### (一)在舍勒《论人的理念》中已有对尼采的接纳?

当舍勒将这个讲话的要点转抄在"尼采-笔记本"中之后,他看起来已经在他的文章《论人的理念》(1913/1915)中将查拉图斯特拉的话语翻译成他自己的语言,所以人们能够在这方面看到一个关于舍勒如何接受与获得他人的思想财富、同时也对其本己思想进行重新消化和重新构建的方式的例子:

> 人类迄今为止的理论的错误在于,人们还想在"生命"与"上

---

① KSA 4, S. 16 f. 该译文引自尼采:《尼采著作全集(第4卷):查拉图斯特拉如是说》,孙周兴译,北京:商务印书馆,2010年,第13页。——译者注

帝"之间插入一个固定位置，某种可被定义为**本质**（Wesen）①的东西："人"。但是这个阶段并不存在，而且人类的本质中恰恰包含了**不可定义性**。他仅仅是一个"之间"，一个"界限"，一个"通道"，一种在生命洪流中的"上帝显现"，以及一种生命自行对自身的永恒"超出"。②

在舍勒那里，"上帝"发挥了在《查拉图斯特拉如是说》中超人所发挥的作用——其中便表现出了舍勒对尼采人类学观点产生好感时的那个决定性意图。由于那篇题为《论人的理念》的纲领性文章来自于舍勒思想的中期，当时他的立场贴近基督教的上帝学说（Gotteslehre）以及天主教教会，所以"上帝"就被理解为基督教的上帝表象（Gottesvorstellung）。但是，因为舍勒后来的人类学不再是以基督教的、而是以一种泛神论的上帝表象为前提条件——正如它还能在《观念论-实在论》的论述中被找到——所以问题随之而来：舍勒哲学的核心概念和学说是否以及在多大程度上在 1920 年代的历程中经历了一个词义演变——这不仅仅涉及他自己的哲学，而且也涉及他对其他思想家的哲学的观点——然而这些问题无法在这里得到细节上的深入。③

查拉图斯特拉是从动物与超人之间的张力出发来理解人的，而舍勒谈论的则是那种在"生命之流"与上帝之间更广泛的张力，所以尼采的以"自然主义的"或者"世俗的"方式被理解的动物-超人张力，被以形而上学-普遍主义（universalistisch）的方式被理解的生命-上帝张力所代替——舍勒对尼采的超人理论的接纳是在一个对他而言异己的意义视域内进行的，其中尼采的超人理论一开始就遭受了批判性的审查和重新解释。但是，当舍勒

---

① 在此，Wesen 一词也可以译为"本质存在物"。——校者注
② GW 3, S. 186.
③ 参见 Edoardo Simonotti, *La svolta antropologica. Scheler interprete di Nietzsche*, Pisa: Edizioni ETS, 2006.

在所引用的句子中将人类称作一个"生命对其自身的永恒'超出'",那么他就在字面意义上完全回到了尼采哲学的基础之上。借此,他自己的"超越着自身的生命"这个概念就变得有歧义了,而如果人们认为两位作者都将人理解为一种超越着自身的本质存在物,那么人们就很容易忽略在对生命概念的和对那规定着人的存在的"张力"理解中所存在的深层区别。如果舍勒的话语事实上应该首先在舍勒中期的基督教思维模式中、随后在以形而上学的方式被改造了的人类学中被证实为一个对查拉图斯特拉理论的转译,那么人们就会遭遇到那个复杂的问题,它关乎舍勒在自己的哲学的变化过程中对尼采哲学以匿名的方式所进行的接纳。在这件事情上,舍勒最开始时接纳尼采的那种匿名性可被猜想为:它占据一个比人们迄今为止所假定的空间还要更加大的空间。

## (二)一个最初的"头脑风暴"

人们能够以此为出发点,即舍勒大概自1927年8月中开始专注于他的尼采报告后,他将很快察觉到,一个在查拉图斯特拉的超人宣言背景下对人的可疑问性的恰当的解释将超出魏玛会议报告的框架范围。人们只需要细看舍勒以"头脑风暴"的方式在他的笔记本上针对"尼采和人的可疑问性"所写下的四十个要点。① 他最先记录到要去引用"查拉图斯特拉"——显而易见的是关于超人的理论(Nr. 9),正如后来的记号所证明的那样。此外,他——仅仅为了给这个"巨大的"问题范围命名——想要仔细研究尼采的生命哲学(Nr. 5)、价值学(Nr. 8)、专门心理学(Nr. 14)、上帝学说(Nr. 6)、道德哲学(Nr. 17)、认识论(Nr. 19)、历史哲学与社会哲学(Nr. 4, 22, 32),以及他关于流传下来的种种人的理念的观点(Nr. 2-5, 9, 16, 29)——更不用提尼采的典型问题如对基督教的批判(Nr. 3)、他对优生学的态度(Nr. 11)、

---

① B. I. 21, S. 13-15.

他对达尔文主义的态度（Nr. 5）、他对虚无主义的态度（Nr. 13）、他对悲观主义的态度（Nr. 21）、他对"权力意志"的态度（Nr. 35）。鉴于这些要点的丰富性，人们只能说最初的"头脑风暴"将人的可疑问性的主题扩展为了一种对尼采哲学的批判性的全面评价。这个扩展是受一种强迫——也就是必须将那个流传下来的、被尼采档案馆馆员和普林茨霍恩解释的主题朝着一切可能的方向作进一步划分，同时必须追问每一个新的视角并将之与其他视角相关联的那种强迫——而发生的吗？是那个被舍勒本人解释为"可疑问性"的问题维度的吸引力，促使了他对主题进行这样的扩展吗？或者说这种扩展是由于那个显然被普林茨霍恩所接受的信念——即"人的可疑问性"最终构成了尼采哲学的基础和统一核心——而发生的吗？这些都是要基于对全部四十个要点和其关联的深入而广泛的研究才能回答的问题，但是在这里也只能先被搁置起来。

## （三）论根据动机类别来进行的对超人-理念的分析

在最初的"头脑风暴"之后，舍勒尝试以两个步骤将可疑问性的问题降低到报告的框架内。他将那个对会议的核心议题和可疑问性问题都具有重要意义的问题置于中心：尼采的超人理论，如同舍勒已经在首次概览中所计划的那样。① 他的下一个步骤在于，通过试图分辨超人理念中的动机类别来从实事的-发生的角度分析超人理论。首先他仅仅区分出两个动机类别：上帝之死的理论，以及对人的最终的没落与灭亡的畏（Angst）。之后他找到了三个、四个……最后一共六个动机类别——在那里能够察觉到舍勒对超人理念的越发差异化的分析。他在意义内容上进行区分，后者可以回溯到（1）上帝之死的理论；（2）在基督教影响下对人性的没落的畏；（3）由达尔文进化论所得出的结论；（4）卡莱尔（Carlyle）对因"伟人们"的划时代功绩而

---

① 参见 B. I. 21, S. 13, Nr. 9。

发生的历史变化的解释;(5)尼采的权力意志的理论;(6)人的存在的理想形象,如其在"超人"那里所表达出来的那样。① 对这些影响的评估并没有得到开展,同样没有得到批判性检验的是,超人理念的内在结构和复杂性是否已经借由这六个动机类别而得到了充分的把握。在"尼采-笔记本"接下来的几页中,舍勒进一步研究了这些动机类别中的一些,并显示出这些分析该如何支撑起他的报告结构。后来,他还从"可疑问性"这个整体转向了其他的问题方面。他对"可疑问性"的解读明显迫使他超出他的最初"心境"(Disposition)②——而朝向其规模宏大的"哲学人类学的新尝试"。

### (四)一个"现象学的"分析?

对超人理念的分析证明了舍勒追根究底的技艺,以至于他能够在这个分析中感到自己与尼采的亲缘性吗?对此,人们会有所怀疑,如果人们假定舍勒的追根究底通常来说行进在对被给予性的现象学分析的道路上,并借此——正如舍勒反复强调的——才使得问题能够合乎实事的本质而被提出。但是,根据动机分类进行的对超人理念的分析不能够被视为一个现象学的分析。为什么舍勒偏离了现象学并转向了一种这样的分析?从动机类别中"发生"(Genese)也并不意味着发生史的或者心理学的分析,因为这种"发生"仅仅在试图辨别出那种汇集在超人理念中的、已经联结成一个内在的动态结构的意义复合体。因此人们能够谈论一种意义发生的诠释学(sinngenetische Hermeneutik)。如果人们基于这一前提来进一步追问两位作者在解释特定的被给予性的可疑问性和神秘性时的处理方式上的亲缘性,那么,对于舍勒的意义发生的诠释学来说,"自由精神"的反思技艺和怀疑技艺将被搁置一旁,正如尼采所想并终其一生所践行的那样。尼采的"自由精神"尝试将自己从那种与环绕着它的"习俗"(Sitte)彼此交织的状况中解脱

---

① 参见 B. I. 21, S. 68–74.
② B. I. 21, S. 75–77.

出来，以便看清在其本己意蕴（Bedeutsamkeit）中的实事，以至于自由精神的动机最后从他的自由冲动、他的"权力意志"中产生出来。在舍勒那里，种种动机类别是一个事态的动态结构的组成部分，作为动机类别，它们显然会通过精神对实事的献身（Hingabe）而从那被舍勒理解为"精神之爱"的行为当中产生出来。由此便提出了一个问题：尼采的权力意志在哪些地方有别于舍勒的精神之爱？如果尼采和舍勒有朝一日亲身相遇，那么他们或许能够尝试去以对话的方式澄清那些呈现在他们眼前的、或多或少前后一致地进行着的分析形式之间的亲缘性或者差异性。在这件事情上，舍勒也许将不再质疑他的观点，即尼采没有足够纯粹地展示现象，而对此尼采或许能够如此回答：他也完全没有打算这么做——他所关心的首先是，将人从其懒散的、未经反思的自我确定性中拉出来，并借此学会运用他们变得自由和自主的精神。就实事本身而言，他所追问的始终只是被人类认作"真的""善的"或者"美的"观念的"来源"，并且在这件事情上他总是遭遇到非常值得疑问的动机。于是舍勒将会理解，对他而言这关系到一个极其相似的处理方式，只不过并不是所有的动机都会回溯到低级的动因之上，因为人不仅仅被身体的力量关系所规定，而且也被他的精神所规定，而这种精神根本不是从"生命流"中被导出的。因为舍勒属于较年轻的一代，他必须撇开他的无神论的、原则上多疑的对话者的在场和异议，独立地报告这种阐释——在"可疑问性"的实事中的一次不可避免的"片面的"对话，而舍勒想要将其发展成为一种"全面的"洞见，后者才使得现象的本质被正确对待。然而在舍勒的独白中，人们不应忘记，舍勒对尼采作品的——如其所言，是经由叔本华的——了解要比对胡塞尔的《逻辑研究》的了解更早得多。在1902年一次与胡塞尔的面对面的、印象深刻的谈话之后，舍勒才开始逐渐接受《逻辑研究》的影响，而他在耶拿做大学编外讲师期间，就已经有意识地讲授尼采伦理学的那种过分片面的个人主义了。因此不排除这样的可能性，即舍勒对现象学观察方式的掌握一开始就处于尼采究根问底技艺的影响之中，在

"自由精神"的名下,只不过这种自由精神也必须保护自己,使其免受那些来自天主教圈子的对尼采的阴魂不散的口诛笔伐的损害①——因此,对他而言,剩下的只是去形成自己的判断,并且面对异议时为其辩护,即使他后来发现自己逐渐被引向一种立场转变。同尼采一样,舍勒有勇气这样说:我昨天的观点跟我有什么关系?只有作出改变(sich wandeln)的人,才与我相近(verwandt)。

## 四、对报告结构的最初构思

对超人理念的动机-发生分析使得舍勒能够将出自最初的"头脑风暴"的四十个要点在一种"心境"下——他像尼采一样习惯将"心境"作为他拟稿的基础——集中于四个问题上,并相信能够在报告框架内回答这些问题:"将要谈论(1)超人理念是如何成为他所意味的东西的;(2)我要将什么东西认之为真;(3)要去继续建造什么;(4)要去丢弃什么。"②在舍勒简略地阐释了尼采"实证理论的三个基石",即超人理论、权力意志理论和永恒轮回理论——根据尼采学者的观点,它们构成了一种相互关联的关系③——之后,他提出了这个问题:"从这个体系出发,有什么东西值得被肯定?"并且马上略微调整了上述的四个问题,将它们置于更合目的的次序中。根据第一个问题,即从尼采的体系出发有什么东西值得被肯定,他想要阐明的是,

---

① 为此参考 Peter Köster, *Der verbotene Philosoph. Studien zu den Anfängen der kathilischen Nietzsche-Rezeption in Deutschland (1890-1918)*, Berlin: De Gruyter, 1998; Peter Köster, *Kontroversen um Nietzsche. Untersuchungen zur theologischen Rezeption*, Zürich: Theologischer Verlag, 2003, S. 337-363.
② B. I. 21, S. 75.
③ 参见 Raoul Richter, *Friedrich Nietzsche. Sein Leben und sein Werk. Sechzehn Vorlesungen*, 2. umgearb. und verm. Aufl., Leipzig: Dürr'sche Buchhandlung, 1917, S. 85. 文中认为:尽管是以格言的形式,尼采哲学仍表现为关联的、统一的框架。他将《查拉图斯特拉如是说》读作"一个系统的金字塔"的象征。另见 Wolfgang Müller-Lauter, „Vorwort", in *Aufnahme und Auseinandersetzung. Friedrich Nietzsche im 20. Jahrhundert*, S. 9:"尼采的哲思在所有内在对立那里仍然完全是彼此相关联的。"

"[2]要去剔除什么;[3]要去继续建立什么",并且在第三个问题之下他想要展现一种"我的人类学的轮廓",也就是说将他的人类学表明为一种对尼采人类学的延续。在其已出版的作品中,舍勒从未如在这个未完成的报告残篇中一般,如此明确地将其哲学人类学不仅作为对尼采的"人类学"的发展,而且作为对尼采的哲学"体系"的发展。

舍勒和尼采对"系统"概念的理解,并不是如下意义上的"封闭体系",即在一个统一原则的强迫下由逻辑上相互推导的定理所构成的"封闭体系",而是要比一个有意义地结构化的定理关联体更加开放。所以,舍勒能够将他对尼采的由三个基石所构成的体系的推进——这一推进在他看来是明显必要的——首先理解为"[从尼采的人学(Menschenlehre)]到全面的哲学人类学的一个扩展"①。但是,在人们接受一种在舍勒人类学与尼采哲学之间的也许太过紧密的亲缘性之前,要先指出选择最后一个问题的意义所在,因为还没有完全确定的是,从尼采哲学那里,舍勒想确切地对什么东西进行推进。其次,仍然要进一步确定的是,舍勒认为什么是必须要被剔除和被拒绝的。最终,这两个问题都以第一个问题为基础,即尼采哲学中到底有什么是虽然可以被普遍认同,但显然在向着舍勒的人类学的推进中并没有被考虑到的。舍勒也对这一推进的目标尚不清楚,因为在他最后于1927年9月16日在尼采的山庄写给奥勒的谢绝信中——偏离了那种"心境"——写到,他在承认尼采带来的"无法估量的启发"的情况下,尝试从尼采哲学中

> 挑出什么东西我认其为真的、假的,并在这个研究的最后——该研究应让他的著作和他的存在的最深刻的东西最终才在哲学中得以**展开**——以他的名义并在他格言中指出那条道路,即我们如何能够再次赢得德国和欧洲"精英",假如没有他们的存在和成长,我们全

---

① B. I. 21, S. 74.

部的未来生活都必将始终是无意义的和失去控制的。①

显然，在此期间，对一群能够有意义地和有目标地引领德国人民的命运的精英的政治要求，挤占了对人类的可疑问性的回答的位置。虽然这个视角已经存在于对超人理念的解释中，②但现在，当他认为自己不得已要中断他在这一报告上的工作时，所涉及的便不再是其对尼采人类学的推进，而是塑造一群能够被委以引领德国人民的命运这一重任的精英，而舍勒或许也在这个意义上着手于那被包含在核心议题之中的、对"一种为［德国的？欧洲的？］人的辩护"的追问。以此，他将"可疑问性"转化为一种对人的辩护、对某种人的辩护——人们必须如此设想此人，即他有能力克服在西方文化发展进程中所出现的"人的可疑问性"。

## 五、论哲学人类学的中心性

舍勒已经在其达姆施塔特报告中将关于人类本质的问题称作他所有哲学追求的核心。如果尼采人类学——如普林茨霍恩所言——以对"人的可疑问性"的认识为基础，那么现在关于人的本质的两个基本观点则是彼此对立的。但是，由于尼采没有留下一套完整的人类学，却在无数格言中对"人"（den Menschen）、"人的类型"、"人性"（Menschheit）清楚明确地进行过表态，或更确切地说还相当容易被误解地、前后矛盾地对人类在自然与历史中的位置进行过表态，③所以首先必须确定的是，尼采哲学是否最终确实如舍勒本人以他的命题"哲学人类学的中心性"所声称的，走向了关于人

---

① 魏玛的歌德-舍勒-文献馆，GSA 72/zu 3176。
② 参见B. I. 21, S. 70, Nr. 4。
③ 属于尼采人类学的最初工作，参见Hans Prinzhorn, „Nietzsches Prägung des neuen Menschenbildes", in *Nietzsche und das XX. Jahrhundert. Zwei Reden*, S. 9-77；Heinz Heimsoeth, „Zur Anthropologie Friedrich Nietzsches", in *Blätter für deutschePhilosophie*, Vol. 17, 1943, S. 205-239.

的本质的问题,以及两位哲学家关于人的本质的观点是否相互协调。舍勒意识到,如同在他本人那里那样,这要基于一次对其哲学的系统性阐明才能够被确定。如果舍勒相信,在这一点上——哲学人类学在哲学的体系中具有一个中心的、整合性的、均衡化和谐化的功能——其与尼采意见一致,那么这绝不可能是在与尼采哲学相同的意义上说的。因此,舍勒的论点所意味的便与对其自身意图的解释无异,即在其关于"人学的哲学中心性"① 理论的意义上去阐明尼采哲学,或更确切地说,去利用尼采哲学。这就预设了,尼采与舍勒一样,本应表明人的理念在原则上的统一性。但是,因为在舍勒那里和在尼采那里都找不到这样一个充分展开的证明,毋宁说两者都鉴于人的不可忽视的差异性而将对人之存在(Menschsein)的统一性追问仅仅作为一个迫切的任务来规划,所以舍勒开始着手该任务,从寻求一个关于哲学和形而上学的最终的、建立统一性的(einheitstiftend)原则开始。

从根本上说,有三种东西因此而被询问:首先是追问一个前后一致的人类学能够建基于其上的认识原则的统一性,其次是追问人的本质的统一性本身,最后是追问认识根据和存在根据之间的那种不管存在于何处的联系。所有这些问题都被舍勒在《观念论-实在论》中阐述为一种"元人类学"(Metanthropologie)的问题——在尼采那里,这些思想几乎不可能得到证明。但是,如同其作为片段而流传下来的报告导言所显示的那样,他想要深入研究认识根据与人的存在之间的联系,而尼采已经在《善恶的彼岸》第一篇"哲学家的偏见"这一标题下提及了这种关系:

> 我逐渐明白,迄今种种伟大哲学为何物:是其缔造者的自我表白,一种无意为之和未加注意的回忆。②

---

① B. I. 21, S. 74, Nr. 6.
② Nietzsche, KSA 5, S. 19. 译文引自尼采:《善恶的彼岸》,赵千帆译,北京:商务印书馆,2015年,第14页。——译者注

在《论道德的谱系》前言中,尼采的观点变得更加清楚。在他的所有文字中,他在主要问题上都陈述了相同的思想,并解释道:

> 而我到今天还坚持这些思想,而且这些思想自己在这期间已经越来越确定地彼此相互支持,甚至已经生长到彼此之中,长到了一处,这些都让我愈发快活地笃信,这些思想从一开始就不想从我这里个别、随意和零散地产生,而是想要从一个共同的根柢中,从知识的某种**基本意志**(Grundwille)中产生,这意志在深处发号施令,越来越确定地言说着,并且要求着越来越确定的东西。①

当舍勒在尼采著作中,在那种"越来越深化的、并知道的越来越多的(immer mehr wissender werdend)对[人的统一的]这个问题的承受——这种承受完全连续地贯穿他的整个生命——之中[看到]"统一性的问题时,舍勒明显暗示了上述这个自白。② 舍勒当然无法对如此个体化的统一原则表示满意,即使人们不是将"基本意志"理解为尼采的个人的基本意志,而是将其理解成一个匿名的、普遍的"原意志"(Urwille)的作用。因为对于舍勒而言,在这种基本意志中,那种无论如何都不能从人的本质中被彻底抹去(wegdiskutieren)的精神原则并未发挥作用。两种人类学在精神原则中大相径庭。相较于尼采将精神还原为在权力意志中的生命的一种工具,舍勒则坚持精神的、在某种程度上可以说敌对的阿波罗原则的不可推导性、独立性以及同等源初性,即使他因为对"精神的无能为力(Ohnmacht)"的信念而迎合了尼采的观点:他仍然坚持精神那种绕不过去的独立自主性。

---

① Nietzsche, KSA 5, S. 248. 译文参考了尼采:《论道德的谱系》,赵千帆译,孙周兴校,北京:商务印书馆,2016年,第3页,译文略有改动。——译者注
② 在关于可疑问性的报告中的导言片段, B. I. 25, S. 20.

## 六、论在历史视角中的人之存在的理论

因为对人的生成-存在(Werde-Sein)的信念,两位思想家都在历史性的视野中理解人。尼采拒绝所有类型的超越人的"永恒真理"(veritas aeterna),并始终在人的那种给定的并被人所改变的生命关联中来考察人。撒开这种形而上学的理解不谈——全世界、宇宙(Universum)并不是一个静态的秩序(Kosmos),而是一个动态的发生——舍勒也从一个历史的发展联系来理解他自己、他的哲学,并由此来理解他的尼采研究。

根据给奥勒的谢绝信中的内容,舍勒使他的人类学以双重方式历史地为尼采哲学和尼采人类学效劳:首先,他承认,他事实上将他自己哲学的中心主题,也就是关于人的本质的问题归功于尼采;其次,他在尼采这里最终看到了"现代哲学人类学之父"。因此,通过其报告,舍勒放弃了去证明自己是现代哲学人类学的先驱的做法。但同时他以三重方式指出了尼采的成就在历史方面以及问题史方面的相对性。

首先,他将尼采哲学置于与20世纪初的两个占支配地位的哲学主流的关联中;其次,他将尼采人类学与那些流传下来的人之形象(Menschbilder)联系起来,并且在此将尼采人类学的精神轮廓追溯到这些人之形象中的其中之一;最后,舍勒将他的研究归入到尼采哲学的已经展开了的效果历史中。

### (一)尼采与两个哲学主流的关系

所谓的两个主流说的正是"观念论"与"实在论"之间的对立,根据舍勒的观点,这种对立充斥整部哲学史。在当前,这两者已经细分为不同亚种,因此把尼采哲学归入到这两个主流的其中之一是不够的——必须被进一步确定的是,尼采的哲学是根据哪一个亚种而被规定为这两个主流的其中之一。因为,他如同舍勒一样,多次表示反对观念论,所以对于尼采的哲

学而言，只有一个实在论的亚种可以考虑。舍勒本想要在《观念论-实在论》中的开端部分给出一个关于两个主流的当今的实际样式的概况，但是由于时间紧迫，他对于这个部分只能不作展开了。然而能够从流传下来的片段中得知的是，他本想区分出实在论的四个或五个方向：新-经院哲学的实在论、直觉的实在论、批判的实在论以及由他本人所代表的"意欲式的（voluntativ）实在论"。但是从遗稿中不可得知的是，他是否也想将尼采哲学纳入到这个研究中。在那些单独的笔记中，我们仅仅能够发现，一方面因为尼采的权力意志理论而将尼采划分到意欲式的实在论中，另一方面则因他的生命理论与本能理论（Trieblehre）（顺带一提，舍勒认为尼采的生命和本能理论是错误的）划分到"自然主义的实在论"中，在这件事情上他本应引用查拉图斯特拉，后者要求他的同伴们要始终忠于"大地"或者"自然"，并回想起"身体的伟大理性"。当时，舍勒还没有在两个主流之间的模糊不清的归类中得出关于解释尼采哲学的结论，而只是普遍地指出其反浪漫主义的、以实现为旨归的本性；[1] 在对他自己的意欲式的实在论的详细论述中，他并没有深入研究尼采。

## （二）尼采与流传下来的诸种对人的理解的关系

舍勒已经提到了好几种传统的对人的理解，他想要在一个关于尼采人学的意义视域的规定下虑及它们。在此，他首先接续其文章《人与历史》中的五个人之理解：人作为理性的人（homo rationalis）的理解、基督教-犹太教的关于人的理解、人作为创制的人（homo faber）的理解、巴霍芬（Bachofen）与克拉格斯（Klages）的浪漫主义的人的理解以及叔本华与弗洛伊德的自然主义-生机主义的（vitalistisch）理解。因为他在《人与历史》发表后也在人的自身理解的历史的问题域潜心研究，所以他还提到了一些应被纳入视线的更新的理解：胡塞尔的人的形象、海德格尔的操心的人

---

[1] 参见 B. I. 21, S. 14, Nr. 30.

( homo curans )以及自然科学的种种人类学,尤其是医学的人类学。① 但是尼采对狄奥尼索斯式的人的揭示在这个关联中还具有一种特别的意义,对此我们必须单独考察。

## 1. 尼采与现有的对人的理解的关系

在舍勒遗留下来的手稿中可以找到这样的迹象,即他打算重构尼采的种种关于人的自身说明的类型学,但是要认识舍勒对尼采类型学的总体印象,这些手稿始终还是不够成熟的。但不容置疑的是,舍勒意图从关于流传下来的种种人之理解的意义视域出发更加具体地、同时也是更加以历史的方式被具体化地去规定尼采人学,以此舍勒的尼采-解释延伸到一种在文化史方面被奠基的世界观批判和意识形态批判( Ideologiekritik )之中。在这方面也能看出尼采的人类学观所留下来的遗产:尼采要求一种"历史哲学",它应该从作为基础的价值秩序出发来解释那每一个有待讨论的人之理解。在这个意义上,舍勒对流传下来的人之理解的回顾不应仅仅被理解为一种专门的诠释学,而且也以历史哲学的前提为基础,即种种人之理解是因种种价值秩序的生成与消失而得以可能并得到规定的,在这些价值秩序中,对人性作出评价的种种可能性的精神潜力逐步展开。舍勒和尼采在这方面是相一致的,即价值秩序不可能依据一个预先被规定的终极目的而得到衡量。相较于尼采将种种价值秩序分别回溯到一个不可预见的权力意志之上,舍勒继续迈出了系统性的一步:种种价值秩序并非以历史性的方式孤立地在世界历史的这里或那里产生,而是构成了对处于人的本质之中的价值化潜能( Wertungsprotenzial )的一个进步着的、将此前的价值秩序吸纳于自身之中的实现( Realisierung )。但是,没有人能从这些潜能中预见到,这一切都包括了什么,并且它向哪里发展;所能说的只是,在人之中有一种越来越多

---

① B. I. 21, S. 75.

地去实现价值化潜能的渴望,因为——这之中有一个对来自尼采的启发的最终地和最全面地整合和发展——对价值化潜能的逐步实现是上帝在世界历史中的实现的本质组成部分。所以舍勒以这个问题谨慎地反对尼采的上帝之死的理论:"上帝难道不应该是被'创造'的吗?"① 根据尼采的"身体的伟大理性"理论,② 被理解为上帝的身体的世界首先要求的不正是这个——不仅被并入人类,还被并入整个世界的——理性的彻底现实化吗? 对此尼采或许只会摇摇头。

## 2. 尼采的狄奥尼索斯式的人的理念

对尼采与现有的人之理解的关系的追问,最终有助于对于人之理想(Ideal)的追问,这个理想是纲领性地为他的人类学,并且总的来说为他的哲学体系奠定了基础。舍勒把一个功劳记在尼采名下,即揭示出一个迄今不为人所知的人之存在的理想:狄奥尼索斯式的人。③ 如果尼采哲学是从哪一种人之理解中产生出来这个问题,迄今仍然在自然主义的实在论、非浪漫主义的实在论和意欲式的实在论之间举棋不定,那么通过对狄奥尼索斯式的人之类型(Menschtyp)的发现,这个问题明显变得更为尖锐:难道尼采本人完全同意狄奥尼索斯式的人吗? 如果这一点能够得到证实,那么舍勒对尼采的解释就逐渐有了一个直观的基本轮廓,并且他对尼采人类学观点的诸个别层面的所有研究都必须与这个尼采形象相协调一致,在这个意义上,这个解释就拥有一种内在批判的潜力。此外,人们似乎很容易将这一人之理想理解为尼采为克服人的自我理解的危机所作出的个人贡献,并且有可能将之进一步构造为对"对人的辩护"的具体化。但是舍勒对此没能够作出最终的决定。首先,他在面对狄奥尼索斯式的东西的一般概念时态度保守,他

---

① B. I. 21, S. 72, Nr. 1.
② 参见B. I. 21, S. 14, Nr. 25。
③ B. I. 21, S. 13, Nr. 16.

更喜欢用"苦难的人"（homo patheticus）、"受苦着的"人的概念来替代它，但是他也会考虑一种可能性，即将尼采的理论追溯到一个"狄奥尼索斯的悲观主义"，更确切地说，追溯到一个"悲剧英雄式的人之理解"之上，①舍勒最后也在自己的理论中运用了这种观点——他与尼采最亲密的联系也许就在这一点上，同时这也是关于"为什么不能在一个本来就尚未充分展开的狄奥尼索斯式的人的形象上去定位尼采"的一个可以理解的原因。

因此，舍勒放手将被尼采发现的狄奥尼索斯式的人的形象直接归入到欧洲种种人之理解的类型学中，并借此在这一类型学中增加了一个样本。这强化了他的一个希望，即在一个将所有流传下来的人之理解都纳入其中的"全人"（Allmenschen）类型中能够看到真正的未来蓝图（Zukunftsvision），这个未来蓝图能够引导人性的进一步发展以实现其真正规定（Bestimmung）②。于是，人的道路将穿越过历史地被决定和被限制的、一种逐渐展开的"相对全人"的阶段，而最终抵达"绝对全人"的终极图景。但其后在舍勒那里也可以找到一些表述，根据这些表述，全人构成了向超人的过渡。③这将意味着，关于种种相对的全人表象的综合化成就尚未被充分澄清；也意味着，超人的理念才是被追求的"均衡"（Ausgleich），④并且是通过他将所有人之理想纳入到同一个"基本意志"中的方式。

然而，在同一个基本意志中的统一将让对人的规定仅仅听任于最为不同的意志规定——只要这些意志规定并没有被带入一个处于某个统一的目标规定之下的持续秩序之中。在尼采最后的文字中，他看起来还是承诺了"狄奥尼索斯式的人"（homo dionisicus）的不断均衡的、同时与日俱增的成就——超人将发展成这样一种"狄奥尼索斯式的人"。对于尼采而言，"狄奥尼索斯式的人"最终不仅仅意味着作为对某种生命形式的表达和意义诠释的特定的

---

① B. I. 21, S. 14f., Nr. 21.
② 此处"规定"（Bestimmung）亦可译成"使命"，下文的"人的规定"亦如此。——校者注
③ 参见 B. I. 21, S. 74, Nr. 2。
④ 参见 Scheler, Der Mensch im Weltalter des Ausgleichs, GW 9, S. 145-170。

人类学理论,而且也意味着一种诠释学的认识手段,去不断地求知,去探究那些直到现在还没被充分认识到的人类存在的深层维度(Tiefendimensionen)。这个任务在他看来是根本不可能完成的,因为先是在任何一种人之观念(Homo-Idee)中,一个新的、表面上使所有观念都一体化的基本观念才形成,于是,在这背后就已经潜藏着一个别样的、反叛着的人之存在的深渊——每个人之观念根本上只显示为不断被赋予新的形态的人的可疑问性。根据尼采,人类存在的真正深度最终不能通过人类学而被敞开,一再出现的是一个关于根据与深渊的狄奥尼索斯式的辩证法的新的版本——人由于其具有构成意义的可疑问性是无法被一劳永逸地定义的。一再新形成的人-景象跟现有的种种类型相比并没有展现出进步。它们只剥夺各个主流形式的权力,并将那种强调了刚刚获得统治地位的理解方式的权力要求加诸其上。所有这些都深入到了尼采对人的根本可疑问性的观点中,他也据此来进行自我注解。他首先将自己理解为作为唯一具有榜样力量的超人的查拉图斯特拉的学生和同伴,然后理解为狄奥尼索斯本人的追随者,他借查拉图斯特拉之口宣告了对人的存在的真正理解。从尼采关于狄奥尼索斯式的人的最后理解的角度来看——就如其在《瞧,这个人》这一自我注解中所说的那样:

> 全部其他的人类行为就显得可怜而局限了。[……]他用来升降的梯子硕大无比;他比任何人都看得更远,意愿更深,能力更大。[……]在他身上,一切对立都联结为一个新的统一体了。人类本性的至高之力和至低之力,最甜蜜、最轻佻、最可怖的东西,以不朽的可靠性从一个源泉中流淌出来。[……]在这里,在任何时刻,人都被克服了,"超人"概念在此成为最高的实在性,——在无尽的地方,迄今为止人类身上被诩为伟大的一切东西,都处于"超人"之下。①

---

① Nietzsche, *Ecce homo*, KSA 6, S. 343f. 该译文引自尼采:《尼采著作全集》第 6 卷,孙周兴等译,北京:商务印书馆,2015 年,第 439—441 页。——译者注

查拉图斯特拉"觉得自己"是"**所有存在者的最高级的种**",以及是人之存在的唯一的、最高级的、因此也是最终的本质形象。但是关于在所有人类形象中的最高等级的感受和知识难道不构成其中每个人类形象的本质要素吗?对于尼采而言,这也只是一个权力意志的问题,因为每一种价值秩序都依赖于权力意志。对于舍勒而言,一种关于人之存在的观点则与之相反地用一种超历史地被奠基的、客观的价值秩序来衡量,这个价值秩序当然必须通过认识着价值的、实现着价值的人的行为方式和行动而被揭示并被转化为现实。人类本质的多层次构造能够相关联地在逐渐渗透入人类历史的、不同价值种类的等级秩序那里获知。这一种固定的人类本质的构造并不能适用于尼采。尽管他同样认识到在一个深深的灵魂深渊与人的自身理解的一个与神持平的高度之间存在着人之生存的巨大跨度,这种跨度是所有人之存在的基础,并且他知道,通过主人道德和奴隶道德之间的对立,这个跨度也仅只是经历了能够从动物和超人这两极之间产生出来诸多可能的形态中的一种。这些形态受制于那一再重新被塑形的社会权力关系,但是决不在其中显示出一个永恒的真理或者一个一劳永逸地被确定的人的历史发展的目标,因为没有永远不变的、支配着一切存在的诸神,而人类则永远始终是一个可疑的生物。在这个背景之下,对于查拉图斯特拉的"灵魂"(Seele),尼采以人类学的方式根据其最高级的功能来进行解释,以此便呈现出了尼采人类学中的一种像是关于人之观念的组织安排的系统性图式(systematisches Schema)的东西:

——灵魂有着最长的梯子,能够下降到最深处,

最广博的灵魂,可能在自身中最远地奔跑、迷失和漫游,

最必然的灵魂,因快乐而投入到偶然之中,

存在着的灵魂,投身于生成之中;占有着的灵魂,**想要进入意愿和渴望之中**——

逃离自身的灵魂，在最广大的范围里赶上了自己，

最智慧的灵魂，愚蠢最甜蜜地给予劝告，

最自爱的灵魂，在其中万物有了自己的顺流和逆流，有了自己的落潮和涨潮——

**而这就是狄奥尼索斯式的东西的概念本身。**①

在舍勒遗稿中找不到任何对这个人类学图式的注解，这个图式同时为人的矛盾性留出了空间。所以他对尼采人学的判断，与其被理解为最终的判断，不如被理解为工作视角（Arbeitsperspektive）："还没有人像尼采一样前进得那么远。但还不足以远至人的本质。"② 对于舍勒而言，人的本质终究是不变的——不只是为了能够促使人的具有构成性意义的可疑问性达到一个被解放了的综合，或者为了合理地维持理性认识的有效性要求，而且也为了能够作出一个关于尼采人类学观点的有根据的判断。

## （三）规整入尼采的效果历史中

舍勒通过将自己纳入到尼采哲学的效果历史中的方式，暗中称赞尼采哲学为支配着、统治着所有时期的精神力量。借此，后继者们面临着去解释尼采的著作以及完成他的种种意图的任务。舍勒列举出一些同时代的追随者和作者，他们已经接受了这个任务：伯特伦（Bertram）、雅思贝尔斯（Jaspers）、克拉格斯、安德勒（Andler）、赛耶尔（Seillière），但也有斯特凡·格奥尔格（Stefan George）和墨索里尼（Mussolini）：尼采的影响并没有被限制在哲学范围内，而且也延伸到文学和政治领域——尼采的影响遍及整个文化领域。舍勒也还特别指出了其在哲学和精神科学领域中的影响：

---

① KSA 6, S. 344. 该译文引自尼采：《尼采著作全集》第 6 卷，孙周兴等译，第 441—442 页，译文略有改动。——译者注
② B. I. 21, S. 75, Nr. 2.

在伦理学中的哈特曼（N. Hartmann）、在逻辑学和认识论中的法伊欣格尔（Vaihinger）、心理学中的克拉格斯、历史哲学中的库尔特·布莱西希（Kurt Breysig）。总而言之，他自然而然地作出如下判断：尼采哲学的种种效果可能性还未被穷尽。在这一点上，舍勒并不是单独就哲学学科而言的，而是就尼采哲学的整个跨度而言的。他想要以他的人类学来敞开更深层的、与整个文化有关的、为文化奠定基础的种种效果可能性，并在其受尼采启发的意义上将这些可能性发扬光大。可是他根本无意去不加批判地成为尼采的传播者，因为他决心去准确地区分出，要去拒绝什么东西、接受什么东西以及发展什么东西。所以他拒绝了尼采的关于相同者的永恒轮回的理论，以及他的权力意志理论的片面性——因此，在这三个"基石"中只剩下了超人理念，而他想将这个理念与那种从尼采的人类学观点推进为一个全面的哲学人类学的做法相关联，[①]同时，通过这种推进，人类学对哲学建构以及文化发展而言的重要意义应该被证实。在那里，他拒绝了什么、接受了什么以及打算继续发展什么东西都将变得清楚，以及他将在什么意义上、在多大程度上根据他自己的哲学的基本特点来吸纳尼采哲学并将他自己的人格看作是尼采的遗产，而不认为要以任何一种方式通过尼采来质疑他的立场。而对于那些他未从尼采哲学那里接纳的东西，他则认为他已经基于那条必然的和充满意义的历史道路而默默地将它们克服了。

（译者：王穗实/中山大学哲学系；

校者：谢裕伟/中山大学哲学系）

---

[①] B. I. 21, S. 74, Nr. 1.

# 作为事件和作为社群世界之形式的同情[*]

[德]克里斯蒂安·拜尔莫斯

## 一、对秩序的探求：共感（Mitgefühl）作为事件和形式

感受（Gefühle）有其结构——这一命题出现在哲学、心理学中，同时也远远不止于此，并且近20年以来皆是如此。[①] 这势必是对一个有趣的知识社会学的主题的发现：何以这在我们的时代中是如此这般呢？或许人们将会这样进行论证：这要归咎于当今的经济状况，其中快感虽然在被贩卖，但感受却成为禁忌。正因如此，重新回到诸感受之上是值得的。或许人们也会指出，感受代表的是一种所谓个体的、私人的、无法为他人所用的感性剩余（Sinnresiduum），我们可以溯源于其上，以构建我们自身的同一性。正

---

[*] 本文是作者Christian Bermes为2018年10月22日中山大学哲学系"谦之论坛"之舍勒系列讲座所写的发言稿。中译稿在当时曾先由中山大学哲学系博士生王穗实作第一次校对，在此致以谢意。——校者注

[①] 对此可参见来自不同领域的（文献），Angelika Krebs, *Arbeit und Liebe. Die philosophischen Grundlagen sozialer Gerechtigkeit*, Frankfurt: Suhrkamp Verlag, 2002 ; dies., *Zwischen Ich und Du. Eine dialogische Philosophie der Liebe*, Frankfurt: Suhrkamp Verlag, 2013 ; dies., „Geteiltes Fühlen ", in *Leben mit Gefühlen*, hrsg. v. B. Merker, 185-200, Paderborn: mentis, 2009 ; dies., „Wie ein Bogenstrich, der aus zwei Saiten eine Stimme zieht. Eine dialogische Philosophie der Liebe ", in *Deutsche Zeitschrift für Philosophie* 57(5), 2009, S. 729-743 ; *Affektive Intentionalität. Beiträge zur Welterschließenden Funktion der menschlichen Gefühle*, hrsg. v. Jan Slaby et al., Paderborn: mentis, 2011 ; *Gefühlswissen. Eine lexikalische Spurensuche in der Moderne*, hrsg. v. Ute Frevert et al., Frankfurt: Campus Verlag, 2011 ; *Philosophie der*（见下页）

因为此，重新对感受给予关注是有意义的。

但或许也会提及这样的考虑，即科学或技术的进步以及伴随而来的对世界的去魅独独尚未触及情感（Emotion），在情感中我们似乎有一种在家感，而我们对于情感尚有所概览并将之作为我们唯一掌控着的东西。

我不想质疑这些或多或少带有想象色彩的解释尝试，它们从属于知识社会学或文化理论的领域。为了恰当地评估它们，人们将必须使其与整个哲学与科学史相关联，并且对从古典时期到现代的每一次对感受的复兴都进行赏析。我只想指出以下两个方面，它们虽然并不必然从这些进行解释的尝试中被推导而出，但能够从中被引发出来：其一是一种**诱导**（Versuchung），其二则是一种**倾向**（Neigung）。

这种**诱导**在于，将感受视作所谓的私人事务，将它看作似乎是一种属于个体和每个本己感觉的根本上不可分享之物——**这恰恰是对感受进行主观化的诱导**。

与之相比，我们会遭遇一种与这种诱导相对应的**倾向**，这种倾向在于，所谈及的并不是**作为感受**的感受，而是一些为了解释关于感受的说法而被引入的其他内容：例如经济状况或者技术发展——**这恰恰是一种离题的倾向**。人们谈论着感受的条件，而不是感受自身的功能。

在主体化与离题的这种交叠中产生出一种堪称悖论的状况：感受作为人们用尽全力想要把捉的东西，变得愈加神秘和陌生。人们似乎——借用维特根斯坦的图景——采用了一种人种学者的视角，这位人种学者来到一个陌生的国家，不理解这个国家的语言，并且除此之外也忘记了他自己也使

---

（接上页）*Gefühle*, hrsg. v. Sabine A. Döring, Frankfurt: Suhrkamp Verlag, 2009；Eva-Maria Engelen, *Erkenntnis und Liebe. Zur fundierenden Rolle des Gefühls bei den Leistungen der Vernunft*, Göttingen: Vandenhoeck & Ruprecht, 2003；Ronald de Sousa, *Die Rationalität des Gefühls*, Frankfurt: Suhrkamp Verlag, 1997；C. Meier-Seethaler, *Gefühl und Urteilskraft. Ein Plädoyer für die emotionale Vernunft*, München: C.H. Beck, 1997；R. D. Kavanaugh et al. (eds.), *Emotion. Interdisciplinary perspectives*, New Jersey: Psychology Press, 1996；*Zur Philosophie der Gefühle*, hrsg. v. H. Fink-Eitel, Frankfurt: Suhrkamp Verlag, 1993.

用着一种语言。但是这种视角是人为的,因为我们是伴随我们的感受并在其之中生活的,我们并不仅仅是面对着它们;正如我们同样也在我们的语言之中并伴随它生活,而不仅仅是面对着它一样。① 这样的人种学者将难以再有所获益:他既不理解自己,也不理解他人。

或许当舍勒放眼于哲学与心理学围绕着感受的争论时,看到的是一种完全相似的状况,并且当他于 1913 年著就其题为《论现象学和同情感理论以及论爱与恨》(*Zur Phänomenologie und Theorie der Sympathiegefühle und von Liebe und Hass*)的文本并重又赋予共感以一种语言之时,他尝试解释这种状况。这个在第一版中仅有 130 页的文本,在 1923 年的第二版中在篇幅上几乎翻了一倍,后者如今以另一个标题出版——《同情的本质与形式》(*Wesen und Formen der Sympathie*)。

但是,在 20 世纪的头十年里,并非仅有舍勒作出了这样的分析:1910 年由莫里茨·盖格尔(Moritz Geiger)发表的论文《关于同感的本质和含义》(*Über das Wesen und die Bedeutung der Einfühlung*);1904 年伯恩哈德·格约图森(Bernhard Groethuysen)在由艾宾浩斯(Ebbinghaus)于柏林始创的《感官的心理学和生理学杂志》(*Zeitschrift für Psychologie und Physiologie der Sinnesorgane*)上发表了文章《共感》(*Das Mitgefühl*);四年之前,即 1900 年,特奥多·利普斯(Theodor Lipps)在同一本杂志上发布了作品《美学的同感》(*Aesthetischen Einfühlung*),随后又有维塔泽克(Witasek)于 1901 年发布的《对美学的同感的心理学分析》(*Zur psychologischen Analyse der ästhetischen Einfühlung*)。这个清单可以继续罗列下去,其中自然也包括埃迪·施坦因(Edith Stein)在 1917 年完成的题为《同感问题的历史发展及其现象学的考察》(*Das Einfühlungsproblem in seiner historischen Entwicklung und in phänomenologischer Betrachtung*)的博士论文。

---

① Ludwig Wittgenstein, *Philosophische Untersuchungen*, Werkausgabe Bd. 1, Frankfurt: Suhrkamp Verlag, 1984, §32.

舍勒并不是唯一一个致力于对感受,尤其是共感进行分析的人,但他是为数不多注意到了下面这一点的人,即在关于共感或者说同情的探讨中有一些东西在根本上并未得到规范。那令舍勒感到不舒服的东西可以说与困扰维特根斯坦之物是相似的,例如,当他在《哲学研究》中注意到,"我们的不理解的根源"在于缺乏"综观"(Übersichtlichkeit)①,与之相应,其关键在于,将维特根斯坦所称的语法——即在使用中自身展现的概念运用逻辑——发掘出来。

人们知道,舍勒并不与维特根斯坦交好,假使他们照面,二人或许都会或多或少地摇着脑袋擦肩而过,并且在下一个转角立刻毫不犹豫地当着别人的面否认彼此哲学家的身份。但是,二人都分享着适才笔者所提及的直觉,即使他们在哲学秉性上有着显而易见的分歧。舍勒也在寻求一种视界,其中他分疏了共感的不同形式,并将其与**追复感受**(Nachfühlen)、**共同感受**(Miteinanderfühlen)、**感受传染**(Gefühlsansteckung)和**同一感**(Einsfühlen)分离开来。在此,舍勒回溯到共感这个概念上,以便将同喜(Mitfreude)和同悲(Mitleid)同样纳入视线。以这种方式,同情(Sympathie)或移情(Empathie)就不会被过于草率地仅仅与同喜混为一谈。共感同时意味着同悲和同喜。

在对共感的复杂境况进行分析之时,舍勒并未耽于由笔者在开篇所援引的诱导,即将感受私人化——其他一切都是这种情况:它们在人的生命中有一个位置并且它们在这个我们与他人所共享的生活中运作着:感受是我们敞开世界、而不是自我隔离的工具。但是舍勒所反对的不仅是感受的主体化,他也同样抗拒那种可以说是去谈论其他东西而遗忘了情感的倾向。作为现象学家,舍勒执行了一套程序,即将那种仍然沉默的经验带入到其自身意义的表达之中。如此,舍勒也去搜寻人之生命中的感受经验,并且尝试

---

① Ludwig Wittgenstein, *Philosophische Untersuchungen*, § 122.(这里的"综观"指的是对语词用法全貌的"综观"。——校者注)

将其带入到它自身意义的表达之中。

这种在共感领域对秩序的寻求将在笔者下面的论述部分得到探讨,在这以前笔者将在第一个短篇幅的小节中论及舍勒对叔本华哲学的赏析。不过,在此需要注意的是,舍勒并不是在论及感性的感受,如一种疼痛的感觉或者一种味觉体验的感觉,他所论及的是精神的情感,如害怕、恐惧、悲伤、快乐等等。

接续舍勒,但也超出了舍勒,在事件(Ereignis)和形式之间的区分应当被引入,以便展示舍勒是如何探讨共感的。这将在笔者论述的最后一节中得到具体的说明。因为虽然共感在人际活动(zwischenmenschlichen Engagement)中是一种确定的、可识别的情感,但它也是一种作为人的行为和认识的形式而运作的、并且借此才让人类世界得以完全敞开的情感。

与此同时,本文的推进方式就有所限定了:它涉及的是一种重述(Reformulierung)和一种如我们所即将看到的情景化(Inszenierung)。重述在此并不仅仅是一种纯粹的辩护、单纯的重复、教条式的补充或重新叙述。笔者以这个重述的构想所关注的是其他一些东西,即那种进一步发展舍勒的论点并借此在新的形态中保持接续性和批判性的尝试。

在这次重述的尝试中哲学的学派分隔并未起到什么特别的作用,笔者并不打算从中得出任何教条,这一点——至少我希望是这样——带来了一些机会。顺带一提,对于一个舍勒作品的读者而言,除此之外也别无太多其他办法。因为那不可否认的风趣(Ésprit)和个别描述所具有的满溢的直觉力量的代价是有时会让思想的推进过程变得粗野,以及会让语言部分地变得充满激情而随心所欲。为了在此重新获取秩序,至少部分地违逆舍勒来阅读他,是值得的。

舍勒以作为形式的共感揭示出了一些原则性的东西,它导向了人类学,并借此导向了其他后继的作家例如赫尔穆特·普莱斯纳(Helmuth Plessner)或如今的米歇尔·托马斯洛(Michael Tomasello)。共感所描述的不仅是被正确理解的伴随感受（Mitfühlen）的特殊事件，而且也是一种形式，在这种形式之下生命作为人的生命对我们而言成为可达及的。共感的形式，如将显示的那样，让人的生命在以下意义上成为可理解的：它关乎人格，而不是事与物或者结构。在笔者对此进行详细说明之前，首先将简要地回顾舍勒对叔本华的理解。

## 二、舍勒对叔本华的赏析

舍勒承认叔本华在伦理的反思中取得了本质性的进步。因为叔本华重又"与康德针锋相对地"认可了"各种情感功能对伦理学"的价值。除此之外，叔本华对这一点也表示赞同，即"同悲是一种对陌己痛苦的'直接'参与，而不是建立在'推论'或某些人为的对他人的'设身处地'的方式之上"（GW 7, S. 62）。此外，叔本华的功绩还在于"他重又赋予同悲一种意向的'意义'"，并不再将其视为一种只能被因果地解释的、盲目的灵魂状态。（GW 7, S. 62）并且，叔本华最终正确地认识到，如果人们想要恰当地论及同悲的话，必须预设一种对"生命统一性"的理解。自然，舍勒马上补充道："尽管他借以设想这一生命统一性的那种形而上学-存在论的方式，此外还有被他用来标识这个统一性的那种东西（即盲目的意志），都显然体现出了无根据的假设"（GW 7, S. 62）。舍勒因此在以下诸点上同意叔本华，即情感性（Emotionalität）在伦理学中扮演了一个根本的角色，对他人的理解并非建立在推论的基础上，同悲是一种与对心理现象的因果解释截然不同的、独立的现象，并且应该在一种统一的生命哲学的语境中被把握。

不过，紧随着这种赏析的是批判。尤其在这两个方面对舍勒来说是决定性的：

第一，叔本华没有看到那些伴随共感而被给予的、人们身处其中的那种感受的跨度，借助于此人们也敞开了自己和他人。这里涉及这样一种指责，即在对人的现实性的描述中缺乏区分。叔本华始终将共感与感受传染和同一感混为一谈。

第二个指责则另落他处。它涉及一些原则性的东西,即这样一种猜想——无论同悲还是单纯的同喜都不足以提供让人格的自身构形和人格间的理解得到正确把握的那种范本。这一点最终在以下指责中达到高潮:在叔本华那里存在着一个未考虑其后果的理论,也就是说,它可能后患无穷。当叔本华指出,在同悲中"那种根据自然之光将本质与本质彻底分开的间隔被扬弃,并且非-我成为自我"[1],舍勒就在这里识别出了一种"错误的同一化学说"的变体(GW 7, S. 65)。根据舍勒的观点,这种学说在一种根本的意义上犯了错,即那个使同悲成为可能的前提,即他人的自身被给予性,在对同悲的描述中失去了效力。他人在同悲中遭受着被遗失的危险。人们可以这样补充道:不仅他人遭受着被忽视的风险,而且作为他人的他人的范畴也几乎无法进一步被把握。在舍勒那里这一点醒目地意味着:"自我的生成(Aufgehen)在一种普遍的受苦中完全地排除了**真正的同悲**"(GW 7, S. 66)。

## 三、共感事件

为了找到舍勒对同情的展示的入口,应当在一种具体的情境中去澄清各种区分[2]。这种尝试因此在于将舍勒的范畴置于情景之中。笔者想要直接称这段故事为**友邻的故事**,并在此声明,这个故事纯属虚构。

让我们设想,我们与隔壁的邻居多年来都相交甚笃。邻居家庭是由一对夫妻和两个分别为 15 岁和 17 岁的孩子组成的。我们与这个家庭共同庆

---

[1] Arthur Schopenhauer, „Preisschrift über die Grundlage der Moral ", in *Über die Grundlage der Moral*, hrsg. v. Peter Welsen, Hamburg: Meiner, 2007, § 16: Aufstellung Beweis der ächten moralischen Triebfeder, S. 565/107.
[2] 指的是上文提到的共感、追复感受、共同感受、感受传染、同一感等概念之间的区分。——译者注

祝生日、在除夕夜共进晚餐并且在紧急情况下互相帮助，类似于房中水管破裂、突发疾病或者其他的事情。我们在邻居去度假的时候料理他们的花园并且参与他们的生活。这个家庭是我们最为熟识的，给我们留下了欢乐而愉悦的印象，并可以说是完好无缺的，或许甚至是模范式的。我们日复一日地如此体验着。

现在，发生了如下事件：有一天我们在花园里遇到这对夫妻和孩子们，他们看起来十分颓唐和悔恨。从他们的脸色就可以看出，一定有什么不好的事情、有什么大事发生了。我们上前询问发生了什么。在篱笆旁，这对夫妻在一阵犹豫踌躇之后向我们解释道，他们想要离婚，因为这位女士已经结识了另外一位男士一年有余，并且在她的丈夫不知情的情况下与他秘密地交往着，然而这件事现在才被发现。我们震惊地听着这个故事，并首先无法理解，因为我们本不相信，这种事会发生在这个家庭中。显然在这种情况下父母和孩子们都很痛苦。现在这应是一个有助于我们诠释作为事件的共感在结构上的复杂性的出发点。

1. 追复感受（Nachfühlen）：让我们设想，一个邮递员恰好在我们在篱笆旁听故事的这个节骨眼儿上路过，并偶然听到了叙述的主要部分。这个邮递员并未参与到这对父母和这个家庭的体验中，他听到这些话，他领会了痛苦的质性并且完全能够在别人问他时这样说："我能够很好地追复感受这种情境，但我并不为其所动。"对此，这个邮递员可以用一种完全中立的态度面对这个正在经历这些的家庭。他可以这样说："这是一个悲伤的故事，它可能发生在很多人身上，如今是在这个家庭，但同样也在很多其他家庭。"这种这个邮递员与这个家庭之间的关系会被舍勒视为**追复感受**，他首先以一种中立的态度面对那对父母和孩子们（"这可能发生在所有人身上呀"），其次他领会到了这个家庭的痛苦的质性，但他并未处身于这种领会之中。他**知道**这样一种状态是悲剧性的，但这种知道可以说是无感情的，因为他并未处身其中。"我们在追复感受中感知地把握到的只是陌己感受的**质性**——但它并未转移到我们心中,或者说一种相同的、实在的感受不会在我们心中产生出来"(GW 7, S. 20)。

2. 感受感染(Gefühlsansteckung):让我们假设,在这对夫妇支支吾吾地讲述着这个故事并且无法抑制地泪如雨下之时,一个较年长的女士于此路过,看到了(他们的)泪水和那后悔的面容。那么这将是可能的:虽然并未如那位邮递员一般听到了这个故事,这位女士自己却也被触动以致落泪。她不必然要知道这个故事的内容。她所指向的并不是这个家庭或这对夫妇的痛苦,也不是这种痛苦的经历,也不是这种痛苦的质性。这里发生的是生离还是死别,她是不作考虑的。她被这对父母的汹涌泪水而触动并在情绪上(affektiv)直接地被其感染。

舍勒所作的观察,即这种情境中该过程回溯到了其出发点,应当是正确的(GW 7, S. 26):片刻之后可能发生的是,随着这位女士的落泪,这对夫妇的泪水会再一次更强烈地爆发。这种感受感染完完全全是感性地和情绪地被传递的,这位女士会被这些眼泪所感染,而不是被这些人或篱笆旁的叙述。"在这里既不存在一种指向他人的欢乐与痛苦的感受-意向(Intention),也不存在对他人经验的任何参与。不如说对于感染而言特征性的是,它仅仅发生在感受**状态**之间,并且它完全不预设一种对陌己欢乐的知晓。"(GW 7, S. 26)

3. 同一感(Einsfühlung):如果我们现在设想,假如这位女士的母亲,也是孩子们的祖母,于此经过并且看到了这里的情况,那么下述的情况或许会是可能的:对于"这位祖母在想什么或者关于她女儿的行为作何感受"这样的问题,她僵在原地,神思恍惚,如鲠在喉,手足无措,在旁人看来她仿佛已经失魂落魄。舍勒用下述语词阐明了这一点,这里出现的是这种状态,祖母的自我是如此地被另一个自我,即她女儿的自我所震惊、牵制和俘获,以至于她的女儿的个体自我占据了祖母的形式的自我-位置,"带着对它而言的本质性的基本态度:我并非生活在自己之中,而是在它之中,在他人之中(仿佛完全是透过他人)"(GW 7, S. 29f.)。女儿的行为让她进入了所谓的催眠状态,祖母透过女儿而生活,绝无任何表演的可能。这被舍勒称作同一感。①

4. 共同-感受(Miteinander-Fühlen):现在,为了描述其他的两类情况,我们暂时先不考虑邮递员、老妇人和祖母,而是回到故事的初始情境中去,即那个交好的家庭在篱笆边为我们讲述着自己的情况。那么我们就可以提出这样的问题,如果由那两个孩子来讲述这一事态,他们与父母的痛苦处于何种关系之中?根据舍勒我们必须回答,他们共同经历着父母的痛苦和悔恨。足以令人感到惊讶的是,两个孩子进行的并不是两种彼此分别的痛苦经验,相反他们分享着同一种痛苦:他们"在一种不仅是对同样的价值行为,也是对价值行为的同一种情感波动的共同-感受、共同-体验的意义上"共同感受。"作为价值行为的'受苦'和作为功能质性的痛苦在此是**合而为一的**(eins und dasselbe)"(GW 7, S. 24)。对于舍勒来说决定性的是,在此要准确地认识到,当我们想要理解这两个孩子的时候,出现在我们面前的并非是两个相分别的、仅仅是偶然地相似的同悲行为,而是涉及一种被分享的受苦,它指向一种同样被分享的意向对象,即这个家庭的痛苦。

5. 共感(Mitgefühl):终于轮到了让我们自己作为那个在篱笆旁听到了这个故事的人。我们要如何应对这种情况,或者更好的问法是:我们会以何种方式处身其中?首先,如果我们以这个故事为契机而对我们自己反复思考,那将不会是共感的任何形式,例如我们喃喃自语地说:"这的确是很可怕啊,希望不要发生在我身上。"这种行为和同悲是没有什么干系的,因为他人,即这对父母和他们的孩子,没有发挥任何作用。但是我们也并非处于孩子的那种情况中,即我们会和孩子们共同分享所谓的同一种情感。我们的情况是根本上不同的,因为我们的共感体验指向的是作为他人的他人,其中我们将那种痛苦经验**为他人的痛苦**并且将其作为**他人的痛苦**而共感。在

---

① 舍勒在同一感这里区分了"两种极端类型:自发型的[den idiopathischen]和他发型的[den heteropathischen]样式"(GW 7, S. 29)。这里仅仅援引他发型的样式。

这种意义上，共感会——如舍勒所注意到的那样——显现为"不可思议的"（wunderbar）（GW 7, S. 53），因为它是一种所谓的纯粹的意向性感受，它指向的是作为他人的他人以及他的痛苦，它共感着这种痛苦，但无须我们去模仿这种感受状态。我们并无悔恨地共感着："那在共感中被给予的、交好的父母的感受状态完全在他们之中被给予；它既未转移至'同-悲着'的我们之中，也并不在我们之中'激发'一种同样的或相似的状态。它只是被同-悲，而不是作为实在的体验为我们所有"（参见 GW 7, S. 52f.）。"我们能够感受到他人的感受状态，并且能够真切地为之'痛苦'，而不是由于例如'同喜'我们才能够为他们高兴——因为这是我们的喜悦——而是能够'共同享受'（mitgenießen）喜悦，为此我们不必陷入一种可能'不可思议'的欢乐的氛围中；但这恰恰是真正的共感现象。"（GW 7, S. 53）

这一点已变得清晰，即舍勒的区分厘清了在所描述的情景交织中的秩序。舍勒的范畴使得当事人的参与活动（Engagement）能够被正确的理解。而如果舍勒的反思水平和区分水平失效的话，我们还可以回过头来看看当下的围绕着同情现象的讨论。

因此我们看到，舍勒是如何为同情事件中勾画一个轮廓或者是如何——用维特根斯坦的话来说——阐明同情的语法的。

但是为什么笔者将共感的这个方面视为事件呢？人们为此能够援引很多理由，但是在这里笔者只想要提出其中之一，并用如下的方式诠释它：那些处身于这种情况中的人可能会犯错并改变他们自己的态度。借此，笔者并非意指那例如牵扯到讲述的正确性的原则上的怀疑和犯错，笔者也并非意指那徒劳的怀疑，它质疑着那我们借此而听到这个故事的语言。笔者意指的不如说是下述的、更为简单的状态：那些站在篱笆旁听故事的人，随后陷入了沉思，并对此思索着，这样的意外是否可能发生在他们自己身上，他们也可以扪心自问，这种思索在此刻是正确的、合适的吗？在此我们可能会突然发觉，这样是不对的，因为我们或多或少地只是自私地想到我们自己，而不是邻居。我们也可以对我们故事中的邮递员指出，他的评论或许是正确的，即这整件事自然是悲剧性的，但这可能发生在每个人身上，但此刻却恰恰是不合时宜的。**在这种情况下我们能够预想一种修正。犯错的可能性和随之出现的修正的可能性让共感对我们显得是作为事件而被识别出来的。事件是所谓的在特定的范围内无法完全免于犯错的，并且它允许被改正。**同属于此的还有——但对此必须耗费更多笔墨——这种可能性，在时间的流逝中一种同一感变成了一种追复感受，在我们的例子中那无言地面对我们的祖母取代了邮递员的位置，并且借此获得了距离（Distanz）。其他的涉及对孩子的共同感受的改正也是可设想的。

变化和修正的这些形式突出了将共感视为事件（的可能性），并且以此为导向，即我们不仅能将痛苦感受为他人的痛苦，而且还能共同-感受，但并不接收这种痛苦的状态。"真正的共感恰恰被表明为，他人的本性和实存以及他的个体性被纳入了同悲和同喜的对象中。存在着比如此彻底的、可观的、纯粹的喜悦更深刻的一种同喜吗，**那它是什么样的**？或者一种比这种情况更深刻的同悲，其中他出于'他是这样的人'的原因而不得不感同身受地受苦？"（GW 7, S. 50f.）

## 四、作为形式的共感

除了这些对事件的描述之外，在舍勒那里还有着第二种论证思路。我们偶尔在舍勒的格外有感情的陈述中或者在将"纯粹共感"刻画为"一种真实的向着他人及他的个体状态的延伸和进入……，一种真正的和现实的对他的自我的超越"的做法中（GW 7, S. 57）找到了对这条思路的提示。舍勒用这样的措辞开启了那被笔者称之为对共感的形式描述的讨论，现在笔者将着墨于此。

第二种思路在笔者看来绝非不重要，它让我们注意到，对事件的恰当的描述所仰赖的是，我们掌握了这种描述的正确形式，在这样的描述中事件才成为可理解的。在我们的关于交好的邻居的故事中，共感不仅可以作为事件被标识，也可以作为形式被把握。在这个故事中，对于在篱笆旁倾听邻居并与之同悲的我们来说，共感作为事件而出现；**但共感同时也是一种形式，它让整个情景、整个故事如其所是地对于我们来说明朗起来并变得可理解。**

于我们而言，只有在这种形式中，作为这种情景的参与者的邮递员才是**作为追复感受着的（角色）**而可理解；老妇人则**作为同一感受着的（角色）**，孩子们**作为共同感受着的（角色）**。共感的形式才让我们彻底理解在这种情景中的相互参与（Engagiertsein）。只有在这种形式中我们才能够将故事理解为我们邻居的故事。行为者们不是这个过程中的棋子，而是作为人的交往的参与者。这里并不是简单地发生了什么，而是在这种情景中，各种人格（Personen）可以被谈及。共感的形式使对作为人格的他人的把握成为可能。人格性借此不再只是一个我们用来赋予某个X的谓词，也不是关于"认识"这种特定思想行为的自身确证的标签。人格性归因于作为我们相互理解之形式的共感。

这种形式考察使我们免于一种非常危险的误解，这种误解在于，共感是感受本身的一个层级，它加到或必须加到所谓的他人的感受之上，借此与他人的联系才最终能够实现。人们或许可以持这样的观点，即人们在感受（Gefühl）中必须始终双重地进行感受（fühlen）。一个人必须一边感受着他人，一边继而感受，他是**如何**感受着这个他人的。一个代表这种立场的人会作出如下论证：设想我们是一个羡慕别人的工作岗位的人，那么我们必须从有两种感受（Gefühl）被感受（fühlen）到这一点出发。他必须首先感受到对工作岗位的钦慕，第二他必须感受到那个他羡慕着的他人自身。对于作为一种本己感受的羡慕来说，共感必须且必然作为一种第二性的感受出现。如果不是这样的话，那我们就仅仅知道，我们羡慕的是**什么**，而不知道，我们羡慕的是**谁**。在这种意义上羡慕着他人的人，必须持续地进行两种体验：关乎工作岗位的羡慕，以及牵涉他人并借此将他人带入到羡慕行为中的共感。

这样一种理论在笔者看来不仅没有说服力，而且根本上就搞错了这个现象。就像我们在幻想时并没有在进行两个行为——也就是对某个东西的非幻想的表象以及在此之上的对这种被表象者的幻想——那样，我们在钦慕的感受中也并没有进行两种行为，即钦慕的行为和共感的行为。

这里所描述的双重感受的疑难恰恰出现在那被我们称之为共感的东西不被看作我们生命的形式的时候。但如果它作为我们的生命形式而被涉及，那么人们就可以更容易这样说：在这种对共感的描述形式下，其中他人作为某人而不是作为某物向我们显现，钦慕可以作为事件而得到理解。

那么，现在是什么突出了共感的这种形式呢？与共感事件相反，在笔者看来这里不存在犯错（Täuschung）的可能性，至少不是如上所述的犯错。在那里笔者曾说过，人们或许会彻底弄错，以为自己仅仅是在追复感受，而当时的关键却是共感。当涉及作为对事件进行描述的形式的共感时，人们是无法以这样一种方式有意义地改正这种形式的，一如人们能够改变追复感受那样，**对于形式人们只会错过**（verfehlen）。如果我们假设这对夫妇仅仅是遥控机器人，这大约也会发生。那么我们可以改变描述形式，这里进行的是另一种游戏，而不再是诸人格在这个情景中通常所进行的那种。因为这种游戏的基础是，我们将他人感知为意向的主体，我们能够将其状态作为**他的状态而共-感**。

在笔者看来，对于将共感视为形式来说，还有另一个视角是重要的。例如，我们可以通过追问而查明，这样或那样的事件是追复感受、同一感还是共同感受。如果如我们适才所见，在这些类型的事件上犯错是可能的话，那么我们也能够检验它们是否存在。但我们不能在这种意义上检验共感的形式存在与否，因为形式才允许我们检验事件，形式自身却不是检验的对象。或者用维特根斯坦的话来说：这是一方面"要描述测量方式，另一方面要找到和报告测量结果。"①

在笔者看来,上述的所有方面对舍勒的整个哲学来说都是决定性的,因为我们在其对人格的理解的构想中找到了他的思考的消失点(Fluchtpunkt):"不如说对于'理解'来说根本性的东西在于:我们从一个于直观中一同被给予的另一个人的**精神**中心出发将他的相对于我们和周围世界的行为(话语、表述、行动)直截了当地体验为**意向地指向某物的**"(GW 2, S. 57)。②对于理解来说,决定性的是,我们从**他人**的精神中心出发来领会他人,并将他的表述看作是**意向**的,因此是指向他物的。这样的一种理解对于舍勒来说就意味着,我们将他人领会为人格。

## 五、结论

行至尾声,笔者还想要在此开辟出二三视角。对共感的这种形式考察展现出其直接的效应,即在赫尔穆特·普莱斯纳以及他在模仿(Nachahmen)和伴随行为(Mitmachen)之间的区分那里。普莱斯纳的论点要归功于舍勒,它表达了:模仿是一种对人的生命形式的标识,伴随行为则是一种对高级灵长类的生命形式的标识。因为模仿基于一种复杂的结构,舍勒在共感中对这种结构有所澄清。只有这样的人才能模仿:他将他人领会为意向行为的主体,将这些行为理解为他人的行为并且能够将其作为他人的行为而共同实行。伴随行为则不需要这种结构,伴随行为基于一种彼此的激发性(人们想到的是情感传染),其中尽管这个或者那个他人扮演了某种角色,但几乎可以忽略:"模仿不同于伴随行为,它仅仅在一种原型和影像的相互(reziprok)关系中才是可能的。相互性(Reziprozität)存在于人与人之

---

① Ludwig Wittgenstein, *Philosophische Untersuchungen*, §242.
② 译文参见舍勒:《舍勒全集(第2卷):伦理学中的形式主义与质料的价值伦理学》,倪梁康译,北京:商务印书馆,2019年,第685页。——校者注

间,但不存在于人和动物之间,也不存在于动物之间。一个孩子很早就已经能够对我对他做出的鬼脸、对微笑和笑眼、对他的镜像做出反应,因为他能够将对相(das Gegenüber)理解为对相;对于动物来说这是不可能的。"①

普莱斯纳至少熟知舍勒,而米歇尔·托马斯洛却既不知晓舍勒,也不知晓普莱斯纳,但是在他的论题中却表达了相似的东西:"当非人的灵长类动物看到它的同类如何向着食物移动,它们能够借助早先的经验推断出,下一刻大概会发生什么,并且它们甚至能够采取机智的和敏锐的社交策略,去对下一刻将要发生的事情产生影响。但是人看到还有一些别的东西。他将一个同类理解为将粮食作为目标而追求的某人,他们能够尝试去影响这个以及其他的意向的和精神的状态,而不仅仅是行为。"② 托马斯洛接着区分了人类的模仿学习(Imitationslernen)和高级灵长类动物的仿真学习(Emulationslernen)。只有在模仿学习的情况下,进行展示的人的意向(Intention des Vorführenden)才是学习的中心组成部分,一种由普莱斯纳在"模仿"这一标题下所介绍过的状态。

无论普莱斯纳还是托马斯洛都表达过笔者在舍勒那里称为**共感的形式**的那种东西——自然是运用了别的语词。在他们那里我们也会遭遇笔者对于这种形式的说明。在这种形式中人们不会犯错,而只会错失,那么人们所谈论的——根据普莱斯纳和托马斯洛——就是高级灵长类动物,而不再是人的生命形式。在这种形式中我们遭遇的不是作为某物、而是作为人格的某人,我们能够在这个意义上理解人格,一如我们将其领会为意向行为的主体,我们能够将人格领会和共感为这样一个我们也能够处于其视角之中的他人。换句话来简明扼要地说:那在"人的生命-形式"这一表达中被把捉为形式的东西,正是舍勒称之为共感、普莱斯纳称之为模仿、托马斯洛称之

---

① Helmuth Plessner, *Conditio Humana*, Gesammelte Schriften, Bd. 8, Frankfurt: Suhrkamp Verlag, 2003, S. 175.
② Michael Tomasello, *Die kulturelle Entwicklung des menschlichen Denkens*, Frankfurt: Suhrkamp Verlag, 2006, S. 35.

为模仿学习的东西。

我们现在来到结尾。黑格尔在《精神现象学》中指出：那些诉诸作为"内心的神谕"的感受的人，是在"践踏人性的根基"。[1] 当然人们本不必非要以黑格尔来结束一个发言，因为也有可能那些将因黑格尔而开启的问题要多于通过报告而获得的明察。

在我们对舍勒进行回顾之后，可以看到，共感绝不是什么神秘的东西，它是人作为人格在其中进行其生活的形式。包括舍勒自己本来也有可能写到，那些忽视了这一点的人在践踏人性的根基，因为他错失了其生活形式。据此，共感就不仅是我们生命的一个变动不居、来而复去的事件，它是人的生命形式，只要我们将自己理解为人格。

（译者：吴思涵／科布伦茨－兰道大学哲学系；<br>校者：谢裕伟／中山大学哲学系）

---

[1] 参见黑格尔：《精神现象学（上卷）》，贺麟、王玖兴译，北京：商务印书馆，1979年，"序言"，第53—54页。——校者注

# 《同情书》之中的"爱的秩序"与"应答爱"*的伦理
## ——关于舍勒伦理思想的管见

[日]岩谷信(日本东北学院大学)

## 一、绪言

从前孟子以人不忍孺子落井而前往救之为例,论述人皆有"恻隐之心"。耶稣以"撒玛利亚人"的寓言来说明作为"共苦心"的"邻人爱"。"恻隐心"和"共苦心"在日文里也可译作"同情心"。从古至今,东西方的很多思想家有讨论"同情心"这种情感,现代英国哲学家休谟和亚当·斯密甚至以"同情心(共感)"作为伦理学的基础。但在20世纪前叶,有一位哲学家考虑到作为所谓"贪婪的社会"的西欧市民社会中"习俗"(ethos)的相对化,对上述哲学家主张的"同情伦理学"提出了异论,并以当时最新的现象学方法来分析"同情"(Sympathie)或"共感"(Mitgefühl),他就是德国哲学家马克斯·舍勒。本文的旨趣,是依据舍勒《同情的本质与形式》①第二版的相关讨论,来介绍舍勒提出异论的论证之中所包含的"同情的各种感受的奠基

---

\* Gebenliebe 中文一般译作"回爱"。——译者注
① 以下简称为《同情书》。

关系,并且思考舍勒将位于这个关系最上层的"非关宇宙(akosmistisch)的人格爱",亦即孟子的"爱人者人恒爱之,敬人者人恒敬之"(《孟子·离娄下》)那种人格与人格之间的"应答爱"作为"道德凝聚的原理"所建构出来的"爱的伦理学"之逻辑以及它在今天的意义。

## 二、作为"同情的各种感受的基础"关系的"爱的秩序"

首先我想整理舍勒的"同情的各种感受"并从中拓展论究的场域。对舍勒来说,Sympathie是指包含"爱"的"意向的、价值认知的(wertkognitiv)所有感受行为和功能"总体的"参与其中的情性"(teilnehmende Gemütes),狭义是指"共感",即对于他者的"共欢"(Mitfreude)和"共苦"(Mitleid)等以"直接的追感理解"为基础、透过实效方式"参与"(teilnehmen)他者体验的过程。但是,Sympathie在最广义的意思上,是万物的宇宙论和形而上学意义的"共感同一感",和包含生命、生物学意义的"交感、感应"等用语。这种在语义上的广范性,来自他在《同情书》第二版中,赞同自古以来的"宇宙生命同一感"思想和柏格森等人提出的"生命哲学",并以此为立足点将以笛卡尔之后的"机械论"式的"自然图像""联想心理学"为基础的西欧现代"人论"相对化的策略。

然而在此姑且不论此点,上述的"同情的各种感受"在《同情书》的开头有以下四种分类。(1)把同一的痛苦〈与某人一起(mitjemand)〉直接地感受,亦即所谓"相互一道感受"(miteinanderfülhen);(2)〈指向某事(an etwas)〉的共感,亦即因某人的欢乐而共欢或因某人的痛苦而共苦;(3)单纯的感受感染;(4)真正的同一感(echte Einsfühlung)。而善于"串行化"的舍勒在同书的第四章中把"同情的各种感受"排序,并将它们的"奠基"(Fundierung)关系以下列的四个命题表达,即:(1)"同一感为追复感受(Nachf的四个命题)奠基";(2)"追复感受为共感奠基";(3)"共感为人本爱(humanitas)奠基";(4)"人本爱为对于人格与神的非关宇宙之人格爱奠基"。舍勒使用"奠基"一词的时候,以〈甲为乙奠基〉为例,是指甲的功能(行为)充分发挥作用时,乙的功能(行为)也会发挥作用的关系,但这关系并不是各种行为的"时间上的实在顺序",而是"本质论上"的"构筑秩序"。

这里论及的"同情的各种感受"之"奠基"关系对我们而言最重要的是,它不单包含了对现代英国伦理学批判的理论根据,也隐含了标榜"伦理学人格主义"的舍勒在《伦理学中的形式主义和质料的价值伦理学》[①]中,讨论作为根本问题的"伦理价值之载体的人格精神个体性的生成与存在"之论述(参看Ⅱ:499)。换言之,他在《同情书》的开头等处把上述的"奠基"关系总体称为"爱的秩序",并预告自己将把该体系性论述置入"心灵(Seele)和它的各种功能上发展的各种阶段"(参看Ⅶ:12)。此外,那是因为在有关作为"爱的秩序"的"奠基"关系中潜伏着从人类"身体、心灵的自我"到"精神人格"的变化这种"自身聚合"(Sichsammelns)过程,以及从"自体爱"(Autoerotismus)中经"本己之爱"(Eigenliebe)和"自身之爱"(Selbstliebe),最终到达"真正的(echt)自身之爱"这种人类的爱之发展模式,同时也是因为这个"真正的自身之爱"的主体,便是把"爱与应答爱"作为"人生意味或意义"而生存的"道德凝聚"之主体的"私密人格",亦即所谓内部实存(参看Ⅴ:40)。如后所述,在介绍舍勒对英国伦理学的批判及其论据之前,我们先探讨上述"奠基"关系的四个命题,及当中涉及的各种"同情感"的特征[②]。

次序上,我将会先论及上述第一命题"同一感奠基追复感受"中的"追复感受"。它指的是一种"把握""理解"或"认知"包含他者感情的各种他者体验事实及其本质的感情。再者,"追复感受"被区分为两种。一种是

---

① 以下简称为《伦理学》。
② 《同情书》第2章、第6章。

追复感受在意向上朝往"价值"和"负价值"的他者本身之"本源性意向感受",另一种是追复感受"意向感受"以及在他者内发的、显在的"感受状态"。但无论是哪一种,这种"追复感受"的理解在我们身上之所以可能,是因为我们活在"理解"所谓的孕育解读"密码"的"同一感"本身当中。那么这究竟是什么意思呢?

关于此,舍勒在《同情书》第三部分中针对"人格化"和"精神化"的场域,检视了《伦理学》第二部分所论及的"生命共同体""社会"和"精神人格共同体"这三层的"社会统一态",并作出以下讨论。所谓关于"不能取代的精神上的诸人格之共同体(Gemeinschaft)"这个集团的"他者的心灵生活(Seelensleben)的存在及相互存在的现实存在"的"知识"(Wissen),是以关于"社会"(Gesellschaft)内部的"其他诸人格的存在及相互存在的现实存在"的"知识"作为前提的,而在"社会"中出现的"有关他者的间接知识"也是就其被给予性而言将"直接知识"作为前提的,换言之,也就是将只能在"生命共同体"(Lebensgemeinschaft,第一义的家族)之中才能获得"有关他者的知识"作为前提的。

这种"直接知识"之所以会产生,是因为我们只在幼儿期的初期阶段能以一种无意识的方式通过"真正同一感"或"真正的〈传统〉",接受"他者的各种心灵的内容与功能"。而正如舍勒把"充满爱的性行为"视作"真正的同一感"的典型,这是当人的"生命的人格中枢"领域之上下两领域,即"意识的意识行为的精神及理性领域"和"身体的感觉及感性的感情领域"所特有的"功能"和"行为"停止时,换言之,也就是作为人或人格的"个别性"和"个体性"消灭时,才会出现的感情。

总的来说,上述的第一命题指的是,"同一感"孕育了"追复感受式的理解"的解读"密码"。换句话说,舍勒所指的作为〈人伦体系〉的"社会统一态"的多重构造是透过"自身意识"的深化和"精神个体化"的形式,成为贯彻它并得以成长的我们人类彼此相互理解的基础前提,因此,他这样说道:

正因为这种关系和构造的存在,才可以让我们把同一文化圈内的人们的活动,即使在没有投射的"移情"或"推论"的情况下,也可以比异种文化圈的人们的活动更容易地直接"追复体验""追复感受"或"理解"。

其次,"追复感受是共感的基础"这个第二命题中的"共感",指的是作为意向、能动的"追复感受"对象或作为以一种"理解"的方式被"把握"的他者感情和对于体验的"反作用、反应(Reaktion)"所生成的感情。因此,"被动"是"共感"的本质特征,在此意义上第二命题同时亦论及"没有追复感受便没有共感"的关系。

舍勒巧妙地在以下的场面设定中说明这个关系。这场面就是,父亲和母亲痛失爱儿,他们伫立在孩子的棺前时,朋友某君刚好前来。这时父亲和母亲之间有一种"同一的苦"(Leid),并出现了"相互地"(miteinander)一起"痛苦"(schmerzen)这种所谓"相互一同感受"。但是,"共感"并非出现于父母二人之间,而是出现于这两人和友人之间。友人某君"追复感受"了这对父母的"苦"和"痛"(Schmerz),所以"有"(an)与两人"同样的痛苦"。然而友人某君不是因为"痛失爱儿"而痛苦,而是因为"孩子双亲的痛苦"而痛苦。因此"共感"的一个特征是"共苦的人"所抱着的"痛"和"苦",与"被共苦的人"所抱着的"痛"和"苦"在现象学上是两种不同的事实;另一特征是,在真正的〈纯粹〉共苦和共欢之中,"共苦"和"共欢"的人身上并没有出现作为"感受状态"的"苦痛"和"欢喜"。[①] 例如,如果是真正的"共苦","共苦的人"身上没有可能出现因为"感受感染"而产生的,如"这真的令人讨厌"这种作为人本身的"感受状态"的"痛苦"。

## 三、现代英国伦理学有关"共感"的误解

话说回来,在伦理思想史上我们不应忽略舍勒基于上述洞察,而指出现

---

[①] GW 7, S. 56.

代英国伦理学者们犯下的两个共通错误。第一个错误是，他们大部分都没有把握到"共苦"本真的意思，即没有认清"共苦"并不是面对自己的"感受状态"，而是对他者的"意向""感情"或"感受"；相反，他们以人们的"自我主义"（egoism）来说明"同情心"（sympathy）（参看Ⅶ:50f.）。但正如舍勒所言，当人们遇到他者的苦境时，或许会抱着"如果我也身同此境，结果如何是好？"之类的想法。在这种想法的驱动下，试图援助他者的人，事实上不是为了减轻他人的"苦痛"而只是为了减轻对于作为自己的"感受状态"的"苦痛"。这种自我中心的想法或援助行为全部都是和"共苦"似是而非的伪善。

上述伦理学者所忽略的事情如下：的确，在伦理思想史上"同情"和"共感"作为sympathy，多数是以"共欢"或"共苦"亦即"喜他人之喜，悲他人之悲"的意思来论述的，但上述"追复感受是共感的基础"这个关系，并不仅在上述伦理意义上的"共感"的情况下成立，而且也在其"相反"的情况下成立。换言之，那些在"卑俗弱者"的"怨恨"中出现的"悲他人之喜，喜他人之悲"也是名副其实地通过"追复感受"而对他者体验和感情进行"回应"的"共感"，此外无他。

然而，对人的恶行抱着欢喜，或者他对当前善事抱着苦痛或憎恨，相信没有人会认同这种"同情"（sympathisieren）就是善。因此，伦理上有价值的"共感"，以"共欢"之例来说，无非就是和伦理上有价值的事态呈现出来的他人的"欢"进行"共欢"。更正确地说，从舍勒的角度来看，这就是现代英国同情（共感）伦理学者们的根本前提，他们没有察觉到"共感"所拥有的、上述的伦理上的"价值盲目性"，而从"本质上是被动的共感"推出对自发及能动的他者的"爱"，这想法就是他们伦理学的最大缺陷。

关于这点，从舍勒的角度来看，达尔文等人的伦理学也是同类。因为他们的伦理学错误地承认了上述"共感"的伦理、道德上的盲目性或价值中立性，此外还武断地混同了"人类社交性"的成长和"人类道德的进步"。这是怎么回事？舍勒对他们作出了以下的指控。（参看Ⅶ:139f.）"无论是体验经由感染的可传递性还是对理解、追复感受能力的训练，都是因生活样式所具有的社交性的量和强度而成长。但依我们[亦即舍勒]所见，这些行为恰恰同样是与本真的〈共感〉截然相反的感情的前提，例如粗暴、残忍、敌意、嫉妒、猜疑心、幸灾乐祸等感情和刺激。"① 以上引文的重点是，作为"本真的共感"的"相反"感情，是因为受到强力抑压而成为"怨恨"的价值错误的母胎这种情念。因此之故，舍勒指出"共感"最大的特征如下：伦理学应铭记，在各种人际关系之中，我们会把他者体验和感情作"追复体验"和"理解"，并作为对这些"反应行为"的"共感"，不是因为它们本身能够保持伦理或道德的价值，也不是因为它们能够奠基这些价值。

若是如此，这里所谓伦理意义上的"共感"，正确地说，到底是怎么样的"共感"？舍勒的答案如下：这种"共感"就是"爱的样式和深度上的〈归结〉"。众所周知，他所指出的"爱"是一种"运动"，它"发现"了在他者之中有一种比所有现存价值更高一层的价值，但这些价值还没有被给予为一种正面的性质，这运动尝试在他者中把这些价值现实存在化（参看Ⅱ:266；Ⅶ:156）。换言之，所谓"爱"，无非是"情绪上从心底温暖地肯定他人'个体性'的实在性和相互存在"。因此，能给"共感"添上伦理意义的，无非是作为通往他者的"意向精神行为"的自发性的"爱"之眼光和上述所指的"运动"。因为有了"爱"的"协作"，和他者正确地对应的"主动援助的实现"才可能。根据舍勒的主张，这种"爱"在"本质法则"上会引起从他者而来的"应答爱"，如后所述，这种自发的、相互的"应答爱"成为人与人之间的"道德凝聚的原理"。因此"共感"和"爱"的"协作"也是一种"本质论上"的关系，把这关系主题化的就是"同情的各种感受的基础"关系的第三和第四命题。

---

① 参考《同情书》第八章。

## 四、"人本爱"与"非关宇宙的人格爱"

　　第三命题,即"共感是人本爱的基础"之中的"人本爱"是指把个别存在者视作"人类"的"一例",这个人是"人",拥有"人的颜面","人本爱"即这种爱的运动。这运动以"共感"作为"基础"的原因如下。第一,有别于"认识态度"的"追复感受",在涉及"共欢"和"共苦"的"共感"之中,"他我"总括地被意识为与我自身的实在性有着同等的实在性的"你",而这事态从舍勒的角度来看,证实了从"宇宙生命的同一感"发现的那种人与人之间的"我与你"关系之本源的"凝聚"。换言之,这个"同情的诸感受"之"认知功能",除了是于"理解"之中的"追复体验"和"追复感受"外,还是"他者意识主体的前逻辑性实在意识的源泉"(参看Ⅶ:13)。也因为如此,他如此说道:吾人"对自我主义的完全克服"是作为从浮现在"共感行为"之上的"〈汝-性(Du-heit)〉"的他者认知开始的(参看Ⅶ:127;Ⅷ:57)。

　　上述"共感"中的"价值盲目性",不问共感的感受价值如何,它和拥有爱的"人类"的"一例"的、不问"同民族或异民族、罪人或善人、人种的价值优或劣、有教养或无教养、甚至优良或劣恶等"差异的"人本爱"的性格一致,甚至能够活性化"人本爱"。这种"人本爱"与"共感"一样,是以所有人作为对象,但既然作为某种"爱",便有别于"共感",即它会从所有人身上自发地寻求"人性"这种积极的价值。因此,作为自发性的爱的"人本爱",如果能够一度透过把他者的实在视为"你"来认知的"自我超越"式的"共感"进行活性化,那么这个爱便能以能动的方式将在自己身上"共感"的功能领域和客体范围加以扩张和深化。而阐述这种能动性的扩张和深化的最终形势的便是位于"同情的各种感受的基础"关系的最上层的第四命题。

　　第四命题是"人本爱是人格与神的非关宇宙的人格爱的基础"。在此命题中的"非关宇宙的人格爱",依照舍勒的说法,是本文开头引述"撒玛利亚人"的寓言中作为"共苦心"的"邻人爱"的别称,历史上,它是要求废除奴隶制的旧约圣经后期先知和古代思想家在"人本爱"思想的基础上"新设"的基督教之"人格爱"和"兄弟爱"。

这些爱和上述的"人本爱"的差异何在?舍勒的答案如下,差异在于"人本爱"是把他者作为"人"类的"个体例"来去爱,但"人格爱"则把他者作为仅是一个个性、个体的精神人格来去爱。换言之,在"人本爱"之中,"个体化"的原理是在各自的"身体",它的意向对象也是自他共通的作为普遍统一性的人性,后者的"个体化"原理是在人格性的形式中其自身的无时间性的价值本质本身,即在"人格中的人格性"的、各自的"事实的价值评价和价值先取的组织化体系"的意义上之"个别有效性"的"爱的秩序",它的意向对象,就是把"活力自我"(vitaliches Ich)及"心灵自我"(seelisches Ich)"对象化",并把它们作为自己的构造契机的、各自的"精神人格"之全体。

然而上述的"人本爱"是基督教"人格爱"的"基础",这到底是什么意思?舍勒的答案如下:第一,个别主体所实行"人格爱"的场被给予性范围之划定,是以上述价值盲目的"共感"为基础,而不是以没有区分人们的"普遍的人本爱"为基础。第二,"活力自我"和"心灵自我",在存在层面上,是作为人的"意向行为"主体的精神人格的下部构造,它只不过是人格中枢的"道具"。从"爱"的"被给予性和发展的顺序"来看,事态是倒转的关系。换言之,个别的"人格"通过对其他"人格"的精神意义之"理解"而被给予,并作为"你"这个独一无二的"人格"成为"爱"的对象,是因为他人的存在和自己的存在同样都是实在的,这在"共感"之中已被认知,之后,在"共感"作为基础的"自发性的人本爱"之中,它的对象深化为在人之内人格存在的起点,即深入到个别有效的爱的秩序。

然而,上述基督教的"人格爱"为何要特别称为"非关宇宙的"?舍勒的答案如下:这种"爱"并不是"宇宙论的爱"。即是说,"人格爱"在历史上和古代自然主义、活力论的"宇宙论"和"世界论"的流派,即"泛神论、一元论"的各种理论所主张的爱是完全异质的东西。从舍勒的角度来看,这种"泛神论"或形而上学的"一元论"所指的,总括地说,就是"世界根据"和人的"人格"在"本质"上和"实体"上是"同一"的存在,"人格"与"人格"之间也没有"实体差异",而人是作为"人格"的"个体化"通过各自的"身体"而出现的。所以,这些理论在论及爱之所以为爱时,会指出"爱者与被爱者"在形而上学的存在秩序中有着"本质的同一性",即使有论及作为人的各自的"灵魂(Seele)救赎"方案和"自身此在的究极意义和价值",它也只是内在于"生命"的"宇宙"或"自然"的至高"世界根据",或存在于大"我"与各自"灵魂"的"同一感"的方向。

但是,中期的舍勒明显反对上述各种"宇宙论"的"爱"和"救赎"理论。这是因为,作为"精神人格"的我们在寻求各自"人生意义"的存在场所时,依舍勒的说法,并不是回到和非"人格"的"世界根据"之"一体"化的方向去,而是回到以确立各自的个性、个别的"爱的秩序"的形式来实行"完全个体性的成长"并统括自己的"社会人格"的"私密人格",即朝向"个性的精神人格"的"爱的共同体"的方向。也就是说,这些"人格"是以实现"凝聚的爱的王国"的担当者之一来生存,才是我们作为人的所有道德行为的最高的意思。正是因为这样,舍勒才会认为"凝聚的爱的王国"与"有神论"和"万有神论"(Panentheismus)的形而上学有亲近性,所谓"人本爱"不单是"非关宇宙"的"人格爱"的"基础",不仅如此,他还间接地以作为"基础"关系的第四命题来主张它是"对神的爱"的"基础"。

## 五、舍勒的"人类尊严"论及其暗转

但是,这里我们不能忽略以下重点,第一,舍勒在《同情书》第七章中提出"非关宇宙的人格爱""要求""所有有限的人格存在"把精神的目光焦点放在基督教的"人格神"上,也指出"在没有有神论的前提下,无法想象或支持非关宇宙的人格爱本身"。第二,这段时期的舍勒在《德性的复苏》和《基督教的爱的理念和当今世界》等著作中指出,"人的精神人格性的尊严"在"退隐的神"之前"应以恭顺之道和自由奉侍这种爱的方式来成全",而这主张的背景是舍勒在这个时期的信仰的核心思想,即从"以神为依据的人类灵魂之个体创造"产生了"个别人间灵魂的绝对价值"这种思想。所以,舍勒认为,个别的人的"尊严"在没有"灵魂直接从神而来(灵魂创造说)"的情况下是无法得到说明的。

然而对我们来说,上述主张的重要性无非是在于"有神论的前提",没有这个前提,上述"非关宇宙的人格爱"便无法成立,因此舍勒在《德性的复苏》之中指出:"'神的'运动本身的共同实现才是我们暗地里期待的救赎"(参看Ⅲ:18)。因此,他的立场成为一种"神学的功利主义",而"非关宇宙人格爱"所拥有的伦理学意义亦会消灭。或许是这个原因,后来的舍勒,如众所知,放弃了这种"有神论"的信仰立场,而把自己的哲学立场转移到"万有神论"上。再者,舍勒在1926年《伦理学》第三版"绪论"中明确指出"要把伦理学建基于[人格]神的本质和存在或神的理念和意志之上"并"不是该著作的立场",而他在同期著作《人在宇宙中的位置》①中,主张了一种与上述根据基督教信仰的"人类尊严"论完全相反的"人类尊严"论。

然而,只要舍勒没有完全否定他在《伦理学》第二部分冠以"凝聚的爱的王国"的"总体人格"论,那么我们在思考他的伦理学在今日的意义时,便应检讨以下问题:作为"人格"之间的一种"应答爱","非关宇宙的人格爱"在没有"有神论前提"的情况下是否就"不能被思考或支持"?这里,我们在讨论这个新的问题时,即使比较迂回,亦首先要检视舍勒的新"人类尊严"论到底在主张什么。

---

① 以下简称为《位置论》。

舍勒不再把自己的哲学视野纯粹放在"精神"意义上的基督教"人格神"之上，而是放在与拥有"自然"（欲求［Drang］）与"精神"（deitas，神性［Gottheit］）的人一样有着同样本质属性的"自在存在"（Ens a se），即作为"世界根据"的"绝对存在"之上。他在《位置论》等作品中提出了以下旨趣。人作为人类，他们在漫长的发生史中向"自然"诀别而走向"精神化"，在"自然""世界"和"宇宙"全体的"对象化"的同时，在"自身存在与自身意识的生成"的过程中落入了"纯然的虚无"。这个"虚无"是指人在发现自己已经不能单纯地说"我是世界的一部分"，在尝试确定自己的"立足之处"并提出"到底我处身在哪儿？"的疑问时，把他包围着的，在他眼前展现的，最终深入"绝对虚无"的领域。舍勒继续说道：人在上述的"纯然的虚无"的体验中，为了克服〈宇宙论的虚无主义〉，采取了两种方法。第一，就是从自己的"认识精神"来重新捕捉上述作为"虚无"的领域的"绝对存在"，这是一种"把自己放在那里"的"形而上学"态度。第二，就是活用自己"法外过剩的空想"力，把上述领域以某种形态来"偶像"化，并在这个"偶像"化了的"绝对存在"的"权力"（Macht）之中寻求自己的"救赎"和"庇护"的"宗教"态度（参看Ⅸ:68f.）。如果我们跟从自称"形而上学家"的舍勒的说法，在"形而上学"所捕捉的作为"世界根据"的"至高存在"（oberstes Sein）和"人"之间，人若要成为理想的"人"的话，便必须把与"世界根据"同样拥有"欲求"和"精神"这两种属性的自我自觉为"至高存在"的"分肢"，而"世界根据"为了能够"直接地把握和实现自身"，便必须存立一种通往"存在者"的"人的协力"的特别关系。（参看Ⅸ:83f.）

从上可见，舍勒在最晚年所主张的人类真正的"尊严"，借用他在《哲学世界观》中的说法，则是"人"必须是"神的共同战士"和"共同事业者"，他们必须随着自身意识的深化和"世界的经过"，方能在世界这场暴风雨中率先挥动作为实现自我的"绝对存在"之"'神性'旗帜"（参看Ⅸ:71, 84）。对舍勒来说，上文提到主张"恭顺之道与爱的道行"的基督教

"人类尊严"论,只不过是"弱者"们为了克服"宇宙论的虚无主义"的"宗教"妄想之一。

## 六、从"伦理学上的虚无主义"到"应答爱"的伦理

让我们回到作为"非关宇宙的人格爱"的"应答爱"这个论题,这里我们要确认的是,舍勒的"人类尊严"论的背景是他的中期基督教思想,而在后期的"万有神论"则把作为人的自我价值的"尊严"的根据从人以外的"神"或"神性"所有的"尊严"的关系中引导出来。换言之,我们作为人,把自己和拥有"至高尊严"的"神"和"神性"的关系拿走的话,便没有了"尊严"的存在,而只有"无"(nichtig)和"空"(leer)之类的存在。有别于"宇宙论的虚无主义",舍勒把这个事态称为"伦理学的虚无主义"。

这里虽然有点唐突,但却令人想起舍勒的论敌——康德——曾在《纯粹理性批判》"辩证论"一节中,提及了"究极地担起万物"、作为无限制地"永恒""存在"的"神",并自问:"我从何而来(Woher bin ich denn)?"(B 641),从这个线索出发,康德考究了"人类理性"的"深渊"和"有限性"。这里,我们可以向舍勒提出以下问题,即上述的"神性"本身拥有"尊严",但其根据何在? 如果舍勒主张把自己视为内在于自己的、"至高存在"的"神性"的"分肢",而这个"共同事业者"也有了"尊严",那么他如何代替神来回答康德上述有关神的自问? 无论舍勒如何回答,我们都不禁要提出以下追问:舍勒把基督教的"人格神"信仰视作"偶像"崇拜,但在"万有神论"的"形而上学"背景下,不管是"世界根据"的"至高尊严"主张还是作为"共同事业者"的"人类尊严"主张,都和舍勒所指的"宗教"态度一样,无非只是一种"人"或是人自身以"过剩的想象力"来生产出作为自己的"救赎知识"的"夸大妄想",不是吗?

我们的回答是肯定的,即晚年舍勒的主张也是一种"夸大妄想"。理由

是，舍勒本人在《同情书》第二部分中论及"人本爱"时，已有言及"对置世界全体并相互连带时，唯有倚靠神该价值才可以完全被把握，只有通过神的爱而爱的存在者"，而作为这种存在者的"人类全体"这个说法，例如"对甲来说乙有价值"、"对甲来说乙有意义"，只有在作为不同的两者的关系中才能得到说明。因此主张"人类存在在他的本身有伦理上的价值"和主张"人类存在在他的本身没有伦理上的价值"是一样的，两者无论是在伦理学上还是在语言学上都只是一种"无意义"的主张。就如康德和尼采所认识到的，这也适用于"神作为祂本身是尊严存在"之类的主张。顺便一提，若按照舍勒在《同情书》的想法，包括上述的"人类全体"，把"活生生"的存在全体视为"空"的存在，并论说在"活生生"的存在之间有一种彻底的平等观来克服一切"我执"，这就是佛陀的思想（参看Ⅶ:88f.）。

尽管如此，舍勒提出以下说法时，显然已察觉到吾人存在所蕴含的"伦理学的虚无主义"。他在《伦理学》第六章 B 4-3 以下指出："人格价值本身对我们来说是最高的价值阶段，并且作为这个最高阶段而在等级上胜过所有以人格的愿欲、做、特性为载体的价值种类，同样也胜过物事价值与状态价值。即便是人格的'愿欲'也永远不可能比与此愿欲相关的人格更好或更坏。"他的意思是指，在这里，"人格价值本身"明确是指"最高的价值阶段"。然而此处的"最高的价值阶段"，借用《伦理学》第一部分的"纯粹价值论"的说法，无非是从各种价值本质担当者的观点来规定的阶段中的"最高"阶段，而不是那个在"实质""价值样态"的"先验（a priori）序列"中作为"最高的价值阶段"的"神圣价值"，亦即"神的人格"才能担当的"神圣价值"阶段。如刚才引文所指，与康德伦理学中"目的本身"（Zweck an sich，人格的绝对自我目的性）是相同的问题，因为舍勒的工作就是以"质料的价值伦理学"的语言来论述"意欲他物时也同时意欲自己"或"行为即使把某物作为目的但同时始终以实现自己作为目的"这些普遍人格行为的主体论构造。再进一步说，刚才引文所说的只不过是以下这种道德性，也就是无论是在"善的人格建立善的目的"还是在"恶的人格建立恶的目的"的情况下，作为同样普遍有效行为的"价值盲目"构造，即作为"人格"中的"人格性"的各自"志向"（Gesinnung）与各自对各种"行为"的"负责"（Ver-antwortung）关系的"道德性"。

## 七、舍勒对"应答爱"伦理的思索

论述有一点迂回曲折，但我们刚才所提出的课题是，舍勒所主张的"非关宇宙的人格爱"在没有"有神论前提"的情况下是否"无法被想象或支持"。关于这个问题，我们论及了"伦理学的虚无主义"，即人各自的"存在"在其本身没有所谓"神圣"或"尊严"这个认识在伦理学上有什么意义。为了回答这个问题，在此应该确认的是，舍勒哲学中所谓的"人"（homo）是其肉身"背负物质身体的、有限精神的人格本质"的"地上存在者"。

换言之，以"身体""自我""人格"为自我存在构成契机的人，作为"身体""自我""人格"的"私密人格"之"内部实存"，透过"反省"之下的"自身聚合"，也就是"和精神行为中心的自我相关的意识"之深化，来实现"完全的个体性成长"（参看 V :40 ; IX :34）。人便是在这个极限状态下，自觉到作为自我存在的"形式"之本质"性格"的"伦理学的虚无主义"。透过上述的"成长"，"伦理学的虚无主义"带有"个别有效的爱之秩序"的普遍"精神人格"的"形式性格"。"伦理学的虚无主义"成为能让具有"私密人格"的人们的"爱的共同体"这个"凝聚性"成立的"原理"。这究竟是什么意思呢？

让我们依序来看，关于此点，舍勒在《伦理学》的一节中论及人是具有作为"感性的-生命的-精神的存在者之层次统一的精神核心"的"私密人格"之存在，这是一种"本真的结合形式"。他说道：在此"结合"里，如果"私密人格在每个瞬间的个体性和此人格的价值差异性本身被忽视（absehen），私密人格彼此是同等价值存在的话，那么私密人格就会变成教会法的主体。而且只要此结合的统一性和诸人格的一个国度以及一个全体的凝聚的救赎价值有关的话，总的来说，教会的理念和本质就必须以这个统一性为基础"（参看Ⅱ:503）。这个宣言对我们来说很重要，若将忽视"私密人格"的"个体性及其价值"本身对照于舍勒在《德性的复苏》"恭顺论"中所说的话，会发现自觉到自在存在的"空无"及"空虚"、放弃法利赛人的人生态度（一种夸示将作为自身行为〈善·恶〉之"实体"[Substanz]的"人格价值"这种"自我价值"本身视为"伦理价值"的态度），该存在蕴含〈伦理学虚无主义的〉。这些点显示的便是转换成"彼此同等价值的"所有"人格"之新的"结合统一性"的动态。

此外，这个新的"结合统一性"指的是上引文中的"教会"。此"教会"正是出现在舍勒论述中的"非关宇宙的人格爱"世界的"伦理世界"的别称。然而必须注意的是，作为"伦理世界"的"教会"之"理念与本质"是以所有"人格"之间的新的"结合统一性"为基础的，而不是相反的情况。

然而若是如此，舍勒在没有"有神论"信仰的前提下，是如何思考这个"私密人格"之间的新的"结合统一性"的存立可能性的呢？为阐明此问题，我们有必要回到方才介绍的《同情书》中对"爱的秩序"之考察。暂且不详论"非关宇宙的人格爱"作为"爱与应答爱"蕴含本质性的"相互性"，理由在于舍勒在其论述中强调了位于"爱的秩序"最底层的"宇宙生命同一感"所保持的"凝聚原理"，亦即"相互一道-存在"（Miteinander-sein）的变化。此外，这个变化的样态以与"自我认识"的深化过程并进的形式被加以说明。上述"原理"作为"在生命共同体中和生命相结合的凝聚原理"在人世间登场（参看Ⅷ:35），它在"社会"中曾一度消失，却又在所有"私密人格"的"爱的共同体"当中以"内面道德的凝聚"再次登场。不仅如此，舍勒还用各种"责任性"（Verantwortlichkeit）的形式来讨论这些东西（参看Ⅶ:60）。

总而言之，在和上述的提问之关联下我们必须注意的是，在舍勒的论述里,"相互一道"的规定性在和"追复感受"的共同运作下的"共感"层次上,"我和你"的关系被"发现",并使得陌己存在本身的同等本源性在我们"人类"之中被"自觉"。这不仅成为"人本爱"的"基础",最终催促作为吾人"人格"的人在"伦理世界"中"变换位置",同时亦实现对应各自作为"人格的人格性"之"个别有效的爱之秩序"的"应答爱"。针对"应答爱",舍勒在《同情书》中主张"爱和〈其他条件一样〉,若没有阻碍的特别理由,在本质上会召唤同等的应答爱"(参看Ⅶ:110),并在《伦理学》中如此说道:"应答爱的要求并不存在于主观的意图或愿望当中,它只存在于作为爱的爱之意义当中"。

若是如此,本文一开始举出的"同情心",也就是孟子所说的作为"不忍之心"的"恻隐之心"以及耶稣所说的作为"怜悯心"的"共苦心",可以用以下舍勒的语言来进行阐释。只要是人,无论是谁,都会在自身情操的成长过程中的"人本爱"层次之前的"共感"层次,以及被"同一感"奠基"的"追复感受""共同协作"的"共感"层次之中,作为与"它"(Es)有所区分的"你"(Du),和其他人在"我和你"的"凝聚"以及"相互性"之中相遇。也正因如此,"不忍之心"或"怜悯心"指的是,从以上述方式和他者之间的体验来形成自己心术的人身上所涌现出来的"同情的感受",而这种情感指的是在修复某些灾祸所造成的遗憾所涌现出来的东西。①

因此,笔者在此想回应方才的问题,即舍勒在没有"有神论"信仰的前提下,是如何思考这个"私密人格"之间的新的"结合统一性"的存立可能性的呢?他在《伦理学》第三版"绪论"中明确地说明"有神论"信仰的前提"完全不是自己的立场"时,在他的脑海里肯定会有这种想法。《同情书》中的"爱的秩序"思想,亦即以全体、本源的立场相互肯定彼此的存在之"非关宇宙的人格爱"指的是,比从"宇宙生命的同一感"所发现的、在"追复感

---

① 本文受到《孟子·尽心上》:"尽其心者,知其性也。知其性,则知天也。存其心,养其性,所以事天也……"启发。舍勒晚年思想和上述儒家的"人类存在论"具有亲近性这一观点并非笔者的独断。这一说法有待学者来检证。

受"和"共感"的"奠基"下,作为"我和你"的关系潜藏在"人本爱"之中的"凝聚"更高层次的显现形态。

## 八、代结语

然而,如上所述,按照舍勒的想法,"爱"指的是在他者之中发现"作为积极的性质尚未被给予诸种价值",并试图将这些价值存立于他者之中的"运动"。如此,非"自不量力"的"价值"作为它自身,能够显现在伦理学上"无价值"的吾人存在上,也只是在以下这种情况,也就是当"人格神"信仰被忽视时,同样作为人的他者来爱我们的情况,或他者以本源、全体、无条件的方式肯定自己存在的情况。此外,和"伦理学虚无主义"相同,当吾人在吾人自身的"形式性格"之本源凝聚原理的促发下回爱他者时,在这两者的"应答爱"里,这个"爱"只要是真正的东西,这两者的"存在价值"必会彼此相互"发现",必会带有各自的生活意义。这两者的"存在价值"必会在那个"虚无主义"的黑暗当中闪闪发亮。从舍勒伦理思想考察中浮现出来的这种"自我超越"的"应答爱"光辉,正是能够克服吾人"自我中心主义"及"虚无主义"的东西。这个东西不正好可以被称为"人类的尊严"吗?

无论如何,审视潜伏在舍勒思想中的"伦理学虚无主义",我们才可以脱离他在两种"人类尊严"论中所预设的"欧洲人"的"自我理解"框架,即古代希腊的"泛神论"和犹太教、基督教的"有神论"这种传统框架,并在没有对"人格神"或"神性"绕远路的情况下为"人类尊严"和作为"道德凝聚原理"的"根本伦理"设立新的立场。这个工作就是舍勒所希冀的"把亚洲(特别是印度的)ethos和欧洲的ethos互相均衡、导向更高处"(参看Ⅶ:113),无可否认,这就是舍勒伦理学在今天的意义之一。

(译者:张政远/东京大学综合文化研究科;
校者:廖钦彬/中山大学哲学系、吴思涵/科布伦茨-兰道大学哲学系)

# 马克斯·舍勒与和辻哲郎
## ——两种伦理学的构想

[日]横山陆(日本中央大学综合政策学部)

## 一、起点：舍勒是谁

20世纪初叶从新康德学派到现象学，德国哲学的潮流风起云涌，马克斯·舍勒（Max Scheler）被视为胡塞尔（Edmund Husserl）之后最重要的现象学家。借用赫伯特·施皮格伯格（Herbert Spiegelberg）的话来说："他是一等星，他耀眼的光芒显示出，他不只是新学派杰出的一员，而且是一位现代的哲学家。"① 舍勒的工作涵盖价值伦理学、共感的现象学、宗教现象学、知识社会学、哲学的人学等多方面，把现象学的方法应用到各个领域，有时甚至切入到现实的问题，或许因此而被当时的人看作"最耀眼的一颗星"。但此颗星却是彗星。海德格尔的主要著作《存在与时间》（Sein und Zeit, 1927）刊行后的第二年，舍勒因心脏病发作逝世，不久即被人遗忘。"关心今日哲学的无论是年轻人还是老年人，几乎都没人知道舍勒，令人难以置

---

① Herbert Spiegelberg: *The Phenomenological Movement,* The Hague: Nijhoff, 1983, p. 268.（中译引文见赫伯特·施皮格伯格：《现象学运动》，王炳文、张金言译，北京：商务印书馆，2011年，第372页。——译者注）

信。"① 他死后约半个世纪,1977 年伽达默尔(Hans-Georg Gadamer)在自传中这么写到。这样的状况在日本至今未变。与胡塞尔和海德格尔不一样,只有以近现代德国哲学研究为专业的人才知道舍勒,而且也只是知道他的名字而已。

事实上,在日本的某个时期,舍勒曾是"最耀眼的一个星",他与胡塞尔、海德格尔一样,著作一度被广泛阅读与参考。舍勒的思想为何如此吸引日本的哲学研究者呢?本稿试图在说明日本接受舍勒思想的一个片段的同时,结合和辻哲郎伦理学的构想来理解这个问题。以下首先以京都学派为中心,概览日本的舍勒接受史(第二节),然后在此文脉中,考察舍勒对和辻哲郎"关系的伦理学"带来的影响。由此说明在和辻伦理学中从"人格"到"关系"的概念转向,与舍勒的"人格"概念有极大关联(第三节)。最终,本稿试图阐明日本接受舍勒的脉络,同时揭示舍勒思想的问题点。

## 二、日本的舍勒接受史

### (一)京都学派与舍勒

舍勒的名字首次被日本的研究者所知,估计是因为他的主要著作《伦理学中的形式主义与质料的价值伦理学》(*Der Formalismus in der Ethik und materiale Wertethik*, 1913/1916)。这本书出版在现象学运动的期刊《哲学与现象学研究年刊》(*Jahrbuch für Philosophie und phänomenologische Forschung*)里的第二卷。当时日本的哲学研究者都非常重视此期刊。

在 1920 年代后半的日本,亦开始出现关于舍勒的正规研究论文与翻译。当时有筱田非常优秀的文献研究②,这里暂不讨论。本文重点并非日本的舍

---

① 伽达默尔:《伽达默尔自传:哲学修行时代》,中村志朗译,东京:未来社,1996 年,第 79 页。
② 筱田一人:《日本的尼采研究》,收录于《理想》493 号(1976 年 6 月号),第 73—84 页。

勒研究，即与舍勒相关的研究，而是舍勒给日本哲学带来的影响。当时引领日本哲学界的是京都学派哲学家田边元、和辻哲郎、九鬼周造、三木清、户坂润、三宅刚一，在他们的文章里可以见到言及舍勒之处。由此可见，舍勒思想对他们思想的形成产生了一定影响，但影响的实质在哪才是问题所在。本文第二节将借助和辻的伦理学，具体考察这个问题。这里，笔者将俯瞰舍勒与京都学派各个方面的思想联系，列举几个重点。

当然，与他们的问题意识关系最深的并非舍勒，而是海德格尔哲学。一战结束后，他们相继前往德国留学，得知当时有位新晋哲学家海德格尔。尤其是田边、九鬼、三木，他们在《存在与时间》出版之前，就曾与海德格尔直接碰面。身在柏林的和辻也在《存在与时间》刚出版之际便购入并阅读。他们通过批判地接受海德格尔，发展各自的哲学。比如田边发展出社会存在论、和辻发展出伦理学、九鬼发展出实存哲学、三木发展出历史哲学、三宅发展出人的存在论。

无论对于海德格尔，抑或是京都学派的学者们，只要以人这样的存在作为哲学的起点，舍勒的人格论与哲学的人学就会是一个参照点。① 在方才提及的《伦理学中的形式主义与质料的价值伦理学》和《同情的本质与形式》（ *Wesen und Formen der Sympathie* , 1913/1923）中，舍勒展开了关于感情的价值合理性与"主体间性"② 的现象学分析，其基础的构成就是他的人格论，这和其天主教信仰的思想背景有关。但他最终疏离了天主教义，晚年的《人在宇宙中的位置》（ *Die Stelle des Menschen im Kosmos* , 1928）就试图以哲学的人学代替人格论。后来，哲学的人学受到赫尔穆特·普莱斯纳（Helmuth Plessner）和阿尔诺德·盖伦（Arnold Gehlen）的批判，到 1980 年代，与现象

---

① 比如海德格尔的《存在与时间》（1927）（尤其是第 13 节）、田边《社会存在的理论》（1934—1935）、和辻的《伦理学》（1937—1949）、九鬼的《人与实存》（1933）、三木的《历史哲学》（1932）、三宅《人的存在论》（1966）中，都可看到涉及舍勒的言论。另外，三木以《什么是哲学》为题翻译了舍勒的论文《哲学的本质与哲学认识的道德条件》（ *Vom Wesen der Philosophie und der moralischen Bedingung des philosophischen Erkennens* , 1930）。
② 日译为"间主观性"。——译者注

学、解释学传统和批判理论（kritische Theorie）一起，成为现代德国哲学三大潮流。接下来，在详述舍勒与天主教义的疏离与哲学的人学构想之前，笔者将先确认他与世界大战的关系。

## （二）战争和哲学

京都学派学者与海德格尔相遇之时，准确来说是在1919年，舍勒在科隆大学就任教授。1910年，由于离婚与婚外情，他被慕尼黑大学解聘，长期在野，一战勃发之时，哲学家里就属他最为强力地鼓吹德国国家主义，写下《战争天才与德意志战争》（Der Genius des Krieges und der Deutsche Krieg, 1914）这本赞美战争的著作，由此为世人所知。然而，在看到战争凄惨的境况后，舍勒转而开始考察战争的终结、欧洲文化的重建以及对战争的痛悔。在一战结束后，他作为科隆大学教授重新回到学术舞台。

如筱田的研究所指出，① 在日本的舍勒研究框架中，舍勒的战争论和战后论几乎未被提及。但若要思考舍勒带给日本哲学的影响，这恐怕是一个不能躲避的课题。当然，它超出了本文范围，这里只列举数个与此问题相关的观点。最初战争与哲学的问题就与海德格尔、田边、和辻相关，对此海德格尔与和辻并没有在哲学上发表任何言论，与此相对，舍勒与田边却留下了某种痛悔的论调。一战后，舍勒从天主教的立场展开良心的痛悔论述，二战后，田边从佛教（净土真宗）的立场，展开忏悔道。从比较思想的观点看来，这点意味深长。但恐怕还需指出的是，在宗教的维度展开对战争的悔恨（Reue），反而有推卸个人战争责任的危险。②

然而，对舍勒的战后论越发感兴趣的是三木。作为京都学派的左派哲学家，他与历史学家羽仁五郎共同创办《新兴科学的旗下》，尝试开展马克

---

① 筱田一人：《日本的尼采研究》，收录于《理想》493号（1976年6月号），第74页。
② 关于这点，参考拙文《马克斯·舍勒的价值现象学：价值与良心》，《现象学年鉴》（日本现象学会）第30号，2014年，第165—172页。

思主义的哲学研究，但之后便于1930年以向日本共产党提供资金为由，被逮捕并判处有罪。因此，三木离开大学，在新闻界活动。1938年，作为近卫文麿的智囊团，参加其组织的昭和研究会，参与提出"东亚共同体论"的构想。此构想虽试图打开因军部失控而陷入泥潭的侵华战争之僵局，但并未从中国方面获得积极回应，饱受挫折。这一结果并不令人意外。"东亚共同体论"讴歌亚洲各国国民的解放与连带关系的同时，主张日本的主导地位，这对于受尽日本殖民行径的中国而言，当然无法接受。然而，尽管有这样否定性的要素，主张"东亚共同体"的三木之"共同主义"也包含了克服民族主义和有志于多元文化主义的"世界主义"，这在今天的后殖民主义（Postcolonialism）脉络中得到重新评价。① 三木试图给予侵华战争以积极意义，从而制止军部的胡作非为，他如此说道：

> 侵华战争包含的世界史含义可看作是"东洋"的形成。中日合作或中日友好必然意味着，在世界史意义中尚未实现的东洋之统一，以此战争为契机而被实现。这种情况下，东洋统一要与日本在东洋称霸这种帝国主义观念区别开来。②

与这种"帝国主义"相异的"东洋统一"，却可以在某个侧面回应舍勒的战后论。在舍勒看来，一战的结果是欧洲放弃帝国主义和殖民地主义，即达至所谓"欧洲性事物与亚洲性事物的某种均衡"③（ein gewisser Ausgleich des spezifisch Europäischen und Asiatischen）。根据三木的说法，"舍勒预言的均衡（Ausgleich）对经历过一战的人来说不是'选择'的问题，而是'难以逃脱的

---

① 关于三木的"共同主义"与"东亚共同体论"，参照熊野直树：《三木清的"东亚共同体"论：以"重的革新"论为中心》，《法政研究》76（4），2010年，第105—128页。
② 三木清：《现代日本承载的世界史意义（1938年6月）》，《三木清全集》第14卷，东京：岩波书店，1967年，第146页。
③ GW 5, S. 430. 马克斯·舍勒著作的参照和引用，全部来自Max Scheler, *Gesammelte Werke*, München: Bouvier, 1954-1998, 略号GW表示卷数。

命运',然而(1930年代的)世界和这个均衡恰好相反,它被抛掷到未曾有过的思想对立中去"。三木追问,"能将20世纪积极统一起来的思想在哪里?这样的思想如何能够诞生?"① 对于这类问题的回答,是由"协同主义"而来的"东洋的统一",以及由此抵达的"世界主义",这与舍勒的理念"均衡的时代"②(Weltalter des Ausgleichs)有某种共鸣。然而事实上,三木以"协同主义"为基础的"东亚共同体论"变质为"大东亚共荣圈"这样的意识形态,昭和研究会亦因军部的敌视而被迫解散。三木本人在二战结束之前,因包庇违反治安维持法的嫌犯而被拘禁,日本投降后也未被释放,于1945年9月死于狱中。

(三)向天主教的接近与知识社会学的构想

让我们将时间重新调回至一战末期。如上所述,从大战末期到战后这段时期,舍勒从天主教立场出发,写下不少关于对战争的痛悔以及欧洲文化重建的战后言论,这也是舍勒埋首于宗教现象学的时期。他关于战后言论与宗教现象学的大多数论文,一开始刊载于《全书》(*Summa*)和《高地》(*Hochland*)等隶属于天主教系的杂志,而后被收录于《论人之中的永恒》(*Vom Ewigen im Menschen*, 1921)。那个时期,舍勒在实际生活中也亲近天主教会。此间,他受到当时科隆市长康拉德·阿登纳——"二战"后成为德意志联邦共和国首位总理——的注目,1919年受聘科隆大学教授,科隆是德国天主教的中心地。

舍勒回归学术界后,在担任科隆大学哲学·社会学讲座教授的同时,也在科隆社会科学研究所(Forschungsinstitut für Sozialwissenschaften in Köln)任所长。当时的德国社会学,正是从形式社会学(Formale Soziologie)向文化社会学(Kultursoziologie)、知识社会学(Wissenssoziologie)转型的时期,科隆大学正是中心阵地,其杂志是《科隆社会学与社会科学季刊》(*Kölner*

---

① 三木清:《二十世纪的思想(1938年7月)》,《三木清全集》第14卷,第155页。
② Vgl. GW 9, S. 145ff.

*Vierteljahrhaft für Soziologie und Sozialwissenschaften*）。舍勒在该杂志创刊号上刊载论文《论知识的实证主义历史哲学》（Über die positivistische Geschichtsphilosophie des Wissens, 1921），批判孔德（Auguste Comte）的"三阶段法则"（Loi des trois états / Dreistadiengesetz），接着又在第二卷刊载论文《知识社会学诸问题》（Probleme einer Soziologie des Wissens, 1924），构想自身的知识社会学。

简单来说，知识社会学就是关涉诸科学之区分的社会学考察。根据孔德的"三阶段法则"，人的精神由"神学阶段"向"形而上学阶段"，再向"实证阶段"历史地进化，诸种科学的区分也与此进程密切相关。舍勒否定了这种知识的进化论，主张宗教、形而上学、实证是人同等根源的——且不能互相还原的——三种精神态度或认识形式。舍勒的知识社会学，经由三木清的论文《马克斯·舍勒——知识社会学的主要问题》（1929）与新明正道的著作《知识社会学的诸相》（1932），很快地被介绍到日本。新明当时是东北大学教授，日本社会学的领头人物，根据新明的说法，① 当时有想把舍勒招至东北大学做教授的计划，舍勒本人也跃跃欲试。虽然这个计划并未实现，但舍勒仍然对前往日本兴致勃勃，原因之一就是他对天主教的疏离以及对佛教的兴趣高涨。

### （四）对天主教的疏离和对佛教的关心，以及哲学的人学的构想

如上所述，舍勒在《论人之中的永恒》里汇总了自己的宗教论，出版这部著作之后，他又致力于知识社会学，进一步发展了晚年哲学的人学的构想。他的知识社会学的最终目的，是试图从以精神为条件的理念因子和以"冲动"为条件的实在因子之间相互作用的种种形态出发，说明知识的诸多形态。② 这与哲学的人学里的二元论，即生命的冲动与由精神而来的冲动的

---

① 新明正道与川本隆史的通信（1978 年）。
② Vgl. GW 8, S. 20.

升华（Sublimierung）的图式是一致的。然而，这一哲学人学的构思与放弃以天主-基督教传统为思想背景的人格论有关。

早期在《伦理学中的形式主义与质料的价值伦理学》与《同情的本质与形式》中展开的感情的价值合理性与"主体间性"① 的现象学分析，其根底正是这种人格论。在私生活方面，舍勒于1923年与第二任妻子，世界著名指挥家的妹妹玛莉特·富特文勒（Märit Furtwängler）离婚，1924年与自己的助手玛丽亚·舒（Maria Scheu）再婚。不难想象，这种行为激怒了科隆的天主教人士。在这种情况下，舍勒开始考虑离开天主教的中心地科隆，但最终于1928年前往法兰克福大学之际，心脏病发作离世。

有意思的是，在疏离天主教时期，舍勒开始对佛教产生兴趣。之前提到的《人在宇宙中的位置》，不再是以天主教的传统为思想背景的人格论，而是把人的存在解释为生命的"冲动"（Drang）在精神中被"升华"（Sublimierung）的过程。在舍勒看来，这就是悬搁（Epoché），也就是停止建基在生命的"冲动"之上的世界实在性，而是依据精神，把世界观念论化-理念化的"现象学还原"（Phänomenologische Reduktion）。舍勒用佛陀的"四门出游"传说来说明这种"理念化行为"② （Akt der Idealisierung）。

"四门出游"讲的是身为王子的年轻佛陀，有一天，从宫殿东门出行遇到老人，然后避开东门，从南门而出遇到病人，再避开南门，从西门而出又遇到运送死人的殡葬队的传说。直面老、病、死这些人生之苦的佛陀，从北门出遇到修行者，从而决意出家。在舍勒看来，这时候的佛陀，把具体的个人的老、病、死看作现实的苦的"实例"（Beispiel），从而提取出苦的一般本质。

---

① 日译为"间主观性"。——译者注
② GW 9, S. 40. 当然，舍勒不断迫近佛教的虚无主义，把由精神而来的生命的冲动的升华过程描绘成神的自我实现的过程。这个神并非基督教的神，而是作为世界根据的绝对者。精神与生命的冲动是绝对者根本的属性。因此，由精神而来的生命的冲动的升华过程，这样绝对者的根本属性在人的世界历史中成长，无非就是它自我实现的过程。然而，因为精神的升华过程与神的自我实现相重合，因此，其哲学的人学必然被形而上学化，因而后来被哲学的人学阵营批判。

经大幅增改后刊载于《道德》(Moralia, 1922)的论文《受苦的意义》(Vom Sinn des Leidens)中引用了"四门出游"的传说。人只要还存活着,就不可能逃脱老、病、死之苦。为了得救,佛教要求舍去对生命的执着。舍勒把此种烦恼视为生命的"本能"(Trieb)或"欲望"(Begier),而否定烦恼的佛教救济(Erlösung),也即涅槃,却试图否定这种生命的"本能"或"欲望",如此一来,佛教必然会陷入某种虚无主义。但舍勒同时也认为,佛教的虚无主义并非单纯否定现实世界,不如说是"认识论与救济论的紧密结合"①(eine ganz innige Verbindung von Erkenntnislehre und Heilslehre)。

认识论是世界的此在的彻底的实在论,而这种救济论是关于规范和人生课题的彻底的观念论。世界原本是实在性,但它应该被观念化——它应该成为图像:世界应该通过精神的行动而成为图像。(Diese Erkenntnistheorie ist restloser Realismus des Daseins der Welt, und diese Heilslehre ist restloser Idealismus der Norm und der Lebensaufgabe. Die Welt ist ursprünglich Realität, aber sie soll ideiert — sie soll Bild werden: sie soll es durch die Tat des Geistes.)②

概而言之,这就是在否定包含"本能"和"欲望"的生命的"冲动"的同时,停止建基于此"冲动"之上的世界的实在性,依据精神将世界"理念化"的"现象学还原"。这样,舍勒由人格论转向哲学的人学,与疏离天主教而亲近佛教的举动相一致,但包括京都学派在内的日本研究者,几乎都没有涉及舍勒对佛教的接纳。确实,京都学派有深厚的佛教教养,在他们看来,舍勒理解的佛教过于幼稚,而且对于今天的日本研究者来说,还带有某种东方主义(Orientalism)的味道。但从比较思想的视角来看,令人兴趣盎然的是:

---

① GW 6, S. 62.
② GW 6, S. 62.

舍勒放弃以天主教传统为背景的人格论,接纳佛教式的悲观主义而构想哲学的人学,与此相对,和辻从人格的伦理学出发,通过诠释佛教"空"的思想(佛教式的悲观主义),构想关系(日语:间柄)的伦理学。在此过程中,和辻不断参照、批判的是舍勒的人格论。下一节将比较研究和辻的关系伦理学与舍勒的人格论。

## 三、和辻哲郎与舍勒[①]

### (一)回应海德格尔的和辻《伦理学》

和辻哲郎的主要著作《伦理学》(上卷1937年,中卷1942年,下卷1949年)是批判地接受西方哲学后建立的独自的伦理学体系,可被称为近代日本伦理学的金字塔。和辻把自己的伦理学称为"人学",正是对海德格尔在《存在与时间》中展开的人的存在论所展开的批判性回应。存在论(Ontologie)就是问"存在是什么"。但我们作为人都已经——尽管对此漠然——对存在有所领会(Verstehen)。因此,海德格尔认为,追问"存在是什么",应该首先问"已经对存在有所领会"的人的存在方式(Seinsweise)。因此,探问人的存在——即人的存在论——就变成先行于存在论的"基础存在论"(Fundamentalontologie)。这种情况下,领会存在的人这样的存在者就被称为"此在"(Dasein),人的存在被称为"生存"(Existenz),"生存"具备"在世界之中存在"(In-der-Welt-Sein)的构造。这个世界中,人把事物的存在作为用具来认识,海德格尔的"基础存在论"就是由此出发。由此也可知晓的是,当我们认识到"用具"的存在之时,我们同时也在"操持"(Sorge)使用"用具/上手之物"(Zeug / das Zuhandene)做某事的自己之可能存在

---

[①] 以下与和辻相关的著作,主著《伦理学》选用岩波文库版(《伦理学》全四卷,2007年,东京:岩波书店),略记以《伦理学》表示,只显示卷数和页数。其他著作引自(《和辻哲郎全集》全25卷,1989—1992年,东京:岩波书店),略记以《全集》表示,只显示卷数和页数。

方式。总而言之，人的存在——"生存"——的构造，作为"在世界之中存在"，就是"操持"自己的存在可能性这样的时间性构造。以上就是海德格尔"基础存在论"的要旨，和辻的不满在于海德格尔分析的出发点并不是与他者"打交道"（Umgang），而是"处置"（Umgang）作为"用具"的事物，由此"世界"的空间性也被还原为"操持"的时间性。

与海德格尔"基础存在论"相对，展现和辻的"人学"的《伦理学》曾有以下表述：

> 把伦理学规定为"人学"的尝试的第一个意义就是让伦理从近世只把伦理看作个人意识问题的谬误中脱离出来。①

从作为个人意识的主观出发，是自笛卡尔以来近代哲学的传统，与此一致，西方的伦理学也总是从个人（Individuum）的意识出发。但在和辻看来，这是"近世的谬误，把伦理单单视为个人意识的问题"。海德格尔为了避免自笛卡尔以来主客对立的图式，导入了"在世界之中存在"。因而，"在世界之中存在"的人类自身，作为常人（das Man），"与他者共在"（Mitsein）。简言之，对于海德格尔来说，人必不意味着独立于他者的个人，而是"主体间"②的存在。但是，"与他者共在"并不来自与他者"打交道"，而是来自个人"使用""用具"。也就是说，使用"用具"，并非只是我，对于他人也是可能的，因此使用"用具"做某件事这样的存在可能性，并不单是我本己（eigen）的可能性，亦是他者共同的存在可能性。在这个意义上，我自己与他者的"共同存在"这样的"共在"通过分析个人"使用""用具"的场面而变得清楚。换言之，海德格尔的分析还是从个人出发，这是和辻批判的地方所在。

说到底，分析人为何要从个人出发呢？和辻通过考察日语的"人"（日

---

① 《伦理学》第 1 卷，第 19 页。
② 日译为"间主观"。——译者注

语写作"人间")这个词源,推翻了这个前提。

人间,如字面所示,就是人的关系,表示"世间"的含义。这就是这个词本来的含义。在日本人所使用的无论是中国的文学还是佛教经典中,人间就是"世间"的意思。①

人既在社会里,也是这个社会里的"人"。因此既不单单是"人",也不单单是"社会"。这里可以看到人的二重性格的辩证统一。②

"人"这样的用语同时意味着"个人"和"社会",既是个人的存在,同时也是社会的存在。这被和辻称为"人的二重性格的辩证统一"。如此说来,人的存在的分析并不必然从个人的存在开始。海德格尔的"在世界之中存在"被和辻解读为"社会",由此人的出发点不是"使用""用具",而是人与人的"交际"(Umgang)。如此一来,世界的空间性就意味着人与人之间的"关系"。"关系"的空间性绝不可能被收摄到自己存在可能性的"操持"的时间性构造。在海德格尔那里被还原为时间的空间,在和辻那里则被展开为人与人的"关系"的各种形态。在《伦理学》中卷,和辻列举了家族、地缘共同体(Gemeinschaft)、经济组织(Gesellschaft)、文化共同体、国家这样的"人伦组织"。在《伦理学》下卷,自然被把捉为"关系"的文化·历史空间,也就是他所谓的"风土"。《伦理学》借助分析人与人"关系"的多种形态,试图阐释出在"关系"里作为人伦规范的道德规范性。

(二)作为舍勒研究的《伦理学》

然而,《伦理学》的中卷与下卷是分析"关系"在现实的诸形态之实质伦理学,上卷则分析了作为"人存在的根本构造"的本质的"关系"。如上所

---

① 《伦理学》第1卷,第26—27页。
② 同上书,第28页。

述,这构造意味着个人的存在同时也是社会的存在这样"人的二重性格的辩证统一"。这里有意思的是和辻对舍勒人格论的态度。舍勒的哲学人学中,人的存在被看作生命的"冲动"在精神中被"升华"的过程。和辻认为这"只是从心身统一的角度来理解人的一种新见解","并未改变在个人之中理解人的本质的这种根本态度"。①和辻驳斥舍勒的人学。然而,和辻自身在分析"人的存在的根本构造"之时,反复参照的并非海德格尔的"基础存在论",而是舍勒的人格论。事实上,《伦理学》上卷中提及舍勒的次数,仅次于康德。不用多说,和辻批判地回应了海德格尔的"基础存在论",他的伦理学思想的源泉——至少其中之一——是舍勒的人格论。

舍勒批判康德的人格论,认为人的人格既是个人的,同时也是社会的,既是"个别人格"(Einzelperson)也是"总体人格"(Gesamtperson)。舍勒的人格论正是和辻"人的二重性格的辩证统一"的原型。和辻《伦理学》的上卷,既是对海德格尔"基础存在论"的回应,同时恐怕也是日本舍勒研究中最优秀、最富有独创性的作品。但是和辻是如何接受、理解舍勒的呢?以下先概览和辻写作《伦理学》之前的人格论。

### (三)和辻的人格论

#### 1.《尼采研究》

和辻与海德格尔同生于1889年,比舍勒年轻15岁。和辻在1912年即大正元年毕业于东京大学哲学科。当时,日本迎来了"大正民主"的新时代。1905年,日俄战争结束,资本主义急速发展,以追求普选的政治运动为开始,劳动运动、女性运动、被区别对待的人民的解放运动、大学运动、社会改良运动等各种社会运动风起云涌,是日本社会走向成熟的时代。当然,这是立足于殖民主义的帝国的成熟,日本的哲学界也对这新时代作出回

---

① 《伦理学》第1卷,第24—25页。

应。当时给予日本哲学界很大影响的是新康德学派，尤其是威廉·文德尔班（Wilhelm Windelband）和海因里希·李凯尔特（Heinrich Rickert）的西南学派（Südwestdeutsche Schule）的价值哲学（Wertphilosophie），受其影响的有桑木严翼、朝永三十郎、左右田喜一郎等，他们在"人格"的价值的基础上提倡"文化主义"。①

但是，对于当时的和辻来说，相比"人格"（Person），他更关心"生命"（Leben），相比康德，他更关注尼采。毕业论文本想写尼采，主任教授井上哲次郎不允许，只能改为叔本华。无法作为毕业论文写就的尼采论，毕业的第二年作为《尼采研究》出版。这是日本最早的真正的尼采研究。在和辻看来，尼采的哲学是个人主义（Individualismus），并没有康德平等主义的含义，即每个人作为"人格"具有同等的尊严（Würde），因而"人格"都必须获得同样的敬重（Achtung）的观点。和辻如此观察尼采的人格论：

> 尼采认为纵身没入人生存的深渊，方可获得人格。因此尼采的人格并非人人都可平等地持有。最深处的生命，在其本有的活动激荡之处才可被看到。这就是真正的自己。②
>
> 价值从己而出，因此只有自由的真的个人才能担起人生的价值，完成了的人格才能担起绝对的价值。尼采对个人的尊重与一般的个人主义完全不同，这点必须要承认。③

简言之，尼采认可每个"人格"之间存在内面的差异。正因为存在差异，高扬自己"人格"的价值，"高贵"成为一个问题。和辻继续说明尼采的

---

① 德国新康德学派与日本"文化主义"的关系，可参考以下论文。大桥容一郎：《桑木严翼的"新"康德主义与"新康德学派"》，《思想》1126号（2018年2月号），东京：岩波书店，2008年，第105—126页。
② 《全集》第1卷，第173页。
③ 同上书，第174页。

高贵之意涵。

　　高贵或强烈并不是在外形的意义,而是在最内面的、生命本质里的意义。无论是什么人,变得自由,能自我生存或与宇宙生命合一而生存之时,就是真的个人。此时个人才是真正的生命、全然的生命,才能超脱主客观而作为永恒价值的唯一实在而生存。尼采的贵族主义必须在此深意中被理解。①

按理说当每个人在各自"人格"的内面成为"高贵",个人主义就变成"贵族主义"。如此理解应该没什么问题。然在和辻看来,这样高贵的"真正的个人"就是在自己生命的深处与"宇宙生命"合一,以超越主客对立的"全部生命"去生存。提高个人的"人格"价值,便是在自己的深处接触"宇宙生命"意义上的全体性。这是和辻独特的尼采诠释。② 这里可以看到《伦理学》问题意识的一鳞半爪,其中,"人的根本构造"意味着个人的存在,同时也是社会的存在。

### 2.《偶像的再兴》

和辻出版《尼采研究》时,也开始与阿部次郎频繁接触。阿部是东大哲学科的前辈,敬仰特奥多尔·利普斯(Theodor Lipps),翻译了他的著作《伦理学的根本问题》(*Die ethischen Grundfragen*, 1899)。利普斯在该书中以康德人格论为基础,把自己的"同感"(Einfühlung)论应用到伦理学中。依据利普斯的伦理学,阿部写下《人格主义》(1917),将明治至大正时期流行的"人格主义"哲学理论化,并且试图与社会改良相连接。和辻1918年出版

---

① 《全集》第1卷,第175页。
② 和辻尼采诠释中"生命"的问题可参看以下论文。铃木贞美:《和辻哲郎的哲学观、生命观、艺术观——以〈尼采研究〉为中心》,《日本研究》38号,国际日本文化研究中心,2008年,第315—348页。

的随笔集《偶像的再兴》正是献给阿部次郎的书。但与他不同,和辻并没有将利普斯的伦理学与社会改良运动相连接,最终还是将利普斯的伦理学解释为"个人主义"的伦理学。其中有意思的是,和辻从"个人主义"这个角度出发,将自身的尼采论影射到利普斯来进行对他的解读。

> 利普斯的伦理学以康德作为自己的基盘,对此恐怕谁也没有怀疑。……但这并非我关心的问题。从自己注意的倾向来看,利普斯是尼采伦理学的完成者。①

在和辻看来,与尼采一样,利普斯也认可各人"人格"价值的差异,因此把提高自己的人格价值当作道德的课题。但和辻认为,对于尼采而言,人格价值的向上是浸入"人格"的内面,触碰全体的生命,与此相对,利普斯将作为内面的"人格的生命"客体化,把它导向自我外部的对象。在这样自己的客体化过程中,伦理学就变成美学。

> 艺术真正的内容通常就是人格的生命。我们因为艺术品的(一般来说,美的)享乐而或多或少感到能够抓住本质的根底,活出全体的人格。同时,我们被提高到自我以上的层面。我们进入美或艺术品之中,并不是日常现实的自我,而是更纯粹、更广阔、更高的自己。一切的美,至少在观照的瞬间,使我们变得更善、更充裕,因此成为更具有道德的人。所有的艺术品都必然具备这个使命。②

当时,相比于伦理学者,利普斯作为美学家更有名,根据他的同感的美学,我们的美学经验是把"自己的价值感情"移入到艺术作品中而成立。从

---

① 《全集》第 17 卷,第 167 页。
② 同上书,第 177 页。

上面的引用可知，和辻把"自己的价值感情"解读为"人格的生命"，无论如何，美的关照意味着把自己移入对象的客体化。然而被客体化的自己并非"现实日常的自己"，而是"更高的自己"。在利普斯这里，在美的观照中，由于我们远离现实的关切（Interesse），因而可以把比现实更高的自己、更理想的自己移入艺术作品之中①。简言之，陶冶自己的人格这样的伦理课题，在美的经验中成为可能。因此，和辻的《偶像的再兴》这本书的中心话题是美学，而非伦理学，作为"人格的生命"的自我客体化这一主题不断地被重复。

### 3.《佛教伦理思想史》

但是，从自我客体化的主题出发，又会产生新的疑问。如果把自己的"人格"移入艺术作品中客体化，并体验这被客体化的"人格"，那么自我客体化就意味着某种自我关系。也就是"人格"被二重化为经验的主体和被经验的客体。但这两种"人格"完全等同吗？1925年，和辻赴任京都大学，在题为《佛教伦理思想史》的讲义记录中，触及这个问题。当时他关注的是舍勒的人格论。

在和辻看来，利普斯并未完全区别经验的主体和被经验的客体，舍勒则明确地将两者区分为"人格"与"自我"。舍勒把被经验的客体，即意识的对象，称为"自我"，并将它区别于作为经验主体的"人格"。"人格"无法被客体化、对象化，因为它若被客体化，就已经是客体，不再是主体。"人格"并非意识的对象，而是各种意识行为的统一。舍勒这样定义"人格"：

> 人格具有多样种类的本质，是各种行为的存在统一，它是具体的本质存在统一。……人格的存在为本质上各种不同的所有行为赋予基础。②

---

① 参看 Theodor Lipps, *Die ethischen Grundfragen*, Hamburg: Leopold Voss, 1899, S. 17。
② GW 1, S. 382.

"人格"是"多种行为的存在统一"。但这是一种怎样的存在？舍勒依据意识的意向性——意向行为与意向对象的相关构造——的现象学结构，区分了作为意识行为的统一的"人格"和作为意识对象的"自我"。因此作为统一的"人格"不能是实体。"人格"不能是一般使意识成为可能的超越论统觉（Apperzeption）那样的普遍存在。因为根据他的定义，"人格"是"具体的"存在，道德的主体。那么，作为多种行为的统一、并为这些行为"奠基"的"人格的存在"，究竟是什么样的存在？关于这点，舍勒并未阐明清楚。和辻如此说道：

> 舍勒把人格定义为本质上不同的（wesensverschieden）种种行为（Akt）的具体的、本质的存在统一。自我是对象，但人格并非对象。人格的存在（das Sein der Person）为多种行为（Akte）奠基，不能作为对象。利普斯这里，人格与个人的自我同义，但舍勒把两者分离开来。然而，种种行为的具体的本质的存在统一（Seinseinheit）是"行为的行动者"（Vollzieher），是个体。因此道德的人格是个人的人格的价值存在，而不是普遍存在。[1]

然而，作为不能被对象化的具体的"个体"的"人格"是怎样的存在呢？这是和辻的问题。有趣的是，在他执笔写下《佛教伦理思想史》（1925）的两年后，海德格尔在《存在与时间》中把同样的问题抛向舍勒的人格论。然而，和辻不仅提问，还试图自己给出答案。这时，他引入的正是佛教思想，尤其是龙树"空"的思想。和辻将它与舍勒人格论重叠在一起，并对龙树《中论》的第九章"观本住品"进行解释。[2] 下面是他对第五偈的解释。

---

[1] 《全集》第 19 卷，第 325 页。
[2] 和辻解读龙树与舍勒的人格论的方面，宫川在以下著作中有所评议。同本书里，和辻关于龙树的解释也有详细讨论。宫川敬之：《和辻哲郎——从人格到关系》，东京：讲谈社，2015 年。

> 以法知有人，以人知有法，离法何有人，离人何有法。（第五偈）
>
> （因某物［Etwas］而某人被表达，因某人而某物被表达。若无某物，人如何有，若无某人，物如何有。）

依据见、闻、感受等法而知道有"人"。关于这点，人建立在法上。然而，要有见者、感受者、特别是思维者之后，这些法才被认识。关于这点，法建立在人上。换言之，舍勒的人格论里，根据思维（Denken）的行为，设定了作为行为的具体的存在统一的人格，又因为统一，思维的行为才能成立。这是相互赋予基础，并非自在之在（an sich Sein），也就是空。①

这里和辻把法理解为本质（Wesen）②。比如我在看什么的时候，在看（Sehen）的行为本质中，人格作为"观者"同时被表示了出来。然而，也正因为有"观者"，看的行为本质也被表示了出来。因此，如同舍勒所揭示的那样，作为行为统一的人格不仅为行为奠基，反过来，人格也被行为奠基。换言之，行为和作为行为的统一的人格是相互赋予基础的。如果这种奠基关系并非来自从行为到人格的单行道，而是来自行为与人格之间的双向道的话，那么奠基（Begründung）的根底（Grund）就不须再考虑了，因为根底就是无。"人格"并非作为基底（substratum）的实体，而是行为间的相互关系。和辻称之为"空"。行为与"人格""在自身中没有存在，也就是空"。

为了在实践而非认识的层面上思考行为，作为行为主体的个别"人格"确实有其必要。然而，在意向性——意向行为与意向对象的相关构造——的现象学结构中，个别的"人格"作为意向行为的主体，不允许被实体化。在舍勒看来，行为本身只停留于"抽象的行为"（abstrakter Akt），必须被"人

---

① 《全集》第19卷，第336页。
② 同上书，第330—331页。

格"推行、统一,方能成为"具体的行为"(konkreter Akt)。① 在行为的具体化中,人格同时被表现出来。舍勒虽然也注意到,但未非常好地说明这点。总的来说,意向行为与作为意向行为主体的"人格"之间,被和辻用空的相互关系来说明。

4.《伦理学》

因为与舍勒人格论的亲近,和辻进一步关注"人格"的共同性问题。1933 年,他发表论文《现象学派的伦理学》,详细研究了舍勒的质料价值伦理学(materiale Wertethik)。他在论文里这样说道:

> 舍勒伦理学的功绩并不只是质料价值的主张,毋宁说他的人格主义的考察——比如在有限的道德的人格世界中,他把连带性的原理作为根本原理——是最值得尊重的功绩。②

也即和辻认为舍勒伦理学最大的功绩并不是他的质料价值伦理学,而是他伦理学根底处的人格论和"连带性的原理"。在舍勒看来,"人格"既是个别的也是社会的。他称前者为"个别人格",后者为"总体人格","连带性的原理"与这种"人格"的共同性有关。和辻的关论点从尼采、利普斯个人主义的"人格"概念转向舍勒的共同主义的"人格"概念,表明了伦理学上思路的变化。对他来说,"伦理问题的场所并非孤立的个人意识,是人与人的关系。"③1937 年,和辻并不是从个人主义而是从关系的伦理学立场出发,出版了《伦理学》上卷。

如前所述,《伦理学》上卷中,和辻分析"关系"这一"人的存在的根本

---

① GW 2, S. 383.
② 《全集》第 9 卷,第 419 页。
③ 《伦理学》第 1 卷,第 20 页。

构造"。人既是个人的存在,也是社会的存在,是所谓"人格的二重性格的辩证统一",和辻在导出此"辩证统一"的过程中,展开了对舍勒人格论的批判。最后笔者将考察这点。他批判的是舍勒"总体人格"的两义性。一方面,"个别人格"与"总体人格"的区别在于"各别的人格内部有个别的侧面以及作为全体成员的侧面。"① 即"人格"既有个别性质的行动,也有社会性质的行动。"总体人格"意味着"各个人格的成员性"。② 另一方面,"个别人格"与"总体人格"的区别,舍勒把它作为个人与共同体的关系来思考。根据和辻说法,舍勒从作为个人的"个别人格"与作为共同体的"总体人格"之间的相互责任出发,展开"连带性的原理"。舍勒的"总体人格"一方面意味着不同个人的成员性,另一方面意味着包括个人的共同体。和辻指出了其中的不协调性。

然而,无论如何理解"总体人格",如同之前考察的,对舍勒来说"人格"并非实体,而是意向行为的统一。因此,在舍勒这里,"总体人格"的问题在于意向性的群体的(kollektiv)次元。意向性并不限于个人。比如乐队演奏,实践的意向性通常作为群体的意向性(kollektive Intentionalität)。舍勒称之为"相互一同体验"(Miteinandererleben)③。乐队演奏的整体,只要是由个别的演奏者构成的,那么每个人的演奏都不仅仅是个人的意向性(individuelle Intentionalität)。这是乐队全体成员的(mannschaftlich)意向性,在这个意义上是群体的意向性。

因而,由个别演奏者的演奏构成的乐队整体的演奏如果有一个意向性的话,这应该可以称为群体的意向性吧。现代英美圈的"共同行为论"(joint action theory)与德语圈"群体的意向性"的讨论,可以分为把个别演奏者(同时是乐队的成员)的演奏看作群体的意向性的个人主义阵营

---

① 《伦理学》第 1 卷,第 145 页。
② 同上书,第 146 页。
③ GW 2, S. 511.

(individualistisches Lager)和把乐队整体看作群体的意向性的整体论阵营（holistisches Lager）。① 从这种现代的讨论框架来看的话，和辻批判的核心观点就在于要把舍勒"总体人格"相关的群体意向性理解为个人主义的还是全体论的问题。

在此基础上，和辻试图统合这两种立场：

> 如果从总体人格的面向理解人格，这里作为成员人格的多数人格都必然被统一为一个人格。也即人格同时是多数和单数人格。总体人格的全体性只能是多数人格的统一。多数人格有作为各自行为中心的独立性、个性，但这相互独立的人格还是一个。在这种独立性的否定当中才有全体性的意义。②

在和辻看来，"总体人格"是统一了多数人格的"单一人格"。在这个意义上，他的"总体人格"是整体论的。此时，每个人格在被全体统一的过程中，被否定其独立性、个性。这是什么意思？他在别处解释道：

> （比如思考家庭这样的整体）每个成员由"整体"而来，丈夫、妻子或夫妇、父母、子女等资格才被赋予，正是在各个不同的角色中，家的全体才显露出来。③

各个人格被家庭这个整体所统一，夫妇、父母、子女等成员的资格被赋予。某种资格被赋予意味着这个人格所具有的其他资格被否定。比如，父亲是"非父亲的他人，即可以是职员、官吏、商人、军人、游荡的人、诈骗

---

① 个人主义阵营的代表有 Raimo Tuomela、Michael Bratman，整体论阵营的代表则有 John Searle、Margaret Gilbert、Ulrich Baltzer。
② 《伦理学》第 1 卷，第 145—146 页。
③ 同上书，第 135 页。

犯"①等，但在家族这个整体里，这些资格都被否定了。尤其是与此整体相反的属性，比如父亲的放荡、孩子的逆反都被严格地否定。对于整体的资格被赋予在每个人格，同时每个人格的其他资格也被否定。由此人格成为整体的成员，这意味着他必须作为成员来行动。

比如，被赋予父亲资格的人格，由此成为家族的成员，与此同时，作为成员，他必须像父亲那样行动。如此一来，多数人格被统一，作为家族这样的共同体的"总体人格"成立的同时，也否定了各个人格的独立性，使之成为作为共同体成员的"总体人格"。也就是说，透过作为共同体的"总体人格"（全体论的次元），个人作为共同体的成员，成为"总体人格"（个人主义的次元）。由此，和辻透过否定的主题，以一种统合的方式解释舍勒"总体人格"概念的两义性。

那么，作为共同体的"总体人格"这样的全体性自身是如何形成的？和辻还是用作为否定的"空"的概念来说明。

> 对人而言，一切整全之物的终极真相是空，因此整全之物并不存在于自身中，只是作为个别之物的限制、否定而显现。②

如先前所说，和辻用空解释舍勒的人格。也即作为行为统一的人格为各种行为奠基（begründen），但人格并没有作为自体（an sich）存在的根底，而是无，也即行为与作为行为的统一的人格在彼此关联中存在。根据这种作为相互关系的"无"，他尝试说明"个别人格"与"总体人格"的关系。也就是透过否定作为"个别人格"的个人的独立性，每个人格方能被统一在作为一个共同体的"总体人格"中。同时，"个别人格"才能被规定在作为共同体成员的"总体人格"中。那么，"个别人格"——在存在论上——是否先

---

① 《伦理学》第1卷，第138页。
② 同上书，第153页。

行于"总体人格"？显然不是。和辻认为"个别人格"必须透过"总体人格"的否定，才能得以成立。个人否定共同体，由此独立才能是个人。因此，"个别人格"与"总体人格"便是一种彼此以对方的否定为媒介的"空"之交互关系。

这里，和辻进一步拓展讨论用动的关系掌握"个别人格"与"总体人格"的交互关系。简言之，作为共同体的"总体人格"必须透过各个"个别人格"的统一以及其独立性的否定方能成立。然而最终"个别人格"否定作为共同体的"总体人格"，再度独立。当此"个别人格"的独立性再次被否定时，新的共同体才能得以成立。这种"个别人格"与"总体人格"之间的否定运动，就是和辻所说的"人的二重性格的辩证统一"、"人的存在的根本构造"。和辻认为共同体或作为"关系"的人伦组织唯有在反复此一否定辩证运动的同时，才能获得种种形式，在历史上经历变迁。这是《伦理学》中卷的主题。舍勒用"凝聚原则"（Prinzip der Solidarität）说明"个别人格"与"总体人格"的交互关系，和辻则用否定的辩证运动来说明。由此，和辻的《伦理学》对抗海德格尔的历史性，展开了"关系"的历史性，也就是历史的空间论。

## 四、结语

本文以京都学派的各个方面为中心，概览了舍勒对日本哲学的影响（第二节），并通过考察和辻伦理学的构想，进一步探究舍勒的影响（第三节）。正如上文所示，和辻从人格展开到"关系"，构想出自己独特的伦理学。其中，舍勒以"个别人格""总体人格"和"连带性原理"为中心的人格论发挥了很大的作用。但无论是和辻的"关系"伦理学或舍勒的"连带"人格论，作为伦理学都有其理论上的局限。因为两者的伦理学都是共同体内部的伦理学，并未设想共同体外他人的伦理。无论"关系"或"连带"都意味着伙伴的伦理，并不包含敌友之间的伦理。此外，无论是舍勒还是和辻，都批判康德的"尊严"概念——每个人作为人格存在,具有同等尊严(Würde),因而也获得相等的尊重(Achtung)的平等主义——亲近尼采的贵族主义。因此两人并不认为有包含敌友的人格之平等价值。这么看来,两人的伦理学分别在一战和二战,也即在战争面前都无法起作用并非偶然。这是两人的伦理学在理论上的局限所导致的结果。

(译者:张政/中山大学哲学系;
校者:廖钦彬/中山大学哲学系)

古典新刊

# 尚書既見

〔清〕莊存與 著

**點校說明：**《尚書既見》不分卷，莊存與（1719—1788）撰。莊存與字方耕，號養恬，江蘇武進人。乾隆時進士，晚清常州學派創始者。兼治六經，尤精春秋公羊學。阮元謂其"於六經皆能闡抉奧旨，不專爲漢宋箋注之學，而獨得先聖微言大義於語言文字之外"。錢穆稱其所創之常州學派"足以掩脅晚清百年來之風氣而震蕩搖撼之"。其重要論著除本篇外，還有《春秋正辭》《繫辭傳論》《毛詩說》《周官記》等，後人彙編爲《味經齋遺書》。

本書所據底本爲《續修四庫全書》第44冊所收清乾隆癸丑味經齋刊《尚書既見》。分段爲原書所有。原書中的異體字均改爲通用字，如忩改爲忘，畱改爲留。

讀典、謨之《書》，舜征有苗再乎？曰：一征則已，未嘗再也。舜攝，則命禹徂征，事在《禹謨》。史文曰"帝"，時舜實未在位也。禹三旬則振旅，振旅七旬而有苗格。舜豈自此乃敷文德，又豈恆舞干羽至七旬乎？苗之格也，其民自歸，所謂"鰥寡有辭"也。舜哀矜不辜，遏絕其君，並竄其族於三危。洞庭、彭蠡之間，無縉雲氏子孫焉，故曰"無世在下"。苗民不格，其君焉可得而罪邪？不可追記其年以爲誣，知其爲二十有八載以前事則可矣。分北三苗，在命官九載之後，教化行，淑慝辨，此"即工"而"丕敍"之也。《益稷》之篇，君臣相誥，左禹右皋陶，以化民成俗之任付之禹，曰"苗頑弗即工"。帝曰："皋陶方祗厥敍，方施象刑，惟明。"至治，畫衣冠，異章服，而民不犯，《周官》謂之"明刑"。舜甚盛德，尤垂意於敍三苗，蓋以其俗之難化也。及其"既同"，衡山之陽，多虞帝之跡焉，野人遂神其封土，以帝陟方而死且葬焉。楚南，其齊東乎？夫鳴條，固夏之近邑也。禹曰："朕德罔克，民不依，皋陶邁種德，德乃降，黎民懷之。"斯化民易俗，近者說服，而遠者懷之也。帝念苗之頑，固念皋陶之績哉！子夏曰："舜有天下，選於眾，舉皋陶，不仁者遠矣。"此君子之言，信而有徵也。異哉，僭而無徵，後之爲《書》者，以有苗叛服不常，而禹既率百官若帝之初，又爲一將之任而且紀之年以實之也！

孟子曰："由湯至於武丁，賢聖之君六七作。"武丁之去盤庚，間兩君。雍己時，諸侯或不至。大戊修德，諸侯歸之。自仲丁以後，河亶甲，殷復衰，祖乙興之。祖辛至陽甲，廢適而更立諸弟子，或相爭代立，比世亂，於是諸侯莫朝。盤庚以弟嗣陽甲，殷復興。弟小辛立，殷復衰，百姓思盤庚而作書。讀《盤庚》三篇，必考司馬遷之《記》，則《書》所言，若數一二，辨白黑也。伊尹作書曰："民非后，罔克胥匡以生。"書契以來，治亂多矣。上有明天子，天下未嘗不安，百姓未嘗不相生養於其間。德詎必若堯舜？胥戕胥虐，則可以決其必無也。古之時，甸服以外，皆爲邦國諸侯，兵刑二事與天子分理之。內有卿大夫、王子弟采邑，謂之都鄙，以八則治之，統於六官，不得專斷。其詳在邑，其要在朝。春秋之大夫交政於中國，私邑之兵甲、刑罰、動靜，惟視其大夫之令焉。《禮運記》曰："天子有田以處其子孫，諸侯有國以處其子孫，大夫有采以處其子孫，是謂制度。"此則三代所同也。一代之興，自始受命之祖，傳之子孫，子又生子，孫又生孫。人日益多，世日益疏，地不日廣，官職不日增。事要有所在，人主各有其親且愛者，莫不欲貴而富之，肺腑亦皆自許必富貴，因而不易，則疏踰戚者，必然之勢也。各寵所任，則新間舊者,又必然之勢也。不有伐也,將以何樹?不有奪也,將以何予?非疏踰戚,必新間舊矣,皆逆之名與其實也。踰者、間者必驕,爲所踰、所間者必怨,驕亦卒歸於怨,皆亡之情與其狀也。去順效逆,好亡惡定,《春秋》所記亂敗多矣。以此知古,皆可燭照而數計也。王國定,而後可以爲諸夏之父母。《詩》曰:"莫肯念亂,誰無父母?"王室寧,而後可以爲磐石之宗子。《詩》曰:"懷德維寧,宗子維城。"大、小二《雅》,傷王政所由廢,未嘗不反復丁寧之。誦《詩》至《雨無正》之章,而後痛幽王身殺,遂亡宗室,固非一歲月事也。鎬京不守,姜戎豈能久居?都邑環峙,形勢尚存,其卒至於東遷者,由大家世祿各顧私邑,皆莫以王室爲念,或畏有所屬,不得以自恣適己,或持兩端以觀望成敗。且東西各立一君,雖終替攜王而建王嗣,侵尋歲月,西方之大都小邑,孤危喪敗,日以仆滅,厪有存者,以成秦襄公之業,而周轍遂不復西矣。哀其"眾多如雨,而非所以爲政"。鄉使大夫邦君統於一尊,相親相救,岐豐之地,何渠爲秦有?以言乎攜王則"覆出爲惡",而其下"不能胥匡以生"矣。以言乎平王則"又窘陰雨",來東底者恃有富人,而惸獨則莫收恤也,無復有肯遷于王都者矣。揆厥所原,實以幽王大壞王政,不能復行,亦非一嗣王之罪,《詩》皆曰"刺幽王"焉。讀《正月》之上章刺幽王滅宗周也,其下章刺平王貪天禍也。《雨無正》之上章刺攜王奸天位也,其下章刺平王棄舊都也。因《詩》以知《書》,盤庚之世,雖曰商不至若周之大壞,然而亂者數世,諸侯莫朝,則東遷以後事勢也。"今不承于古,罔知天之斷命。"非盤庚之賢,孰能綱紀而統理之哉?讀其書曰:"率籲眾感出矢言。"斯周公所謂"肯感言于民"也。"不能胥匡以生",下莫知君之在上而奉其命也。"若顛木之有由蘖。"君焉,百姓之主,求所以生之,造端更始,不底著而陳於茲也。夫木何以顛?非以數世爭立,各樹私人,莫相統壹之故乎?曰"汝猷黜乃心",非各私其身與其子孫,罔以王室爲念乎?曰"傲",非畏有所稟命而惟以自恣適己乎?曰"從康",非習亂爲常,持兩端以觀望乎?曰"不畏戎毒","惟汝自生毒,乃敗禍姦宄",非怙亂始禍、興造戈矛,互相翦除如春秋強大夫乎?曰

"若火之燎于原",非"以讒慝貪婪事君,而多殺不辜",患及數世而未已乎？曰"起信險膚,予弗知乃所訟",非讒人造惡言以變亂視聽,使君臣相疑,親戚相忌乎？斯時之民既各爲私屬,"倚乃身,迂乃心",則所謂食"君之祿,是以聚黨,有黨而爭命"也。"汝誕勸憂","起穢以自臭",則所謂"因羣喪職之族","帥羣不弔之人"也。"汝有戕則在乃心",則所謂"殺人不忌","有亂心無厭",得主爲之,死而無悔也。"亂政同位,具乃貝玉",則所謂"盜憎主人","心焉數之","足欲,亡無日"也。曰"自上其罰汝","不救乃死","丕乃崇降弗祥",其端必始於君之不爲政。政之不出於君,爲政者無信多私,好讒而甘佞,其大人則蓄怨滋多,汰侈已甚,加之以安忍,重之以貪冒,如易刀兵而相殺也。若晉之欒、郤,齊之崔、慶,宋之戴、桓,鄭之駟、良,其胥戕胥虐,而不能胥匡以生,如此不其盡劉而後已乎？"汝何生在上"矣。是故萬民之"蕩析離居,罔有定極",由國之不知有君也。"命汝一",命之一於大君也。"不吉不迪,顛越不恭,暫遇姦宄",由貪於貨寶也。告之以"不肩好貨",使知君之不欲,則賞之不竊也。嗚呼！亂越我家久矣,天時殆不可得而浮。盤庚作,則信乎上帝將復成湯之德也。其必遷而治亳殷,何也？敬姜之言曰："擇瘠土而處之,勞其民而用之,故長王天下。"烈祖之所申錫也。"無俾易種于茲新邑",棄惡民,皆留之而不遷。世族能從教者,因而與之；不能改者,因而去之。"殖有禮,覆昏暴",成湯之所欽崇也。子產能爲鄭國,實由"虎帥以聽",而子產亦惟以禮息之,矧盤庚爲君及其篤敬之臣乎？爲君難矣,守成尤難,盤庚其難之至者也。"百姓由寧,殷道復興,諸侯來朝,以其遵成湯之德也。"百世視諸此矣。曰何后"惟民之承",民惟保后,自上以下,胥感而不敢一日耽樂。天時固不能無險阻,慢之者殃,敬之者昌,長王天下又何疑焉？

　　讀祖己、祖伊之書,而不知天、不知性、不知命,何其人多且久也？《書》曰："惟天監下民,典厥義。"天以生爲德,人之慈父母也,愛人甚矣。慈父愛子,必教之義,天之愛人猶是也。親賢下無能,尊賢之義,天所大也。義行而民各得其性。故曰："堯舜行德則民仁壽，桀紂行暴則民鄙夭。"天於人君，常監下民之善不善，而嚮之以福、威之以極焉，"典厥義"也。"降年有永有不永"，"大命世，小命身"，不永者，"非天夭民，民中絕命"也。豈稟於有生之初，必然不可易哉？六極其下，乃不可救，然而仁愛人君欲止其亂之心，猶父母之於其子也。"不若德，不聽罪"，乃先出災害以譴告之。不知自省，又出怪異以警懼之。不知者謂之災害，謂之怪異，知之者曰此天之孚命也，所以正人君之德，扶持安全之也。不正厥德，乃曰其如何。一以爲非天所能禁，一以爲非人所能回，則"弗克庸帝"，而"天罔念聞"矣。夫上天以億兆生齒之大且多，付諸一人而寵之四方，俾受天之豐福，享民之勳力，不能使百姓若恆性而終其所受之命，且怨上天何生此無良之民，以爲己勞，以爲己憂，甚或爲己之敵讎，曰天生烝民，若此其多惡也，氣化之衰也，氣數之窮也，氣稟之濁而薄也。譬如父母授子孫以田宅、器用、財賄、臣妾，光顯豐美矣，不知追念前人之德，乃曰以作勞爲苦，修治爲煩，於是憎其楛惡焉，厭其朽敗焉，曰昔之人予我者如此，不如無有也。父母其肯曰此吾孝子順孫邪？以此事天，天其不絕之邪？嗚呼！"王司敬民"，民之不善，不可惡也。"敬之敬之"，從教則治，而君以民存；犯刑則亂，而君以民亡。親親尊尊，教之大者，罔非天嗣，典祀"豐于禰"，知自仁率親，而不知自義率祖，以親親害尊尊也。王爲下土之式，先害尊尊之義，則民將安倣哉？禮俗不刑，義德遂替，此不可不正之事也。以此知古，以此察今，明世宗實隕厥元命矣。民所以生，康食也，天性也，迪率典也。上天之所棄，莫著於降喪飢饉，阻兵以相滅。虐刑而戮及不辜，皆不虞天性之所致也。夫在勢者不虞天性，制短長之命，而惟見下之無道，作威殺戮，糜爛其民，在呼吸矣，必且以彝倫爲詞，實則暴蔑之甚也。忠諫謂之誹謗，深計謂之訞言。邪說暴行作，而典刑法度盡矣，商之民所以"罔弗欲喪"也。天既訖殷命矣，祖伊奔告，豈復望其迓續之邪？或庶幾少有悔於心，獲保厥身，如夏桀之逢殃。王乃曰："嗚呼！我生不有命在天？"則望絕而不可爲也已。夫王亦言天，王亦言命，而祖伊曰：此"責命于天"也,"自作孽"而曰"天作孽"乎?後之人皆以所自作爲天所作,於是以性爲惡,或曰性可以爲不善,或曰有性不善,皆紂之遺教,"不虞天性"而"責命于天"者也。故其言曰:"以瞽瞍爲父而有舜,以紂爲兄之子,且以爲君,而有微子啟、王子比干。"此非誦桀之言而不知父子之道者乎?父子一體也,尊卑首足也,體之至尊,性爲不善;體之至卑,性獨爲善,將毋父子非一體乎?無父之教,逆天之辭,可不畏哉?吾故曰:奚不知天、不知性、不知命之人多且久也?二篇不亡,必有覺寤之者。

"伐柯伐柯,其則不遠。"此周公之詩也。《傳》曰:"以其所願乎上交乎下,以其所願乎下事乎上,不遠求也。"周公,文王之子,武王之弟,成王之臣,以太公、召公爲朋友。商奄習於紂之惡,久且大矣。多方小大之邦,多至五十國。管叔及其弟,親在大姒十子之列,傷敗禮義,文王所以治國家者,破之缺之,淫酗肆虐,由行紂之所爲。除惡務本,績幾弗成,且益我國之疵,在親骨肉之間,其於去民之穢,不啻"病加於小愈"也。武王勝殷,皇皇然若天下之未定然,乃偃武修文,豈不念哉?天下雖有小人,亦既祇畏誠服,須暇之,則日遷善而不自知。武王之心,天之道也。夫武王固知命之不長矣,所以貽孫謀,安翼成王者,則以有周公也。周公當仁則不可以讓,太公在,不讓也。流言作則不可以不避,避朝廷之位,宅東方。諸侯之任,二公迪知之矣,則惟教成王以居喪之禮、思慕之忱而已,未大失也。武王之喪畢,"成乃寧考圖功",在此時矣。武王不復用兵矣,三年之喪,不二事矣,於此不圖而自誦曰"繼序思不忘",武王之神靈,毋乃有"忘我實多"之戚乎?貽女以叔旦,居東二年,不知所以親之敬之。罪人斯得,釁起於兄弟,不能垂涕泣而道之。朝歌沫土以東,北循海而南至於淮夷,多罪"顯聞于天",不知罪在有天下之一人,則所云"日就月將",學何事乎?及大誥多邦,則曰"若昔朕其逝",夫乃知之矣。當周公貽成王以《鴟鴞》之詩,此二公及王歌《閔予小子》之三之時也。二公雖賢聖,得毋曰我先君文王、武王之至德,克享天心,而東西南北無思不服如故也。今嗣王之典學好問,思哀思敬思難,未有過也,何其憂患迫切如不可以終日者？心不然之，特未敢誚公爾。夫以耆艾盛德如二公，尚不克知，則沖人之不及知，年非幼也，德不足以及知也。蓋周公之志，自孔子孟子沒，夫孰有克知之者矣？矧前寧人之功未休畢，明德未光于上下四方之日哉？古之明德，虞帝其不可及已。其德好生，其治人不殺。伊尹以其道相湯伐桀，未嘗行一不義，殺一不辜，然欲如舜未嘗殺一人而不能也。文王之心如舜，享國五十年而崩，紂不能以自斃也。武王之德如湯，太公之志如伊尹，不逮舜與文王，此則聖人於天道之命也。詩人丁寧而重思之，作曰："伐柯如何？匪斧不克。"夫伐之為言，不能無所傷；克之為言，事不可以再。《商頌》曰："韋顧既伐，昆吾夏桀。"此伊尹相湯，用武不再之詩也。武王克商，誅紂則已。奄及飛廉五十國不誅，多罪逋逃之為大夫卿士者不誅。立武庚，俾守其宗廟社稷，修其禮物，以客事天子。《書》曰："我不爾動，自乃邑。"雖曰征誅，其與"虞賓在位"何異哉？雖然，太公之志不如此。箕子以仁人為紂之親戚，亦且誥曰："於其無好德，女雖錫之福，其作女用咎。"誥微子："王子弗出，我乃顛隮。"知武庚之必不克享，紂之卒無後，而憂帝乙之不祀也。若先哲王孫子不億矣，奚必在王子。夫箕子之所憂，太公之所去也。武王不早為之所，文王之心也。惟周公知之矣，曰："豐水有芑，武王豈不仕？"其貽子孫以憂哉！武庚雖狂，惟克念，則可念聽而作民主也。"奔走臣我"，可五祀，則百祀可也。紂不血食於殷之宗廟乎？天其不以武庚之孝而追紂無後之罰乎？"鯀則殛死，禹乃嗣興"，虞帝所以奉天道。四罪惟苗民乃無世在下，孰謂殷之頑壹若苗之頑，屑播天命至此邪？武王、周公有刑不誅，有兵不用，有太公、箕子之言弗聽，而修諸侯自為正之教。惟是"以人治人"，欲天下之人胥保其宗廟，守其社稷，蕃育其子孫，撫有其臣庶，以承上天之降休。豈欲踐奄，命魯公；以殷為墟，侯康叔；滅唐，封大叔，屬諸參，而策其後必大哉？忠恕故也。己所欲，人所欲也；己所不欲，人所不欲也。天下之人盡然，況於其親乎？管叔，兄也。一旦致辟焉，聖人哀傷慘怛，豈復常情所能儗哉？《鴟鴞》之詩曰："既取我子"，言無若何已。"天大雷電以風",可"乃雨,反風"也。"風雨所漂搖,予維音嘵嘵","胥伐于厥室",憂患迫切,王雖寤,猶不可據也。"我東曰歸,我心西悲",如其倫之喪,則同父同母之人也,死喪已威矣,遂至不得以疾死哉?作《常棣》,弔二叔之不咸,自念其過,終身閔焉,病已之不如舜也。抑又聞之,"司寇行戮,君爲之不舉","戰勝,以喪禮處之",則武王於紂之死,成王、周公於武庚之誅,必有加厚於此常數者矣。此箕子所以爲周陳洪範,而微子所以來見乎周之祖廟也。其詩曰:"既有淫威",天之威也,周人不敢閟,而未嘗加之怒,且未嘗不加之禮也。"降福孔夷",天之福也,周人不敢後,日致其禮之嘉,而殊不以爲多也。不然,武王雖聖人,微子、箕子皆仁人,義亦終身不相見。人道親親,不奪人之親且不可奪親也。忠恕之盡人道、即人心固如此。公爲文王之子則孝,武王之弟則弟,成王之臣則臣,二公之友則能先施之,四者周公實親行之,有所不足,不敢不勉,憂勤以終身,而不一日以己樂。作誥曰:"予惟用閔于天越民。"閔之言病也,天命則信難終其事矣,民性則信難終其道矣。病乎?不病乎?又曰:"文王我師也。""文王視民如傷,望道如未之見。"故曰:"天休滋至,惟時二人弗戡。"文王、武王且弗敢勝任,周公其收之,莫或勖之,必不及矣。聖人之於天道,固若是乎?其難之也。豈其曰道在忠恕而已哉?夫忠恕近人,其則信不遠矣。"執柯以伐柯",不能無所傷,慎之而不輕措其刃焉。"睨而視之,猶以爲遠",東征三年,善師不陳,慎之至也,不以其所能病人,不以人之所不能愧人,惟恐其遠也。誥多方曰:"尚永力田爾田。天惟畀矜爾,我有周惟其大介賚爾。"誥多士曰:"爾厥有幹有年于茲洛,爾小子乃興。"其猶或遠人乎?周公救東方之亂,而致之百姓寧者,"以人治人,改而止"爾。《書》曰:"爾乃尚寧幹止。"夫君子不止,百姓何以寧哉?若乃曰"今卜並吉","以爾東征",已所不願,不敢不施於人,是天命之不僭也。忠恕,"如弗敢及天"而實不敢後,不遠也。必"將天明威,致王罰",必協於人情,致不得已之實焉。《書》曰:"惟我事,不貳適,惟爾王家我適。"上帝命德討罪之枋,非其人不畀也。二公日在王所,而不能弭雷風之變,則知惡惡"不可疾貞"。而忠恕之道,惟周公"面稽天若"而奉之矣。《書》曰:"天惟我周王丕靈承帝事。"非成王惟周公之爲聽,何以敬天休而克有成績哉?《豳詩》卒章曰:"公孫碩膚,德音不瑕。"《詩故》曰:"公孫,成王也,豳公之孫也;碩,大也;膚,美也。"至是而孺子"聽朕教汝"之功成,必至於是而後公不失其聖,是之謂"王功曰勳"。《洛誥》曰:"惟公德明光于上下,勤施于四方。旁作穆穆,迓衡不迷,文武勤教予沖子,夙夜毖祀。"成王無爲以守至正,有聖人之德,允爲孝子,饗帝饗親,毖在夙夜矣。於是大周公之恭德,勖公所不暇,言曰"未定于宗禮,亦未克敉公功",又曰"無斁其康事"。蓋成王至是爲不可及矣。成王不有丕顯德,周公雖聖,能以之揚文武烈乎?文武之烈何等也,奉荅天命何事也,且"頒朕不暇",作禮樂也,非聖人不敢與焉。成王有其德,故周公詔之。成王讓於德,必授之周公。蓋自"執書以泣",而成王之於周公,咸有一德矣。《洛誥》,君臣一德之書也。《顧命》,成王之德之成也。日月歷離,昭然明視。誦《詩》讀《書》,不深惟古人之終始,心意淺薄,俾盛德不宣究于後世,猥以成王不若漢昭者,然則周公何人哉?

　　司馬遷嘗讀百篇之《序》,而不知成王周公之事爲荀卿、蒙恬所汩亂。漢居秦故地,世皆野人之言,於是有《周公輔成王朝諸侯圖》賜霍光者。"成王幼,不能涖阼",遂記於大小戴而列於學官矣。周公踐阼,君子有知其誣者,而不能知成王即位,其年不幼也。何以徵之?徵之於《書》。《書》曰:"于後,公乃爲詩以貽王,名之曰《鴟鴞》。王亦未敢誚公。"豈教誨稚子之言乎?王又能通其說,心不謂然,能不宣之於口,豈尚須人抱負邪?夫孺子、沖子,家人壽考相與之常言。予沖人、予小子,古天子通言上下之恆辭,不以長幼而異者,則《書》之訓絕無可據爲幼不能涖阼之徵矣。《書》曰"王與大夫盡弁",曰"王執書以泣",曰"王出郊",此孰抱負之而然耶?曾有提其耳而面命之者邪?且必非羈丱成童之所能然也。當其時,二公未嘗有一言。王獨深信天道,而曰"今天動威以彰周公之德",上比商之高宗,曾不俟祖己之正厥事也。此非所謂不惑者乎?其視"悉思朕之過失"、"句以啓告朕"者,何如也？且曰"我國家禮亦宜之"，不待父兄百官議其儀法，即日具親逆周公之禮，遄行出郊矣，孟子所謂"若決江河，沛然莫之能禦"者。以此應天，誠矣；以此改過，勇矣。必非漢以後守文良主之所能然也，寧復童蒙之順以聽哉？勿庸贊也。史不記二公云何，惟記二公命邦人以卒歲事，所以昭成王之爲君，有如此其"信以發志"者，斯其能尚周公之聖而成文武之德也。曰：成王有人君之大節如此，而又以二公爲左右，天即不篤生周公，亦自可成一家之事。王縱不迎周公，商奄、淮夷亦自可以安集之。天必動威以明周公，公必以不任事作詩救亂，周大夫必刺朝廷以美周公，何故也？《書》自《康誥》以下，每事必周公主之。《多方》以"周公曰，王若曰"發其凡，著成王之言悉周公言之也。夫啓金縢之書，不煩二公贊一詞，王非不能作命，乃必周公爲之言，不可解也。子思、孟子論述聖人之德，無一言及成王，惟周公之聖繼文武也。不能湮阼，不其然乎？曰：知其說者，必明於天道。誦師之言，僅能弗失者，何足以及此？雖然，竊嘗讀《詩》《書》之文而繹之矣，嘗試言之：孟子曰："聖人之於天道也，命也。"商周之際，文王之德純矣，武王身之也，迪知上帝命者十人，周公至矣，太公、伯夷、微子、箕子皆仁人，太公爲師，而武王必訪於箕子也。《君奭》之篇曰："伊尹格於皇天。"不及仲虺、禹讓、百揆三人也。後之讓，惟皋陶。舜讓于德不嗣，而無其人。由是觀之，聖人並生於一時，必有爲天所屬意之一人。誠在此一人，則天下之人皆以爲宜，苟非此一人，雖亦得一聖人，而天下已不悅矣。其不悅者何也？天命不在焉，則人心不與也。天道不至焉，則天命不歸也。武王不以天下與叔旦，天命在武王，必武王之子孫實享文武之功。《詩》曰："有命自天，命此文王。"武王蓋申命焉。故曰："保佑命爾，燮伐大商。"命之伐商而去民之穢也。文王既受命，武王不稱始焉。"在昔上帝割申勸寧王之德，其集大命于厥躬"，武王也。"周雖舊邦，其命維新"，文王也。周人以文王爲始受命之王，天子之位必在武之子孫。天不二其命，則命不在周公。故曰："猶益之於夏，伊尹之於殷也。"夫與文王一德者，惟周公。與文武一心者，惟周公。父子一體、兄弟一體,與文武一體者,惟周公。天欲以聖人之德爲法於天下,後世舍周公誰屬哉?是故天下諸侯皆欲武王之子爲吾君,不疑周公于吾君也;皆欲周公爲吾君之相,不介二公于周公也。是故成王不與公爲一德,則雷風變於上,風刺作於下。雖二公尚在,克扶持而安全之,寶命閟而不章,曷以比隆堯舜禹湯哉?成王既與公爲一德,則天下之人既樂吾君之子爲吾君,又樂吾先君之子德如文王、武王者爲吾相,終樂吾君之德卒亦如吾先君文王、武王之聖也。其在《詩》曰:"嘉樂君子,顯顯令德。宜民宜人,受祿于天。保佑命之,自天申之。""卜世三十,卜年七百",天所以命文王也。故曰:"我二人共貞。"召公之誥:"我不敢知曰,不其延。"天必有所以申命成王者矣,至幽王而竟墜之。於幽王之詩,思成王之德,其辭有哀焉,意在斯乎?夫天人之心,文武之旨,惟在周公。周公何得不作詩乎?成王迎周公,與周公爲一心,周公何得不作命乎?成王惟恐率行公之訓不足以慰公之志,務俾天下後世咸見周公之德之勤,故《書》之訓辭必尚周公而自處於"弗敢及",誠以"基命定命",上帝之事,文武之盛德至善,非周公不克大順而致成之,以立其極也。豈曰一家之事而私周公也哉?而周公則不自大其事、尚其功也。《詩》無不備,亦嘗歌洛京以繼鎬京乎?歌伐奄以繼伐商乎?制禮作樂,告文王,不過曰"我其收之"而已。作《武》曰:"耆定爾功。"不曰予旦,以沖子戡定厥功也。爲人臣子,任君父之事者,自古如此。後有聖人賢人,必大周公之事而尚周公之德,蓋自周人作《書》而天下萬世至公論定矣。《中庸》曰"周公成文武之德",則施于我沖子者在此矣。寧文武神靈眂其子孫爲庸王而無恫心乎哉?孟子曰:"周公相武王。"必本諸文王而道。《書》之言曰:"丕顯哉,文王謨!丕承哉,武王烈!佑啓我後人,咸以正無缺。"寧獨不佑啓成王而俾之正無缺乎?《嘉樂》,嘉成王也,孔子、孟子皆徵之。夫不以成王爲大德而遵先王之法乎?以爲中材之主者,可以寤矣。

"惟我幼沖人,嗣無疆大歷服",非成王幼不能涖阼之徵於《書》乎?曰:東征之誥,誥天下也。故曰:"猷,大誥爾多邦越爾御事。"多邦,六服諸侯;

而御事，王之邇臣也。成王爲黜殷命之政，遠邇之臣罔不復於王曰不可，而謂周公擁童蒙之君自行其意，人人知非天子之指而矯誣以播告天下乎？人之大數，自三十以往，歷四十五十，而或庶幾于知天命。《論語》曰"五十而知天命"，聖人也，豈常人也？成王在不能踐阼朝諸侯之年，則民政通率壹由笲執樞機之臣。雖愚夫愚婦，莫以不康而怨吾君之弗造哲者。夫孰有謂其不識天命者乎？而造異辭爲幼沖人讓未能也？《鄉飲酒義》曰："六十者坐，五十者立侍，以聽政役。"《文王世子記》曰："養老幼於東序。"非幼也，五十視六十以上則謂之幼，至今未改。"幼沖人"非謂年之不強，特未艾云爾也。"孺子王"之謂亦然。唐叔得禾而獻諸天子，王命歸周公於東。弟非小弱也，不可視爲小子侯，裁勝衣趨拜而已。《嘉禾》"旅天子之命"，豈不能涖阼之孺子乎？謂幼沖人不能黜殷，則主黜殷者，周公也。天下皆信聖人之知天命，斯無敢以聖人爲不可者。苟以周公爲不可，亦明告周公曰不可，而曰"王曷不違卜"。夫王幼不能黜殷，則不能用卜也。不能用卜，焉能違卜乎？茲曰不能用違，曩日何以能勿穆卜乎？疑故卜，疑既决，則勿煩卜。所謂聖人不煩卜筮，成王誠近之矣。日讀其書，不能知其人，而曰幼沖人，《易》之所謂童蒙也。夫成王，則遏惡揚善、順天休命之君子也。《傳》曰："武王克商，成王靖四方天下。"諸侯之所明知也。"畢協賞罰，戡定厥功。"以新陟王之休告天子也。思古明王賞善罰惡，則思成王在洛之政也。惟尊周公爲一德，故能爲明王。豈周公復政之後，成王又自爲賞罰而戡定文武之功乎？夫周公既身任文武未竟之事，而又以戡定四方之事遺成王，彼誣於《書》者，固有若此之言。然而子思告後世，則曰"周公成文武之德"矣。孟子則曰"周公兼夷狄、驅猛獸，而百姓寧"矣，"兼三王以施事"矣，其誣乎？子思、孟子不誣，則大保、芮伯其誣乎？必不然矣。曰：成王非童蒙也。周公告召公，曰"小子同未在位"，何哉？《多方》曰："王來自奄。"《多士》曰："昔朕來自奄。"一役也。親踐奄，不誣也。何未在位乎？曰：在位也。在位故曰"同未在位"，不在位則焉得曰"同未在位"？祀則主鬯，戎則載太常。豈不在位而曰"同未在位"？成王惟周公之爲聽，尚周公之聖而尊之至也。天子之義，義莫大於此矣。"事之云乎，豈曰友之云乎？"召公之書言稱臣，周公之書言稱名則已。夫不臣，非殊禮也，周公不讓也。夫受天子之獨尊已，必受天下之衆責已，不得以天子在位辭天下之一事，必畢收之無勸之者，必不及受尊於一人，必求助於天下，矧其相爲左右乎？彼謂求天下之助，不足以受一人之尊，由是自用自專相望也。孰知德非聖人，則必不能求助於天下哉？明天子有天下，莫若求助於天下；求助於天下之人，莫若求助於天下之聖人。成王既逆周公而尊事之，而《小毖》之頌作序曰："嗣王求助也。"夫有"佛時仔肩"之言，而顧不謂之求助，則未及知周公也。故曰沖人之弗及知，德之幼，而非年之幼矣。

吾聞諸孟子，"周公兼夷狄、驅猛獸，而百姓寧"。今曰成王即政，奄與淮夷又叛，此何說也？曰：非也。武王既喪，周公居東，商奄叛，三年之喪畢而風雷告變，成王迎周公，公於是相成王東征，黜殷，伐管蔡，東伐淮夷，遂踐奄而遷其君，皆成王主之，而周公相之。凡三年而天下畢定矣。《公羊春秋》曰：東征西國怨，西征東國怨。昭周公之明德也。蓋滅國者五十，皆俟其人之自歸，然後變置其君，故遲之又久，以至於三年，而實未嘗有行陳銜枚之事也。豈獨無鋒刃害，"天患民病"不加於王師之所居，見天地之盛德氣焉。故其詩曰："敦彼獨宿，亦在車下。"斯誠衽席之上乎？還師者已。盍亦繹《書序》而遜心求之乎？序三監之事，曰："成王既黜殷命、殺武庚。""成王既伐管叔、蔡叔。"序淮夷之事，曰："成王東伐淮夷，遂踐奄。""成王既踐奄，將遷其君于亳姑"，而其初則以武王崩、三監及淮夷畔始之，其後則以成王既黜殷命，滅淮夷，還歸在豐終之。此可以見東征之役，成王自將，而云"予惟小子"者，殆非"幼不能涖阼"之說也。又以見周公爲相，實未嘗踐阼而治也。且居東之不可以爲東征，而弗辟之不可以爲致辟也。《多方》曰："王來自奄。"《多士》曰："昔朕來自奄。"是故《多方》之誥在營成周之先，《多士》之誥在遷頑民之後，而序如今之第者，以事類敘，不以時先後敘也。

古人欲天下後世知三監之事艱大於淮夷之事,而成王周公所以定先代之宗祀、全血脉之親臣者,既以微子代殷、叔封居衛,而此心惻怛,默不自釋,必俟蔡仲踐諸侯位,而後文王、武王之心至是爲無憾也。嗚呼!雖親見古人而受命焉,未有若此之深切著明者矣。且古人所謂有天下者,豈受其朝覲,納其貢稅,役其民人之謂哉?服其心,革其俗,各正其性命,而受祿于所瞻仰之天。是故民心未同,罰殛不怨,周公所以嘵嘵也。"既破我斧,又缺我斨。"禮義傷敗,大夫所以惡四國也。然而維此聖人,"墉民孔易","作新大邑,民大和會","告商王士",邑明而事勤矣。周公於是制作禮樂,單文祖德,而以大平告焉,"維天之命"是也。《行葦》《既醉》,人有士君子之行,則刑既措矣,若之何兵猶未弭乎?周道四達,禮樂交通,武之遲久,俟周公也。公猶在洛,成王即政,而奄與淮夷又叛,曾不能自保其及身,而曰:"佑啓我後人,咸以正無缺。"其孰承之乎?誰爲此傳者?畔經誣聖,豈不甚哉?

讀百篇之《序》,則知成王之於四國,皆自征之。《豳詩》曰:"周公東征,四國是皇。"曾不云成王,何哉?曰:武王、周公救民於水火之中,其取殘也,一誅則已,不得已至於再誅,"須暇之","開厥顧天"。然而多方小大邦"罔堪顧之",至五十國,此之謂多矣。驟正之,傷王道,緩之而多殺人,益傷王道。小有疵焉,寶命墜矣。周公所自以爲功代武王之說,懼文武受命既純,而後之人雜之也。豈謂"爾不許我",遂失天下哉?越今既蠢民出水火而復入焉,非天子自暇之日,復非自用之日,不因民心而以敬往,任武以圖功,而非敉寧之,武大事何以休乎?《詩》曰:"勝殷遏劉。"遏之而又啓之,"事不貳適"之謂何?非武王之心,則非周公之心也。夫再誅而終不殺,非周公之明德,其孰能與於此哉?殘不可不取,武庚也。刑於隱者,管叔也。五十國之討其君者,奄也,遷之而已;驅之海隅之藪而戮之者,飛廉也;其餘則變置其君與社稷,故曰滅。皆因民心之所欲去,而又以采邑畀賢子孫,俾血食其始封之祖,惟紂一人爲無後。《書》雖闕,苟求其故,煥如也。《詩》曰:"我徂東山,慆慆不歸。"未嘗有行陳銜枚之事,而至於三年之久,周公需之也。曩曰云"罪人斯得",知之未盡也,清問于民,鰥寡胥有辭,然後盡知圖天之命者主名與其事狀,且盡知殺人、歷人、戕敗人之醜類,孰自作不典、視人以式者,孰惟眚災適遇其亂者,孰可教告之而聽,孰必戰要囚之而聽,孰至于再、至于三而卒不聽,然後明致天罰,則明威也。"遷居西爾",非奉德不康寧也。以七族封康叔,六族分伯禽,非鬻以賜諸侯,而實居賢德以善俗也。太公因薄姑,叔虞處參墟,召公封北燕,箕子居朝鮮,皆文王之德所未洽。周公寬裕以容之,文理以別之,德盛化神以齊之,蓋至於三年,而四國之有罪不敢赦、有教不能聽者鮮矣。然後成王率其百君子友民東征,以昭其文德。罰以義制,命以義降,用畢賞罰之政,富必善人,黜伏者必罪人。《序》曰"黜殷命"、"伐管叔蔡叔"、"伐淮夷,遂踐奄",皆成王主之。"王歸自奄,至于宗周,五月丁亥",則卒三年之月日也。自此而戢干戈、囊弓矢矣。《歸禾·序》曰:"王命唐叔歸周公于東。"此非公先東征,王猶在鎬乎?"自我不見,于今三年。"士之從周公者也。王師行不踰時,故曰"不留不處"。自五月數之,王蓋以三月步自周也。頌成王則曰:"薄言震之,莫不震疊。"舍是詩,他無成王征諸侯之事也。美周公則曰:"哀我人斯,亦孔之將。"東征西怨,西征東怨,不得已再誅,而終不殺,非周公之盛德,則何以"于前寧人攸受休畢"哉?《破斧》,周公之功在斯民也。《狼跋》,周公之功在吾君也。鄭康成以爲周公讓其大美而不居,而成王之才不才曾不一關其慮,且曰成王誅周公之官屬者,習是荞言,則奚必歎息痛恨於桓、靈也?而安樂公信乎其賢於成王矣,豈不哀哉?

　　成王將黜殷,周公實相之。邦君御事,以王爲不可,實以周公爲不可也。聖人豈不可哉?曰:其不可有說。亦曾講於黜殷之義乎?天命黜之也。成湯克夏,則黜夏命,立姒姓之親且賢者爲禹後。《那》之詩曰:"我有嘉客。"是也。武王克受,不黜殷,其居處、宗廟、社稷,畿內之都邑、土田,朝庭之臣,不遷不改如故也。曰:"宅爾宅,畋爾田,無故無新,惟仁之親。"《記》曰:"庶民弛政,庶士倍祿。"而所立者固紂之子,武庚也。豈其不稽上帝之心，而錫福小人以干天下譽乎？聖人立之，非將取之。天下信之，咸謂之宜。非僭賞也，非作福也。其布憲施舍，優柔容民，非甚盛德，何以臻此哉？天下所以歸心也。至於成王而黜之乎？德不卒矣，無成功矣。此不如前寧人之尤大彰明較著者也。謂非德之不修，修之不至，慙於文王、武王，遂俾文武有慙德於古先哲王乎哉？"惟干戈省厥躬"，耀德其是也，觀兵則非也。矧其人非他，亦惟在王宮邦君室。而推刃以相夷，則惡矣。其不可如此。咸謂周公之文德無藉於復動干戈，而卒亦未能戢也。此小子以及考翼所以咸復於王而曰不可征也。夫武王伐商，不謀同辭者，諸友邦，惟一心者，三千之臣，然且曰："無貳爾心。"曰："維師尚父，時維鷹揚，亮彼武王。"若是乎其艱且大也。今遠邇之臣，皆與王心違，周公何所因而圖事哉？因"不識不知"之民心也，非朝廷之臣及庶邦君也。彼固有所知有所識，能擬議聖人之心，行有不得，必反求諸己，而不自知其即蔽於所知也。公思茲役，天役也。黜殷不合於文王、武王之所事，非小故也。是以"仰而思之，夜以繼日"，幾於無可如何矣。稽謀自天而得之，故曰幸焉。坐以待旦，告於沖人，斷之曰，"天惟喪殷"，"天亦惟休於前寧人"。"推亡固存，邦乃其昌"，《仲虺之誥》，是天道也。"上天孚佑下民，罪人黜伏，天命弗僭"，"革夏命"之冊典也。於是謀卜筮則從，於是謀羣臣則不從，而庶民固未有不從者。非若"舍我穡事而割正夏"，不從之在庶民也。嗚呼！沖人何忍不以茲事爲艱？何敢不以茲事爲大？殷命不可輕以黜也，管叔、蔡叔不可輕以絕也。日夜永思之，又永念之，"不敢替上帝命"，"不敢不極卒寧王圖事"。與"邦君御事"異者，在知天命與否爾，非有水火冰炭之殊也。下既盡獻其否，上又獻告之以其可，而外之侯甸男邦采衛大和會矣，內之百工播民和矣。邦君御事豈有怠心？而成王周公寧任獨斷哉！是非成壞固非口舌所能決也。正之以天命不僭，則勿疑而志大行。成王，辟也，惟辟奉天；周公，聖也，惟聖時憲。因久靖之民，以靖民之不靖，而前王之大功，沒世不忘矣。

周公作誥曰："孺子其朋，孺子其朋。"申戒成王，立上下之義。成王師事周公，爲天下君，乃以天子禮樂賜周公。其朋也，何甚哉？周公受之，以道事君之謂何？將大人正物而不正已也？信如人言，成王不若襄王，頒大物、賞私德，其若先王與百姓何矣？曰：魯之郊禘，由僖公始也。嘗考奚斯頌魯，而通諸夫子作《春秋》。僖之八年，書"禘于大廟"矣；其三十有一年，書"四卜郊"矣。此皆僭天子之郊禘也。前此莫之書，此因事而書，非譏其始，而僖公爲始不隱矣。苟譏其始于僖公，則直而絞。苟不見其始于僖公，則隱而誣。不惟誣先君，且誣皇祖周公以及成王。聖人作《春秋》，訓人爲臣子，於心安乎？不安乎？故因事而書於僖公之年以見其始，所謂"志而晦"也。著《閟宮》於《魯頌》，益信而有徵焉。頌周公，曰"克咸厥功"止矣，不大其事、尚其功也。頌王所錫，曰"錫之山川，土田附庸"止矣，不聞以天子之禮樂也。夫古人之情，不絕遠也。苟成王嘗錫周公，奚斯曾不推本天子寵命，而自納其君于僭竊之誅，乃曰"萬民是若"哉？遂頌其以郊，必曰："周公之孫，莊公之子。"則僖公而非先公也。二章曰："后稷之孫，實維太王。"三章曰："周公之孫，莊公之子。"然則皇祖后稷，天子之皇祖也；周公皇祖，魯侯之皇祖也。魯不得郊祀后稷以配天，而莊公之子乃郊矣。魯不得禘周公，而今乃禘于大廟矣。《頌》及《明堂位記》皆無禘祀文王之說，《頌》且明言郊，言禘則微曰"降福既多"，曰"亦其福女"，其志深矣。於嘗曰"白牡騂剛"，備物、典策之所有也。騂剛於騂犧有等，魯公降於周公焉，非若郊禘之爲僭矣。魯故有四代之服器及四代之樂，皆所宜也。若五帝之遺聲在商，三代之遺聲在齊，肄業則可，賓祭用之則不可。如以享季札，殆有效尤之禍。"請觀於周樂"，斯閱覽博物君子也。服器，魯宗器也，用諸周公之廟則允，用諸羣公之宮則踰。《記》曰："宮縣而祭以白牡。"諸侯之僭禮也。白牡，殷牲也，惟周公宜之。其四代服器，武王時則分器所受，成王時則所以康周公，非若曲縣繁纓之爲假人器也。成王以天下之養"生以養周公"，周公受之。儻欲以天子之禮送周公之死，周公不許也。成王作《亳姑》以告周公，告其葬之以禮也。自古尊賢之典，必以堯舜爲法，其必以己之養養聖賢。《詩》曰："陳饋八篇。"猶行天子待賓客之常數，而非以所養當一天子也，無所疑也。周公之廟，象周公之生而存，故宜之。若夫葬者，臣子之事，故曰"死以爲周公主"。成王名之而不自爲主焉，則不可以有二王矣。正名以明民，有若是其定親疏、決嫌疑、別同異、明是非者。成王既以天下之養養周公，將以元子爲周公後，次子則世爲三公，六子偕昭穆並封，或在縣內，或在畿外。天下臣民咸謂當。然周公先戒以"丕視功載"。或出於私，則必啟君臣相徇之漸。成王斷之以天心，作冊祝于文王武王，曰"惟告周公其後"，示不敢專也。天下諸侯咸在位，王乃命周公後，祝冊誥冊，史逸作之，此質鬼神而無疑，俟聖人而不惑者，示天下萬世以至公之道也，其肯以非道說周公哉？

伊尹、周公不有天下，可遂曰有伊尹之志、知周公之志乎哉？伊尹之志，《兌命》言之，後世尚或知之。金縢之冊，周公自言其志，成王啟其書得其說，然乃知之。曰："昔公勤勞王家，惟予沖人弗及知，今天動威以彰周公之德。"解之者曰：公以身代武王，則所謂勤勞而彰公之德。如是云爾，此何必聖如周公而後能之邪？吁！命可請也。文王之沒，不聞武王爲之，周公不代武王爲之。夫且爲壇爲墠，具圭璧，作筮祝，百執事與焉，而二公不知亦竟不問乎？苟不知周公之卜之吉，爲王穆卜，曷言之而竟不爲之也？夫曰"未可以戚我先王"，此爲天子請命之辭也，公既明告二公矣。二公所不及知者，周公所自以爲功代武王之說也。其說則公所自爲，命諸史勿敢措一辭。天變作，然後知墜寶命、屏圭璧之辭，信而不僭，非周公不能作此辭。此則所以請命之說也，與《鴟鴞》之詩無二說也。貽《鴟鴞》，王亦未敢誚公。啟金縢之書，王執書以泣矣，泣予室之翹翹，且泣公之維音曉曉也。貽王之詩，即告太王、王季、文王之冊。公之勤勞王家，乃文王"陳錫載周"之事，武王"上帝臨女"之心，而沖人易及知也哉？天不動威，則不知。二公之德，其克享天心者，斷斷不若周公有如此也。則遂以有天下之號繫之於公而不疑，天下莫不以爲宜而稱之。天下曠然，其遂定。公亦不辭，欲天下之一於周也，而豈人臣之恆辭乎哉？夫既以周爲天下之號矣，而又以周爲采地之名，章疑別微，謂之何矣？聖人誨女知之。"尊爲天子，富有四海之內"，此爲寶命邪？"明明德於天下"，若堯舜禹湯文武之受命，此爲寶命也。《康誥》曰："不汝瑕殄。"瑕則殄，始於微缺，終以大壞。公之言曰："予小子新命于三王，惟永終是圖。"以武王之聖，在天子之位，永此一日，則終此萬年。萬年之久，得一聖人，莫能以爲未盡善，而孔子曰未盡善者，病其有武庚之亂，且重以管叔也。武王固皇皇然若天下之未定矣。克商不過二年，其遂可以近我先王乎？武王喪而流言作，流言作而周公不居東，居東二年而不爲詩以貽王，朝廷不知，而詩人不刺，天變不作，二公日爲政於天下，天下之君子不得平其心，天下之小人不得革其面，文武之德孰圖其永終者乎？公所俟者，三王能念武王也。"百姓有過，在予一人。"能念予一人，能念百姓之有過也。無故無新，惟仁之親。與王同心，惟周公獨也。故曰："哀我人斯，亦孔之將。"然而流言必辟之者，百官總己以聽冢宰，太公可以當之。亂在東方，居東可以察之而戡之，"進退無恆，非離羣也"。然而必作《鴟鴞》之詩者，喪不貳事，除武王之喪，此救亂時也。不時不作，當其時則必作，"君子進德修業，欲及時也"。周公之心，非天之心乎？"先天而天弗違"，納冊而翼日乃瘳，貽詩而天大雷電以風矣。周道四達，禮樂交通，武之遲久，"後天而奉天時也"。作《常棣》，暴所過於天下，使天下見之，封建親戚以藩屏周，過則改之，周以宗疆，兄弟無復爲不咸。周公之德，是謂至德。其學之而未盡者，虞帝之甚盛德，文王之德之純也，伊尹且猶不及。非孔子贊《易》，孰知周公之志哉？

　　長息問於公明高曰："舜往于田，則吾既得聞命矣。"日讀其書，未嘗聞命。長息何所疑？公明高何所啟？曰：竊嘗思之矣。疑堯舉舜而試之，則舜無爲復往於田也。啟之以堯將使舜嗣位，不遽加之上位而使之治事也。夫家難，天下易，"女于時"，洵可觀舜已，曷不念九男易心服乎哉？此又一難也。堯以天子之尊，年八九十矣，且以聖人之德，而曰與舜友也。舜之生，三十云爾；舜之卑，匹夫云爾；舜之心，則不可爲人、不可爲子之窮人云爾。而曰吾與在位七十載之聖人友云爾，不爲臣也。天下之難有大焉者乎？堯欲知舜之德,聖人與?抑猶未也?聖人當此,必沛然無疑矣。少有疑於此,則雖聖人不足以當天意。天之命不在焉,若十六相是也,堯不暇舉也。孟子述《舜典》曰:"舜尚見帝,帝館甥于貳室,亦饗舜,迭爲賓主。"德協于帝,固若是乎?夫固即"往于田,日號泣于旻天,于父母"之時也。見于天子乃如此,見于父母乃如此,見于旻天乃如此。天,天也;父母,天也;天子,天也。聖人無兩心,非重華而能若是乎?天下之士多,聖人乃無有尚之者矣,則惟不命以位,不授之事,而後盛德可知也。故曰:"帝使其子九男二女,百官牛羊倉廩備,以事舜於畎畝之中。"試之以至難也。《堯典》曰:"釐降二女于溈汭,嬪于虞。"皆以敵者之禮行焉,而非若天子之女嫁于諸侯,必使同姓諸侯主之之義也。非常事也,而於義不爲貶。堯之得舜,非使之爲人臣也,故曰事非常而義不爲貶。夫往于田者,舜在畎畝之常事,父母之養,非莫耕也,必身親之。事親之大常,既爲天子而不改者,故曰"既得聞命"也。有嘗聞之者乎?而曾不是思也?公明高曰:"是非爾所知也。"學者闇不知,是以求諸師。公明高不告,孟子本高之旨,以告萬章,而又不正言,何也?《論語》曰:"知德者鮮矣。"又曰:"中人以下,不可以語上也。"自長息以至古今天下凡民,不識誠爲天之道也,又不識誠之之爲人之道也。親于身,身于親,二之久矣。彼以"竭力耕田,共爲子職",則孝子之事畢矣。其心以"父母之不我愛",如不信乎朋友耳,如不獲乎上耳,若是恝哉?若是恝,而猶以爲孝子之心哉?中人以下之所知,未有不如此者。以爲于我無與,固恝而忍也;以爲不知我有何罪,亦恝而不靈也。皆謂不仁,不仁由乎不誠。蓋赤子之心牿亡於執文害志之陋儒,可痛矣!故曰"是非爾所知也",以救長息之陷溺於成說,而曾不反而求之於心也。孟子之不正言,以砭萬章之蹈襲於常轍而不察,喪失之大,有若是其可也。讀此書而面不發赤、背不汗者,無有哉!孟子曰:"告則不得娶。"夫不告則何以得娶?非不告也。秉命而成之,則謂之告。專命而成之,成之而後告,則謂之不告。實不告也,名固告也。名告則得娶矣,實告則不得娶矣。"人之於天也,以道受命;人之於君父也,以言受命。不若於道者，天絕之；不若於言者，人絕之。"告之而瞽瞍不聽，則舜無可諍之道矣，不爭之則必從之。不從而違之，是不受父命也，其罪當絕。成之而後告，雖瞽瞍亦不禁之，不禁必姑從之，是以得取也。爲無後之心，瞽瞍喻之矣。蓋納采以逮親迎，瞽瞍皆爲之主而命之矣。此"克諧以孝，烝烝乂，不格姦"之實也。然而謂之不告者，成之在舜，不在父母也。正以不告語天下，天下者皆知其反經而合道，聖人之權也，非聖人不得與於此也；託告之，似以語天下，天下不知其名是而實非，姦人之雄也，聖人之所深惡而痛絕也。如曰莫之告也，則二女何辭以見舅姑邪？故曰非不告也。"帝亦知告焉則不得妻也"，堯爲天子，乃不能行乎庶人哉？堯不以天子之貴加諸舜，則不以天子之貴加其父母也。以敵者之禮行焉，敵者不聽，則莫可以強之聽。是以告焉則不得妻也。堯憂天下不治，夫然後舉舜，舉舜故妻舜，妻舜而使舜不得父其父，是亂天下也。有司雖存，帝何辭以命之。且堯所憂，舜能任之。舜所憂，堯不能解之。非獨不能，亦且不可。堯以舜治天下，舜以堯治其父母。師錫者，其妄哉！《春秋傳》曰："聖達節。"賈生曰："人主之行異布衣。"布衣之孝，守一節而已，必無敢不告。鄉人也，不可以授天下。可以授天下者，必無嫌無疑於不告，則舜其人也。以舜通天下之志，定天下之業，斷天下之疑者，堯也。七十載天子乃矜一鄉人行哉！欲行告父母之詩，必使堯舜不聖，然後可，可謂固哉！"父母使舜完廩，捐階，瞽瞍焚廩，使浚井，出，從而揜之。象曰：'謨蓋都君咸我績，牛羊父母，倉廩父母，干戈朕，琴朕，弤朕，二嫂使治朕棲。'"此《舜典》也。嘻，甚矣！"何肆犬豕，而厥身不危敗？"古人問之矣。其事故不成，有如萬分一，則如之何？厥身危敗，尚奚及哉？舜果非聖人，而不可以爲子矣。春秋以來，不勝書也，曾是以爲典乎？曰：自古人傑皆不死也，然而下聖人一等，其必有一不全者矣。全之者惟聖人。惟聖人如舜，然後一朝遇之，行其所無事而不患焉，不可以爲典乎？噫嘻！變化以作詐，象也。陰主危害，陽以父母爲辭，士師莫能詰也。暴之天下後世，過失殺子孫獄爾，洵其謨哉！舜則以無事置之，先知也。先知，忠信也。忠信有九知,上至天,下至地,深慮高舉,莫之能測。象之淫眩,殆同兒戲。其事已若浮雲之過,而象殊未之知也。愕乎見舜之在牀琴,而卒不知舜之何以出井,機心庶其息哉!夫象之將殺舜,不過欺之以其方也,可也。使象而果殺舜,則直罔以非其道也,難也。舜可以將殺而決不可以殺。蓋象至是而始遂無殺舜之心矣,以愛兄之道來矣,喜矣,迎而導之,是"厎豫"①之大幾也,故誠信而喜之。其忸怩也,舜固見之矣。見其愧也,見其非偽也。象且無偽,而舜又奚偽焉?若自常人觀之,象未入舜宮,以爲是象之喜也,象既入舜宮,以爲是象之欺也。雖然,能欺於其言,不能欺於其色。鬱陶之言,人爲之。忸怩之色,天爲之也。象示以人,舜見其人之天。使象不設爲思君之言,則將不見舜而去矣;爲是言而無忸怩之色,則舜亦不能知象之所終矣。嗟乎!苟非至聖,孰能遭骨肉之變而察微知顯,不失其忸怩之一幾乎?舜曰:"惟茲臣庶,汝其于予治。"其貌言與?可言也而不可行也?曰:舜言之,先行之矣,百官莫不承事。象未出舜宮,而居處已極富貴矣。象恣爲取而皆可以爲其有焉,乃知舜之力無所不致而無吝於己固如此。曩之勤身從事,一若無可使,乃其尊父母也。昏然迷,適然驚,撫然悔,蘧然覺,日者欲殺舜之心不知何自盡矣。於是日以愛兄之道事舜,舜之臣庶莫不以君弟之禮禮象,象日得所求而喜,母日見所愛而喜,不知辟心之何自平也。舜待弟之道,至矣。舜事親之道,至矣。所謂盡道而瞽瞍厎豫者,幾實由乎象也。是以著其終事,書之爲典,以告萬世,俾天下後世知人心之危,必有所極而皆可得反,決非天之降命有如此也。性善無可疑矣!非不疑於堯,不疑於舜,乃不疑於象與瞽瞍也。孟子豈日稱堯舜,而日忘象與瞽瞍哉?安見象之不可往治臣庶哉?夫舜之臣,皆天下之士也,象日與處則乂矣。乃以舜爲貌言,東西易鄉,甚矣其惑也!子何疑於象之往治臣庶?此不過位象而祿之,分天下之公器焉爾,曾不若盡與之。以聖人之情也,象憂亦憂,象喜亦喜,則所謂同其

---

① 厎豫,底本誤作"底豫",據《孟子·離婁上》改。下同。

好惡者矣。夫同其好惡,必觀其誠一或不誠,雖情亦貌也。如子之言,舜且未嘗喜,又曷問其偽?蓋嘗試論之:聖人以人爲天地之性,父子之道謂之天性,至尊至親,厚莫重焉。天下皆謂舜爲聖人,瞽叟獨謂舜不順,則天下莫能自持其說。天下皆謂象爲凶人,瞽叟獨謂象能孝,則天下莫能執象之口而服其心。士之賢否,問其君;子之逆順,問其父。瞽叟,父也;堯,君也。堯安能非象是舜以教天下哉!推舜號泣于父母之心,能悅天下者,己也;能悅親者,弟也。悅天下萬萬不若悅親,則己斷斷乎其不如弟。天下之士,持平心,觀公理。舜所順者,父母之天也,而不順其人;象所順者,父母之人也,而不順其天。未敢謂舜全得、象全失矣。周公曰:"惟聖罔念作狂,惟狂克念作聖。"苟象不克念,則舜猶未免乎罔念也。象之心一日不安,則舜之心終身不著。"百姓有過,在予一人。""凡今之人,莫如兄弟。"兄弟寧校計是非之人邪?是以詩人所刺、《春秋》所譏,皆遭人倫之變而不能如舜之善全之以爲大惡。周公且猶有過,而終身閔之,曰"未盡善也"。人苟不能爲舜,則亦晉共世子、鄭莊、衛惠之終爲不孝不慈而已矣,必無中立之道。曰:誠如是也,則象終爲舜之徒矣。作《書》者必盡其不道之辭,令終而不滅,久而不絕,何哉?曰:天地之大,無所不容。豈獨在舜,乃二女皆盛德也。骨肉親戚,惟能含垢至於斯,然後能無事安處而不傷,所謂裕也。自天子達於庶人皆有之,天之命也,人之數也。喜或嘻嘻,拂或沓沓,日用之情,不能無少溢。執一言以相稽,則斷者至於不可復屬,慭置之於耳,若未嘗有聞焉。以茲言究其極,曾不易容而變色,則可以爲天下法矣。傳之教來許,故令久而不絕。古之良史,豈若小丈夫然哉,惡焉而不敢筆也!亦非古者奉天法不諱之義矣。"封之有庳,富貴之也。身爲天子,弟爲匹夫,可謂親愛之乎?"象克變矣。舜封其從兄者,非封其敖不仁者。萬章奚惑?孟子奚不以是解惑?象殆終不仁哉?曰:象終不仁,則舜之兄弟終缺矣,不得謂之盡善。且終不仁,象則何以日見舜,縱其肯來,面目若此,肺腸若彼,終身忸怩以相視乎?曾不可以終日。且舜亦何以致其情哉?中心不和不樂,則鄙詐入之。夫情疏貌親,他人猶喻諸盜,矧同父乎？故曰"常常見之","源源而來"。而又稱《舜典》以徵之,曰"不及貢,以政接于有庳"。言舜之於象,變化之矣,不獨富貴之也。富貴之者,告爲天子者以待兄弟之法也。與天子爲兄弟,則無有不富貴者,不當問其仁不仁也。天下之爲人兄者,不可以不善其弟。弟之不仁,兄不可以爲仁人也。天子之爲人兄也,不可以不私其弟。他人不容吾私,吾弟則必行吾私。無私者,無親也。天子必有親,聖人必有親。人道親親,未有不如此而王天下者。不自有虞氏始,以人心爲皆有之。身爲天子,弟爲匹夫,何與天下事而天下嫌乎？其不心服。名以不私重爲天下,實失天下心。天道著矣！爲天子者,慎毋使諸父昆弟怨其尊而不親也,然後能合萬國之歡心,以事其親,則天下和平之本在是矣。是以四罪受誅而無不服,故天下成服也。尚何疑於仁人"豈得暴彼民哉"？象用是"後嗣而逢長"也。可謂能親愛象矣。聖人之法,萬世通行者,誠莫善於此哉！然而舜之設心則不爲此。夫立君而爲之貳,使師保之,不獨天子之弟也。天子養諸侯,兵不用,刑不試,賴哲人以免,而獲享於下,不獨有庳之君。其遂以爲重厚吾弟哉！夫兄弟之恩,不在其富貴,在常相見。不在同政以子萬民,在同心以事父母。父母之所欲,舜之所欲也。欲象之貴,舜則貴之。欲象之富,舜則富之。欲兄弟之相見而樂,舜則常常見象而樂之。父母遂無不欲舜之欲者。昔從之敖,今樂其順,非虞帝孰能順親如此其大者乎？誠身父母之身而誠性父母之性也。是故子夏曰：父子一體也,兄弟一體也。今而後無疑於象之性矣。然則象從兄、瞽叟厎豫,不爲師錫之前事與？曰："有鰥在下,曰虞舜",此師錫之言也。"舜閔在家,父何以鰥？"古人不既問之乎？舜之孝非一日而顯,有漸以致之,古人不既茂明之乎？謂象終不仁者,不知性。謂瞽叟未嘗聽象殺舜者,不知盡性。彼謂天下必無至不仁之變事,實不信天下有至仁之能事也,故曰不知盡性。夫憂患者,天所以開聖人也,所處皆非常之變,所行皆非常之事,而不失天地古今之大常,故尊之曰"帝典"。彼據"克諧以孝"之文,難"完廩浚井"之使,亦將據"黎民於變時雍"之文,難"百姓不親,五品不遜"之命邪？自宋以後，不疑經者鮮矣，又可飾淫辭而助之攻哉？

"孝子之至，莫大乎尊親。尊親之至，莫大乎以天下養。爲天子父，尊之至也。以天下養，養之至也。"愚且誣若蒙，孟子必示以聖人之極。苟不至於聖，則天下後世之爲父子者不定，而漢祖、唐宗亦更相笑也。《傳》曰："父，至尊也。""天子，至尊也。"爲天子父，其尊豈待加以名哉？天下莫不以至尊事之，所以貴天性，尊天名也。父子之名，天名也，天性也，不若於性，乃以一帝一后之號爲尊於父母之稱邪？養非口體之養，志之養也。《孝經》曰："愛敬盡於事親，而德教加於百姓，刑於四海。"是之謂以天下養而尊親之至也。不惟其物，惟其誠焉。不惟其名，惟其實焉。爲天子父，名其實也。以天子之禮行事焉，生事之，死葬之祭之，天子之物備矣。《傳》曰："自幕至於瞽瞍，無違命。"此則有虞氏之宗廟也。周公追王太王、王季，不追謚，繫王迹所起，實則商之諸侯也。必尊文王爲大祖，則不以干商先王之統，明矣。若乃身居臣子之實，其爲之子與臣者，不致愛敬之心，以備孝養之物，必假乎名以爲悅，然後以其物從之，而天下之名亂矣。於是有君臣無父子焉，於是乎有父子無君臣焉，不深喻乎孟子之指，則無爲獨笑咸邱蒙也。

萬章問曰："堯以天下與舜，有諸？"孟子曰："否，天子不能以天下與人。"所以正君臣之義也。惟天子受命於天，天地之常經，古今之通義也。後世矯誣以布命，以力爲正於天下，於是乎言天命者，且有氣數之說矣。堯曰："咨，爾舜，天之歷數在爾躬。"言氣數之定於天也。天非不自爲政，而由氣數以推移也。孟子述《大誓》曰："天視自我民視，天聽自我民聽。"既徵天命之不可誣矣，又申之曰："莫之爲而爲者，天也。"蓋曰爲之而爲者，非天也。"莫之致而至者，命也。"蓋曰致之而至者，非命也。然後自唐虞以來，孰爲天命，孰爲矯誣而非天命，不言而自喻之，眾著之矣。《湯誥》曰："天命弗僭。"《大誥》曰："天命不僭。"此湯武之所以順天命也。夫湯武之受命於天，易知；舜禹之受命於天，難知，以有堯舜之命在也。夫天子能命人爲諸侯，而不能命人爲天子。非孟子私淑於孔子之徒，則此義不敢知，知亦不敢言。雖然,恆言也。父子之道,君臣之義。受天命者,天子也,以事天爲職者也,如子事父,臣事君,不可易也。其人苟無天命,天子能命人爲天子哉?舜、禹之受命於天,易知;啟、太甲、成王之受命於天,難知。有先爲之者,則無以知其莫之爲;有先致之者,則無以知其莫之致。是故孟子曰:"天與子,則與子。"大甲之書曰:"嗣王新服厥命,惟新厥德。"成王之書曰:"惟王受命,無疆惟休。"又曰:"今王嗣受厥命。"繼世之君皆受命,必以始受命之君爲祖,不僭故也。《中庸》曰:"雖有其位,苟無其德,亦不敢作禮樂焉。"父子之道,君臣之義也,天命不可爲而致也,必然而不易矣。既而曰"仲尼不有天下",謂其無天命乎? 益、伊尹、周公皆人臣,則天命不在焉,然乎? 曰:天子必受命於天,不必皆有聖人之德;聖人必受命於天,不可皆在天子之位。此天道之不變易者也。天之命孔子甚盛,盛於舜與文王,子思推原之矣。周公成文武之德,制禮作樂,天所命也。伊尹,天命之以左右商王者也。《詩》曰:"允也天子,降予①卿士。"故能載伐夏之命於亳,放大甲而復之。大甲之克終允德,伊尹爲之。孟子言之曰"莫之爲"者,何也? 堯舜所不能,則非伊尹之所能也。伊尹知湯之受命不殆,而大甲之終爲大宗也,故承天命而放之。此何事也? 天不命之,人爲之哉? 伊尹之志,上帝之心。非伊尹則以人與之,帝欽罰之,未之或免也。伊尹行非常之權,人不能知其爲天之命。尹、益踐兩聖人已然之跡,孰知益之辟爲天之命益哉? 夫薦於天者,皆攝天子之事而行之矣,皆不嗣天子之位也。君有事,臣服其勞而不敢曰已之事。不嗣,故可得而辟也;行天子之事,故不可以不辟。舜禹辟之而天不如其志,益辟之而天如其志,則舜禹之得天爲不如益也。後之篡人敢於援舜禹,不敢以汙益。敢於假伊、周,不敢以誣益。夫舜禹之與益,其心一也。伊尹、周公之與益,其心一也。聖人之於天道,信有命焉。"人有言,至於禹而德衰";孟子有言,至於益而舜禹之德乃著,自有益而伊尹、周公之志乃益白於天下

---

① 予,底本誤作"于",據《詩經·長發》改。

後世，故孔子曰"其義一也"。天命孔子盛於舜與文王，不有天下，則其大端也，故曰"知我者其天乎"。子貢曰："固天縱之將聖"。其曰"夫子之得邦家"，爲不知者言之也。若夫子之不得邦家，則堯舜且曰不及，況百王哉。夫位之不尚於德也，天命之矣。何謂弗嗣故可辟？曰：當喪爲主者，堯之子也，以天子之禮行事矣，堯可命其子辟舜哉？舜帥天下諸侯以爲堯三年喪，臣爲君服也。而不得干堯之子之爲堯後者，舜於斯時未嘗踐天子之位，亦未嘗釋天子之事，子在喪也。三年喪畢，則可以致事於堯之子矣，故可得而辟也。天下之士未嘗以天子事舜，舜之辟，莫或留之者，莫或從之者，而未嘗有二心於舜。及其北面事舜，而未嘗有二心於堯，不然舜則得矣，將如臣五人何哉？"大丁未立，外丙二年，仲壬四年"，天也。天下之民皆願吾君之子爲吾君，人也，即天也。殷禮先立弟，外丙有天命，必有年有子如啟矣。湯能與子，不能使天與之年，則知舜相堯二十有八載，非人所能爲矣，實聖人所能知也。外丙無年且無子，有弟則立之，殷禮也。仲壬宜立，非伊尹所立，如使伊尹立仲壬，何異尹氏立王子朝乎？仲壬有年有子，天命不在大甲矣。仲壬之爲外丙後也，大甲之爲仲壬後也，殷禮也，其所以至於爲人後，則天也。成湯知大甲有天命，不先立大甲。一代之禮本於先王，聖人不敢變也。伊尹知大甲有天命，必先立外丙、仲壬，遵成湯之法也。知天命在大甲而放之於桐，克終允德，伊尹爲之，實非伊尹爲之也，天命伊尹爲之。其必如周公相成王黜殷，伐管蔡，仰而思之，夜以繼日，幸而得之，乃奉天而行之矣。堯舜不能使不肖爲賢，而謂伊尹能使顛覆典刑者自怨艾哉？苟堯舜所以輔翼其子者，萬有一不備則實致其子不肖，不得曰"莫之致而至也"。若丹朱、商均，則所以陷溺其心者然也。曰自陷自溺，而曰"莫之爲""莫之致"也，可乎哉？丹朱、商均之不肖，自致之，自爲之，非天也。堯之子不肖，舜之子亦不肖，莫之爲而爲，莫之致而至，則天也。啟之賢，禹固明告天下後世曰"啟呱呱而泣，予弗子"，言所以輔翼啟佑之者，萬萬不及堯舜，而其子之賢乃如此也，"莫之爲也"。

"臣不敢不以正對。"何謂正？天子治諸侯之正也。麗九伐之瀍，謂之大過，《春秋》誅絕之罪也。諸侯三卿，命於天子，《書》云"司徒、司馬、司空"也，義必伏死而爭之，否則棄君於惡。異姓之卿，君不聽，則當去。"陳力就列，不能者止"，以不任職去也。貴戚之卿，義必告於天子，天子察其君之罪而變置之。舜竄三苗，周公討奄之君，皆不以兵，用此道也。《春秋》之義，諸侯之大夫無遂事。諸侯不得專廢置諸侯，故曰"爲天吏則可以伐之"。諸侯不得以國與人，故曰"子噲不得與人燕"。諸侯不得去其宗廟社稷，故曰"世守也，非身之所能爲也"。孟子之正，皆先王之法，著於孔子之《春秋》，曾謂大夫而可以廢置其君乎？伊尹放大甲，聖達節也，必斷之曰"有伊尹之志則可，無伊尹之志則篡也"。豈惟伊尹，舜禹以天子之命，天與之，人與之，踐天子位。如使居堯之宮，偪堯之子，亦同歸於篡而已矣。湯武之放伐亦然。天之所廢，必若桀紂，否則雖名之曰幽厲，天命未改，諸侯不得行湯武之事焉。孟子之對，天子治諸侯之正也。爲政於天下，則必行王者之法，又何異乎？彼霍光者，趙盾之徒，當伏專廢置君之罪。光以太后爲辭，雖不篡，篡者之導也，豈可與伊尹同世立乎哉！後世並稱之，子曰："道之不明也，我知之矣。"

天子之義，自受命之祖，則諸父昆弟莫不爲臣。其在諸侯，始封之君不臣諸父昆弟，封君之子不臣諸父而臣昆弟，封君之孫盡臣諸父昆弟。是故尊者尊統上。天子、諸侯繼世，與祖爲體。爲之後者，無問昆弟，無問諸父，皆以禰宮事所後之君。臣與子一例也。何以言之？國不可以無受，無受則篡。僖公即位，其得免於篡，"繼弒君不言即位"者，主閔公之喪，祥也，禫也，祔也，皆以爲人後之禮行焉。《詩》曰："靡有不孝。"又曰："新廟奕奕。"以禰事閔宮者，三十有三年矣。至於文公，乃以爲弟而躋僖公乎！故曰逆祀也。然則以莊宮爲祖廟乎？曰：否。以父事所後者則已，已不更其親廟也。文公以祖事閔宮，而莊宮之爲祖廟不變也。高、曾、祖、禰，謂之親廟。親盡迭毀，吾聞之矣。廟盈則毀，吾未之聞也。子孫有東西宮、南北宮，伯仲叔季居之。自五人以上，則將爲之別築宮乎？抑遷其伯以處積於叔者乎？必不厚子孫而簡宗廟，明矣。《詩》不云乎？"周公之孫，莊公之子"，此僖公不更親廟之詩也。曰：此其親廟，正統也。如不得已而以昆弟之子若孫爲後，則如之何？曰：以禰事所後之先君，無疑也。四親廟皆以是推之，高曾祖居可知矣。其父母在則如之何？曰：生不奪其父母之名也，死則降其父母之服也。生則養之以己之養，死則己不得爲喪主焉，則不得爲祭主焉。如曰"生無相見，死無相哭，見則以君臣之禮"，曾不痛人非父母焉生？且是子也，於己爲路人，而其父母又以眾子之服報之也，廢父母之名，行君臣之分，無恩焉，無禮焉，何報之與有？

適孫爲祖後，立爲天子廟以祀禰乎？否乎？曰：義不得廟也。祖之生而存也，而父沒，祖爲之服三年之服而祔之於其祖，歲時享於禰宮，不祝而祔者皆食焉。是故古者重祔，神之道也。以其氣合之，不以其形二之。去人道，從神道，先王以是爲禮之大節也。故古者重祔，祖祔其子，而孫又離之，於義安乎？曰：佋穆之祔也，有廟矣。向也祔，今也廟，奚害而不得也？曰：祖不廟祀其子，則孫不敢廟祀其父也，不以親親害尊尊，人道然也。曰：然不殆于禰其祖乎？曰：爲祖服斬，固事父也。于禘祫也，祖爲祖焉，禰爲禰焉，而合食於大祖之室焉，雖百世不易者，正體于上而子孫之統也。不廟不成其尊，爲天下臣民正君臣之義也。曰：不廟則得與於禘祫乎？曰：不廟非不享也。天子之宗廟，支庶不得祔焉，其祔者皆正體也。不禘不祫，是廢正體也。祖不敢廢其適而喪之而祔之，孫敢廢其父而不禘祫之乎。曰：聞之禮曰，殤與無後者，從祖祔食。今不廟而祔，是殤其父而莫之後也，可乎？曰：殤之祔也，無後者之祔也，大夫士之宗廟也。天子之宗廟，祔者皆正體而成人之喪也。不廟者，屈于父之生而存，非殤之也。己欲全父子之道，而俾其祖不父其禰，不子乎？曰：祖存則父屈，祖沒而父伸，不可乎？曰：祖雖沒，祖所廟事者不得遷。弗遷也，伸其父之尊，遷其祖之所尊，不可也。曰：弗遷而更立焉，可乎？曰：不可。祔而不廟，尊之爲正體也。更立廟而弗遷，是以支子卑其父，而不得享於大祖之室也，烏可哉？曰：未踰年君而子嗣之者，如之何？曰：不廟也。其不廟何也？不貳君也。祔于祖，如爲子，祫于大祖，如爲君，順死者之孝心而不敢當尊焉，是以鬼神饗其祭祀也。以神爲無知，焉用廟？以神爲有知，未聞不孝其親之所孝而能孝其親者也。

（點校：周易／復旦大學哲學學院；

審訂：楊正周／中山大學哲學系）

# 四書朱子文集纂·大學

〔宋〕朱熹　著　〔清〕陳鏦　編

**點校説明**：《四書朱子文集纂》三十二卷，清陳鏦編，清康熙己巳行恕堂刊。陳鏦字太始，湖州清溪人。陳鼎《留溪外傳》卷四有《陳太始傳》，稱其"博學通詩古文辭，善書法。舉諸生，從吕晚村講程朱學，有所得。性耿介，疾惡甚嚴"。

按朱子平生於《四書》用功至深，其所述作，有《四書章句集注》《四書或問》之書，《論孟精義》《中庸輯略》之編，另《朱子語類》有關《四書》之論說亦以類相從，易於檢閱。而《晦庵先生朱文公文集》中之《四書》論說，則散見各處，不便參考，初學者畏於《文集》卷帙浩繁，亦罕深考。編者陳氏從朱子《文集》中纂輯有關《四書》之論說，而成是書，共三十二卷，依次爲《大學》二卷、《論語》二十卷、《中庸》三卷、《孟子》七卷。纂輯之功，頗便學者。據書名葉有加框朱字"五經嗣出"字樣，則編者尚欲於朱子《文集》中纂輯有關五經之論說，今未見其書，殆未成也。

以下爲《四書朱子文集纂》有關《大學》部分之點校，并以《晦庵先生朱文公文集》（見《朱子全書》，上海：上海古籍出版社／合肥：安徽教育出版社，2002年）加以參校。原書小注爲雙行小字，今改爲楷體小字。原編者於所引文字只標題目，今補充《文集》所在卷數，如《壬午應詔封事》後標明"卷十一"，《答李繼善》後標明"續集卷十"。

# 朱子文集纂卷之一

## 大學

致知格物者，堯舜所謂精一也；正心誠意者，堯舜所謂執中也。自古聖人口授心傳而見於行事者，惟此而已。至於孔子，集厥大成，然進而不得其位以施之天下，故退而筆之以爲六經，以示後世之爲天下國家者。於其間，語其本末終始先後之序尤詳且明者，則今見於戴氏之《記》，所謂《大學篇》者是也。故承議郎程顥與其弟崇政殿說書頤，近世大儒，實得孔孟以來不傳之學，皆以爲此篇乃孔氏遺書，學者所當先務，誠至論也。**壬午應詔封事（卷十一）**

熹嘗聞之師友，《大學》一篇乃入德之門戶，學者當先講習，知得爲學次第規模，乃可讀《語》《孟》《中庸》，先見①義理根原、體用之大略，然後徐考諸經，以極其趣，庶幾有得。蓋諸經條制不同，功夫浩博，若不先讀《大學》《論》《孟》《中庸》，令胸中開明，自有主宰，未易可遽求也。爲學之初，尤當深以貪多躐等、好高尚異爲戒耳。然此猶是知見邊事，若但入耳出口，以資談說，則亦何所用之？既已知得，便當謹守力行，乃爲學問之實耳。**與陳丞相（卷二十六）**

看《大學》②當且專看《大學》，如都不知有他書相似。逐字逐句，一一推窮，逐章反復通看本章血脈，全篇反覆通看一篇次序，終而復始，莫論遍數，令其通貫浹洽，顛倒爛熟，無可得看，方可別看一書。今方看得一句《大學》，便已說向《中庸》上去，如此支離蔓衍，彼此迷暗，互相連累，非惟不曉《大學》，亦無功力別可到③《中庸》矣。**答吳伯豐（卷五十二）**

示諭且看《大學》，俟見大指，乃及他書。此意甚善。但看時須是更將

---

① 《文集》校勘記：《考異》："先見"，一作"究見"。
② 《文集》"大學"下有"則"字。
③ 《文集》校勘記："到"，浙本作"看"。

大段分作小段，字字句句不可容易放過，常時暗誦默思，反覆研究，未上口時須教上口，未通透時須教通透，已通透後便要純熟，直待不思索時此意常在心胸之間，驅遣不去方是。此一段了，又換一段看。令如此數段之後，心安理熟，覺得工夫省力時，便漸得力也。近日看得朋友間病痛尤更親切，都是貪多務廣，匆遽涉獵。所以凡事草率粗淺，本欲多知多能，下梢一事不知，一事不能；本欲速成，又反成虛度歲月。但能反此，如前所云，試用歲月之功，當自見其益矣。答黃子耕（卷五十一）

看《大學》先須①緊著精神，領略取大體規模，却便回來尋箇實下手處，著緊用功，不可只守著此箇行程節次，便認作到頭處也。答鄭子上（卷五十六）

知讀《大學》，甚善。大抵其說雖多，多是爲學之題目次第。緊要是格物兩字，却未曾說著下手處。故學者之讀此而不得其要者，類如數遺棄之齒而求有獲，亦沒世窮年而無得矣。須著精神領略箇大體規模，便尋箇的當下手處，著實用功，始是會讀《大學》也。答朱子繹（卷五十四）

## 大學一

### 經一章

明德，統言在己之德本無瑕垢處；至善，指言理之極致隨事而在處。答何叔京（卷四十）

"止於至善"，至善乃極則。擴之曰："不然。至善者，本也，萬善皆於此乎出。"石子重問。至善乃極則。答石子重（卷四十二）

使天下皆知此理而求止焉，固是新民之事。然其所以使之如此者，必有道矣。示之表儀固是所以新之之本，然已屬明明德之分矣。須知政教法度之施於民者，亦無不欲其止於至善也。答王子合（卷四十九）

---

① "先須"，《文集》作"須先"。

所謂止，乃萬物各有定理之謂。要在格物窮理，乃可知之；知之不疑，然後此心有定而可以應物，非強遏而力制之也。**答宋深之**（卷五十八）

定、靜、安、慮、得五字，是功效次第，不是工夫節目。**答王子合**（卷四十九）

定、靜只是知止之效，不須言養之以定、靜，又別做一項工夫也。**答李時可**（卷五十五）

定、靜、安三字雖分節次，其實"知止"後皆容易進。"安而後能慮，慮而後能得"，此最是難進處，多是至安處住了。"安而後能慮"，非顏子不能之，去"得"字地位雖甚近，然只是難進。挽弓到臨滿時，分外難開。**答張敬夫**（卷三十二）

知是閑時知得，慮是到手後須要處置得是。**答李敬子**（卷六十二）

孝述竊疑既知之後，復有所謂"慮而後得"者，恐知是知之至，慮是審之詳。夫物格知至，則萬理貫通，固無不知其至善之所在。然恐身有未接，則其義理精微，容有毫髮之未察；或所接之際，事復異宜，故必於此精加審慮，然後始無纖微滲漏之處。此知後必慮，然後爲審。未知①是否？李繼善問。定、靜、安是未有事時胸次洒然，慮是正與事接處對同勘合也。**答李繼善。下同**（續集卷十，《答李孝述繼善問目》）

《或問》②云："知是知其至善之所在，得是得其所止之地而止之。"孝述竊疑知是知之在彼，得是得之在我。得是心理俱融，理爲我有。得恐亦只是知，不可便指爲已止其處。但恐知虛而得實，才得之，則身亦隨之矣。不知是否？李繼善問。知與得兩事，經文可見。

異端之學皆不知所先後，考索勤苦，雖切而終不近，故有終始爲二道、本末爲兩端者。呂氏。愚謂此言似爲釋氏發，然呂氏終身學焉，不知以誰爲異

---

① "未知"，《文集》作"不知"。
② 《文集》"或問"下有"云：'不有以知其所當止之地，則不能有以得其所當止者而止之。'又"數字。

端而爲是說以詆之耶？蓋其心未必不以爲有先後者。世間之粗學而無先後者、出世間之妙道，兩者初不相爲謀，雖並行而不相悖也。方其言此，故不得不是此而非彼；及其爲彼，則又安知其不是彼而非此哉！彼其陽離陰合，自以爲左右采獲而集儒佛之大成矣，曾不悟夫言行不類、出入支離之爲心害，而莠亂苗、紫奪朱之患，又將無所不在也。近世之言道者，蓋多如此，其誤後學深矣。辨呂氏大學解（卷七十二，《雜學辨・呂氏大學解》）

《大學》之序，自格物致知以至於誠意正心，不是兩事，但其內外淺深自有次第耳，非以今日之誠意正心爲是，即悔前日之格物致知爲非也。答方賓王。下同（卷五十六）

《大學》次序，亦謂學之本末終始無非己事，但須實進得一等，方有立腳處做得後段功夫真有效驗耳。非謂前段功夫未到，即都不照管後段而聽其自爾也。（卷六十五）

非格物致知全不用誠意正心，及其誠意正心，却都不用致知格物。但下學處須是密察，見得後便泰然行將去，此有始終之異耳。答石子重（卷四十二）

論《大學》以誠意正心爲本，此便是不子細處。且請試考經文，正心誠意、格物致知何者爲先後耶？答宋容之（卷五十八）

《大學》是聖門最初用功處，格物又是《大學》最初用功處。答宋深之。下同（卷五十八）

格物致知是《大學》第一義，修己治人之道無不從此而出。① 人之一心，萬理具備，若能存得，便是聖賢，更有何事？然聖賢教人所以有許多門路節次，而未嘗教人只守此心者，蓋爲此心此理雖本完具，却爲氣質之稟不能無偏，若不講明體察、極精極密，往往隨其所偏墮於物欲之私而不自知。② 是以聖賢教人，雖以恭敬持守爲先，而於其中，又必使之即事即物考古驗今、體會

---

① 按此二句實出自《文集》卷五十八《答宋深之》第五書。
② 《文集》"不自知"下有小注："近世爲此說者，觀其言語動作，略無毫髮近似聖賢氣象，正坐此耳。"

推尋、內外參合。蓋必如此，然後見得此心之真、此理之正，而於世間萬物、一切言語，無不洞然了其白黑。《大學》所謂知至意誠，《孟子》所謂知言養氣，正謂此也。答項平父（卷五十四）

人之有是身也，則必有是心；有是心也，則必有是理。若仁、義、禮、智之爲體，惻隱、羞惡、恭敬、是非之爲用，是則人皆有之，而非由外鑠我也。然聖人之所以教，不使學者收視反聽、一以反求諸心爲事，而必曰①博學、審問、謹思、明辨而力行之，何哉？蓋理雖在我，而或蔽於氣稟物欲之私，則不能以自見；學雖在外，然皆所以講乎此理之實，及其浹洽貫通而自得之，則又初無內外精粗之間也。鄂州州學稽古閣記（卷八十）

爲學之實，固在踐履，苟徒知而不行，誠與不學無異。然欲行而未明於理，則所踐履者，又未知其果何事也。故《大學》之道，雖以誠意正心爲本，而必以格物致知爲先。所謂格物致知，亦曰窮盡物理，使吾之知識無不精切而至到耳。答曹元可（卷五十九）

格物、致知只是一事，難分先後。答李堯卿（卷五十七）

格物只是就一物上窮盡事物②之理。致知便只是窮得物理盡後，我之知識亦無不盡處，若推此知識而致之也。此其文義只是如此。纔認得定，便請依此用功。但能格物，則知自至，不是別一事也。答黃子耕。下同（卷五十一）

格物致知只是窮理，聖賢欲爲學者說盡曲折，故又立此名字。今人反爲名字所惑，生出重重障礙，添枝接葉，無有了期。要須認取本意，而就中看得許多曲折分明，便依此實下工夫，方見許多名字並皆脫離，而其功夫實處却無欠闕耳。

格物之說，程子論之詳矣。而其所謂"格，至也，格物而至於物，則物理盡"者，意句俱到，不可移易。熹之謬說，實本其意，然亦非苟同之也。蓋

---

① 《文集》"必曰"下有"'興於《詩》，立於禮，成於樂'，又曰"十一字。
② "事物"，《文集》作"一物"。

自十五六時，知讀是書，而不曉格物之義，往來於心餘三十年。近歲就實用功處求之，而參以他經傳記，內外本末，反復驗證，乃知此說之的當，恐未易以"一朝卒然立說"破也。夫"天生蒸民，有物有則"，物者，形也；則者，理也。形者，所謂形而下者也；理者，所謂形而上者。人之生也，固不能無是物矣，而不明其物之理，則無以順性命之正而處事物之當，故必即是物以求之；知求其理矣，而不至夫物之極，則物之理有未窮而吾之知亦未盡，故必至其極而後已。此所謂"格物而至於物，則物理盡"者也。物理皆盡，則吾之知識廓然貫通、無有蔽礙，而意無不誠、心無不正矣。此《大學》本經之意而程子之說然也。其宏綱實用，固已洞然無可疑者，而微細之間，主賓次第、文意訓詁詳密精當，亦無一毫之不合。今不深考，而必欲訓致知以窮理，則於主賓之分有所未安；知者，吾心之知；理者，事物之理。以此知彼，自有主賓之辨，不當以此字訓彼字也。訓格物以接物，則於究極之功有所未明。人莫不與物接，但或徒接而不求其理，或粗求而不究其極，是以雖與物接而不能知其理之所以然與其所當然也。今曰一與物接而理無不窮，則亦太輕易矣。蓋特出於聞聲悟道、見色明心之餘論，而非吾之所謂窮理者，固未可同年而語也。且考之他書，格字亦無訓接者。以義理言之則不通，以訓詁考之則不合，以功用求之，則又無可下手之實也[①]。竊意聖人之言必不如是之差殊疎略，以病後世之學者也。又所謂"非特形之所接，乃志之所至"，所謂"格物與小學同，致知與小學異"，亦皆無當之言，其爲闕字增語，反致讀者之疑多矣。至於強解程子之意以附己說，其如他語之可證何？又謂熹解以格物致知混爲一說，則其考之亦未詳也。又謂老佛之學乃致知而離乎物者，此尤非是。夫格物可以致知，猶食所以爲飽也。今不格物而自謂有知，則其知者，妄也；不食而自以爲飽，則其飽者，病也。若曰老佛之學欲致其知，而不知格物所以致其知，故所知者不免乎蔽陷離窮之失而不足爲知，則庶乎其可矣。

---

[①]《文集》無"也"字。

## 答江德功（卷四十四）

大學之道，"自天子以至於庶人，壹是皆以修身爲本"，而家之所以齊、國之所以治、天下之所以平，莫不由是出焉。然身不可以徒修也，深探其本，則在乎格物以致其知而已。夫格物者，窮理之謂也。蓋有是物必有是理，然理無形而難知，物有迹而易睹，故因是物以求之，使是理瞭然心目之間而無毫髮之差，則應乎事者自無毫髮之繆，是以意誠、心正而身修。至於家之齊、國之治、天下之平，亦舉而措之耳。此所謂大學之道，雖古之大聖人生而知之，亦未有不學乎此者。堯舜相授所謂"惟精惟一，允執厥中"者，此也。自是以來，累聖相傳以有天下。至於孔子，不得其位，而筆之於書，以示後世之爲天下國家者，其門人弟子又相與傳述而推明之，其亦可謂詳矣。而自秦漢以來，此學絕講，儒者以詞章記誦爲功，而事業日淪於卑近。亦有意其不止於此，則又不過轉而求之老子、釋氏之門，內外異觀，本末殊歸。道術隱晦，悠悠千載，雖明君良臣間或一値，而卒無以復於三代之盛，由不知此故也。

## 癸未垂拱奏劄（卷十三）

致知格物，修身之本也。知者，良知也，與堯舜同者也。理既窮，則知自至，與堯舜同者忽然自見，默而識之。呂氏。愚謂致知格物，大學之端，始學之事也。一物格，則一知至，其功有漸，積久貫通，然後胸中判然，不疑所行，而意誠心正矣。然則所致之知固有淺深，豈遽以爲與堯舜同者一旦忽然而見之也哉？此殆釋氏一聞千悟、一超直入之虛談，非聖門明善誠身之實務也。辨呂氏大學解。下同（卷七十二，《雜學辨·呂氏大學解》）

草木之微，器用之別，皆物之理也。求其所以爲草木器用之理，則爲格物。草木器用之理，吾心存焉，忽然識之，此爲格物。呂氏。愚按伊川先生嘗言："凡一物上有一理，物之微者亦有理。"又曰："大而天地之所以高厚，小而一物之所以然，學者皆當理會。"呂氏蓋推此以爲說而失之者。程子之爲是言也，特以明夫理之所在無間於大小精粗而已。若夫學者之所以用功，則必有先後緩急之序、區別體驗之方，然後積習貫通，馴至其極，豈以爲直存心於一草木器用之間,而與堯舜同者無故忽然自識之哉!此又釋氏聞聲悟道、見色明心之說,殊非孔氏遺經、程氏發明之本意也。

　　聞見未徹,正當以悟爲則,所謂致知格物,正此事也。比來權去文字,專務體究,尚患雜事紛擾,無專一功夫。呂氏。愚謂以悟爲則,乃釋氏之法,而吾儒所無有。① 由吾儒之說,則讀書而原其得失,應事而察其是非,乃所以爲致知格物之事,蓋無適而非此理者。今乃去文字而專體究,猶患雜事紛擾,不能專一,則是理與事爲二,必事盡屏而後理可窮也。終始二道,本末兩端,孰甚於此?則未知呂氏所體所究,果何理哉?

　　大抵近世言道學者失於太高,讀書講義率常以徑易超絕、不歷階梯爲快,而於其間曲折精微正好玩索處,例皆忽略厭棄,以爲卑近瑣屑,不足留情。以故雖或多聞博識之士,其於天下之義理,亦不能無所未盡。② 理既未盡,而胸中不能無疑,乃不復反求諸近,顧惑於異端之說,益推而置諸冥漠不可測知之域,兀然終日味無義之語,以俟其廓然而一悟。殊不知物必格而後明,倫必察而後盡。格物只是窮理,物格即是理明。此乃大學工夫之始,潛玩積累,各有淺深,非有頓悟險絕處也。近世儒者語此,似亦太高矣。③ 彼既自謂廓然而一悟者,其於此猶懵然也,則亦何以悟爲哉?④ 又況俟之而未必可得,徒使人抱不決之疑,志分氣餒,虛度歲月而倀倀耳?曷若致一吾宗,循下學上達之序,口講心思,躬行力究,寧煩毋略,寧下毋高,寧淺毋深,寧拙毋巧,從容潛玩,存久漸明,眾理洞然,次第無隱。然後知夫大中至正之極,天理人事之全,無不在是,初無迥然超絕不可及者,而幾微之間,毫釐畢察,

---

① 《文集》"所無有"下有"呂氏顧以爲致知格物之事,此其所以誤爲前說而不知其非也。若然,則又安得獨以不知所先後者爲異端之病哉? 若"數字。
② 《文集》"無所未盡"下有小注:"蓋以多聞博識自爲一事,不甚精察其理之所自來,却謂別有向上一著,與此兩不相關。此尹和靖所以有'此三事中一事看破,則此患亡矣'之說,可謂切中其病矣。"
③ 《文集》"太高矣"下有"呂舍人書,別紙錄呈"八字。
④ 《文集》"悟爲哉"下有小注:"儒者爲此學而自謂有悟者,雖不可謂之懵然,其察之亦必不詳者矣。"

酬酢之際，體用渾然，雖或使之任至重而處所難，亦沛然行其所無事而已矣，又何疑之不決而氣之不完哉？① 此其與外學所謂廓然而一悟者，雖未知其孰爲優劣，然此一而彼二，此實而彼虛，則較然矣。**答汪尚書**（卷三十）

知至之至，向來却是誤作切至之至，今②只該依舊爲極至之至。然此至字，雖與至善之至③皆訓極字，而用處不同。至善是自然極至之至，知至是功夫極至之至，難作一例說也。**答黃直卿**（卷四十六）

窮盡物理，然後好善如好色，惡惡如惡臭。故必知至而後意誠。**答何叔京**（卷四十）

意雖心之所發，然誠意功夫却只在致知上做來。若見得道理無纖毫不盡處，即意自無不誠矣。意誠然後心得其正，自有先後。今曰"主於心而由中以出，安有不誠"，正是顛倒說了。**答王子合**（卷四十九）

治國平天下與誠意正心修身齊家只是一理，所謂格物致知，亦曰知此而已矣。此《大學》一書之本指也。今必以治國平天下爲君相之事，而學者無與焉，則內外之道異本殊歸，與經之本旨正相南北矣，禹、稷、顏回同道，豈必在位乃爲爲政哉？**答江德功。下同**（卷四十四）

所厚者謂父子兄弟骨肉之恩，理之所當然，而人心之不能已者。今必外此而厚其身，此即釋氏滅天理、去人倫以私其身之意也。必若是而身修，則雖至於六度萬行具足圓滿，亦無以贖其不孝不弟之刑矣。

經文末後兩句，來喻固與舊說有間矣。但所論先後之序，經中上文已屢言之，而本亂末治之云，又已該舉，自不須說。但聖人於此特下此語，正要讀者有以知夫人道之大，有在於此，不可同於仁民愛物之例，而一以末視之，此意不可不著眼耳。今不領此，而又必以身言，非釋氏之意而何哉？（卷四十四）

---

① 《文集》"不完哉"下有小注："縱言至此，亦可謂躓等矣。然以閣下之明，勉而進之，恐不足以爲難也。"
② 《文集》無"今"字。
③ "至"，原訛作"善"，據《文集》校勘記所引《正訛》改。

# 朱子文集纂卷之二

## 大學二傳十章

### 傳一章

人之所以不能明其明德者，何哉？氣稟、物欲害之也。蓋氣偏而失之太剛，則有所不克；氣偏而失之太柔，則有所不克。聲色之欲蔽之，則有所不克；貨利之欲蔽之，則有所不克。不獨此耳，凡有一毫之偏蔽得以害之，則皆有所不克。惟文王無氣稟、物欲之偏蔽，故能有以勝之而無難也。經筵講義。下同（卷十五）

人受天地之中以生，所謂命也。故人之明德，非他也，即天之所以命我而至善之所存也。是其全體大用，蓋無時而不發見於日用之間，人惟不察於此，是以氣稟、物欲得以蔽之，而不能常目在之，無少間斷。真若見其參於前、倚於衡也，則明德常明，而天命在我矣。

人之為德，未嘗不明。而其明之為體，亦未嘗不大。但人自有以昏之，是以既不能明，而又自陷於一物之小。惟堯為能明其大德而無昏昧狹小之累，是則所謂止於至善也。

### 傳二章

"無所不用其極"，觀上文三引《詩》《書》，而此以"無所"二字總而結之，則於自新、新民皆欲用其極，可知矣。自新固新民之本，然天下無一物非吾度内者，亦無一事非吾之所當為者。譬如百尋之木，根本枝葉，生意無不在焉。但知所先後，則近道耳。豈曰專用其本而直棄其末哉？今曰不求為新民，而專求之德化，則又彼貴我賤之私心，而無以合內外之道矣。答江德功（卷四十四）

《大學》明德德、新民皆欲止於至善,而傳之一章結語止言"自明",而二章結語乃言"無所不用其極"。陳與叔問。二章兼明自新、新民之事,故通結之。下章又自正解"止於至善"之意,初不相妨也。**答陳與叔(卷五十九)**

### 傳三章

一事自有一事之至善,如仁、敬、孝、慈之類。**答周舜弼(卷五十)**

切、磋、琢、磨,但以今日工人製器次第考之,便可見。切者,以刀或鋸裁截骨角,使成形質;磋則或鑢或盪,使之平治也。琢者,以椎擊鑿鐫刻玉石,使成形質;磨則礱以沙石,使之平治也。蓋骨角柔韌,不容琢磨;玉石堅硬,不通切磋,故各隨其宜,以攻治之。而其功夫次第,從粗入細,又如此。雖古今沿習,或有不同,然物有定理,恐亦無以相遠也。**答張敬夫(卷三十二)**

"盛德至善,民不能忘",此言聖人之事,蓋渾然一體,不可得而分焉者也。但以人言,則曰德;以理言,則曰善,又不爲無辨耳。今曰體至善以成德,則乃學者之事,而非傳文所指矣。然體而成德,以至於盛,而無思勉之累焉,則亦聖人而已矣。**答江德功。下同(卷四十四)**

"盛德至善",盛也,至也,皆無以復加之詞;而上下文規模氣象,皆聖人事。則此不得獨爲賢人事矣。且賦詩斷章,此但取其咏嘆不忘之意,與衛武公初無干涉也。**(卷四十四)**

《淇澳》言其明德而新民,以見明德之極功。《烈文》因言非獨一時民不能忘,而後世之民亦不能忘,以見新民之極功。**答趙恭父。下同(卷五十九)**

親、賢、樂、利,上四字皆自後人而言,下四字或指前王之身,親、賢。或指前王之澤。樂、利。

### 傳五章

儒者之學,大要以窮理爲先。蓋凡一物有一理,須先明此,然後心之所發，輕重長短，各有準則。《書》所謂"天敘、天秩、天命、天討"，《孟子》所謂"物皆然，心爲甚"者，皆謂此也。若不於此先致其知，但見其所以爲心者如此，識其所以爲心者如此，泛然而無所準則，則其所存所發，亦何自而中於理乎？且如釋氏擎拳豎拂、運水搬柴之說，豈不見此心，豈不識此心？而卒不可與入堯舜之道者，正爲不見天理而專認此心以爲主宰，故不免流於自私耳。前輩有言"聖人本天，釋氏本心"，蓋謂此也。**答張欽夫（卷三十）**

近來學者多說萬理具於心，苟識得心，則於天下之事無不得其當，而指致知之說爲非。其意大率謂求理於事物，則是外物。誼竊謂知者心之所覺，吾之所固有。蓋太極無所不該，而天下未嘗有心外之物也。惟其汨於物欲、亂於氣習，故其知乃始蔽而不明。而敬以持之、思以通之者，亦曰開其蔽以復其本心之知耳。程子曰"凡一物有一理，須是窮致其理"者，豈皆窮之於外哉？"在物爲理，處物爲義"，所以處之者，欲窮其當，則固在我矣。**方賓王問。所論近世識心之弊，深①中其失。**古人之學所貴於存心者，蓋將推此以窮天下之理；今之所謂識心者，乃欲恃此而外天下之理。是以古人知益崇而禮益卑，今人則論益高而其狂妄恣睢也愈甚，得失亦可見矣。**答方賓王（卷五十六）**

窮理之學只是要識如何爲是，如何爲非，事物之來，無所疑惑耳。非以此心又識一心，然後得爲窮理也。**答王子合（卷四十九）**

所謂識察此心乃致知之切近者，此說是也。然亦須知所謂識心，非徒欲識此心之精靈知覺也，乃欲識此心之義理精微耳。欲識其義理之精微，則固當以窮盡天下之理爲期。但至於久熟而貫通焉，則不待一一窮之，而天下之理固已無一毫之不盡矣。舉一而三反，聞一而知十，乃學者用功之深，窮理之熟，然後能融會貫通，以至於此。今先立定限，以爲不必盡窮於事事物物之間，而直欲僥倖於三反、知十之效，吾恐其莽鹵滅裂而終不能有所發明也。

---

① 《文集》"深"上有"則"字。

**答姜叔權**（卷五十二）

伊川夫子所謂窮經、應事、尚論古人之屬，無非用力之地。若舍此平易顯明之功，而必搜索窺伺於無形無迹之境，竊恐陷於思而不學之病，將必神疲力殆，而非所以進於日新矣。**答陳師德**（卷五十六）

窮理亦無他法，只日間讀書應事處每事理會便是。然亦無大頭段增益。然亦只是積累久後，不覺自浹洽貫通，正欲速不得也。**答林德久**（卷六十一）

道理無形影，惟因事物言語，乃可見得是非。理會極子細，即道理極精微。古人所謂物格知至者，不過是就此理會得一書一事徹頭徹尾。東邊綽得幾句，西邊綽得幾句，都不曾貫穿浹洽，此是大病，有志之士尤不可以不深戒也。**答胡季隨**（卷五十三）

來書謂窮理不必泥古人言句，固是也。然亦豈可盡捨古人言句哉？程夫子曰："讀書亦多端，或讀書講明道理，或論古今人物、別其是非，或應事接物、求其當否，皆窮理也。"夫講道明理，別是非，而察之於應接事物之際，以克夫己私，求夫天理，循循而進，無迫切陵節之弊，則亦何患乎①與古人背馳也？若欲盡捨夫古人言句，道理之不明，是非之不別，泛然無所決擇，雖欲惟出處語默之察，譬之適越者不知東西南北之殊，而僕僕然奔走於途，其不北入燕則東入齊、西入秦耳。**答王欽之**（卷五十八）

天理民彝，自然之物，其大倫大法之所在，固有不依文字而立者。然古之聖人欲明是道於天下而垂之萬世，則其精微曲折之際，非託於文字亦不能以自傳也。故自伏羲以降，列聖繼作，至於孔子，然後所以垂世立教之具粲然大備。天下後世之人，自非生知之聖，則必由是以窮其理，然後知有所至而力行以終之。**徽州婺源縣學藏書閣記**（卷七十八）

程子曰："格物非欲盡窮天下之物。"又曰："今日格一件，明日格一件，積習多後，脫然有貫通處。"妄謂一物既格，則能知一物至善之所在，而亦可

---

① "乎"，《文集》作"夫"。

得其所止。①今《或問》以爲必盡窮天下之理，然後可以知至善所在而得所止，與程子所言格物功夫似若不同，得非《或問》所指是舉《大學》之全體極致而言之歟？黃商伯問。經文"物格"猶可以一事言，"知至"則指吾心所可知處不容更有未盡矣。程子"一日一件"者，格物功夫次第也；"脫然貫通"者，知至效驗極致也。不循其序而遽責其全，則爲自罔；但求粗曉而不期貫通，則爲自畫。故古經、程子之言，未見其有不同也。答黃商伯（卷四十六）

"窮理"，舉延平先生說，推其意亦不出於程子。謂其規模之大、條理之密有所不逮者，莫是延平窮一事必待其融釋脫落，然後別窮一事，若偶於此一事尚未能遽爾融釋，是終爲此一事所拘，不若程子云"且別窮一事，或先其易，或先其難"，此便是所不逮處否？李堯卿問。程子之言誠善。然窮一事未透，又便別窮一事，亦不得。彼謂"有甚不通"者，不得已而如此耳，不可便執此說，容易改換，却致功夫不專一也。答李堯卿（卷五十七）

窮理者，欲知事物之所以然與其所當然者而已。知其所以然，故志不惑；知其所當然，故行不謬。非謂取彼之理而歸諸此也。程子所謂"物我一理，纔明彼即曉此，不必言觀物而反諸身"者，蓋已說破此病。答或人（卷六十四）

"物我一理，纔明彼即曉此，此合內外之道也"。汪長孺問。一物之理格，即一事之知至，固無在彼在此。答汪長孺（卷五十二）

示喻程子格物之說，誠若有未易致力者。然其曰"天地之所以高厚，一物之所以然"，蓋極其大小而言之，以明是理之無不在，而學問之功不可一物而有遺爾。若其所以用力之地，則亦不過讀書史、應事物，如前之云爾，豈茫然放其心於汗漫紛綸不可知之域哉？答吳伯豐（卷五十二）

格物之論，伊川意雖謂眼前無非是物，然其格之也，亦須有緩急先後之序，豈遽以爲存心於一草木器用之間而忽然懸悟也哉？且如今爲此學而不

---

① 《文集》"得其所止"下有"然猶有定、静、安、慮之四節，學者必知止而用其力，然後求得所止也"數字。

窮天理、明人倫、講聖言、通世故，乃兀然存心於一草木一器用之間，此是何學問？如此而望有所得，是炊沙而欲其成飯也。答陳齊仲（卷三十九）

伊川先生所論格物功夫數段，須通作一義看，方見互相發明處。答李敬子（卷六十二）

古人直自小學中涵養成就，所以大學之道只從格物做起。今人從前無此工夫，但見《大學》以格物爲先，便欲只以思慮知識求之，更不於操存處用力，縱使窺測得十分，亦無實地可據。大抵敬字是徹上徹下之意，格物致知乃其間節次進步處耳。答林澤之（卷四十三）

泛論知行之理，而就一事之中以觀之，則知之爲先，行之爲後，無可疑者。如孟子所謂"知皆擴而充之"，程子所謂"譬如行路，須得光照"，及《易·文言》所謂"知至知之，知終終之"之類是也。然合夫知之淺深、行之大小而言，則非有以先成乎其小，亦將何以馴致乎其大者哉？如子夏教人以灑掃應對進退爲先，程子謂"未有致知而不在敬者"，及《易·文言》所言"知至"、"知終"皆在"忠信"、"修辭"之後之類是也。蓋古人之教，自其孩幼而教之以孝悌誠敬之實，及其少長而博之以《詩》《書》禮樂之文，皆所以使之即夫一事一物之間，各有以知其義理之所在，而致涵養踐履之功也。此小學之事，知之淺而行之小者也。及其十五成童，學於大學，則其灑掃應對之間、禮樂射御之際所以涵養踐履之者，略已小成矣，於是不離乎此而教之以格物以致其知焉。致知云者，因其所已知者推而致之，以及其所未知者，而極其至也。是必至於舉天地萬物之理而一以貫之，然後爲知之至。而所謂誠意、正心、修身、齊家、治國、平天下者，至是而無所不盡其道焉。此大學之道，知之深而行之大者也。今就其一事之中而論之，則先知後行，固各有其序矣。誠欲因夫小學之成，以進乎大學之始，則非涵養踐履之有素，亦豈能居然以夫雜亂紛糾之心而格物以致其知哉？答吳晦叔（卷四十二）

近來覺得敬之一字，真聖學始終之要。向來之論謂必先致其知，然後有以用力於此，疑若未安。蓋古人由小學而進於大學，其於灑掃應對進退之間,持守堅定、涵養純熟固已久矣。是以大學之序,特因小學已成之功,而以格物致知爲始。今人未嘗一日從事於小學,而曰必先致其知,然後敬有所施,則未知其以何爲主而格物以致其知也。故程子曰:"入道莫如敬,未有能致知而不在敬者。"又論敬云:"但存此久之,則天理自明。"推而上之,凡古昔聖賢之言亦莫不如此者。試考其言而以身驗之,則彼此之得失見矣。**答胡廣仲**(卷四十二)

嘗謂敬之一字,乃聖學始終之要。未知者非敬無以知,已知者非敬無以守。若曰先知大體,而後敬以守之,則夫不敬之人,其心顛倒繆亂之不暇,亦將何以察夫大體而知之耶?**答符舜功**(卷五十五)

持敬用功處,伊川言之詳矣。只云:"但莊整齊肅,則心便一,一則自無非僻之干①。"又云:"但動容貌,正②思慮,則自然生敬。"只此便是下手用功處,不待先有所見而後能也。須是如此,方能窮理而有所見;惟其有所見,則可欲之幾瞭然在目,自然樂於從事,欲罷不能,而其敬日躋矣。伊川又言:"涵養須用敬,進學則在致知。"又言:"入道莫如敬,未有致知而不在敬者。"考之聖賢之言,如此類者亦眾。是知聖門之學別無要妙,徹頭徹尾只是箇敬字而已。**答程允夫**(卷四十一)

欲應事,先須窮理。而欲窮理,又須養得心地本原虛靜明徹,方能察見幾微,剖析煩亂,而無所差。若只如此終日馳騖,何緣見得事理分明?程夫子所謂"學莫先於致知,又未有致知而不在敬者",正爲此也。**答彭子壽**(卷一百)

義理,人心之固有,苟得其養而無物欲之昏,則自然發見明著,不待別求。格物致知,亦因其明而明之耳。**答林澤之**(卷四十三)

窮理涵養,要當並進。蓋非稍有所知,無以致涵養之功;非深有所存,無以盡義理之奧。正當交相爲用,而各致其功耳。**答游誠之**(卷四十五)

---

① "干",原訛作"千",據《文集》改。
② "正",《文集》作"整"。

程夫子之言曰："涵養須是敬，進學則在致知。"此二言者，實學者立身進步之要，而二者之功，蓋未嘗不交相發也。答陳師德（卷五十六）

程夫子之言曰："涵養必以敬，而進學則在致知。"此兩言者，如車兩輪，如鳥兩翼，未有廢其一而可行可飛者也。答孫敬甫（卷六十三）

熹嘗讀《易》而得其兩言曰："敬以直內，義以方外。"以爲爲學之要，無以易此，而未知其所用力之方也。及讀《中庸》，見其所論修道之教，而必以戒慎恐懼爲始，然後得夫所以持敬之本。又讀《大學》，見其所論明德之序，而必以格物致知爲先，然後得夫所以明義之端。既而觀夫二者之功，一動一靜，交相爲用，又有合乎周子太極之論，然後又知天下之理幽明鉅細、遠近淺深，無不貫乎一者。樂而玩之，固足以終吾身而不厭，又何暇乎外慕哉！名堂室記（卷七十八）

## 傳六章

毋自欺，乃解誠其意之義。知未至者，固當如此用力；然知之至者，亦未可便謂不假此也。但知未至者，禁之雖力，而或未能止；惟知至，然後禁之不難，而無不能止耳。答吳伯豐（卷五十二）

自欺、自慊兩事，正相抵背。纔不自欺，即其好惡真如好好色、惡惡臭，只爲求以自快自足，如寒而思衣以自溫，饑而思食以自飽，非有牽強苟且、姑以爲人之意。纔不如此，即其好惡皆是爲人而然，非有自求快足之意。故其文曰"所謂誠其意者，毋自欺也"，而繼之曰"如惡惡臭，如好好色"，即是正言不自欺之實。而其下句乃云"此之謂自慊"，即是言"如惡惡臭，如好好色"便是自慊，非謂必如此而後能自欺也。答孫敬甫（卷六十三）

"小人閒居爲不善"，惡惡不如惡惡臭也；必"見君子"然後"著其善"，好善不如好好色也。皆所以自欺而已。答石子重（卷四十二）

考之於經，則所以能誠其意者，乃在知至。蓋知無不至，則其於是非得失，皆有以剖析於毫釐之間，而心之所發，必無外善內惡之弊，所以有主於中,有地可據,而致謹於隱微之間也。若知有不至,則其不至之處,惡必藏焉以爲自欺之主,雖欲致其謹獨之功,亦且無主之能爲,而無地之可據矣。此又傳文之所未發,而其理已具於經者,皆不可以不察也。**經筵講義(卷十五)**

意不能以自誠,故推其次第,則欲誠其意者,又必以格物致知爲先。蓋仁義之心,人皆有之,但人有此身,便不能無物欲之蔽,故不能以自知。若能隨事講明,令其透徹,精粗巨細,無不貫通,則自然見得義理之悅心,猶芻豢之悅口,而無待於自欺。如其不然,而但欲禁制抑遏,使之不敢自欺,便謂所以誠其意者不過如此,則恐徒然爲是迫切,而隱微之間終不免爲自欺也。**答汪易直(卷六十)**

《大學》於此,雖欲使人戒夫自欺,而推其本,則必其有以用力於格物致知之地,然後理明心一,而所發自然無非真實。如其不然,則雖欲防微謹獨,無敢自欺,而正念方萌,私欲隨起,亦非力之所能制矣。**答彭子壽(卷五十九)**

論亦有真知而自欺者,此亦未然。只此自欺,便是知得不曾透徹。此間昨晚有嘗鼠藥而中毒者,幾致委頓,只此便是不曾真知。砒霜能殺人,更何疑耶?然又不是隨眾略知之外,別有真知,更須別作道理尋求。但只就此略知得處,著實體驗,須有自然信得及處,便是真知也。**答趙恭父(卷五十九)**

## 傳七章

忿懥、恐懼、好樂、憂患,人之所不能無者,然有一於此,則心不得其正,何哉?蓋此心不可以頃刻而不存,苟喜怒憂懼一萌於中,則心有係累,不特不能帥乎氣,而氣反得以動其心矣。故當忿懥之時,惟有忿懥而已,既以忿懥爲主,尚何心之可存?恐懼之類,莫不皆然。聖人於此,深欲學者常存此心,無少間斷,喜怒哀懼猶不可有,而況於曠蕩外馳、邪辟妄念以爲此心之累者乎?故曰心有不存,則無以檢其身矣。以此意體之,如何?**周舜弼問**。有

喜怒憂懼，則四者之發不得其正；無喜怒憂懼，則四者之發何不正之有？答周舜弼（卷五十）

燔謂喜怒憂懼之氣，心實帥之。帥稍動搖，氣不聽命，則必有是四者之累。學者固當逐件上用功，然非先正其帥，亦未見其爲全功也。李敬子問。如此，則與此傳文意全然背戾矣。試更推之如何。答李敬子（卷六十二）

### 傳八章

昨夕因看《大學》，舊說見人之所親愛而辟焉處，依古注讀作譬字，恐於下文意思不屬。據此辟字，只合讀作僻字。蓋此言常人於其好惡之私，常有所偏而失其正，故無以察乎好惡之公；而施於家者，又溺於情愛之間，亦所以多失其道理而不能整齊也。如此讀之，文理極順，又與上章文勢正相似。且此篇有此五辟字，卒章有"辟則爲天下僇"，辟字亦讀爲僻，足以相明。答張敬夫（卷三十一）

敖惰之說，如所云[①]"孟子隱几而臥而以爲當然"，則已得之矣，何必疑其非本有耶？不但孟子，如孔子取瑟而歌，亦是此類。但《大學》之意，却是恐人於此一向偏却，更不照管。今當看此重處，識取正意，受用省察，不必向閑慢處枉費思索也。答徐崇父（卷六十）

### 傳九章

傳之九章，大率皆躬行之事，而未及乎爲政。李敬子問。成教於國，則政事之施在其中矣。但須以躬行爲本，故特詳之，本末輕重，固自不同也。答李敬子。下同（卷六十二）

"其家不可教"，竊疑可字當爲能字。李敬子問。彼之不可教，即我之不能教也。可之與能，彼此之詞也。若作家不能教，則不詞矣。

---

[①] "所云"，《文集》作"所引"。《文集》校勘記："所"，原作"此"，據閩本、浙本、天順本改。

## 傳十章

老老、長長、恤孤，正是治國之事，皆人君躬行以化其下者，至於有夫三者之效，則國治矣。故欲平天下者，必須先有此箇本領效驗，然後有以爲地，而致其絜矩之功，所謂平天下在治其國者也。文勢甚明，無可疑者。**答陳膚仲（卷四十九）**

興孝、興弟、不倍，上行下效之意，上章已言之矣。治國。此章再舉之者，平天下。乃欲引起下文君子必須絜矩然後可以平天下之意。不然，則雖民化其上，以興於善，而天下終不免於不平也。故此一章，首尾皆以絜矩之意推之，而未嘗復言躬行化下之說。然則治國、平天下雖無二道，然其設施之際，不可謂無異術也。**答王子合（卷四十九）**

絜矩者，度物而得其方也，以下文求之可見。今曰度物以矩，當爲矩絜乃得其意矣。**答江德功。下同（卷四十四）**

絜矩之說，蓋以己之心度物之心，而爲所以處之之道爾。（卷四十四）

絜矩二字文義，蓋謂度之以矩，而取其方耳。**答周舜弼（卷五十）**

"絜矩"，《或問》云"各得其分，不相侵越，廣狹長短，平均如一"，此四句曉之未明。陳安卿問。所惡乎左，便是左邊人侵了自家左邊界分，而我惡之。故我亦不以此待右邊人，而不侵他右邊之左。如此方得左邊界分分明。又以所惡乎右者度之，方得右邊界分分明。上下、前後，亦莫不然。則四至所向，皆得均平，而界分方整，無偏廣偏狹之病矣。**答陳安卿（卷五十七）**

《大學》絜矩常在格物之後。蓋須理明心正，則吾之所欲、所不欲，莫不皆得其正。然後推以及物，則其處物亦莫不皆得其正，而無物我之間。如其不然，而以私己自便之心爲主，又欲以是而及人，則人道不立，而驅一世以爲姑息苟且之場矣。**答黃商伯（卷四十六）**

"發己自盡謂忠，循物無違謂信"，所謂發己，莫是奮發自揚之意否？循物無違，未曉其意如何。歐陽希遜問。發己自盡，但謂凡處於己者，必自竭盡而不使其有苟簡不盡之意耳，非奮發之謂也。循物無違，謂言語之發，循

其物之真實，而無所背戾，如大則言大，小則言小，言循於物而無違耳。答歐陽希遜（卷六十一）

程子曰："循物無違謂信。"竊謂物者，事物之物，有是事則循是事而無所違，無是事則不鑿空而爲之說，此與"以實之謂信"意相似。或者謂物者，理也，實循是理而無所違，有反身而誠之意，蓋孟子"有諸己"之說。不知是否？董叔重問。或者之說非是。答董叔重（卷五十一）

絜矩章專言財用，繼言用人。蓋人主不能絜矩者，皆由利心之起，故狥己欲而不知有人，此所以專言財用也。人才用舍，最係人心向背，若能以公滅私，好惡從眾，則用舍當於人心矣，此所以繼言用人也。答范應叔（卷六十四）

《大學》向所寫者，自謂已是定本。近因與諸人講論，覺得絜矩一章尚有未細密處。文字元來直是難看，彼才得一說，終身不移者，若非上智，即是下愚也。答黃直卿（卷一百）

（點校：賴區平／中山大學哲學系）

# "制作"的争议与困境
## ——读普鸣《作与不作：早期中国对创新与技艺问题的论辩》

### 郭羽楠（中山大学哲学系）

《作与不作：早期中国对创新与技艺问题的论辩》（*The Ambivalence of Creation: Debates Concerning Innovation and Artifice in Early China*）是哈佛大学东亚语言与文化学院教授普鸣（Michael Puett）于 2001 年发表的第一部学术专著，紧随其后问世的《成神：早期中国的宇宙论、祭祀与自我神化》（*To Become a God: Cosmology, Sacrifice, and Self-Divinization in Early China*）依然保持了前著对制作问题及自然与人力关系问题的关注。故《作与不作》展现了普鸣在汉学研究中一以贯之的问题意识和思考角度。

本书聚焦的"圣人制作"无疑是中国古典思想的重要命题之一。但是，以往的研究很少对"制作"一词进行专门的语义分析和观念追溯，普鸣的工作正在于将散布在不同文献中关于"制作"的讨论提炼出来，并在这一议题下重新描绘中国思想的复杂图景和演变脉络。那么，普鸣为何注意到这一问题？普鸣思考的起点又在何处？

一

　　普鸣探讨制作问题，意在反驳西方学术界长久以来关于中国文明特点的一种普遍看法，即认为中国思想将文化仅仅视为自然过程的一部分，始终不具备"有意造作"的观念，否定圣人制作和制法的意义，并且，正是由于中国古代从未像古希腊那样发生一场突破自然、发现人力的思想革命，所以无法出现"进步"的社会和文明。普鸣称这种观点为"连续说"，他敏锐地意识到"连续说"强调中国不存在任何形式的"人为"或"制作"观念的背后，隐含着强烈的价值立场，也就是将欧洲思想史中曾发生过的人与自然的"断裂"视为全球文明的普遍进程以及评价文明高低优劣的固有标准，从而把中国文明形塑为停留在西方引以为傲的新文明传统前夕的落后形态。因此，普鸣讨论制作问题的目的不仅在于破除西方学界关于中国文明特质的成见，重新认识中国文明的发生过程，也期望促使西方学界反思自身文明评价的标准。

　　普鸣关于制作问题的讨论就从这里开始。从书中对"作"一词含义的梳理来看，普鸣对制作问题的理解包含制造器物和制度创新两个层次，二者分别对应于"连续说"否认中国思想存在对自然的突破以及制法者的看法，也构成了《作与不作》全书论述的两大主题。普鸣试图说明的是，"连续"和"断裂"都可以在中国经典中找到一个漫长的传统，不同思想脉络对于制作问题的阐述充满了矛盾和张力，西方学者普遍以为中国文明始终强调人之作为应该与自然和上天保持一致的观点，直至战国晚期才在与"断裂说"的争辩中占据上风，并逐渐遮蔽了这种更为古朴的观念。因此，中国古代其实存在过突破自然的思想倾向，中国文明也远非西方学者惯常理解的那样简单，而是一个各种思想相互激荡、交锋的复杂传统。

　　可见，普鸣极为重视古典文本中存在的隐微的张力，试图从各家思想的张力中寻找议题,揭示中国早期思想的复杂性,并指出后世熟知的观念其实是经过种种焦虑与选择之后的产物,远非文明滥觞之初的真实面貌。为此,普鸣采取了一种有助于观察文本张力的研究方法,他将所有在论述上存在矛盾的文献都视为同一场辩论中互相争论的双方,注意早期文献在类比、隐喻和故事叙述等方面存在的差异化表达,进而从充满矛盾的记述中提炼出各家共同关注的议题,还原这场绵延数百年的大论辩。随后,以这个新议题为指引,对汉代以前关于制作的认识作出解释、区分与归纳。由此,普鸣开辟出一个新的论域,并通过梳理"制作"含义的变化,重新勾勒中国古代思想演变的线索。普鸣这种重视矛盾和张力的研究视角使得全书在发现文本矛盾的过程中不断推进,论辩的眼光成为普鸣深化研究的动力。事实上,思想史研究本身就倾向于将不同文献置于共同的语境之下,分析各思想家共享的观念和常识。普鸣在此基础上进一步引入了争论的视角,借助于叙述方式和意象隐喻的提示,着重关注那些暗藏于各种预设之下的矛盾和辩驳,使得众多思想家关于同一话题的讨论以一种更为激烈的方式呈现了出来。普鸣期待的不是轻易给出一个看似圆满的答案,而是要求重新挖掘矛盾、激活冲突。普鸣用大量篇幅进行文献综述工作,目的就是要把这些以往看似已经得到合理解释的问题和某些共识重新变得"不合理",最大限度地发现冲突本身的价值。

就此而言,普鸣在将自己置于与现代学术的争论中的同时,也试图以论辩的视角重新理解中国思想传统。他将经典解释还原为一场绵延百年的大争论,努力发现思想之间的差异,挖掘思想家的真实意图,反驳学界的固有成见,从根本上推翻"连续说"。因此,论辩的视角构成了普鸣研究制作问题的基本视角。在这个视角下,先秦两汉的种种理论和观念都被收摄到同一个议题之下,普鸣就这样为经子文献最初的论述找到了一个相互争鸣的平台。

## 二

普鸣所要还原的这场大论辩首先是先秦关于"制作"含义的讨论。普鸣发现，在早期语境中，"制作"具有"人工"与"技艺"的含义，它与"文化"一词相关联，但与表示天生内在本有之物的"自然"概念相对立。于是，制作问题被转化为文化与自然的关系问题。重要的是，"自然"在古代文献中主要表现为天的意象，所以"制作""文化"与"自然"的关系也可以对应为宇宙论中的天人关系，那么诸子关于制作问题的争论所针对的正是如何界定和处理天人关系这一议题。普鸣虽然没有简单地将制作问题与天人关系完全等同，也没有直接探讨天人关系，但其背后关照的却是这一宏大的话题。

在这一问题意识下，普鸣指出关于自然与文化关系的看法在殷周甲骨文中已经展露出最原始的雏形，殷人眼中的自然是需要被人操控的巨大力量，这说明中国文明最初其实是将人与自然视为相互断裂、分离甚至相互对立的关系。然而，这种看法在西周就遭到了挑战，周人开始尝试通过祖先来勾连天人关系，强调人与传统的联系来克服断裂性，并将先王制作也理解为对上天的效仿，制作的主体和文化的根源从人转化为天。这是周人提出的新观念，它预示着天人关系的和解以及"连续性"观念的诞生。但是，天人之间的紧张性在西周仍有残留，较为典型的自然与文化相连续的观点乃源于孔子。普鸣强调的是，孔子的思考伴随着儒墨之辩展开，而墨家的辩驳又激起了孟子和老子对制作的反抗。在这场争论中，文化的内涵被孔子收摄为道德和礼仪，它们来自于圣人对天之文理的效法，故圣人之"作"只是将天之文理引入人天然为善的原质，圣人制作的意义遭到否定。墨家针对这一立场，将"作"重新界定为打造新工具，圣人如同技术发明者一般创造文化，并追求锐意造作，积极将人与自然世界相分离。随后，孟子借助"性"的概念和"生长"的比喻，老子通过将"道"解释为自然生长过程的开端，再次反对墨家的制作观念。普鸣特别指出,除儒家和老庄以外,诸子均在墨子的界定上使用"作"字,这证明"断裂"的观念才是战国时期的主流,同时,这也印证了普鸣的视角,"连续性"观念从一开始就产生于一个论辩的语境之中,它的流行注定要经历反复的质询。

文化与自然的张力在儒墨之争中被显明化,如何调和"圣人造作"与"圣人弃作"这两种关于自然与文化关系的理解构成了此后诸子的思想语境。沿着这一视角,普鸣注意到荀子的重要影响正在于第一次真正融合了这两种对立的立场。荀子将"作"重新界定为"生",表明圣人创作文化不是墨家所谓的发明技艺,而是对技艺的练习。这既为制作的必要性保留了空间,也弥合了文化与自然的断裂。但是,荀子将文化类比为技艺的看法本身仍然隐含了天人的撕扯。于是,《乐记》和《系辞》提出了另外两种处理方式,其中,《系辞》通过使文化与宇宙的分化过程相连,把圣人制器的行为完全根植于自然世界,进一步排除了"作"中刻意造作的含义。最终,《系辞》的解释在《说文解字序》中得到深化,圣人发明文字的行为被视为"兴起"自然世界的文理以"引入"人世,人工的造作不再被当作对自然的突破,这种观点的提出彻底缓和了"连续"与"断裂"两种观念之间的争斗和冲突,较为圆融地解决了制作问题的内在困境。

值得注意的是,普鸣梳理诸子对制作问题和天人关系的阐释的目的,或许不仅在于证明中国古典思想中始终存在两种关于"作"的解释脉络,还试图在这一论域下重新编排先秦诸子的思想谱系。因此,普鸣在分析儒墨之争的基础上,进而指出墨子关于制作的看法为《考工记》、韩非子所继承,老子的看法为庄子、《淮南子》和《吕氏春秋》所深化,它们分别将脱离自然的主张和反对圣人制作的立场推向极致,而努力调和二者张力和制作困境的荀子、《乐记》与《系辞》的思想史地位也在这一问题脉络中得到了新的界定。"作"与"不作"成为先秦时期的思想光谱。

有趣的是,依照普鸣的梳理似乎可以推断,在制作问题的"殷周之变"

中，周人初步产生的"连续性"观念反驳了殷人的天人之间强烈对立的看法；随后，墨家对"作"的解释一度成为先秦诸子的主流观点，这显然更加贴近于殷周的观念，而在战国晚期才流行的将文化视为自然产物的看法其实是一个与殷周传统相对立的全新立场，这意味着中国思想的历程与欧洲文明从"连续"到"断裂"的次序恰好相反，其所经历的反而是一个从人为折返回自然的过程。并且，中国思想中"连续性"观念的出现始终伴随着诸子间的激烈辩难，这说明它的流行经历了一个被反复选择的过程。那么，为何"连续性"观念会被中国文明所选择并不断强化？自然与文化的关系问题何以成为这一时期的重要问题？为何儒道二家均对墨家有关制作的推崇如此焦虑？这或许是可以根据普鸣的提示进一步思考的问题。

## 三

在整理了战国诸子关于"创作究竟属于自然还是人为"的讨论之后，普鸣转而聚焦于制作问题在政治思想中的表现，即秦汉时期有关制度创作合法性的争论。普鸣之所以作出这样的转变，不仅因为帝国制度的合法性问题是汉初的首要问题，更因为他断定秦汉时人关于帝国制度的讨论乃完全接续先秦诸子关于制作的争论而来。也就是说，从先秦到汉初，这一场大辩论始终没有完结，只是争论的问题发生了变化，即从文化与自然的关系问题，转变到了帝国制度创作合法性的问题，其中包括制度本身是否源于自然秩序，以及制度革新的合法性是否来自于其与先圣所作的传统制度之间的传承关系这两方面的议题。在这一思路下，先秦诸子关于天人关系和制作的认识构成了《新语》《淮南子》和董仲舒讨论制度创作问题的语境。汉代统治者为保证长治久安，在延续秦代新制的同时，还要借助祭祀仪式表明汉代与周代传统的继承关系，以调和制度制作的压力。

在探讨这一问题时，普鸣首先梳理战国末期以后各家关于国家秩序兴起的论述,进而回顾秦始皇、汉高祖和汉武帝三位帝王对于政治制度的选择,最后分析秦汉思想家关于制度创作和帝国新制度的讨论,来观察这场思想争论与统治者现实选择之间的关系。从写作顺序来看,普鸣一方面继续在制作问题下重新考察战国末期至汉代思想的谱系,另一方面开始留意到历史与思想的互动关系,观察思想论争如何影响历史的实际选择。

普鸣注意到,秦汉各家讨论这一话题的方式与诸子之争不同,他们往往诉诸一套较为完整的立国叙事或上古圣王兴起的历史叙述。因而,普鸣对研究方法略作调整,他在还原论辩的同时,将注意力转移至叙事内容本身,分析各家在情节塑造上的差异及其成因,关注叙事背后隐藏的张力以及故事人物的复杂关系,分析各家如何建构圣王的形象,从帝国历史叙述的矛盾中探求各家对于帝国制度的认识差异。

在这一方法的指引下,普鸣梳理了战国至汉代讲述文明兴起的故事,归纳出两个先后出现的故事系统,它们分别讨论刑罚制作与"有组织的暴力"的正当性问题,以及创制国家与国家起源之根据的问题。最终,刑罚的产生与自然之间的矛盾得到调和,刑罚被视为自然秩序的一部分,圣人不制作刑罚,只是使暴力的运用合理化。而对于圣人制刑的态度,也对分封制或中央集权等政治制度的选择产生影响。普鸣通过这些故事,论证了政治秩序设想与制作观念之间的深刻联系,普鸣关于制作问题的论述也终于得到了完整而宏大的展开。以往的研究者普遍意识到先秦两汉宇宙论与早期政治思想的紧密关联,但往往只从某一文献的思想内部来发现这种联系,普鸣则打开了研究的视域。一方面,他通过发现诸子共同的问题域,描绘出一个殷周直至两汉的思想谱系,强调制作问题是诸子和汉初经学的共同议题,对它的解答将深刻影响到关于中国文明性质的认识;另一方面,他把以往置于宇宙论中讨论的天人关系与置于政治思想中讨论的圣人制作问题勾连到一起,从整体上观察宇宙论对于政治秩序构想的重要意义。可以说,普鸣在还原了一个始于殷周,兴于战国,一直绵延至秦汉的辩论会场的同时,也重写了周秦思想史。

然而，有待反思的是，普鸣在借助制作问题重新勾勒中国早期思想图景时，"制作"的问题域也沦为普鸣理解古典文献的基本预设。在普鸣试图重塑汉初儒生与诸子之间的思想关联时，这一预设似乎对普鸣解读文本的准确性造成了一定程度的干扰。这种情况在关于董仲舒与司马迁政治思想的讨论中尤为明显。一般认为，董仲舒重塑后的儒学解答了汉武帝提出的汉帝国如何长治久安的问题，董仲舒的思想适应了新帝国的统治。不过，普鸣指出，董仲舒抨击中央集权制度和汉武帝政治建构的表现证明其彻底否认帝国的正当性。可以发现，普鸣得出这一结论的原因在于将秦朝制度、帝国制度、中央集权制度三者完全等同起来，于是董仲舒对秦制的反思就被推断为对汉帝国的拒斥。但是，普鸣的这种结论显然难以解释董仲舒对君臣纲常的强调以及汉武帝对董仲舒思想的接纳。事实上，如何看待公羊学中某些同中央集权不相契合的观念与帝国统治之间的关系，本身就是一个复杂的问题，普鸣对此进行了过于简化的处理。究其原因，普鸣似乎相信帝国作为一个新的政治创制，对其合法性的解释必须要将制作的必要性与上天或历史传统相连，以调和制作与自然的张力。由此，普鸣改写了汉代思想史，将陆贾奉为"帝国儒学"的代表，认为只有陆贾以《系辞》为基础发展出的将制度创新解释为先圣从自然世界引入人世的思路，才与汉武帝通过封禅来宣称汉代新秩序与自然世界存在关联的做法相一致。此外，普鸣还用大量的篇幅讨论了司马迁，认为司马迁思考的核心议题同样是帝国创制的问题，他对儒家思想中关于制作的基本看法提出了根本的质疑，将关于制作的整个讨论推向了高潮。为论证这一结论，普鸣提出，虽然《太史公自序》明确表示《史记》的写作乃效仿孔子的圣人之"作"，但司马迁其实对圣人制作本身持有明确的批判态度，其褒扬项羽的原因也在于他代表了摧毁秦始皇之创作的尝试。显然，普鸣的结论与《史记》自然呈现出的思想面貌相距较远，制作问题的框架实际上干扰了普鸣更加贴切地理解《史记》与《春秋》的关系以及司马迁的撰述之志。普鸣虽然注意到司马迁对政治传统的重视，但从司马迁以"三统循环"解释汉朝立国来看,司马迁仍然肯定了不断变革的重要性,这既非全然主张制度不变的"师古",也不可简单归结于"作与不作"的问题。制作是否确为司马迁最关注的核心问题,司马迁究竟如何理解秦汉之变,又在何种层次上批判汉代政治,也难以不作分疏而在同一个问题脉络下作出笼统的回答。

显然,普鸣的研究方法极具启发性,书中的主要观点也十分具有洞见。但是,普鸣关于文本的某些解读似乎仍值得商榷。究其原因,或许是由于普鸣在试图重审"制作"与"自然"在中国古代思想中的复杂处境时,也给自己对文献的解读限定了一个先在的解释框架。从普鸣所要讨论的问题来看,他较为完整地论证了中国早期思想存在超越性的突破,但是,普鸣对制作的认识仍然是基于西方有关"自然"与"文化"二分的观念,将文化与自然的差异简化为人力的介入与否,这实际上已经预设了自然与文化之间的断裂。通过强化这种张力,普鸣反驳了中国古代始终把制作视为内在于天地自然秩序的观点,使得自然与制作不仅是西方文明的议题,也成为中国文明的关切。这一原本由近代欧洲学者从西方文明史中抽绎出的框架,或许可以贴合一部分的中国古代文献,为这一部分的经典解释提供新的视角。然而,一旦普鸣延展这一解释框架在中国思想史中所涵盖的跨度,试图尽可能囊括更多的文献以扩大其解释范围,提升这一解释体系的普遍性时,其对于某些具体文本和思想家的理解就难免出现偏差。为建构更为宏大的思想史叙事,普鸣必然把先秦诸子关于制作的争论引向秦汉以后有关政治制度创新与新兴帝国合法性的讨论,这使得制作与自然的问题被转化为国家与自然的问题,不同层面与不同性质的议题被安排进同一场论争中。尽管普鸣在主观上极力协调细读文本与问题意识之间的关系,但是在具体操作中,其问题意识仍然会不自觉地主导和影响文本解读。在这个意义上,普鸣的研究视野和问题关怀既使他破除了汉学界关于中国文明特质的成见,也在一定程度上限制了他对于经典文本和汉代政治思想的理解。

# 《中道：中大哲学评论》征稿启事

《中道：中大哲学评论》是由中山大学哲学系主办的专业学术辑刊。"中道"，意指"大中至正"之道，亦为"中和可常行之道"；既为中外经义之精髓，亦为吾侪治学之圭臬。不惟中国先贤推重"中道"，泰西大哲亦崇尚"中道"，同归而殊途，一致而百虑。为及时推送海内外同道之硕果，亦为发现和培养学术新锐，我系特创办学术辑刊。本刊刊文之原则，如刊名所示，不偏不倚，无过不及，唯道是从，以一流之学术质量为标准，欢迎有志于哲思的同仁不吝赐稿！

文稿大致范围如下：

1. 原创的哲学思想作品。
2. 哲学及哲学史的研究作品。
3. 哲学文献研究、点校、翻译及简注作品。
4. 名家专访文章。
5. 哲学专题讲座的讲义。
6. 重要哲思论著、新著的书评。
7. 哲学前沿问题的研究综述。
8. 哲学教育的研究作品。

本刊原则上只接受电子投稿，投稿者请将稿件电子版（Word 格式）发至《中道》编辑部（zhongdao2022@126.com）。特殊字体、符号、图表等请另附文件或纸本。译文请同时提供原文。字数以不超过 1 万 5 千字为宜。请附上内容摘要（200—300 字左右），关键词（3—5 个）。

来稿请附上文章英文标题，以及作者简介（真实姓名、出生年、性别、籍贯、工作单位、职称职务、研究方向）、联系地址、邮编、电话、电子邮箱。

投稿后若三个月内没有收到回复，作者可改投他刊。请勿一稿多投。录用文章一经发表，即奉稿酬，并送样刊。

《中道：中大哲学评论》编委会

# 《中道:中大哲学评论》参考文献的格式规范

## 一、注释格式

在论文正文中引用的参考文献,注释采用夹注和脚注两种形式。外文文献注释请不要译成中文。

夹注:直接在正文中标出,主要适用于征引常用古籍,如:(《论语·学而》)、(《史记·孔子世家》)。

脚注:包括完全格式和简略格式。同一文献首次标注时,注释须用完全格式;其后重复出现时,可用简略格式。

## 二、脚注的完全格式(按中文、外文文献的顺序予以举例说明)

**1. 原著**

(1)一般著作

作者/编者:著作名,出版地:出版者,出版年,页码。

陈少明:《做中国哲学:一些方法论的思考》,北京:生活·读书·新知三联书店,2015年,第20页。

刘培育编:《道、自然与人:金岳霖英文论著全译》,北京:生活·读书·新知三联书店,2005年,第105页。

Surname Name, *Title*, Town: Publisher, Year, Page.

W. V. Quine, *Philosophy of Logic*, Cambridge, Mass.: Harvard University Press, 1986, p. 13.

（2）古籍及点校著作：

胡炳文：《周易本义通释》卷一，《文渊阁四库全书》第 24 册，第 345 页。

竹添光鸿：《左氏会笺》卷九，井井书屋印行本。

郑玄注，孔颖达正义：《礼记正义》，吕友仁整理，上海：上海古籍出版社，2008 年，第 22 页。

程颢、程颐：《河南程氏遗书》卷十三，《二程集》，王孝鱼点校，北京：中华书局，1981 年，第 138 页。

2. 译著

作者：著作名，译者，出版地：出版者，出版年，页码。

柏拉图：《理想国》，王扬译，北京：华夏出版社，2017 年，第 21 页。

马塞尔·莫斯：《礼物：古式社会中交换的形式与理由》，汲喆译，北京：商务印书馆，2019 年，第 99—100 页。

Surname Name, *Title*, Surname Name of the translator trans., Town: Publisher, Year, Page.

Martin Heidegger, *Being and Time*, John Macquarrie & Edward Robinson trans., New York: Harper and Row, 1962, pp. 1-2.

3. 期刊论文

作者：文章名，《期刊名》出版年第几期，页码。

赵汀阳：《历史、山水及渔樵》，《哲学研究》2018 年第 1 期，第 50 页。

陈立胜：《王阳明龙场悟道新诠》，《中山大学学报》（社会科学版）2015 年第 4 期，第 94—95 页。

Surname Name, "Title of the Article", *Title of the Journal* Volume(Issue), Year, Page.

Thomson Iain, "Can I Die? Derrida on Heidegger on Death", *Philosophy Today* 43(1), 1999, pp. 33-42.

4. 析出文献

作者：文章名，载编者：《论文集名》，出版地：出版者，出版年，页码。

严复：《与熊纯如书》，载王栻主编：《严复集》第 3 册，北京：中华书局，1986 年，第 692 页。

Surname Name, "Title of the Article", In *Title of the edited book*, Surname Name of the editor ed., Town: Publisher, Year, Page.

Pöggeler Otto, "Destruction and Moment", In *Reading Heidegger from the Start. Essays in His Earliest Thought*, Theodore Kisiel & John van Buren eds., Albany: SUNY Press, 1994, p. 141.

5. 网络资源

作者：文献名称，文献在网时间 [ 如果网页上未显示，略去 ]，网址，检索于 x 年 x 月 x 日。

倪梁康：《无事生非——2014 年弗莱堡大学"海德格尔教椅之争"的媒体现象学与去蔽存在论》，2015 年 5 月 10 日，http://philosophy.sysu.edu.cn/phaenomenologie/wk/wk03/4943.htm，检索于 2019 年 3 月 2 日。

Surname Name, "Title of the Article", Year, Month Date of Publication. Retrieved Month Date, Year from URL.

Thomas Vongehr, "Theodor Conrad – founder of the 'Göttinger Philosophische Gesellschaft' (1907)", 2016, February 20. Retrieved March 6, 2019 from http://hua.ophen.org/category/members-of-the-phenomenological-movement-and-students-of-husserl/.

### 三、脚注的简略格式（期刊文章无此项）

孙星衍:《尚书今古文注疏》,第53—54页。
严复:《与熊纯如书》,载王栻主编:《严复集》第3册,第692页。
Martin Heidegger, *Being and Time*, pp. 1-2.

### 四、独立引文格式

如引文须独立出来,请以仿宋体标出,外文字体则仍按通例用外文字体。引文整体左缩进2个字符,与上下文均空一行。如果引文开头在原文中是一个自然段的开头,则独立出来的引文需再首行缩进2个字符。注意:独立出来的引文不需要整体再加上双引号。